KB145209

항균잉크란?

코로나19 바이러스
"친환경 99.9% 항균잉크 인쇄"
전격 도입

언제 끝날지 모를 코로나19 바이러스
99.9% 항균잉크(V-CLEAN99)를 도입하여 「안심도서」로
독자분들의 건강과 안전을 위해 노력하겠습니다.

시대교육그룹

Clean Zone

본 도서는 항균잉크로 인쇄하였습니다.

항균 **+**
99.9%
안심도서

항균잉크(V-CLEAN99)의 특징

- 바이러스, 박테리아, 곰팡이 등에 항균효과가 있는 산화아연을 적용

- 산화아연은 한국의 식약처와 미국의 FDA에서 식품첨가물로 인증받아 **강력한 항균력을**
  구현하는 소재

- 황색포도상구균과 대장균에 대한 테스트를 완료하여 **99.9%의 강력한 항균효과** 확인

- 잉크 내 중금속, 잔류성 오염물질 등 **유해 물질 저감**

TEST REPORT

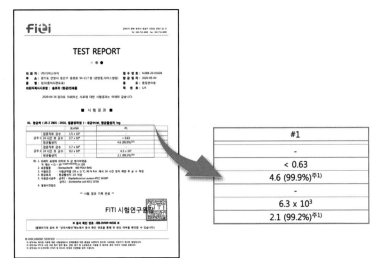

#1
-
< 0.63
4.6 (99.9%)주1)
6.3 x 10³
2.1 (99.2%)주1)

Clean Zone

시대교육그룹

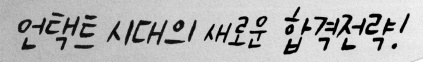

NCS

국민연금공단 6급
시간선택제 / 고졸채용

+ 무료NCS특강

NCS 기출예상문제 + 실전모의고사 5회

Always **with you**

사람이 길에서 우연하게 만나거나 함께 살아가는 것만이 인연은 아니라고 생각합니다.
책을 펴내는 출판사와 그 책을 읽는 독자의 만남도 소중한 인연입니다.
(주)시대고시기획은 항상 독자의 마음을 헤아리기 위해 노력하고 있습니다.
늘 독자와 함께 하겠습니다.

머리말

국민이 행복한 국민 모두의 연금, 국민연금공단은 2021년 하반기에 신규직원을 채용할 예정이다. 국민연금공단의 채용절차는 「서류전형 → 필기시험 → 인성검사 → 면접전형 → 최종합격자 선발 → 임용」 순서로 이루어지며, 필기시험은 NCS 10개 영역 중 업무수행에 필요한 6개 영역을 공통과목으로 선정해 실시하므로, NCS 영역에서 고득점하기 위해서는 다양한 유형에 대한 연습과 문제해결력을 높이는 등 철저한 준비가 필요하다.

국민연금공단 필기시험 합격을 위해 (주)시대고시기획에서는 국민연금공단 부문 판매량 1위의 출간경험을 토대로 다음과 같은 특징을 가진 도서를 출간하였다.

📑 도서의 특징

첫 째 합격으로 이끌 가이드를 통한 채용 흐름 확인!
국민연금공단 소개를 통해 채용 흐름을 파악하는 데 도움이 될 수 있도록 하였다.

둘 째 기출복원문제를 통한 출제 유형 확인!
2021년 상반기 주요 공기업 NCS 기출복원문제를 수록하여 공기업 필기시험의 전반적인 유형과 경향을 파악할 수 있도록 하였다.

셋 째 국민연금공단 필기시험 출제 영역 맞춤 기출예상문제로 실력 상승!
NCS 직업기초능력평가 모듈이론 + 기출유형 + 기출예상문제를 수록하여 필기시험에 완벽히 대비할 수 있도록 하였다.

넷 째 실전모의고사로 완벽한 실전 대비!
철저한 분석을 통해 실제 유형과 유사한 실전모의고사를 수록하여 최종 점검할 수 있도록 하였다.

다섯째 다양한 콘텐츠로 최종 합격까지!
• 국민연금공단 채용 가이드와 면접 기출질문을 통해 채용을 준비하는 데 부족함이 없도록 하였다.
• 온라인 모의고사와 AI면접 응시 쿠폰을 제공하여 채용 전반을 대비할 수 있도록 하였다.

끝으로 본 도서를 통해 국민연금공단 채용을 준비하는 모든 수험생 여러분이 합격의 기쁨을 누리기를 진심으로 기원한다.

NCS직무능력연구소 씀

국민연금공단 이야기

미션

Mission

지속 가능한 연금과 복지서비스로
국민의 생활 안정과 행복한 삶에 기여

노후소득보장을 강화하고 연금의 지속가능성을 제고하며 국민이 필요로 하는 복지서비스를 제공하여 국민의 생활 안정과 행복이 실현되는 '국민이 행복한 나라'를 만드는 데 이바지하겠습니다.

비전

Vision

세대를 이어 행복을 더하는 글로벌 리딩 연금기관

우리는 연금의 가치가 세대 연대와 통합으로 국민이 함께 행복한 삶을 만드는 데 있다고 믿습니다. 2030년까지 포용적 연금복지서비스와 미래성장 기반 강화로 함께 누리는 지속 가능한 연금을 만들겠습니다. 또한 국민 체감 사회적 가치 실현으로 공공기관의 책임을 다하고, 자율 혁신을 강화해 전 세계의 모범이 되는 연금이 되겠습니다.

핵심 가치

포용과 행복   책임과 신뢰   공정과 혁신

- **포용과 행복**
  우리는 **포용복지 실현으로 국민 행복에 기여**하는 것을
  사업과 기관 운영의 최우선으로 한다.

- **책임과 신뢰**
  우리는 **부여된 목표에 책임을 다해**
  국민, 정부, 협력기관에게 **신뢰받는 기관**을 만든다.

- **공정과 혁신**
  우리는 **모든 업무를 공정하게 수행**하고
  스스로 혁신하는 조직문화를 만든다.

지원자격

공통

- 성별 · 연령 · 학력 제한 없음 [공단 정년(만 60세) 이상자는 제외]
- 대한민국 국적을 보유한 자
- 공단이 정한 임용일부터 교육 입소 및 근무가 가능한 자
  - ❖ 군 복무 중인 경우, 임용일 이전 전역자
- 공단 [인사규정 제11조(결격사유)]에 해당하지 않는 자
- 최종 합격 후 공단 본부(전주) 및 전국에서 근무 가능한 자

시간선택제

- 공통 자격요건을 충족하고, 지역본부 권역별 모집 · 지원 및 최종 합격 후 지원한 지역본부 권역 내 지사에서 근무 가능한 자 (해당지역 지사위치는 공단 홈페이지 참고)

고졸자

- 최종학력이 고등학교 졸업인 자('21년 2월 졸업예정자 포함) 또는 이에 준하는 학력자

전형절차

| 서류전형 | 필기시험 | 인성검사 및 증빙서류 등록 | 면접전형 | 최종합격 (시보임용) |

필기시험

구분	직업기초능력평가
시간선택제/고졸 [사무직]	의사소통능력, 문제해결능력, 수리능력, 조직이해능력, 정보능력 ⋯› 2021년 하반기 시간선택제/고졸 채용공고는 아직 확정되지 않았으나 2021년 상반기 일반 채용공고를 기준으로 직렬(직업윤리)이 추가되어 도서에 이를 반영하였음

※ 위 채용안내는 2020년 하반기 시간선택제/고졸 채용공고를 기준으로 작성하였으므로, 세부내용은 반드시 확정된 채용공고를 확인하시기 바랍니다.

합격 후기

합격 선배들이 알려주는
국민연금공단 필기시험 합격기

"틀린 문제는 그냥 넘어가지 말고 정리하기!"

안녕하세요. 국민연금공단 고졸채용에 합격하게 되어 이렇게 합격수기를 쓰게 되었습니다. 공부를 하면서 가장 시행착오를 많이 겪었던 부분은 NCS 필기 부분이었습니다. NCS에서 가장 중요한 것은 기본 이론이라고 생각합니다. 특히 국민연금공단은 모듈형으로 된 시험이기 때문에 다른 기업들보다 이론의 중요성이 큽니다. 반대로 공부한 만큼 점수가 잘 나올 수 있다는 것을 의미하기도 합니다. 저는 시대고시기획의 국민연금공단 고졸채용 기본서를 바탕으로 이론 공부와 기출 유형을 동시에 공부하였습니다. 다른 출판사와는 달리 시간선택제/고졸채용만을 위한 기본서가 따로 출간되었기 때문에 보다 더 전문적이고 관련된 기출 문제를 풀어볼 수 있었습니다. 또한 실제 시험과 똑같은 형태의 최종 모의고사를 통해 시험에서 문제 푸는 방법에 대한 감을 익힐 수 있었습니다.

저는 틀린 문제는 매일 빼놓지 않고 오답정리를 해 나갔습니다. 오답노트에 해설만 적어 놓은 것이 아니라 제가 왜 그 문제를 틀렸는지에 대한 이유를 적었습니다. 이 방법을 통해 한번 틀렸던 이유에 대해 다시 생각해보게 되고, 전체적으로 실수를 많이 줄일 수 있었습니다.

면접은 꾸준한 스터디를 통해 실제 상황의 감을 익히는 것이 중요합니다. 질문에 대한 의도를 제대로 파악하는 것이 필요하기 때문에 면접관들이 왜 이 질문을 하는 것인지 초점을 맞춰서 대답해야 합니다.

취업준비를 하면서 정말 많은 일들이 있었습니다. 이 길이 맞는지 고민도 했고 포기할까 좌절했던 순간들도 여러 번이었습니다. 하지만 어떤 길이든 끝은 보인다는 말이 사실인가 봅니다.
여러분이 달리는 그 길에도 끝은 존재합니다. 여러분도 해낼 수 있습니다!

NCS(국가직무능력표준)란 무엇인가?

국가직무능력표준(NCS: National Competency Standards)

산업현장에서 직무 수행에 요구되는 능력(지식, 기술, 태도 등)을 국가가 산업 부문별, 수준별로 체계화한 설명서

직무능력

직무능력 = 직업기초능력 + 직무수행능력

- 직업기초능력 : 직업인으로서 기본적으로 갖추어야 할 공통 능력
- 직무수행능력 : 해당 직무를 수행하는 데 필요한 역량(지식, 기술, 태도)

NCS의 필요성

- 산업현장과 기업에서 인적자원관리 및 개발의 어려움과 비효율성이 발생하는 대표적 요인으로 산업 전반의 '기준' 부재에 주목함
- 직업교육훈련과 자격이 연계되지 않은 상태로 산업현장에서 요구하는 직무수행능력과 괴리되어 실시됨에 따라 인적자원 개발과 개인의 경력개발에 비효율적이며 효과성이 부족하다는 비판을 받음
  - ⋯ NCS를 통해 인재육성의 핵심 인프라를 구축하고, 산업장면의 HR 전반에서 비효율성을 해소하여 경쟁력을 향상시키는 노력이 필요

NCS(국가직무능력표준)란 무엇인가?

⬛ NCS 분류

- 일터 중심의 체계적인 NCS 개발과 산업현장 전문가의 직종구조 분석결과를 반영하기 위해 산업현장 직무를 한국고용 직업분류(KECO)에 부합하게 분류함
- 2021년 기준 : 대분류(24개), 중분류(80개), 소분류(257개), 세분류(1,022개)

〈국가직무능력표준(NCS) 분류체계도(예시)〉

⬛ 직업기초능력 영역

모든 직업인들에게 공통적으로 요구되는 기본적인 능력 10가지

❶ **의사소통능력** : 타인의 생각을 파악하고, 자신의 생각을 글과 말을 통해 정확하게 쓰거나 말하는 능력

❷ **수리능력** : 사칙연산, 통계, 확률의 의미를 정확하게 이해하는 능력

❸ **문제해결능력** : 문제 상황을 창조적이고 논리적인 사고를 통해 올바르게 인식하고 해결하는 능력

❹ **자기개발능력** : 스스로 관리하고 개발하는 능력

❺ **자원관리능력** : 자원이 얼마나 필요한지 파악하고 계획하여 업무 수행에 할당하는 능력

❻ **대인관계능력** : 사람들과 문제를 일으키지 않고 원만하게 지내는 능력

❼ **정보능력** : 정보를 수집, 분석, 조직, 관리하여 컴퓨터를 사용해 적절히 활용하는 능력

❽ **기술능력** : 도구, 장치를 포함하여 필요한 기술에 대해 이해하고 업무 수행에 적용하는 능력

❾ **조직이해능력** : 국제적인 추세를 포함하여 조직의 체제와 경영에 대해 이해하는 능력

❿ **직업윤리** : 원만한 직업생활을 위해 필요한 태도, 매너, 올바른 직업관

NCS 구성

능력단위

- 직무는 국가직무능력표준 분류의 세분류를 의미하고, 원칙상 세분류 단위에서 표준이 개발됨
- 능력단위는 국가직무능력표준 분류의 하위단위로, 국가직무능력표준의 기본 구성요소에 해당되며 능력단위 요소(수행준거, 지식 · 기술 · 태도), 적용범위 및 작업상황, 평가지침, 직업기초능력으로 구성됨

〈국가직무능력표준 능력단위 구성〉

NCS의 활용

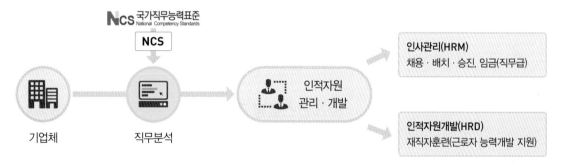

활동 유형	활용범위
채용(블라인드 채용)	채용 단계에 NCS를 활용하여 NCS 매핑 및 직무분석을 통한 공정한 채용 프로세스 구축 및 직무 중심의 블라인드 채용 실현
재직자 훈련(근로자 능력개발 지원)	NCS 활용 패키지의 '평생경력개발경로' 기반 사내 경력개발경로와 수준별 교육훈련 이수 체계도 개발을 통한 현장직무 중심의 재직자 훈련 실시
배치 · 승진	현장직무 중심의 훈련체계와 배치 · 승진 · 체크리스트를 활용한 근로자 배치 · 승진으로 직급별 인재에 관한 회사의 기대와 역량 간 불일치 해소
임금(직무급 도입)	NCS 기반 직무분석을 바탕으로 기존 관리직 · 연공급 중심의 임금체계를 직무급(직능급) 구조로 전환

국민연금공단 6급

● SWOT 유형 ●

☑ 오답 Check! ○ ✕

09 다음 수제 초콜릿에 대한 분석 기사를 읽고 〈보기〉에서 설명하는 SWOT 분석에 의한 마케팅 전략을 진행하고자 할 때, 마케팅 전략에 해당되지 않은 것은?

오늘날 식품 시장을 보면 원산지와 성분이 의심스러운 제품들로 넘쳐 납니다. 이로 인해 소비자들은 고급스럽고 안전한 먹거리를 찾고 있습니다. 우리의 수제 초콜릿은 이러한 요구를 완벽하게 충족시켜주고 있습니다. 풍부한 맛, 고급 포장, 모양, 건강상의 혜택, 강력한 스토리텔링 모두 높은 품질을 원하는 소비자들의 요구를 충족시키는 것입니다. 사실 수제 초콜릿을 만드는 데는 비용이 많이 듭니다. 각종 장비 및 유지 보수에서부터 값비싼 포장과 유통업체의 높은 수익을 보장해주다 보면 초콜릿을 생산하는 업체에게 남는 이익은 많지 않습니다. 또한 수제 초콜릿의 존재 자체를 많은 사람들이 알지 못하는 상황입니다. 하지만 보다 좋은 식품에 대한 인기가 높아짐에 따라 더 많은 업체들이 수제 초콜릿을 취급하기를 원하고 있습니다. 따라서 수제 초콜릿은 일반 초콜릿보다 더 높은 가격으로 판매될 수 있을 것입니다. 현재 초콜릿을 대량으로 생산하는 대형 기업들은 자신들의 일반 초콜릿과 수제 초콜릿의 차이를 줄이는 데 최선을 다하고 있습니다. 그리고 직접 맛을 보기 전에는 일반 초콜릿과 수제 초콜릿의 차이를 알 수 없기 때문에 소비자들은 굳이 초콜릿에 더 많은 돈을 지불해야 하는 이유를 알지 못할 수 있습니다. 따라서 수제 초콜릿의 효과적인 마케팅 전략이 필요한 시점입니다.

보기

〈SWOT 분석에 의한 마케팅 전략〉

• SO전략(강점 – 기회전략) : 강점을 살려 기회를 포착
• ST전략(강점 – 위협전략) : 강점을 살려 위협을 회피
• WO전략(약점 – 기회전략) : 약점을 보완하여 기회를 포착
• WT전략(약점 – 위협전략) : 약점을 보완하여 위협을 회피

① 수제 초콜릿의 값비싸고 과장된 포장을 바꾸고, 그 비용으로 안전하고 맛있는 수제 초콜릿을 홍보하면 어떨까.
② 수제 초콜릿을 고급 포장하여 수제 초콜릿의 스토리텔링을 더 살려보는 것은 어떨까.
③ 수제 초콜릿의 스토리텔링을 포장에 명시한다면 소비자들이 믿고 구매할 수 있을 거야.

● 브레인스토밍 키워드 ●

☑ 오답 Check! ○ ✕

09 다음을 읽고 브레인스토밍에 대한 설명으로 옳지 않은 것은?

집단에서 의사결정을 하는 대표적인 방법으로 브레인스토밍이 있다. 브레인스토밍은 일정한 테마에 관하여 회의형식을 채택하고, 구성원의 자유발언을 통해 아이디어의 제시를 요구하여 발상을 찾아내려는 방법으로 볼 수 있다.

① 다른 사람이 아이디어를 제시할 때, 비판을 통해 새로운 아이디어를 창출한다.
② 아이디어는 적게 나오는 것 보다는 많이 나올수록 좋다.
③ 자유분방하고 엉뚱하기까지 한 의견을 출발점으로 해서 아이디어를 전개시켜 나갈 수 있다.
④ 문제에 대한 제안은 자유롭게 이루어질 수 있다.

신용보증기금

글의 순서 배열 유형

03 다음 제시된 문장을 논리적 순서대로 배열한 것을 고르면?

(가) 상품의 가격은 기본적으로 수요와 공급의 힘으로 결정된다. 시장에 참여하고 있는 경제 주체들은 자신이 가진 정보를 기초로 하여 수요와 공급을 결정한다.

(나) 이런 경우에는 상품의 가격이 우리의 상식으로는 도저히 이해하기 힘든 수준까지 일시적으로 뛰어오르는 현상이 나타날 가능성이 있다. 이런 현상은 특히 투기의 대상이 되는 자산의 경우 자주 나타나는데, 우리는 이를 '거품 현상'이라고 부른다.

(다) 그러나 현실에서는 사람들이 서로 다른 정보를 갖고 시장에 참여하는 경우가 많다. 어떤 사람은 특정한 정보를 갖고 있는데 거래 상대방은 그 정보를 갖고 있지 못한 경우도 있다.

(라) 일반적으로 거품 현상이란 것은 어떤 상품 – 특히 자산 – 의 가격이 지속해서 급격히 상승하는 현상을 가리킨다. 이와 같은 지속적인 가격 상승이 일어나는 이유는 애초에 발생한 가격 상승이 추가적인 가격 상승의 기대로 이어져 투기 바람이 형성되기 때문이다.

(마) 이들이 똑같은 정보를 함께 갖고 있으며 이 정보가 아주 틀린 것이 아닌 한, 상품의 가격은 어떤 기본적인 수준에서 크게 벗어나지 않을 것이라고 예상할 수 있다.

① (마) – (가) – (다) – (라) – (나)

② (라) – (가) – (다) – (나) – (마)

③ (가) – (다) – (나) – (라) – (마)

④ (가) – (마) – (다) – (나) – (라)

⑤ (라) – (다) – (가) – (나) – (마)

한국수자원공사

수의 규칙성 유형

03 갑은 다음과 같은 규칙에 따라서 알파벳 단어를 숫자로 변환하고자 한다. 주어진 규칙에 따를 때, 〈보기〉에 주어진 규칙 적용 사례 ⑦~②을 보고, ⑦~②의 각 알파벳 단어에서 알파벳 Z에 해당하는 자연수들을 모두 더한 값으로 적절한 것은?

〈규칙〉

① 알파벳 'A'부터 'Z'까지 순서대로 자연수를 부여한다.

　예 A=2라고 하면 B=3, C=4, D=5이다.

② 단어의 음절에 같은 알파벳이 연속되는 경우 ①에서 부여한 숫자를 알파벳이 연속되는 횟수만큼 거듭제곱한다.

　예 A=2이고 단어가 'AABB'이면 AA는 '2^2'이고, BB는 '3^2'이므로 '49'로 적는다.

보기

⑦ AAABBCC는 10000001020110404로 변환된다.

ⓒ CDFE는 3465로 변환된다.

ⓒ PJJYZZ는 1712126729로 변환된다.

② QQTSR는 625282726로 변환된다.

① 154

② 176

③ 199

④ 212

주요 공기업 적중 예상문제

서울교통공사

● 철도안전법 키워드 ●

※ 다음 철도안전법 내용을 바탕으로 다음과 같은 서류를 작성하였다. 이어지는 질문에 답하시오. **[77~78]**

제20조(운전면허의 취소ㆍ정지 등)
① 국토교통부장관은 운전면허 취득자가 다음 각 호의 어느 하나에 해당할 때에는 운전면허를 취소하거나 1년 이내의 기간을 정하여 운전면허의 효력을 정지시킬 수 있다. 다만, 제1호부터 제4호까지의 규정에 해당할 때에는 운전면허를 취소하여야 한다. 〈개정 2013. 3. 23., 2015. 7. 24., 2018. 6. 12.〉
 1. 거짓이나 그 밖의 부정한 방법으로 운전면허를 받았을 때
 2. 제11조 제2호부터 제4호까지의 규정에 해당하게 되었을 때
 3. 운전면허의 효력정지기간 중 철도차량을 운전하였을 때
 4. 제19조의2를 위반하여 운전면허증을 다른 사람에게 대여하였을 때
 5. 철도차량을 운전 중 고의 또는 중과실로 철도사고를 일으켰을 때
 5의2. 제40조의2 제1항 또는 제5항을 위반하였을 때
 6. 제41조 제1항을 위반하여 술을 마시거나 약물을 사용한 상태에서 철도차량을 운전하였을 때
 7. 제41조 제2항을 위반하여 술을 마시거나 약물을 사용한 상태에서 업무를 하였다고 인정할 만한 상당한 이유가 있음에도 불구하고 국토교통부장관 또는 시ㆍ도지사의 확인 또는 검사를 거부하였을 때
 8. 이 법 또는 이 법에 따라 철도의 안전 및 보호와 질서유지를 위하여 한 명령ㆍ처분을 위반하였을 때
② 국토교통부장관이 제1항에 따라 운전면허의 취소 및 효력정지 처분을 하였을 때에는 국토교통부령으로 정하는 바에 따라 그 내용을 해당 운전면허 취득자와 운전면허 취득자를 고용하고 있는 철도운영자등에게 통지하여야 한다. 〈개정 2013. 3. 23.〉
③ 제2항에 따른 운전면허의 취소 또는 효력정지 통지를 받은 운전면허 취득자는 그 통지를 받은 날부터 15일 이내에 운전면허증을 국토교통부장관에게 반납하여야 한다. 〈개정 2013. 3. 23.〉

한국가스공사

● 제목 유형 ●

02 다음 글의 제목으로 가장 적절한 것은?

일반적으로 소비자들은 합리적인 경제 행위를 추구하기 때문에 최소 비용으로 최대 효과를 얻으려 한다는 것이 소비의 기본 원칙이다. 그들은 '보이지 않는 손'이라고 일컬어지는 시장 원리 아래에서 생산자와 만난다. 그러나 이러한 일차적 의미의 합리적 소비가 언제나 유효한 것은 아니다. 생산보다는 소비가 화두가 된 소비 자본주의 시대에 소비는 단순히 필요한 재화, 그리고 경제학적으로 유리한 재화를 구매하는 행위에 머물지 않는다. 최대 효과 자체에 정서적이고 사회 심리학적인 요인이 개입하면서, 이제 소비는 개인이 세계와 만나는 다분히 심리적인 방법이 되어 버린 것이다. 곧 인간의 기본적인 생존 욕구를 충족시켜 주는 합리적 소비 수준에 머물지 않고, 소비는 자신을 표현하는 상징적 행위가 된 것이다.

이처럼 오늘날의 소비문화는 물질적 소비 차원이 아닌 심리적 소비 형태를 띠게 된다. 소비 자본주의의 화두는 이제 과소비가 아니라 과시 소비로 넘어간 것이다. 과시 소비의 중심에는 신분의 논리가 있다. 신분의 논리는 유용성의 논리, 나아가 시장의 논리로 설명되지 않는 것들을 설명해 준다. 혈통으로 이어지던 폐쇄적 계층 사회는 소비 행위에 대해 계급에 근거한 제한을 부여했다. 먼 옛날 부족 사회에서 수장들만이 걸칠 수 있었던 장신구에서부터, 제아무리 권문세가의 정승이라도 아흔아홉 칸을 넘을 수 없던 집이 좋은 예이다. 권력을 가진 자는 힘을 통해 자기의 취향을 주위 사람들과 분리시킴으로써 경외감을 강요하고, 그렇게 자기 취향을 과시함으로써 잠재적 경쟁자들을 통제한 것이다.

가시적 신분 제도가 사라진 현대 사회에서도 이러한 신분의 논리는 여전히 유효하다. 이제 개인은 소비를 통해 자신의 물질적 부를 표현함으로써 신분을 과시하려 한다.

한국도로공사

출발시간, 최소비용 유형

2021년 적중

※ A씨는 해외시장 조사를 위해 중국으로 출장을 간다. 다음 상황과 〈조건〉을 참고하여 이어지는 질문에 답하시오.
[12~13]

〈상황〉

A씨는 퇴근 후 다음날 있을 출장을 준비하던 중 서류 하나를 회사에 두고 왔다는 것을 발견하였다. 회사 동료에게 전화를 하니 모두 퇴근하였다며 다음날 출근하자마자 자신이 A씨 집으로 퀵서비스를 보내주겠다고 하였다. A씨는 다음 날 아침 일찍 일어나 회사에 들러 직접 서류를 챙긴 후 공항으로 가는 것이 좋을지, 동료의 말대로 퀵서비스를 기다린 후 공항으로 가는 것이 좋을지 고민에 빠졌다.

조건

집		회사		공항
	① 버스 75분(1,200원)		① 공항버스 80분(16,000원)	
	② 택시 40분(5,000원)		② 택시 60분(50,000원)	
			③ 지하철 75분(4,050원)	

※ 버스는 매시 정각을 기준으로 20분, 지하철은 10분 간격으로 운행한다.

회사		집		공항
	퀵서비스 20분(16,000원)		① 공항버스 90분(9,000원)	
			② 택시 45분(44,000원)	
			③ 지하철 80분(3,900원)	

※ 버스는 매시 정각을 기준으로 15분, 지하철은 10분 간격으로 운행한다.
※ A씨의 회사 동료는 9시에 출근한다.
※ A씨의 짐은 3kg이며 짐을 이동하는 과정에서 드는 체력 소모를 $(3,000$원$/$kg$)\times($시간$)$으로 계산한다.
※ 제시된 조건 외의 다른 조건은 고려하지 않는다.

☑ 오답 Check! ○ ✕

12 A씨의 비행기는 정오에 출발하므로, 오전 10시에는 공항에 도착하려고 한다. A씨는 적어도 **몇 시에 출발해야** 하는가?

① 6시 50분   ② 7시 20분
③ 7시 45분   ④ 8시 20분

☑ 오답 Check! ○ ✕

13 비행기 시간을 고려하지 않는다면, A씨가 공항까지 가는 **최소 비용**은 얼마인가?(단, A씨가 회사에 들를 경우 오전 7시에 집에서 출발한다)

① 31,500원   ② 30,800원
③ 27,400원   ④ 26,300원

주요 공기업 적중 예상문제

한국전력공사

• 참, 거짓 논리 유형 •

23 A, B, C, D, E 5명에게 지난 달 핸드폰 통화 요금이 가장 많이 나온 사람을 1위에서 5위까지 그 순위를 추측하라고 하였더니 각자 예상하는 두 사람의 순위를 다음과 같이 대답하였다. 각자 예상한 순위 중 하나는 참이고, 다른 하나는 거짓이다. 이들의 대답으로 판단할 때 실제 핸드폰 통화 요금이 가장 많이 나온 사람은?

> A : D가 두 번째이고, 내가 세 번째이다.
> B : 내가 가장 많이 나왔고, C가 두 번째로 많이 나왔다.
> C : 내가 세 번째이고, B가 제일 적게 나왔다.
> D : 내가 두 번째이고, E가 네 번째이다.
> E : A가 가장 많이 나왔고, 내가 네 번째이다.

① A　　　　　　　　　　　② B
③ C　　　　　　　　　　　④ D
⑤ E

한국환경공단

• 글의 제목 고르기 유형 •

41 다음 중 글의 제목으로 가장 적절한 것은?

> '100세 시대' 노인의 큰 고민거리 중 하나가 바로 주변의 도움 없이도 긴 세월을 잘 버텨낼 주거 공간이다. 이미 많은 언론에서 보도되었듯이 우리나라는 '노인이 살기 불편한 나라'인 것이 사실이다. 일본이 고령화 시대의 도시 모델로 의(醫)·직(職)·주(住) 일체형 주거단지를 도입하고 있는 데 비해 우리나라는 아직 노인을 위한 공용주택도 변변한 게 없는 실정이다.
> 일본은 우리보다 30년 빠르게 고령화 사회에 당면했다. 일본 정부는 개인 주택을 노인 친화적 구조로 개조하도록 전문 컨설턴트를 붙이고 보조금까지 주고 있다. 또한 사회 전반에는 장애 없는 '유니버설 디자인'을 보편화하도록 노력해 왔다. 그 결과 실내에 휠체어 작동 공간이 확보되고, 바닥에는 턱이 없으며, 손잡이와 미끄럼 방지 장치도 기본적으로 설치되었다. 이 같은 준비는 노쇠해 거동이 불편해져도 익숙한 집, 익숙한 마을에서 끝까지 살고 싶다는 노인들의 바람을 존중했기 때문이다. 그러나 이 정책의 이면에는 기하급수적으로 증가하는 사회 복지 비용을 절감하자는 목적도 있었다. 고령자 입주 시설을 설치하고 운영하는 비용이 재가 복지 비용보다 몇 배나 더 들기 때문이다.
> 우리나라의 경우 공동주택인 아파트를 잘 활용하면 의외로 문제를 쉽게 풀 수 있을 것이다. 대규모 주거단지의 일부를 고령 친화형으로 설계해서 노인공유 동(棟)을 의무적으로 공급하는 것이다. 그곳에 식당, 욕실, 스포츠센터, 독서실, 오락실, 세탁실, 요양실, 게스트하우스, 육아 시설 등 노인들이 선호하는 시설을 넣으면 된다. 이러한 공유공간은 가구당 전용면적을 줄이고 공유면적을 넓히면 해결된다. 이런 공유 경제가 확산되면 모든 공동주택이 작은 공동체로 바뀌어갈 것이다. 공유공간에서의 삶은 노인들만 모여 사는 실버타운과 달리 전체적인 활력도 높아질 것이다.

① 더욱더 빨라지는 고령화 속도를 줄이는 방법
② '유니버설 디자인'의 노인 친화적 주택

한국공항공사

● 〈조건〉에 따라 가장 저렴하게 주문하는 방법 유형 ●

2021년 적중

45 B씨는 정원이 12명이고 개인 회비가 1인당 20,000원인 모임의 총무이다. 정기 모임을 카페에서 열기로 했는데 음료를 1잔씩 주문하고 음료와 곁들일 디저트도 2인에 한 개씩 시킬 예정이다. 〈조건〉에 따라 가장 저렴하게 먹을 수 있는 방법으로 메뉴를 주문한 후 남는 돈은?(단, 2명은 커피를 마시지 못한다)

COFFEE		NON − COFFEE		DESSERT	
아메리카노	3,500원	그린티라테	4,500원	베이글	3,500원
카페라테	4,100원	밀크티라테	4,800원	치즈케이크	4,500원
카푸치노	4,300원	초코라테	5,300원	초코케이크	4,700원
카페모카	4,300원	곡물라테	5,500원	티라미수	5,500원

조건
- 10잔 이상의 음료 또는 디저트를 구매하면 4,500원 이하의 음료 2잔이 무료로 제공된다.
- 세트 메뉴로 음료와 디저트를 구매하면 해당 메뉴 금액의 10%가 할인된다.

① 175,000원   ② 178,500원
③ 180,500원   ④ 187,500원
⑤ 188,200원

한전KDN

● 맞춤법 유형 ●

2021년 적중

31 문서는 어문규범을 준수하여 한글로 작성하되, 이해하기 쉬운 용어를 사용하여야 한다. 다음은 문서 작성 시 유의해야 할 한글 맞춤법 및 어법에 따른 표기이다. 다음 중 표기가 바르지 않은 것은?

〈한글 맞춤법 및 어법〉

1) 고 / 라고
앞말이 직접 인용되는 말임을 나타내는 조사는 '라고'이다. '고'는 앞말이 간접 인용되는 말임을 나타내는 격조사이다.

2) 로써 / 로서
지위나 신분 또는 자격을 나타내는 격조사는 '로서'이며, '로써'는 어떤 일의 수단이나 도구를 나타내는 격조사이다.

3) 율 / 률
받침이 있는 말 뒤에서는 '렬, 률', 받침이 없는 말이나 'ㄴ' 받침으로 끝나는 말 뒤에서는 '열, 율'로 적는다.

4) 년도 / 연도
한자음 '녀, 뇨, 뉴, 니'가 단어 첫머리에 올 때는 두음 법칙에 따라 '여, 요, 유, 이'로 적는다. 단, 의존 명사의 경우 두음 법칙을 적용하지 않는다.

5) 연월일의 표기
아라비아 숫자만으로 연월일을 표시할 경우 마침표는 연월일 다음에 모두 사용해야 한다.

① 이사장은 "이번 기회를 통해 소중함을 깨닫게 되었으면 좋겠다."라고 말했다.
② 모든 것이 말로써 다 표현되는 것은 아니다.
③ 올해의 상반기 목표 성장률을 달성하기 위해서는 모두가 함께 노력해야 한다.
④ 노인 일자리 추가 지원 사업을 시작한 지 반 연도 되지 않아 지원이 끝이 났다.

도서 구성

주요 공기업 기출복원문제로
NCS 문제 유형 확인

2021년 상반기 주요 공기업 NCS 기출복원문제를 수록하여 최신 출제 경향을 파악할 수 있도록 하였다.

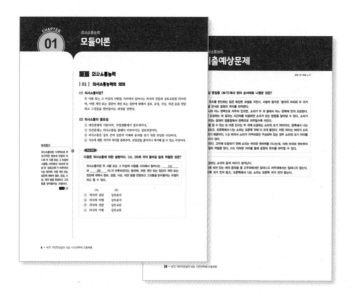

모듈이론과 기출예상문제로
영역별 단계적 학습

출제되는 NCS 영역에 대한 모듈이론과 대표유형을 수록하고, 이와 더불어 기출예상문제를 통해 최근 출제되는 유형을 익히고 점검할 수 있도록 하였다.

실전모의고사 + OMR을 활용한 실전 연습

실전모의고사와 OMR 답안지, 모바일 OMR 답안분석 서비스를 통해 실제로 시험을 보는 것처럼 최종 마무리 연습을 할 수 있도록 하였다.

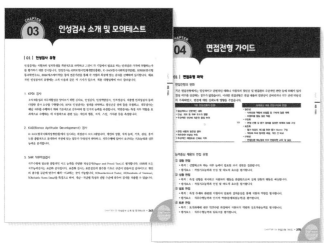

인성검사부터 면접까지 한 권으로 최종 마무리

인성검사 모의연습을 통해 필기전형과 함께 시행되는 인성검사에 대비할 수 있도록 하였고, 면접 기출질문을 통해 실제 면접에서 나오는 질문을 미리 파악하고 연습할 수 있도록 하였다.

상세한 해설로 정답과 오답을 완벽하게 이해

정답과 오답에 대한 상세한 해설을 통해 혼자서도 학습을 할 수 있도록 하였다.

합격을 위한 체크 리스트

📝 시험 전 CHECK LIST

※ 최소 시험 이틀 전 리스트를 확인하시면 좋습니다.

체크	리스트
☐	수험표를 출력하고 자신의 수험번호를 확인하였는가?
☐	수험표나 공지사항에 안내된 입실 시간 및 유의사항을 확인하였는가?
☐	신분증을 준비하였는가?
☐	컴퓨터용 사인펜 · 수정테이프 · 여분의 필기구를 준비하였는가?
☐	시험시간에 늦지 않도록 알람을 설정해 놓았는가?
☐	고사장 위치를 파악하고 교통편을 확인하였는가?
☐	고사장에서 볼 수 있는 자료집을 준비하였는가?
☐	인성검사에 대비하여 지원한 공사 · 공단의 인재상을 확인하였는가?
☐	확인 체크표의 × 표시한 문제를 한 번 더 확인하였는가?
☐	자신이 취약한 영역을 두 번 이상 학습하였는가?
☐	도서의 모의고사를 통해 자신의 실력을 확인하였는가?

📝 시험 유의사항

※ 최소 시험 하루 전 리스트를 확인하시면 좋습니다.

체크	리스트
☐	시험 전 화장실을 미리 가야 합니다.
☐	통신기기(휴대폰, 태플릿PC, 무선호출기, 스마트워치, 스마트밴드, 블루투스 이어폰 등)를 가방에 넣어야 합니다.
☐	휴대폰의 전원을 꺼야 합니다.
☐	시험 종료 후 시험지와 답안지는 제출해야 합니다.

📝 시험 후 CHECK LIST

※ 시험 다음 날부터 리스트를 확인하며 면접 준비를 미리 하시면 좋습니다.

체크	리스트
☐	시험 후기를 작성하였는가?
☐	상 · 하의와 구두를 포함한 면접복장이 준비되었는가?
☐	지원한 직무의 분석을 하였는가?
☐	단정한 헤어와 손톱 등 용모관리를 깔끔하게 하였는가?
☐	자신의 자기소개서를 다시 한 번 읽어보았는가?
☐	1분 자기소개를 준비하였는가?
☐	도서 내 면접 기출 질문을 확인하였는가?
☐	자신이 지원한 직무의 최신 이슈를 정리하였는가?

이 책의 차례

이 책의 차례

Add+
2021년 상반기 주요 공기업
NCS 기출복원문제

| 국민연금공단/ 정보능력

01 컴퓨터 시스템 구성요소 중에서 다음 설명에 해당하는 것은?

- Main Memory
- CPU 가까이에 위치하며 반도체 기억장치 칩들로 고속 액세스 가능
- 가격이 높고 면적을 많이 차지
- 저장 능력이 없으므로 프로그램 실행 중 일시적으로 사용

① CPU
② 주기억장치
③ 보조저장장치
④ 입출력장치

| 국민연금공단/ 정보능력

02 다음 중 보기에서 설명하고 있는 컴퓨터의 종류는?

> **보기**
>
> 대규모 연산을 초고속으로 수행하기 위해 만들어진 컴퓨터로, 빠르고 많은 자료를 오랜 시간 동안 꾸준히 처리할 수 있는 컴퓨터이다.

① 슈퍼 컴퓨터
② 연산 컴퓨터
③ 계산 컴퓨터
④ 에니악

03 다음 중 이미지 파일의 확장자로 옳지 않은 것은?

① Bmp
② Jpg
③ Gif
④ Tar

04 다음 중 분산처리 시스템의 특징으로 옳지 않은 것은?

① 작업을 병렬적으로 수행함으로써 사용자에게 빠른 반응 시간과 빠른 처리시간을 제공한다.
② 사용자들이 비싼 자원을 쉽게 공유하여 사용할 수 있고, 작업의 부하를 균등하게 유지할 수 있다.
③ 작업 부하를 분산시킴으로써 반응 시간을 항상 일관성 있게 유지할 수 있다.
④ 분산 시스템에 구성 요소를 추가하거나 삭제는 할 수 없다.

05 다음 중 빈칸에 들어갈 용어로 옳은 것은?

> PC본체와 주변 장치를 접속하는 케이블과 커넥터의 형상, 데이터 운송 방식 등의 방법은 규격화되어 있으며, 이 접속 규격을 (   )라고 한다.

① 입출력 인터페이스
② 시리얼 인터페이스
③ 패러럴 인터페이스
④ 네트워크 인터페이스

〈맞춤형 우대예약 서비스(원콜 서비스)〉

- 경로고객 및 장애인 등 인터넷 예약이 어려운 고객을 위한 우대예약 서비스입니다.
- 대상고객
  만 65세 이상의 경로고객, 장애인, 상이등급이 있는 국가유공자
- 가입 방법
  역에 대상자 자격을 확인할 수 있는 신분증, 복지카드, 유공자증 등을 제시하고 서비스를 신청하시기 바랍니다.
- 신청 방법
  역 방문 → 대상자 확인(주민등록증, 복지카드, 국가유공자 등) → 신청서 작성 및 제출 → 개인정보 입력 및 활용 동의 → 결제 신용카드 정보 등록
  ※ 기존 우대서비스 대상자는 추가등록 없이 서비스 이용이 가능합니다.
- 제공서비스
  1. 철도고객센터로 전화 시 상담원 우선 연결
  2. 승차권 대금 결제기한을 열차출발 20분 전까지 유보
  3. 원콜(One-Call) : 전화상으로 결제・발권(전화 예약 후 역에서 발권하는 불편 개선)

원콜(One-Call) 서비스란?

- 맞춤형 우대서비스 대상자가 철도고객센터에서 전화 예약 후 역에서 대기 후 승차권을 구매해야 하는 불편함을 개선하고, 보다 쉽고 편리하게 열차 이용이 가능하도록 전화상으로 결제・발권이 가능한 원스톱 예약・발권 서비스를 개발
- 대상 고객이 결제・발권까지 원하는 경우
  일반휴대폰 / 코레일톡 미설치자 : '승차권 대용문자' 발권
  코레일톡 설치자(스마트폰) : 승차권 대용문자+스마트폰 티켓 혼용 발권
  ※ 승차권 대용문자 : 승차권 대신 사용이 가능하도록 휴대폰으로 전송하는 문자메시지(열차 내에서는 승차권에 표시된 대상자 이름과 승무원 단말기에 표시된 이름과 신분증을 같이 확인하여 유효한 승차권 여부 및 대상자임을 확인)
  ※ 1회 예약 및 발권 가능 매수는 2매입니다.
  ※ 공공할인(경로, 장애인, 어린이 등)과 중복할인이 되지 않습니다.
- 주의사항
  승차권 전화 예약 후 결제기한 3회 초과로 자동 취소 시 6개월 간 서비스 제한
  ☞ 1월 1일과 7월 1일 기준으로 반기별 예약 부도 실적이 3회 이상인 경우 다음 산정일까지 우대서비스 제한

- 원콜(One-Call) 서비스를 이용한 전화 결제・발권 방법
  ① 철도고객센터 전화 → ② 상담원 자동・우선연결 → ③ 대상자 유형에 따라 예약 안내 → ④ 승차권 예약(상담원) → ⑤ 사전등록된 신용카드 정보로 결제(ARS) → ⑥ 고객의 선택에 따라 상담원 안내에 맞춰 승차권 대용문자 단독 발권 또는 승차권 대용문자+스마트폰 티켓 혼용발권 선택 → ⑦ 발권완료(☞ 고객의 휴대폰으로 승차권과 동일하게 대용으로 사용이 가능한 문자 전송)
  - 코레일톡 사용가능 여부에 따라 '승차권 대용문자' or '승차권 대용문자'+'스마트폰 티켓' 선택
  - 휴대폰을 이용한 승차권 발권을 원하지 않는 경우 전화 예약 후 역창구 발권 가능
  - 열차 내에서는 승차권 대용 문자의 운송정보와 승객의 신분증, 승무원 이동단말기 정보를 동시에 확인하여 정당한 이용 대상자임을 확인(대상자 외 타인 이용 적발 시, 무임승차 적용)

06 다음 중 맞춤형 우대예약 서비스에 대한 설명으로 옳은 것은?

① 모든 국가유공가는 해당 서비스를 이용할 수 있다.

② 전화를 통해서는 맞춤형 우대예약 서비스를 이용할 수 없다.

③ 신청을 위해서는 반드시 신분증을 지참하여야 한다.

④ 원콜 서비스를 이용하기 위해서는 반드시 신용카드를 사전등록하여야 한다.

⑤ 해당 서비스 이용에 따른 발권 방식은 이용자가 선택할 수 없다.

07 A씨는 맞춤형 우대예약 서비스를 이용하여 서울에서 대전으로 가는 KTX를 예매하고자 한다. A씨가 전화를 통한 발권 및 결제를 희망한다고 할 때, 다음 〈보기〉에서 옳지 않은 설명을 모두 고르면?

> **보기**
>
> ㄱ. A씨는 철도고객센터에 전화한 후, ARS를 통해서만 승차권 예약이 가능하다.
> ㄴ. 예약한 승차권은 복수의 방식으로 발급받을 수 있다.
> ㄷ. 예약한 승차권은 별도 신청을 통해 타인에게 양도할 수 있다.
> ㄹ. 예약 부도가 반복되는 경우, 서비스 이용이 제한될 수 있다.

① ㄱ, ㄴ   ② ㄱ, ㄷ

③ ㄴ, ㄷ   ④ ㄴ, ㄹ

⑤ ㄷ, ㄹ

08 다음 글의 제목으로 가장 적절한 것은?

요즘은 대체의학의 홍수시대라고 하여도 지나친 표현이 아니다. 우리가 먹거나 마시는 대부분의 비타민제나 건강음료 및 건강보조식품이 대체의학에서 나오지 않은 것이 없을 정도이니 말이다. 이러한 대체요법의 만연으로 한의계를 비롯한 제도권 의료계에서는 많은 경제적 위협을 받고 있다.

대체의학은 일반적으로 현대의학의 표준화된 치료 이외에 환자들이 이용하는 치료법이다. 일반 의료의 보조요법으로 과학자나 임상의사의 평가에 의해 증명되지는 않았으나 현재 예방, 진단, 치료에 사용되는 어떤 검사나 치료법 등을 통틀어 지칭하는 용어로 알려져 있다.

그러나 요즈음 우리나라에서는 전통적인 한의학과 서양의학이 아닌 그 외의 의학을 통틀어 대체의학이라 부르고 있다. 원래는 1970년대 초반 동양의학의 침술이 미국의학계와 일반인들에게 유입되고 특별한 관심을 불러일으키면서 서양의학자들이 이들의 혼잡을 정리하기 위해 서양의학 이외의 다양한 전통의학과 민간요법을 통틀어 '대체의학'이라 부르기 시작했다. 그런 이유로 구미 각국에서는 한의학도 대체의학에 포함시키고 있으나 의료 이원화된 우리나라에서는 한의학도 제도권 내의 공식 의학에 속하기 때문에 대체의학에서 제외되고 있다.

서양에서 시작된 대체의학은 서양의 정통의학에서 부족한 부분을 보완하거나 대체할 새로운 치료의학에 대한 관심으로 시작하였으나 지금의 대체의학은 질병을 관찰함에 있어 전일(全一)적이며 환자 중심적이다. 또한, 자연적인 치료를 주장하는 인간 중심의 한의학에 관심을 갖게 되면서 전반적인 상태나 영양 등은 물론 환자의 정신적, 사회적, 환경적인 부분까지 관찰하여 조화와 균형을 이루게 하는 치료법으로 거듭 진화하고 있으며, 현재는 보완대체의학에서 보완통합의학으로, 다시 통합의학이라는 용어로 변모하였다.

대체의학을 분류하는 방법은 다양하지만 대표적으로 서양에서 분류한 세 가지 유형으로 구분하면 다음과 같다. 첫 번째로는 동양의학적 보완대체요법으로 침술, 기공치료, 명상요법, 요가, 아유르베다 의학, 자연요법, 생약요법, 아로마요법, 반사요법, 봉침요법, 접촉요법, 심령치료법, 기도요법 등이 있다. 두 번째로는 서양의학적 보완대체요법으로는 최면요법, 신경 - 언어 프로그램 요법, 심상유도 요법, 바이오피드백 요법(생체되먹이 요법), 분자정형치료, 응용운동학, 중금속제거 요법, 해독요법, 영양보충 요법, 효소요법, 산소요법, 생물학적 치과치료법, 정골의학, 족부의학, 근자극요법, 두개천골자극 요법, 에너지의학, 롤핑요법, 세포치료법, 테이핑요법, 홍채진단학 등이 있으며, 세 번째로는 동서의학 접목형 보완대체요법으로는 동종요법, 양자의학, 식이요법, 절식요법, 주스요법, 장요법, 수치료, 광선요법, 뇨요법 등의 치료법이 있고, 요즘은 여기에다 미술치료, 음악치료 등의 새로운 치료법이 대두되고 있으며 이미 일부의 양·한방 의료계에서는 이들 중의 일부를 임상에 접목시키고 있다.

그러나 한의학으로 모든 질병을 정복하려는 우를 범해서는 안 된다. 한의학으로 모든 질병이 정복되어진다면 서양의학이 존재할 수 없으며 대체의학이 새롭게 21세기를 지배할 이유가 없다. 한의학은 대체의학이 아니다. 마찬가지로 대체의학 역시 한의학이 아니며 서양의학도 아니다. 대체의학은 새로운 의학이며 우리가 개척하고 정복해야 할 미지의 의학이다.

① 대체의학의 의미와 종류
② 대체의학이 지니는 문제점
③ 대체의학에 따른 부작용 사례
④ 대체의학의 한계와 개선방향
⑤ 대체의학의 연구 현황과 미래

09 다음 자료를 보고 추론한 것으로 옳지 않은 것은?

구분	올더스 헉슬리	조지 오웰
경고	스스로 압제를 환영하며, 사고력을 무력화하는 테크놀로지를 떠받들 것이다.	외부의 압제에 지배당할 것이다.
두려움	굳이 서적을 금지할 이유가 없어지는 것에 대한 두려움	서적을 금지에 대한 두려움
	지나친 정보 과잉으로 수동적이고 이기적인 존재가 될 것 같은 두려움	정보 통제에 대한 두려움
	비현실적 상황에 진실이 압도당할 것에 대한 두려움	진실 은폐에 대한 두려움
	가장현실, 약물중독 따위에 몰두함으로 인해 하찮은 문화로 전락할 것에 대한 두려움	통제에 의한 문화가 감옥이 될 것에 대한 두려움
	우리가 좋아서 집착하는 것이 오히려 우리를 파괴할 것에 대한 두려움	우리가 증오하는 것이 우리를 파괴할 것 같은 두려움
통제	즐길 것을 통해서	고통을 가해서

– 닐 포스트먼, 『죽도록 즐기기』

① 조지 오웰은 개인의 자유가 침해되는 상황을 경계하고 있다.
② 올더스 헉슬리는 개인들이 통제를 기꺼이 받아들일 것이라고 전망했다.
③ 조지 오웰은 사람들이 너무 많은 정보를 접하는 상황에 대해 두려워했다.
④ 올더스 헉슬리는 쾌락을 통해 사람들을 움직일 수 있다고 본다.
⑤ 두 사람 모두 사람들은 자기 파멸에 대해 두려움을 느낀다.

10 A사진사는 다음 〈조건〉과 같이 사진을 인화하여 고객에게 배송하려고 한다. 5×7 사이즈 사진은 최대 몇 장을 인화할 수 있는가?

> **조건**
> • 1장 인화하는 가격은 4×6 사이즈는 150원, 5×7 사이즈는 300원, 8×10 사이즈는 1,000원이다.
> • 사진을 인화하는 데 든 총비용은 21,000원이며, 배송비는 무료이다.
> • 각 사진 사이즈는 적어도 1개 이상 인화하였다.

① 36장
② 42장
③ 48장
④ 59장
⑤ 61장

※ 다음 자동차 수출 자료를 보고, 이어지는 질문에 답하시오. [11~12]

〈자동차 수출액〉

(단위 : 백만 달러)

| 구분 | 2019년 | | 2020년 | | |
	3분기	4분기	1분기	2분기	3분기
A사	342	452	163	263	234
B사	213	312	153	121	153
C사	202	153	322	261	312
D사	351	264	253	273	312
E사	92	134	262	317	324

〈자동차 수출 대수〉

(단위 : 백 개)

| 구분 | 2019년 | | 2020년 | | |
	3분기	4분기	1분기	2분기	3분기
A사	551	954	532	754	642
B사	935	845	904	912	845
C사	253	242	153	125	164
D사	921	955	963	964	954
E사	2,462	1,816	2,201	2,365	2,707

| 코레일 한국철도공사 / 수리능력

11 다음 〈보기〉에서 옳지 않은 것은 모두 몇 개인가?(단, 회사별로 한 종류의 차만 판매하였다)

> 보기
>
> ㄱ. 2019년 3분기 전체 자동차 수출액은 2020년 3분기 전체 자동차 수출액보다 적다.
> ㄴ. 2020년 1분기에 가장 고가의 차를 수출한 회사는 A사이다.
> ㄷ. C사의 자동차 수출 대수는 2019년 3분기 이후 계속 감소하였다.
> ㄹ. E사의 자동차 수출액은 2019년 3분기 이후 계속 증가하였다.

① 0개
② 1개
③ 2개
④ 3개
⑤ 4개

12 다음은 자동차 수출 자료를 토대로 만든 표일 때, ㉠+㉡+㉢의 값을 구하면?(단, 2020년 4분기 자동차 수출 대수는 2분기 자동차 수출 대수와 같으며, 2019년 1분기와 2분기의 자동차 수출액 합은 2019년 3분기와 4분기의 합과 같다)

〈자동차 수출 자료〉

(전체 수출액 단위 : 백만 달러, 전체 수출 대수 : 백 개)

구분	2019년		2020년		
	3분기	4분기	1분기	2분기	3분기
전체 수출액					
전체 수출 대수			㉠		

구분		A사	B사	C사	D사	E사
2019년	전체 수출액	㉡				
	전체 수출 대수					
2020년	전체 수출액					
	전체 수출 대수					㉢

① 13,312

② 15,979

③ 16,197

④ 17,253

⑤ 20,541

13 다음은 사거리 신호등에 대한 정보이다. 오전 8시 정각에 좌회전 신호가 켜졌다면, 오전 9시 정각의 신호로 옳은 것은?

- 정지 신호는 1분 10초 동안 켜진다.
- 좌회전 신호는 20초 동안 켜진다.
- 직진 신호는 1분 40초 동안 켜진다.
- 정지 신호 다음에 좌회전 신호, 좌회전 신호 다음에 직진 신호, 직진 신호 다음에 정지 신호가 켜진다.
- 세 가지 신호는 계속 반복된다.

① 정지 신호가 켜진다.

② 좌회전 신호가 켜진다.

③ 직진 신호가 켜진다.

④ 정지 신호가 켜져 있다.

⑤ 직진 신호가 켜져 있다.

※ 다음은 A ~ E약물에 대한 자료이다. 〈조건〉을 바탕으로 이어지는 질문에 답하시오. [14~15]

약 종류	1주 복용 횟수	복용 시기	혼용하면 안 되는 약	복용 우선순위
A	4회	식후	B, C, E	3
B	4회	식후	A, C	1
C	3회	식전	A, B	2
D	5회	식전	–	5
E	4회	식후	A	4

조건
- S씨는 모든 약을 복용해야 한다.
- 혼용하면 안 되는 약은 한 끼니를 전후하여 혼용해서는 안 된다.
  - 아침 전후 or 점심 전후 or 저녁 전후는 혼용 불가
- 약은 우선순위대로 최대한 빨리 복용하여야 한다.
- 식사는 아침, 점심, 저녁만 해당한다.
- 하루 최대 6회까지 복용할 수 있다.
- 약은 한번 복용하기 시작하면 해당 약을 모두 먹을 때까지 중단 없이 복용하여야 한다.
- 모든 약은 하루 최대 1회 복용할 수 있다.

14 다음 중 〈조건〉을 고려할 때, 모든 약의 복용이 완료되는 시점으로 적절한 것은?

① 4일 차 점심
② 4일 차 저녁
③ 5일 차 아침
④ 5일 차 저녁
⑤ 6일 차 아침

15 다음 〈보기〉의 설명 중 S씨의 A ~ E약물 복용에 대하여 옳은 설명을 모두 고르면?

보기
ㄱ. 하루에 A ~ E를 모두 복용할 수 있다.
ㄴ. D는 점심에만 복용한다.
ㄷ. 최단 시일 내에 모든 약을 복용하기 위해서는 A는 저녁에만 복용하여야 한다.
ㄹ. A와 C를 동시에 복용하는 날은 총 2일이다.

① ㄱ, ㄴ
② ㄱ, ㄷ
③ ㄴ, ㄷ
④ ㄴ, ㄹ
⑤ ㄷ, ㄹ

16 다음 글을 읽고 보인 반응으로 가장 적절하지 않은 것은?

> 국민건강보험공단(이하 공단)은 11월부터 건강보험 고지·안내문을 네이버와 협력하여 '디지털 전자문서 발송시스템구축' 사업을 시작한다고 밝혔다.
>
> 공단은 전 국민에게 다양한 건강보험 고지·안내문을 종이 우편물로 행정안전부의 주민등록주소 또는 본인이 신청한 주소로 발송해 왔으나, 종이 우편물은 인쇄 및 발송에 따르는 비용과 시간, 분실 등으로 원하는 때에 전달받지 못하는 불편함이 있었고, 지속적으로 늘어나는 단독세대와 빈번한 주소이전, 부재 등으로 반송이 증가해왔다.
>
> 이러한 불편을 해결하고자 공단은 네이버와 전자문서 서비스 분야 협업을 통해 올해 12월까지 모바일을 활용한 전자문서 발송시스템을 구축하여 시범운영하고, 2021년부터 '디지털 고지·안내문 발송서비스를 단계적으로 확대 시행하기로 하였다.
>
> 이번 사업은 5년 동안 단계별로 고지·안내방식 전환 및 발송을 목표로 디지털 발송서식 전환, 업무 프로세스 표준화, 발송시스템 구축, 대국민 참여 안내 등으로 진행될 예정이며, 네이버 전자문서 서비스를 통한 건강보험 고지·안내문 발송으로 모바일에서 국민들은 언제 어디서나 공단의 전자문서를 손쉽게 열람하고 건강검진 대상 확인, 환급금 조회와 신청까지 원스톱으로 해결할 수 있게 된다.
>
> 공단은 '정부혁신 종합 추진 계획' 및 언택트 시대에 맞춘 이러한 공공서비스 개선 사업이 민간과 공공기관의 협업으로 국민의 알권리 충족과 다양한 건강보험 정보를 보다 안전하고 편리하게 이용할 수 있는 전환점이 될 것으로 기대하고 있다.
>
> 전자문서는 블록체인 기술 적용 등 보안이 강화된 인증서로 본인인증 절차를 거쳐 열람할 수 있다. 고지·안내문에 담긴 개인정보와 민감정보는 공단 모바일(The 건강보험)로 연동하여 확인하도록 하여 이용자의 개인정보를 안전하게 보호할 수 있도록 추진하고, 모바일로 발송되는 전자문서에 대한 국민들의 관심과 참여를 높이기 위해 네이버와 함께 다양한 홍보도 계획하고 있다.
>
> 공단 정보화본부 관계자는 "대국민 고지·안내문 발송 패러다임 전환을 위한 '디지털 전자문서 발송시스템 구축'의 성공적 이행을 위해 네이버와 적극 협력하여 추진하고 있으며, 이번 '디지털 전자문서 고지·안내문 발송 서비스'는 국민의 적극적인 참여가 가장 중요하므로, 12월에 네이버를 통해 안내 예정인 전자문서 본인 인증에 적극 참여해 주시길 당부 드린다."라며, "공단은 국민에게 다가가는 소통형 정보 활용을 위해 지난 11월 건강보험 홈페이지와 '모바일(The 건강보험)'을 혁신적으로 개편하였으며, 지속적으로 훌륭한 품질의 서비스를 발굴해 나갈 것"이라고 밝혔다.

① 때와 장소와 관계없이 언제 어디서나 건강보험 내역을 확인할 수 있겠어.
② 전자문서를 통해 즉각적인 확인은 가능하지만, 환급금 신청을 위해선 공단에 방문해야 해.
③ 인증서를 통해 고지서를 확인할 수 있기 때문에 보안상으로도 걱정할 필요가 없겠어.
④ 이 사업이 정착되기까지는 최소 5년의 시간이 걸리겠어.

17 다음은 국민행복카드에 대한 자료이다. 〈보기〉 중 국민행복카드에 대한 설명으로 옳지 않은 것을 모두 고르면?

- 국민행복카드

  '보육료', '유아학비', '건강보험 임신·출산 진료비 지원', '청소년산모 임신·출산 의료비 지원' 및 '사회서비스 전자바우처' 등 정부의 여러 바우처 지원을 공동으로 이용할 수 있는 통합카드입니다. 국민행복카드로 어린이집·유치원 어디서나 사용이 가능합니다.

- 발급방법

  〈온라인〉
  - 보조금 신청 : 정부 보조금을 신청하면 어린이집 보육료와 유치원 유아학비 인증이 가능합니다.
  - 보조금 신청서 작성 및 제출 : 복지로 홈페이지
  - 카드 발급 : 5개 카드사 중 원하시는 카드사를 선택해 발급받으시면 됩니다.
  ※ 연회비는 무료
  - 카드 발급처 : 복지로 홈페이지, 임신육아종합포털 아이사랑, 5개 제휴카드사 홈페이지

  〈오프라인〉
  - 보조금 신청 : 정부 보조금을 신청하면 어린이집 보육료와 유치원 유아학비 인증이 가능합니다.
  - 보조금 신청서 작성 및 제출 : 읍면동 주민센터
  - 카드 발급 : 5개 제휴카드사
  ※ 연회비는 무료
  - 카드 발급처 : 읍면동 주민센터, 전국 은행과 주요 카드사 지점
  ※ 어린이집 ↔ 유치원으로 기관 변경 시에는 복지로 또는 읍면동 주민센터에서 반드시 보육료·유아학비 자격변경 신청이 필요

보기

ㄱ. 국민행복카드 신청을 위한 보육료 및 학비 인증을 위해서는 별도 절차 없이 정부 보조금 신청을 하면 된다.

ㄴ. 온라인이나 오프라인 둘 중 어떤 발급경로를 선택하더라도 연회비는 무료이다.

ㄷ. 국민행복카드 신청을 위한 보조금 신청서는 읍면동 주민센터, 복지로 혹은 카드사의 홈페이지에서 작성할 수 있으며 작성처에 제출하면 된다.

ㄹ. 오프라인으로 신청한 경우 카드를 발급받기 위해서는 읍면동 주민센터 혹은 전국 은행 지점을 방문하여야 한다.

① ㄱ, ㄴ
③ ㄴ, ㄷ
② ㄱ, ㄷ
④ ㄷ, ㄹ

18 다음 글을 읽고 올바르게 이해하지 못한 사람은?

ADHD로 진단받는 사람은 얼마나 될까? 국내 연구에서는 ADHD 발병률이 5.9 ~ 8.5%이며 전 세계적으로도 3 ~ 8%, 평균적으로 5%라고 한다. 한편 ADHD로 치료받는 아동의 유병률을 살펴보면 0.8%에 불과해 많은 아동청소년이 진단과 치료 시기를 놓치고 있다는 것을 알 수 있다. 또한, 성인의 경우 국내는 1.1%, 전 세계적으로는 3.4% 정도라는 사실이 최근 언론을 통해 알려져 많은 관심을 받고 있다.

정신과적 질환은 유전과 환경 양쪽이 상호작용을 하며 발병하는 경우가 대부분이다. ADHD도 가족력, 저체중, 조산, 충분한 제한 설정을 경험하지 못하는 양육환경, 납과 같은 중금속 노출, TV · 핸드폰 · 컴퓨터와 같은 미디어 노출 등 다양한 원인이 존재한다. 뇌의 기능과 영상을 연구해 보면 통제, 집중, 정보처리 등을 담당하는 전전두엽 기능이 저하된 소견을 보인다. ADHD 아동청소년의 뇌기능영상 연구를 살펴보면 이와 같은 영역의 기능이 저하된 소견을 보인다. 즉, ADHD 아동청소년 뇌 안의 브레이크가 잘 작동하지 않아 선택적인 집중, 충동 억제, 각성 조절 등에 어려움이 생기는 것이다.

산만하다고 다 ADHD는 아니다. 아동청소년의 나이와 그간 받아온 훈육, 가정환경, 최근 생활의 변화 등 다양한 요인이 집중력에 영향을 미치기 때문에, 그 요인을 분석하고 교정하면서 진찰해야 한다. 보통은 집중력과 통제력이 또래와 2 ~ 3년 정도 차이가 나고, 만 5세가 지나도록 또래에 비해 산만하고 충동적일 경우 ADHD를 의심해 본다. 진단 기준에 따라 증상을 구분한다면 주의산만, 과잉행동 및 충동성으로 나눌 수 있다. 증상은 특정 상황에서만 두드러지게 보이기도 하며 성별에 따라 차이를 보이기도 한다. 이때, 적어도 학교와 집과 같이 두 군데 이상의 상황에서 증상이 뚜렷하게 보여야 한다.

주의산만은 해야 할 일을 잊어버리거나, 물건을 자주 잃어버리거나, 부모나 친구의 말을 흘려듣고 중간에 딴 생각을 하며 질문에 엉뚱한 대답을 하는 모습을 일컫는다. 자신이 좋아하거나 재미있어 하는 일에는 집중하는 것을 잘하지만, 지루해서 집중할 때 정신적인 노력이 많이 드는 일에서는 일반 아동과 비교해 집중력에 큰 차이를 보인다. 이런 상황에서 부모님이 격려하고 칭찬하면 일반 아동은 끝까지 과제를 수행해 내지만, ADHD 아동은 미루려고 하며, 정말 오랜 시간을 주고받거나 난이도를 낮춰도 끝맺지 못한다. 또 아동청소년이 해야 할 일을 스스로 하지 않아 부모가 잔소리를 하게 되는 일이 있는데, 이때 아동은 일을 끝맺기도 전에 딴 일을 벌이는 경우가 많다.

ADHD 진단은 아동청소년의 임상증상에 대한 면담과 설문검사, 심리검사 등을 토대로 이루어진다. 이후 틱, 불안장애, 우울장애, 학습장애, 반항장애, 지적장애 등 동반 질환이 있는지 확인한다. 치료는 약물치료와 비약물치료로 나뉘며, 비약물치료는 상담치료, 부모 교육과 훈육방식의 변화, 작업기억 훈련, 뉴로피드백 등이 있다.

약물 치료의 경우 약 2년간 치료한 뒤 경과를 관찰해 치료 종결을 결정한다. 50 ~ 80%가 청소년기에도 증상이 지속되고 이후 성인기에도 35 ~ 65%는 증상이 남는 경우도 있어 초등학교에 입학하면서 치료를 결정할 경우 장기간 치료가 필요할 수 있다. 그러나 뇌의 성숙이 이루어지고, 시행착오를 통해 경험이 축적되고, 스스로 ADHD 증상을 인식하고 고치려고 노력한다면 호전되므로 적극적으로 진료를 받는 것이 바람직하다.

① 가원 : ADHD는 평균적으로 100명 중 5명이 걸린다고 볼 수 있어.
② 송이 : 중금속에 노출되면 ADHD 증상을 보일 수 있어.
③ 산하 : ADHD는 정보처리를 담당하는 뇌 영역이 제대로 기능을 하지 못해 나타난다고 할 수 있어.
④ 찬솔 : 집에서만 부모님의 말을 흘려듣고 엉뚱한 대답을 한다면 ADHD라고 볼 수 없어.
⑤ 하진 : ADHD 환자 35 ~ 65%는 성인이 되면 자연스럽게 증상이 사라지므로 그대로 놔두는 편이 좋아.

리튬은 원자번호 3번이며, 알칼리 금속이다. 리튬은 아르헨티나와 칠레 등 남미와 호주에서 대부분 생산되며, 소금호수로 불리는 염호에서 리튬을 채굴한다. 리튬을 비롯한 알칼리 금속은 쉽게 전자를 잃어버리고 양이온이 되는 특성이 있으며, 전자를 잃은 리튬은 리튬이온(Li^+) 상태로 존재한다.

리튬의 특성을 살펴보면 가장 큰 장점은 가볍다는 점이다. 스마트폰이나 노트북 등 이동형 기기가 등장할 수 있었던 것도 바로 이러한 리튬의 특성과 관련이 있다. 이동형 기기에 전원을 공급하는 전지가 무겁다면 들고 다니기 쉽지 않기 때문이다. 이는 경량화를 통해 에너지 효율을 추구하는 전기차도 마찬가지다. 또한, 양이온 중 수소를 제외하면 이동 속도가 가장 빠르다. 리튬이온의 이동 속도가 빠르면 더 큰 전기에너지를 내는 전지로 만들 수 있기 때문에 리튬이온전지 같은 성능을 내는 2차 전지는 현재로서는 없다고 할 수 있다.

리튬이온전지는 양극과 음극, 그리고 전지 내부를 채우는 전해질로 구성된다. 액체로 구성된 전해질은 리튬이온이 이동하는 경로 역할을 한다. 일반적으로 리튬이온전지의 음극에는 흑연을, 양극에는 금속산화물을 쓴다.

충전은 외부에서 전기에너지를 가해 리튬이온을 음극재인 흑연으로 이동시키는 과정이며, 방전은 음극에 모인 리튬이온이 양극으로 이동하는 과정을 말한다. 양극재로 쓰이는 금속산화물에는 보통 리튬코발트산화물이 쓰인다. 충전 과정을 통해 음극에 삽입돼 있던 리튬이온이 빠져나와 전해질을 통해 양극으로 이동한다. 이때 리튬이온이 잃은 전자가 외부 도선을 통해 양극으로 이동하게 되는데, 이 과정에서 전기에너지가 만들어진다. 리튬이온이 전부 양극으로 이동하면 방전상태가 된다. 다시 외부에서 전기에너지를 가하면 리튬이온이 음극으로 모이면서 충전된다. 이 같은 충·방전 과정을 반복하며 전기차나 스마트폰, 노트북 등에 전원을 공급하는 역할을 하는 것이다.

리튬이온전지와 같은 2차 전지 기술의 발달로 전기차 대중화를 바라보고 있다. 하지만 전기차에 집어넣을 수 있는 2차 전지의 양을 무작정 늘리기는 어렵다. 전지의 양이 많아지면 무게가 그만큼 무거워져 에너지 효율이 낮아지기 때문이다. 크게 무거운 일반 내연기관차가 경차보다 단위 연료(가솔린, 디젤)당 주행거리를 의미하는 연비가 떨어지는 것과 같은 이치이다. 전기차를 움직이는 리튬이온전지의 용량 단위는 보통 킬로와트시(kWh)를 쓴다. 이때 와트는 전기에너지 양을 나타내는 일반적인 단위로 1볼트(V)의 전압을 가해 1암페어(A)의 전류를 내는 양을 말한다. 와트시(Wh)는 1시간 동안 소모할 수 있는 에너지의 양을 의미한다. 1시간 동안 1W의 전력량을 소모하면 1Wh가 된다.

전지의 용량은 전기차를 선택하는 핵심 요소인 완전 충전 시 주행거리와 연결된다. 테슬라 모델3 스탠더드 버전의 경우 공개된 자료에 따르면 1kWh당 6.1km를 주행할 수 있다. 이를 기준으로 50킬로와트시의 전지 용량을 곱하게 되면 약 300km를 주행하는 것으로 계산된다. 물론 운전자의 주행 습관이나 기온, 도로 등 주행 환경에 따라 주행거리는 달라진다.

보편적으로 쓰이는 2차 전지인 리튬이온전지의 성능을 개선하려는 연구 노력도 이어지고 있다. 대표적인 것이 양극에 쓰이는 금속산화물을 개선하는 것이다. 현재 리튬이온전지 양극재는 리튬에 니켈, 코발트, 망간, 알루미늄을 섞은 금속산화물이 쓰인다. 리튬이온전지 제조사마다 쓰이는 성분이 조금씩 다른데 각 재료의 함유량에 따라 성능이 달라지기 때문이다. 특히 충·방전을 많이 하면 전지 용량이 감소하는 현상과 리튬이온을 양극에 잘 붙들 수 있는 소재 조성과 구조를 개선하는 연구가 이뤄지고 있다.

19 다음 중 글의 내용을 올바르게 파악한 사람은?

> A : 리튬의 장점은 가볍다는 것이며, 양이온 중에서도 이동속도가 가장 빠르다.
> B : 리튬이온은 충전 과정을 통해 전지의 양극에 모이게 된다.
> C : 내연기관차는 무게가 무겁기 때문에 에너지 효율이 그만큼 떨어진다.
> D : 테슬라 모델3 스탠더드 버전이 20kWh로 달리면 약 20km를 주행하게 된다.
> E : 전지의 충전과 방전이 계속되면 전지 용량이 줄어들게 된다.

① A, B   ② B, C
③ C, D   ④ D, E
⑤ C, E

20 다음 중 글의 주된 서술 방식으로 옳은 것은?

① 대상이 지난 문제점을 파악하고 이를 해결하기 위한 방안을 제시하고 있다.
② 대상과 관련된 논쟁을 비유적인 표현을 통해 묘사하고 있다.
③ 구체적인 예시를 통해 대상의 특징을 설명하고 있다.
④ 시간의 흐름에 따른 대상의 변화를 설명하고 있다.
⑤ 대상을 여러 측면에서 분석하고 현황을 소개하고 있다.

21 다음 중 (가) ~ (다)의 문제 유형을 올바르게 짝지은 것은?

> (가) A회사의 에어컨 판매부서는 현재 어느 정도 매출이 나오고 있는 상황이지만, 경쟁사가 늘어나고 있어 생산성을 높이기 위한 방안을 모색하고 있다.
> (나) 작년에 A회사에서 구입한 에어컨을 꺼내 사용하고자 하였으나, 고장이 나서 작동하지 않았다.
> (다) 에어컨에 주력하던 A회사는 올해부터 새로운 사업으로 공기청정기 분야에 관심을 보이고 있다.

	(가)	(나)	(다)
①	발생형 문제	탐색형 문제	설정형 문제
②	설정형 문제	탐색형 문제	발생형 문제
③	설정형 문제	발생형 문제	탐색형 문제
④	탐색형 문제	발생형 문제	설정형 문제
⑤	탐색형 문제	설정형 문제	발생형 문제

22 다음 상황을 참고할 때, A씨가 물적자원을 적절하게 활용하지 못하는 이유로 적절하지 않은 것은?

〈상황〉

A씨는 홈쇼핑이나 SNS 광고를 보다가 혹하여 구매를 자주 하는데, 이는 지금 당장은 필요 없지만 추후에 필요할 경우가 반드시 생길 것이라 생각하기 때문이다. 이렇다 보니 쇼핑 중독 수준에 이르러 집에는 포장도 뜯지 않은 박스들이 널브러져 있다. 이에 A씨는 오늘 모든 물품들을 정리하였는데, 지금 당장 필요한 것만 빼놓고 나머지를 창고에 마구잡이로 올려놓는 식이었다. 며칠 뒤 A씨는 전에 샀던 물건이 필요하게 되어 창고를 들어갔지만, 물건이 순서 없이 쌓여져 있는 탓에 찾다가 포기하고 돌아서 나오다가 옆에 있던 커피머신을 떨어뜨려 고장이 났다.

① 물품을 정리하지 않고 보관한 경우
② 물품의 보관 장소를 파악하지 못하는 경우
③ 물품이 훼손된 경우
④ 물품을 분실한 경우
⑤ 물품을 목적 없이 구입한 경우

23 다음 자료를 참고할 때, 감정은행계좌 저축에 해당하지 않는 것은?

우리가 은행에 계좌를 만들고 이를 통해 예치와 인출을 하듯이, 인간관계 속에서도 신뢰를 구축하거나 무너뜨릴 수 있는 감정은행계좌라는 것이 존재한다. 이는 사람들이 같은 행동을 하더라도 이 감정은행계좌에 신뢰가 많고 적음에 따라 그 사람의 행동이 달리 판단되도록 한다. 예를 들어 평소 감정은행계좌를 통해 서로 신뢰를 구축한 어떤 사람이 실수를 한다면, 무슨 일이 있었을 것이라 생각하며 그 실수에 대해 이해하고 용서하려 했을 확률이 높다. 하지만, 평소 감정은행계좌로 구축한 신뢰가 적은 경우라면, 그 사람에 대해 성실하지 않고 일을 대충하는 사람으로 생각했을 확률이 높았을 것이다. 따라서 사람과 사람 사이의 평소 감정은행계좌의 저축은 매우 중요한 사안이다.

① 상대방에 대한 이해와 배려
② 사소한 일에 대한 관심
③ 약속 이행 및 언행일치
④ 칭찬하고 감사하는 마음
⑤ 반복적인 사과

24 다음 중 제시된 상황의 고객 유형에 대처하는 방법으로 가장 적절한 것은?

〈상황〉

직원 : 반갑습니다. 고객님, 찾으시는 제품 있으신가요?

고객 : 아이가 에어드레서가 필요하다고 해서요, 제품 좀 보러 왔어요.

직원 : 그렇군요. 그럼 고객님, K제품 한번 보시겠어요? 이번에 나온 신제품인데요, 기존 제품이 살균과 미세먼지 제거 기능 및 냄새 분해 기능만 있었다면, 이 제품은 그 기능에 더하여 바이러스 제거 기능이 추가되었습니다. 요즘 같은 코로나19 상황에 가장 적합한 제품입니다.

고객 : 가격이 얼마인가요?

직원 : 가격은 기존 제품의 약 1.8배 정도로 75만 원이지만, 이번에 저희 매장에서 2021년 신제품은 5%의 할인이 적용되기 때문에 지금 타사 대비 최저가로 구매가 가능합니다.

고객 : 아, 비싸네요. 근데 바이러스가 눈에 안 보이는데 정말 제거되는지 믿을 수 있나요? 그냥 신제품이라고 좀 비싸게 파는 건 아닐까 생각이 드네요.

① 잠자코 고객의 의견을 경청하고 사과를 하도록 한다.

② 고객의 이야기를 경청하고, 맞장구치고, 추켜세우고, 설득한다.

③ 분명한 증거나 근거를 제시하여 고객이 확신을 갖도록 유도한다.

④ 과시욕이 충족될 수 있도록 고객의 언행을 제지하지 않고 인정해 준다.

⑤ 의외로 단순하게 생각하는 면이 있으므로 고객의 호감을 얻기 위해 노력한다.

25 다음 자료를 참고할 때, 기술경영자의 역할이 아닌 것은?

기술경영자에게는 리더십, 기술적인 능력, 행정능력 외에도 다양한 도전을 해결하기 위한 여러 능력들이 요구된다. 기술개발이 결과 지향적으로 수행되도록 유도하는 능력, 기술개발 과제의 세부 사항까지도 파악할 수 있는 능력, 기술개발 과제의 전 과정을 전체적으로 조망할 수 있는 능력이 그것이다. 또한 기술개발은 기계적인 관리보다는 조직 및 인간 행동상의 요인들이 더 중요하게 작용되는 사람 중심의 진행이다. 그렇기 때문에 기술의 성격 및 이와 관련된 동향·사업 환경 등을 이해할 수 있는 능력과 기술적인 전문성을 갖춰 팀원들의 대화를 효과적으로 이끌어 낼 수 있는 능력 등 다양한 능력을 필요로 하고 있다. 이와 달리 중간급 매니저라 할 수 있는 기술관리자에게는 기술경영자와는 조금 다른 능력이 필요한데, 이는 기술적 능력에 대한 것과 계획서 작성, 인력 관리, 예산 관리, 일정 관리 등 행정능력에 대한 것이다.

① 시스템적인 관점에서 인식하는 능력

② 기술을 효과적으로 평가할 수 있는 능력

③ 조직 내의 기술 이용을 수행할 수 있는 능력

④ 새로운 제품개발 시간을 단축할 수 있는 능력

⑤ 기술을 기업의 전반적인 전략 목표에 통합시키는 능력

26 다음은 업무수행시트에 관한 예시이다. (가) ~ (다)에 대한 설명으로 가장 적절하지 않은 것은?

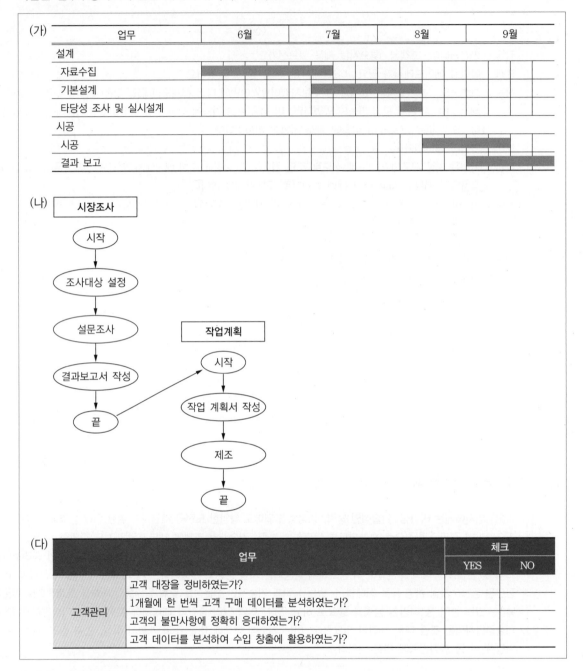

(가)

업무		6월	7월	8월	9월
설계					
	자료수집				
	기본설계				
	타당성 조사 및 실시설계				
시공					
	시공				
	결과 보고				

(나) **시장조사**

시작 → 조사대상 설정 → 설문조사 → 결과보고서 작성 → 끝

작업계획

시작 → 작업 계획서 작성 → 제조 → 끝

(다)

업무		체크	
		YES	NO
고객관리	고객 대장을 정비하였는가?		
	1개월에 한 번씩 고객 구매 데이터를 분석하였는가?		
	고객의 불만사항에 정확히 응대하였는가?		
	고객 데이터를 분석하여 수입 창출에 활용하였는가?		

① (가) : 전체 일정에 파악하기 용이하다.
② (가) : 표시된 바는 각 업무별로 걸리는 시간을 나타낸 것이다.
③ (나) : 도형을 같게 표시하고 선으로 연결함으로써 일의 흐름을 파악하기 효과적이다.
④ (나) : 각 활동별 소요시간을 함께 표기하면 해당 시트를 더 효과적으로 사용할 수 있다.
⑤ (다) : 각 업무의 세부적인 활동들의 달성유무를 확인하는 데 효과적이다.

27 다음 중 ㉠, ㉡에 들어갈 단어로 옳은 것은?

> 한국국토정보공사는 ODA 지원 국가 전체 또는 일부의 SOC 인프라 사업지에 대한 정보를 통합하고 분석·활용하는 서비스를 제공하고, 사업수행과정 및 완료 후에도 지속적으로 현행화되는 공간정보에 대한 통합플랫폼을 ㉠운영/운용하여 민간기업의 해외진출에 필요한 데이터를 제공한다. 또한, 다양한 해외협력 ㉡개발/계발 사업을 진행하고 있다.

	㉠	㉡		㉠	㉡
①	운영	개발	②	운영	계발
③	운용	개발	④	운용	계발

28 다음 글에서 설명하는 논리적 오류로 적절한 것은?

> 한 법정에서 피의자에 대해 담당 검사는 다음과 같이 주장하였다. "피의자는 과거에 사기 전과가 있으나, 반성하는 기미도 없이 문란한 사생활을 지속해 오고 있습니다. 과거에 마약을 복용하기도 하였으며, 술에 취해 폭력을 가한 적도 있습니다. 따라서 죄질이 나쁘므로 살인 혐의로 기소하고, 법적 최고형을 구형하기 바랍니다."

① 허수아비 공격의 오류
② 피장파장의 오류
③ 애매성의 오류
④ 성급한 일반화의 오류

29 다음 〈보기〉에서 효율적이고 합리적인 인사관리를 하기 위한 원칙으로 옳은 것을 모두 고르면?

> **보기**
>
> ㄱ. 근로자의 창의력이 발휘할 수 있도록 기회를 마련하고 인센티브를 제공한다.
> ㄴ. 자신에게 직접적인 도움을 줄 수 있는 사람들로 적재적소에 배치한다.
> ㄷ. 근로자의 인권을 존중하고, 공헌도에 따라 노동의 대가를 지급한다.
> ㄹ. 직장에서 신분이 보장되고, 계속해서 근무할 수 있다는 믿음을 갖게 한다.
> ㅁ. 직장 구성원들이 서로 유대감을 가지고 협동, 단결하는 체제를 이루도록 한다.

① ㄱ, ㄴ, ㄷ, ㄹ   ② ㄱ, ㄷ, ㄹ, ㅁ
③ ㄴ, ㄷ, ㄹ, ㅁ   ④ ㄱ, ㄴ, ㄷ, ㅁ

30 다음 〈보기〉에서 팀제의 성과를 높이기 위한 방법으로 옳은 것을 모두 고르면?

> **보기**
>
> ㄱ. 팀의 구성원의 수는 많을수록 좋다.
> ㄴ. 팀은 다양한 특성의 사람을 모두 섞는 것이 좋다.
> ㄷ. 개인적인 퍼포먼스를 위주로 인센티브를 제공한다.
> ㄹ. 의미가 있는 비전을 갖게 하고, 구체적인 목표를 설정한다.

① ㄱ, ㄷ   ② ㄴ, ㄹ
③ ㄱ, ㄹ   ④ ㄴ, ㄷ

31 다음 〈보기〉에서 영리성을 기준으로 같은 성격을 가진 조직 유형을 올바르게 짝지은 것은?

> **보기**
>
> ㄱ. 정부조직   ㄴ. 국 · 공립병원
> ㄷ. 가족 소유의 상점   ㄹ. 대학
> ㅁ. 종교법인   ㅂ. 사기업
> ㅅ. 시민단체

① ㄱ, ㄴ, ㄷ, ㄹ, ㅁ   ② ㄱ, ㄴ, ㄹ, ㅁ, ㅅ
③ ㄱ, ㄴ, ㄹ, ㅂ, ㅅ   ④ ㄱ, ㄴ, ㄷ, ㅂ, ㅅ

32 다음 중 밑줄 친 내용에 대한 설명으로 적절한 것은?

> 이 조직은 기존 Top-down 방식의 기계적 구조가 한계를 나타내자 이에 대한 보완으로 등장한 조직으로 민첩한, 기민한 조직이라는 뜻을 가지고 있다. 코로나19의 확산 이후 금융권에서도 변화하는 시대에 대처하기 위해 이 조직을 도입하고 있으며, 이미 글로벌 기업인 마이크로소프트, 구글, 애플 등은 이 조직을 도입하여 운영하고 있다. 도입 초기에는 지속가능한 모델을 구축하지 못해 실패하는 경우도 있었지만, 시간이 지나면서 점점 지속가능한 모델을 구축하고 활성화되고 있다.

① 관리자형 리더가 적합하다.
② 외부 변화에 빠르게 대처할 수 없는 단점이 있다.
③ 부서 간 경계가 낮아 정보 공유 등을 한다.
④ 대규모 팀을 구성해 프로젝트를 진행한다.

33 기획팀은 새해 사업계획과 관련해 회의를 하고자 한다. 회의 참석자들에 대한 〈보기〉가 다음과 같을 때, 다음 중 회의에 참석할 사람으로 옳은 것은?

> **보기**
> • 기획팀에는 A사원, B사원, C주임, D주임, E대리, F팀장이 있다.
> • 새해 사업계획 관련 회의는 화요일 오전 10시부터 11시 30분 사이에 열린다.
> • C주임은 같은 주 월요일부터 수요일까지 대구로 출장을 간다.
> • 담당 업무 관련 연락 유지를 위해 B사원과 D주임 중 한 명만 회의에 참석 가능하다.
> • F팀장은 반드시 회의에 참석한다.
> • 새해 사업계획 관련 회의에는 주임 이상만 참여 가능하다.
> • 회의에는 가능한 모든 인원이 참석한다.

① A사원, C주임, E대리
② A사원, E대리, F팀장
③ B사원, C주임, F팀장
④ D주임, E대리, F팀장

※ 다음은 K가 여행지로 고른 후보지에 대한 자료이다. 이를 읽고 이어지는 질문에 답하시오. [34~35]

- K는 연휴를 맞이하여 가족들과 함께 여행을 가고자 한다.
- K는 최종점수가 가장 높은 여행지로 여행을 간다.
- 최종점수는 접근점수, 입지점수, 숙소점수, 날씨점수를 단순합산하여 도출한다.
- 접근점수는 다음 표에 따라 부여한다.

편도 소요시간	1시간 미만	1시간 이상 1시간 30분 미만	1시간 30분 이상 2시간 미만	2시간 이상
접근점수	30	25	20	15

- 입지점수는 다음 표에 따라 부여한다.

위치	바다	산	도심
입지점수	15	12	9

- 숙소점수는 다음 표에 따라 부여한다.

숙소 만족도	1~3점	4~6점	7~8점	9~10점
숙소점수	10점	12점	15점	20점

- 날씨점수는 다음 표에 따라 부여한다.

날씨	맑음	흐림	비
날씨점수	20	15	5

〈A~D여행지 정보〉

여행지	편도 소요시간	위치	숙소 만족도	날씨
A	2시간 15분	바다	8	맑음
B	1시간 30분	산	7	흐림
C	58분	산	9	비
D	3시간 20분	바다	8	비

34 다음 중 K가 선택할 여행지로 옳은 것은?

① A
② B
③ C
④ D

35 K는 가족들의 의견을 고려하여, 숙소점수와 접근점수의 산정방식을 다음과 같이 수정하였다. 변경된 방식을 따를 때, 다음 중 K가 선택할 여행지로 옳은 것은?

〈변경 내용〉

• 변경된 접근점수

편도 소요시간	1시간 30분 미만	1시간 30분 이상 2시간 30분 미만	2시간 30분 이상 3시간 미만	3시간 이상
접근점수	30	27	24	21

• 변경된 숙소점수

숙소 만족도	1 ～ 2점	3 ～ 5점	6 ～ 8점	9 ～ 10점
숙소점수	12점	15점	18점	20점

① A ② B
③ C ④ D

36 다음 중 단어의 관계를 고려할 때, 빈칸에 들어갈 말로 적절한 것은?

조절	낭비	절제
태만	( )	나태

① 과실 ② 근면
③ 권태 ④ 게으름

안심Touch

37 다음 글을 읽고, 이해한 내용으로 적절한 것은?

가계부채는 규모에 있어 2000 ~ 2003년간의 폭발적인 증가세를 경험한 이후 신용카드 버블 붕괴에 따른 일시적인 조정기를 가졌으나 2004년 이후로도 연 평균 10.6%의 빠른 증가세를 보여왔다. 이러한 증가세는 GDP, 개인처분가능소득, 개인소비 등의 변수에 비해 훨씬 빠른 것으로 가계부채부담이 가중되고 있음을 확인시켜 주고 있다.

한편 외환위기 이후 가계 소득과 부채의 상관관계는 2000년 이후로 다시 강화되는 모습을 보여주어 경제능력(Affordability)에 기초한 채무부담이 이루어지고 있음을 시사하고 있다. 또한 금융자산과 부채의 상관관계도 지속적으로 증가하는 모습을 보여주고 있어, 유동성 충격에 대한 가계의 대응 능력이 다소 강화되었음을 보여 준다. 하지만 부동산과 부채의 상관관계는 급격히 증가한 모습을 보여주고 있어 가계대출에 의존한 부동산 투자 편중 심화라는 측면에서 우려의 소지를 안고 있다. 특히 가계 보유자산의 80%에 이르는 부동산 비중은 과도한 부동산 투자가 부채증가의 한 배경일 가능성을 제시하고 있다.

물론 신용카드 버블기에 해당하는 2000 ~ 2003년 사이에는 과도한 소비현상이 발생했던 것으로 보인다. 다만 같은 기간 주택가격 역시 빠르게 상승하였고 주택담보대출 역시 빠르게 증가하였다는 점에서 부동산에 대한 과도한 투자의 가능성을 배제하지 못하며, 특히 2003년 이후 지금까지 평균소비성향이 장기추세선 아래에 위치해 있음을 감안하면, 이후 기간의 연 10.6% 가계신용증가는 부동산 투자에 몰렸을 가능성이 높아 보인다. 이러한 맥락에서 주택가격 상승과 주택담보대출 증가는 상호 작용을 통해 서로를 강화하는 방향으로 작용하였고, 이 과정에서 가계소비의 빠른 증가세가 실현된 것으로 이해된다.

이러한 상황에서 단기 / 일시상환 방식 / 변동금리부의 현 주택담보대출시스템은 금리 및 주택가격 충격에 취약하며, 차환 위험과 소득 충격 간의 상호작용에 민감한 반응을 보이는 것으로 보인다. 지금까지의 주택금융시장의 구조적 개선은 LTV(Loan To Value ratio : 주택을 담보로 돈을 빌릴 때 인정되는 자산가치의 비율) 상한을 적용하여 주택가격 충격의 영향을, DTI(Debt To Income : 금융부채 상환능력을 소득으로 따져서 대출한도를 정하는 계산비율) 상한을 적용하여 소득 충격의 영향을, 고정금리의 확대를 통해 금리충격의 영향을 줄이는 방향으로 진행되어 왔다. 그럼에도 여전히 주택경기의 침체 가능성에 대한 가계 및 금융부분의 대응능력은 여전히 낮은 수준에 머무른 것으로 보인다. 일례로 주택대출 시장의 만기가 DTI 규제 도입 이후 장기화되었다고는 하나, 거치기간을 길게 두는 '무늬만 장기 대출'인 경우가 많은 것으로 알려져 있다. 이런 맥락에서 금융감독당국은 DTI 상한의 유지와 함께 주택담보대출의 만기 및 상환조건별(금리 변동 및 원리금 분할상환 여부) 대출비중과 연체율의 추이에 관해 항시적인 주의를 기울일 필요가 있어 보인다.

① 가계부채는 2000년 이전부터 매년 꾸준한 증가세를 보여 왔다.
② 금융자산에 따른 부채의 상관관계가 증가하는 것은 유동성 충격에 대한 가계의 대응 능력이 약화되었음을 의미한다.
③ 주택가격 상승과 주택담보대출 증가의 상황 속에서 가계소비는 아무런 영향을 받지 않았다.
④ 주택담보인정비율을 통해 주택 가격 충격의 영향을 줄일 수 있다.

38 다음 글의 내용과 가장 일치하는 것은?

> 동일본대지진은 일본 수도 도쿄에서 300km가량 떨어진 미야기현 앞바다에서 발생했다. 이 지진은 일본 관측 사상 최대인 규모 9.0으로 20세기 이후 발생한 세계 지진 중에서 네 번째로 강력한 지진이었다. 미야기현 앞바다를 중심으로 남북 약 500km, 동서 200km가량의 광대한 해저를 뒤흔든 이 지진의 진원은 바다와 육지의 지각판이 서로 부딪치는 경계부로, 이 지진은 해저 지각에 큰 변동을 일으키며 쓰나미를 만들었다. 최대 파고가 9.3m 이상으로 관측된 당시 쓰나미는 미야기, 이와테, 후쿠시마 등 동일본 연안 지역을 강타했다. 동일본대지진 당시 사망한 1만 5,899명과 실종된 2,527명의 대부분은 쓰나미로 인한 희생자들이다. 물적 피해도 컸다. 완전히 파괴된 건물이 12만 1,992호, 반파된 건물은 28만 2,920호에 달했다.
>
> 동일본 연안 마을을 휩쓴 쓰나미의 거센 물살은 후쿠시마현 후타바·오쿠마 마을에 들어선 후쿠시마 제1원전도 덮쳤고, 이는 강진에 따른 송전탑 붕괴 등으로 외부 전원이 끊긴 상태에서 원자로를 식힐 냉각장치를 가동하는 데 필요한 비상용 발전기 가동까지 침수로 멈추게 하는 비상사태를 일으켰다. 같은 블록에 설치된 원자로 4기 중 정기점검 중이던 4호기를 제외한 1 ~ 3호기에서 노심(원자로에서 연료가 되는 핵분열성 물질과 감속재가 들어 있는 부분)이 고열로 녹아내리는 용융이 발생해 지진이 일어난 지 하루 만인 3월 12일 오후부터 1호기를 시작으로 3·4호기에서 연쇄적으로 원자로 건물에 들어찬 수소가스가 폭발했다. 당시 2호기에서도 노심용융이 일어났지만 1호기의 폭발 충격으로 건물에 구멍에 생긴 탓에 수소폭발을 면했다. 다만 다량의 방사성 물질 누출은 피하지 못했다. 핵연료가 장전되지 않은 상태였던 4호기는 3호기에 연결된 배관망을 통해 수소 가스가 유입되는 바람에 원자로 건물이 폭발했다. 이 사고는 국제원자력 사고등급(INES) 기준으로 1986년의 옛 소련 체르노빌 원전 사고와 같은 최고 레벨(7)에 해당하는 '대재앙'이었다.

① 동일본대지진은 20세기 이후 일어난 지진 중 가장 규모가 큰 지진이다.

② 동일본대지진 당시 인명피해는 1만 8,426건에 달한다.

③ 동일본대지진으로 입은 건물 피해는 40만 건이 넘는다.

④ 지진으로 인해 발생한 쓰나미로 후쿠시마 제1원전에 있던 4대의 원자로가 모두에서 용융이 발생했다.

39 다음 중 맞춤법 표기가 잘못된 것은?

> 한전KDN은 전력에 ㉠특화되고, '혁신기술로 고도화'된 사람을 ㉡포용하는 전력서비스 제공을 지원하고 있습니다. 주요 사업으로는 전력정보시스템사업, 전력정보통신사업, 전력계통ICT사업, 미래성장동력사업이 있으며, 매출액은 6,256억 원을 ㉢달성하였습니다. 또한 동반성장형 R&D 사업화로는 전력 빅데이터 및 지중 전력구 상태진단, 원격검침용 차세대 DCU, 배전자동화 단말장치 및 마이크로그리드 에너지관리시스템 등 총 35과제로 700억 원의 사업화를 달성하였습니다. ㉣더불어 정전예방설비 ㉤장애률은 전년 대비 14.5% 감소된 1.496%를 달성하였습니다.

① ㉠

③ ㉢

⑤ ㉤

② ㉡

④ ㉣

40 다음 중 신입사원이 업무를 위해 출장을 가서 한 행동으로 옳지 않은 것은?

> 신입사원 A는 업무상 B기업으로 출장을 갔다. 그곳에서 이번 사업 협상자를 만나 ㉠오른손으로 악수를 하면서, ㉡가볍게 고개를 숙였다. 이어서 ㉢먼저 명함을 꺼내 ㉣협상자에게 오른손으로 주었고, 협상자의 명함을 한 손으로 받은 후 ㉤명함을 보고난 후 탁자 위에 보이게 놓은 채 대화를 하였다.

① ㉠
② ㉡
③ ㉢
④ ㉣
⑤ ㉤

41 다음은 '쉼'에 대한 설명이다. 빈칸에 들어갈 수 있는 상황으로 옳지 않은 것은?

> 쉼이란 대화 도중 잠시 침묵하는 것으로 의도적인 경우도 있고, 비의도적인 경우도 있으며, 의도적으로 할 경우 쉼을 활용하여 논리성, 감성 제고, 동질감 등을 얻을 수 있다. 듣기에 좋은 말의 속도는 이야기 전체에서 35 ~ 40%가 적당하다는 주장이 있으며, 대화를 할 때 쉼을 하는 경우는 _____ 등이 있다.

① 이야기가 전이될 때
② 양해, 동조의 경우
③ 생략, 암시의 경우
④ 분노, 화냄의 경우
⑤ 여운을 남길 때

42 마이클 포터의 본원적 경쟁전략 중 사례에서 확인할 수 있는 전략으로 적절한 것은?

> 픽사는(PIXAR)는 스티브 잡스가 500만 달러라는 낮은 가격에 매수하여 후에 75억 달러에 판매되는 대형 회사가 되었다. 초기에 픽사는 그래픽 기술을 보유하고 있는 애니메이션 회사였다. 하지만 창의적인 스토리와 캐릭터로 애니메이션 영화를 성공시켰고, 디즈니보다 더 신뢰받는 입장이 되었다. 픽사는 디즈니의 미녀와 야수 등 공주와 왕자가 만나 행복하게 살게 되는 스토리와는 다르게 만들고 싶었고, 토이 스토리, 니모를 찾아서 등 수많은 애니메이션을 통해 고객에게 감동과 재미를 모두 주면서 영화를 성공시켰다. 오랜 시간의 적자에도 끊임없이 창의적인 발상을 주도하여 새 스토리를 주도한 픽사는 고객에게 신뢰를 형성하게 되었고, 이는 픽사가 대기업으로 발돋움하는 결정적인 계기가 되었다.

① 윈윈 전략
② 관리 전략
③ 원가우위 전략
④ 차별화 전략
⑤ 집중화 전략

43 다음 중 SMART 법칙에 대한 예시로 옳지 않은 것은?

① S(Specific) : 1년 후 시험에 합격하여 취업에 성공하기
② M(Measurable) : 합격점이 넘을 때까지 이론 외우기
③ A(Action-oriented) : 매일 시험 관련 동영상 수업 보기
④ R(Realistic) : 1년 안에 모의고사 합격 컷 70점 넘기기
⑤ T(Time Limited) : 한 달에 문제집 한 권 풀기

44 다음은 기술선택으로 성공한 사례이다. 다음 중 사례에서 확인할 수 있는 벤치마킹으로 적절한 것은?

> 스타벅스코리아는 모바일 앱으로 커피 주문과 결제를 모두 할 수 있는 사이렌 오더를 처음으로 시행하였다. 시행 이후 스타벅스 창업자는 'Fantastic!!'이라는 메일을 보냈고, 이후 스타벅스코리아의 전체 결제 중 17% 이상이 사이렌 오더를 이용하고 있다. 국내뿐 아니라 미국, 유럽, 아시아 등의 여러 국가의 스타벅스 매장에서 이를 벤치마킹하여 사이렌 오더는 스타벅스의 표준이 되었다.

① 글로벌 벤치마킹   ② 내부 벤치마킹
③ 비경쟁적 벤치마킹   ④ 경쟁적 벤치마킹
⑤ 직접적 벤치마킹

45 다음은 해양환경공단 총무부에서 교육자료로 배부하고자 하는 직장 내 성예절과 관련된 지침이다. 다음 중 적절하지 않은 설명을 모두 고르면?

> **〈공단 내 성예절 준수 지침〉**
>
> ㄱ. 성희롱은 성폭행과 달리 형사처벌 대상에 해당되며, 사내 징계대상에도 해당한다.
> ㄴ. 성희롱 해당여부를 판단하는 법적 기준은 가해자의 의도성이다.
> ㄷ. 직장 내에서 남성과 여성은 동등한 책임과 역할을 다함으로써 동등한 지위를 보장받아야 한다.
> ㄹ. 성 관련 문제를 예방하기 위해서는 평소 직장 내 상스러운 언어 등을 자제하고, 개인과 회사의 품위를 지키는 행실을 체화하여야 한다.

① ㄱ, ㄴ   ② ㄱ, ㄷ
③ ㄴ, ㄷ   ④ ㄴ, ㄹ
⑤ ㄷ, ㄹ

46 다음 글을 읽고, 〈보기〉의 대화에 참여한 직원 중 K사원과 동일한 논리적 오류를 범한 사람을 모두 고르면?

> 협력업체인 S사의 대표가 계약을 승인한다면 재무팀에 사업안을 제출하고, 승인하지 않는다면 해외사업팀에 사업안을 제출하여야 한다. P팀장은 K사원에게 협력업체 S로부터 오후 3시 전에 연락이 온다면 S사 대표가 승인한 것이니 즉시 재무팀에 사업안을 제출하라고 하였다. 오후 3시가 되도록 S업체는 연락을 하지 않았고, K사원은 사업안을 해외사업팀에 제출하였다.

> **보기**
>
> I팀장 : 기술팀장은 고기를 먹으면 꼭 디저트로 커피류를 마셔.
> A사원 : 오늘은 아메리카노를 마시고 계셨으니 고기를 드셨겠네요.
> B대리 : 아닐걸? 오늘 고기를 안 드셨어. 그러니 오늘은 커피류를 안 드실 거야.
> C주임 : 오늘 커피류를 안 드셨으니 고기 말고 다른 것을 드셨을 거야.
> D대리 : 기술팀장님 아까 이온음료를 드시고 계셨어. 그러니 오늘 고기를 드셨을 거야.

① A사원
② B대리
③ A사원, B대리
④ B대리, C주임
⑤ C주임, D대리

47 다음은 한국가스안전공사의 고객 불만사항에 대한 처리 프로세스이다. 빈칸의 ㉠, ㉡에 들어갈 말로 옳은 것은?

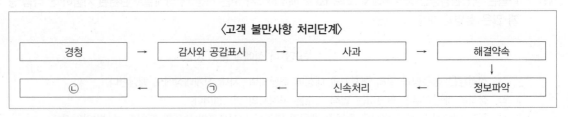

〈고객 불만사항 처리단계〉

경청 → 감사와 공감표시 → 사과 → 해결약속
↓
㉡ ← ㉠ ← 신속처리 ← 정보파악

	㉠	㉡
①	처리내용 내부 확인	처리 확인과 사과
②	처리내용 내부 확인	피드백
③	처리 확인과 사과	고객평가 수신
④	처리 확인과 사과	피드백
⑤	처리사항 재안내	피드백

48 다음은 스마트 기술을 적용하여 쓰레기 수거관리를 효율화한 사례에 대한 기사이다. 밑줄 친 내용에 대한 설명으로 가장 적절한 것은?

> L사가 통신기술의 일종인 'NB'에 바탕을 둔 스마트 쓰레기 수거관리 시스템을 전국 곳곳에 구축한다. L사는 스마트 쓰레기통 시스템 개발업체 이큐브랩과 'NB 네트워크 기반 상품 개발 및 공동 마케팅 상호협력을 위한 양해각서(MOU)'를 체결했다고 31일 밝혔다. 양사는 스마트시티 시범 서비스로 고양시에 구축 중인 NB 스마트 쓰레기 수거관리 시스템을 서울, 부산, 제주, 전주 등에도 구축키로 했다.
>
> 양사의 스마트 쓰레기 수거관리 시스템은 센서가 달린 대로변과 주택 밀집 지역 쓰레기통에 쓰레기가 얼마나 쌓였는지 파악해 NB 전용망을 거쳐 각 지자체 관제센터와 관할 환경미화원 스마트폰으로 실시간 전송하는 방식으로 운영된다. 태양광 에너지로 구동되는 '압축 쓰레기통'은 쓰레기가 쌓이더라도 넘치지 않도록 자동으로 압축해 주므로 기존 가로변 쓰레기통보다 최대 8배 더 많은 쓰레기를 담을 수 있다.
>
> 쓰레기 수거차량에는 GPS와 비콘이 설치돼, 관제센터는 수거차량의 실시간 위치와 수거결과를 지도상에서 실시간으로 확인할 수 있다. 지자체들은 예측 알고리즘과 빅데이터 분석을 통해 지역별 쓰레기 발생량을 사전에 예측하고 수거차량과 환경미화원을 배치할 때 이를 이용할 수 있다.
>
> L사 NB 담당자는 "양사의 이번 사업협력은 전국 지자체 도시환경 사업에 NB 기술과 솔루션을 보급할 수 있는 계기가 될 것"이라고 말했다. E사 대표는 "L사와의 긴밀한 기술협력을 통해 일반 쓰레기뿐만 아니라 음식물 쓰레기, 건물 내 쓰레기, 산업 폐기물 등 다양한 수거관리 시스템을 개발해 국내 시장뿐만 아니라 NB 도입을 추진 중인 해외 20여 개국에서 글로벌 사업화를 공동 추진할 것"이라고 말했다.

① 텐서플로(Tensor Flow)
② 빅데이터(Big Data)
③ 머신러닝(Machine Learning)
④ 사물인터넷(Internet of Things)
⑤ 기계독해(Machine Reading Comprehension)

49 다음은 한국가스안전공사 신입직원에 대한 정기교육 내용이다. 명함예절로 옳지 않은 설명의 개수는?

> 〈명함예절〉
>
> ㄱ. 협력사 및 관계기관 직원과 만나는 경우, 올바른 명함예절을 준수하도록 한다.
> ㄴ. 명함은 명함 지갑에서 꺼내어 상대에게 건넨다.
> ㄷ. 상대방이 명함을 건네면 정중하게 받아 즉시 명함 지갑에 넣는다.
> ㄹ. 동시에 명함을 꺼낼 때에는 왼손으로 서로 교환하고, 받은 명함은 오른손으로 옮기도록 한다.
> ㅁ. 윗사람과 만난다면 먼저 명함을 꺼내도록 한다.
> ㅂ. 타인으로부터 받은 명함이나 자신의 명함은 구겨지지 않도록 보관한다.
> ㅅ. 윗사람으로부터 명함을 받을 때는 오른손으로만 받는다.

① 5개 　　　　　　　　 ② 4개
③ 3개 　　　　　　　　 ④ 2개
⑤ 1개

50 다음은 데이터와 정보의 관계를 나타내는 DIKW 피라미드이다. 〈보기〉의 설명 중 피라미드와 관련된 설명으로 옳지 않은 것을 모두 고르면?

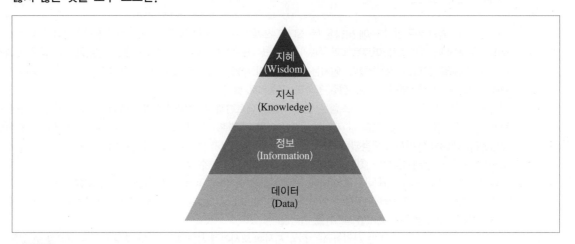

보기

ㄱ. 지혜란 상호 연결된 정보 패턴을 이해하여 이를 토대로 예측한 결과물이다.

ㄴ. 데이터란 객관적 사실로서 다른 데이터와 상관관계가 없는 가공 전 순수한 수치 및 기호이다.

ㄷ. 지식이란 정보들을 구조화하여 유의미한 정보로 분류한 것으로서, 비가 오면 집이 습해지니 가습기를 가동하는 행동양식을 사례로 들 수 있다.

ㄹ. 정보란 가공 및 처리를 통해 데이터 간 연관관계를 나타낸 것으로서, A가게보다 B가게의 물건 가격이 더 저렴하므로 B가게에서 물건을 구매할 것이라고 판단하는 것을 사례로 들 수 있다.

---

① ㄱ, ㄴ   ② ㄱ, ㄹ
③ ㄴ, ㄷ   ④ ㄴ, ㄹ
⑤ ㄷ, ㄹ

51 다음 자료에서 설명하는 일화를 의미하는 사자성어로 옳은 것은?

남의 환심을 얻기 위해 말을 번지르르하게 하거나 얼굴 표정을 통해 아첨을 하는 사람을 두고 이르는 말로 신라 신문왕 때 설총이 한 화왕계라는 이야기가 유명하다.

① 유비무환(有備無患)   ② 경이원지(敬而遠之)
③ 만년지계(萬年之計)   ④ 교언영색(巧言令色)
⑤ 단기지계(斷機之戒)

52 다음 글에 대한 설명으로 옳지 않은 것은?

우리나라 역시 미래 경제성장의 동력으로 수소경제를 선정하고, 수소경제 선도국가로 도약하기 위해 2019년 수소차와 연료전지를 양대 축으로 하는 '수소경제 활성화 로드맵'과 '수소 인프라 및 충전소 구축방안'을 발표했다. 이어서 2020년 2월에는 '수소경제'를 체계적으로 추진하기 위하여 '수소경제 육성 및 안전관리에 관한 법률'을 세계 최초로 공포했고, 전국 지자체들은 지역별 여건과 특성에 맞는 수소 산업 육성에 참여하고 있다. 한국가스공사도 수소경제에 발맞춰 '수소 사업 추진 로드맵'을 수립, 친환경 에너지 공기업의 책임을 다하고 있다. 정부의 수소 사업에 민간이 선제적으로 참여하기는 쉽지 않은 만큼, 인프라 확충 및 민간의 참여 활성화를 위해서는 공공기관의 선도적인 투자가 필수이다. 이에 한국가스공사는 기존의 천연가스 인프라망을 활용한 수소경제의 마중물 역할을 해 나갈 계획이다. 1983년 우리나라 최초의 천연가스회사로 출발, 뜨거운 열정과 치열한 노력으로 일궈온 기술과 인프라는 우리나라가 수소경제 선도국가로 나아가는 데 든든한 디딤돌이 될 것이다. 아울러 지난 수년간의 천연가스 설비 건설, 운영, 공급 경험을 기반으로 국민에게 경제적이고 안정적인 수소 공급 서비스를 제공하기 위해 힘쓸 것이다. 수소 관련 설비, 운영 등 전반적인 과정에서 한국가스공사가 안전관리 및 최적화에 주도적인 역할을 할 것으로 기대된다. 한국가스공사의 '수소 사업 추진 로드맵'은 국가의 수소 사업을 든든하게 지원하는 역할뿐만 아니라, 공사의 미래 성장 동력을 마련, 수소 에너지를 주도하는 글로벌 기업으로 도약하기 위한 시작이 될 것이다. 한국가스공사는 천연가스 산업의 불모지였던 우리나라에 최초로 LNG를 도입하였고, 이제는 1,156만kL 규모의 LNG 저장 용량과 4,908km의 배관망을 갖춘 국내 최고의 에너지 기업이자, 세계 곳곳에서 다양한 프로젝트를 수행하는 글로벌 기업으로 성장했다. 그 과정에서 변화하는 국내외 에너지 시장을 선도하기 위한 도전과 노력을 멈추지 않았고, 다가올 수소 사회를 위한 준비도 차근차근 진행 중이다. 저탄소 에너지로의 전환은 전 인류에게 주어진 과제이고, 수소 에너지 시대를 향한 경쟁은 이미 시작됐다. 한국가스공사는 이를 기회로 삼고자 한다. 이미 2018년 12월, 한국가스공사법 개정을 통해 수소 에너지의 생산과 공급 관련 사업을 추가하였고, 수소 시장 활성화와 산업 발전을 위해 수소 인프라 구축에 선제적으로 투자하고 있다. 점차 감소하는 천연가스 사용량을 보완·대체하기 위해 수소 발전과 연료전지 사업 등 새로운 시장 발굴에 힘쓰고 있으며, 천연가스와 더불어 수소로 상품을 다양화하여 세계적인 종합 가스 기업으로 도약해 나갈 것이다.

① 수소 관리에 관한 법률은 2019년에 발표됐다.
② 한국가스공사는 원래 천연가스회사로 설립됐다.
③ 한국가스공사는 수소 기술 활성화를 위해 기존의 천연가스 인프라를 활용할 예정이다.
④ LNG는 한국가스공사에 의해 우리나라에 최초로 도입됐다.
⑤ 한국가스공사는 2018년 수소 에너지를 새로운 사업으로 추가하였다.

※ 다음은 코로나19에 관한 글이다. 글을 읽고 이어지는 질문에 답하시오. [53~54]

2012년까지 사람들은 큰 규모의 유행을 일으키는 코로나바이러스 감염은 에어로졸 전파가 가능한 의료기관 내 시술을 하는 상황이 아닌 이상 비말(침방울) 감염이 주된 경로로 알고 있었다. 그래서 확진자를 진료하는 환경에서만 레벨D 보호구를 권고할 뿐이고, 지역사회에서는 사회적 거리두기나 마스크까지도 필요하지 않다고 생각했었다. 그러나 2015년 한국에서 유행한 메르스를 통해 과밀한 의료기관의 환자대기 공간에서만도 얼마나 많은 슈퍼전파 사건이 초래되었는지를 경험할 수 있었다. 그렇기 때문에 우리나라 전문가들은 다른 어떤 나라보다도 의료기관 내에서 보호구 수준을 정하는 데 있어서 가장 보수적일 수밖에 없었다. 더욱이 코로나19는 감염력을 의미하는 재생산지수(R_0)가 독감이나 사스, 메르스보다 월등히 높은 3 ~ 5이기 때문에 감염이 확산되면서 접촉자 감염만 통제하던 초반과 달리 지역사회 전파가 주된 감염경로가 되었다. 메르스만 해도 종숙주 동물인 단봉낙타에서는 무증상기에 의미 있는 전파가 일어나지만, 사람 간에는 무증상기 전파가 없기 때문에 주로 중증 폐렴이 있는 사람들 중심으로 슈퍼전파만 통제하면 지역별로 종식이 가능했었다. 그러나 코로나19는 중증 폐렴보다 오히려 가벼운 상기도 감염(Upper Respiratory Infection) 시기부터 상당히 많은 양의 바이러스가 배출되고 주된 경로는 아니더라도 최소한 무증상기에 전파 가능성이 있기 때문에 감염증상이 있기 2일 전부터 접촉한 사람을 접촉자로 간주할 정도이다. 결국 이를 대응하는 의료진으로서는 방역을 포기하지 않는 한 엄청난 수의 접촉자를 관리하고 검사를 해야 한다는 결론에 봉착했다. 또한, 무증상기 감염전파를 차단하기 위해서 강력한 사회적 거리두기를 모든 사람들에게 요구할 수밖에 없었다.

효과적인 치료제나 백신이 빠른 시일에 나올 가능성이 낮기 때문에 결국 인류는 이 병을 극복하지 못할 것이라는 암울한 전망도 있다. 사스나 페스트처럼 이유 없이 시작되고, 이유 없이 스스로 ___㉠___이/가 되기 전에는 이 바이러스가 사람을 안정적인 종숙주로 생각하고, 독감처럼 계절마다 찾아오는 형태가 될 가능성도 있다. 그렇기 때문에 일부 유럽국가에서 '집단면역'에 무게를 둔 방역정책을 한다고 회자되고 있을 정도이다. 그렇지만 정작 해당 국가도 집단면역을 정책으로 주장하지는 않았으며, 특히 코로나19가 적극적인 개입 없이 개인위생과 고위험군 통제만으로 통제될 수 있을 것이라는 주장을 한 것은 더욱 아니다. 집단면역에 기대한 정책이 필연적으로 더 많은 감염의 확산과 사망자를 초래한다는 것을 인정하지만(우리나라 인구로 계산해볼 때 수십 만 명의 사망을 전제로 해야 한다), 방역당국이 언제까지나 전 국민의 방역동선을 관리하고 엄격한 사회적 거리두기를 강요할 수 없다고 생각한 데서 비롯된 차선의 입장에 가깝다. 즉 지금 한국과 같은 나라의 방역당국이 하고 있는 수준의 감염자와 접촉자 관리가 불가능하다고 전제한 입장이라고 사료된다. 결국 어느 나라의 정책이던지 모범 정답은 없고 각각의 지역 특성과 인구의 연령과 질병 구성, 주거의 밀집 정도, 정부의 방역 개입에 대한 사회적 합의의 정도의 차이에 따라서 다를 수밖에 없다는 것을 이해하게 된다. 결국 우리는 메르스 때 치렀던 대가보다 더 큰 변화에 대한 요구를 지금 받게 되었다. 병원은 그래도 감염환자의 격리나 의심환자의 동선 관리라는 것이 원칙적으로 전제되어야 하기 때문에 힘들더라도 시간과 함께 우리 의료기관이 점진적으로 더 안전한 병원으로 될 수 있겠지만 교육시설, 관공서, 종교시설, 상업시설, 군부대 등 사회 전반에서 호흡기 감염병을 막아내기 위한 안전한 체계를 가진다는 것은 정말 쉽게 상상이 가질 않는다. 그렇지만 우리의 미래이기 때문에 필연적으로 이뤄내야 할 변화이다.

※ 전신 보호복 등급은 병원체 특성, 감염원 전파 위험성 등을 고려하여 구분
  (레벨C) 혈액과 같은 액체 매개 감염병 대응용(에볼라 등)
  (레벨D) 비말과 같은 입자 매개 감염병 대응용(사스, 메르스, 코로나19 등)

| 한국가스공사 / 의사소통능력

53 다음 중 글의 내용과 일치하는 것은?

① 2012년에도 전염 방지를 위해 사회적 거리두기나 마스크 사용을 권고했다.
② 재생산지수는 메르스가 코로나19보다 높은 것으로 관측된다.
③ 코로나19는 증상이 나타나지 않는 시기에는 바이러스를 옮기지 않는다.
④ 몇몇 유럽 국가들은 코로나19가 개인위생과 고위험군 통제만으로 통제될 수 있다고 생각한다.
⑤ 집단면역이 정책적으로 시행된다면 필연적으로 더 많은 감염의 확산과 사망자를 초래할 것이다.

54 다음 중 빈칸 ㉠에 들어갈 어휘로 적절한 것은?

① 확산   ② 종식

③ 전파   ④ 감염

⑤ 개입

55 SWOT 분석 결과가 다음과 같을 때, 〈보기〉의 설명 중 한국가스공사에 대한 SWOT 분석 내용으로 옳은 것을 모두 고르면?

〈SWOT 분석 결과〉

구분	분석 결과
강점(Strength)	• 해외 가스공급기관 대비 높은 LNG 구매력 • 세계적으로 우수한 배관 인프라
약점(Weakness)	• 타 연료 대비 높은 단가
기회(Opportunity)	• 북아시아 가스관 사업 추진 논의 지속 • 수소 자원 개발 고도화 추진중
위협(Threat)	• 천연가스에 대한 수요 감소 추세 • 원전 재가동 확대 전망에 따른 에너지 점유율 감소 가능성

보기

ㄱ. 해외 기관 대비 LNG 확보가 용이하다는 점을 근거로 북아시아 가스관 사업 추진 시 우수한 효율을 이용하는 것은 SO전략에 해당한다.

ㄴ. 지속적으로 감소할 것으로 전망되는 천연가스 수요를 북아시아 가스관 사업을 통해 확보하는 것은 ST전략에 해당한다.

ㄷ. 수소 자원 개발을 고도화하여 다른 연료 대비 상대적으로 높았던 공급단가를 낮추려는 R&D 사업 추진은 WO전략에 해당한다.

ㄹ. 높은 LNG 확보 능력을 이용해 상대적으로 높은 가스 공급단가가 더욱 상승하는 것을 방지하는 것은 WT전략에 해당한다.

① ㄱ, ㄴ   ② ㄱ, ㄷ

③ ㄴ, ㄷ   ④ ㄴ, ㄹ

⑤ ㄷ, ㄹ

I wish you the best of luck!

PART 1

직업기초능력평가

CHAPTER 01

의사소통능력

합격 CHEAT KEY

의사소통능력은 포함되지 않는 공사·공단이 없을 만큼 필기시험에서 중요도가 높은 영역이다. 또한, 일부 공사·공단을 제외하고 의사소통능력의 문제 출제 비중이 가장 높은 편이다. 이러한 점을 볼 때, 의사소통능력은 공사·공단 NCS를 준비하는 수험생이라면 정복해야 하는 숙명의 과목이다.

국가직무능력표준에 따르면 의사소통능력의 세부 유형은 문서이해, 문서작성, 의사표현, 경청, 기초외국어로 나눌 수 있다. 문서이해·문서작성과 같은 제시문에 대한 주제, 일치 문제의 출제 비중이 높으며, 공문서·기획서·보고서·설명서 등 문서의 특성을 파악하는 문제도 일부 공사·공단에서 출제되고 있다. 따라서 이러한 분석을 바탕으로 전략을 세우는 것이 매우 중요하다.

01 문제에서 요구하는 바를 먼저 파악하라!

의사소통능력에서 가장 중요한 것은 제한된 시간 안에 빠르고 정확하게 답을 찾아내는 것이다. 그러기 위해서는 우리가 의사소통능력을 공부하는 이유를 잊지 말아야 한다. 우리는 지식을 쌓기 위해 의사소통능력 지문을 보는 것이 아니다. 의사소통능력에서는 지문이 아닌 문제가 주인공이다! 지문을 보기 전 문제를 먼저 파악해야 한다. 주제찾기 문제라면 첫 문장과 마지막 문장 또는 접속어를 주목하자! 내용일치 문제라면 지문과 문항의 일치／불일치 여부만 파악한 뒤 빠져 나오자! 지문에 빠져드는 순간 우리의 시간은 속절없이 흘러 버린다!

02 잠재되어 있는 언어능력을 발휘하라!

의사소통능력에는 끝이 없다! 의사소통의 방대함에 포기한 적이 있는가? 세상에 글은 많고 우리가 학습할 수 있는 시간은 한정적이다. 이를 극복할 수 있는 방법은 다양한 글을 접하는 것이다. 실제 시험장에서 어떤 내용의 지문이 나올지 아무도 예측할 수 없다. 따라서 평소에 신문, 소설, 보고서 등 여러 글을 접하는 것이 필요하다. 잠재되어 있는 글에 대한 안목이 시험장에서 빛을 발할 것이다.

03　상황을 가정하라!

업무 수행에 있어 상황에 따른 언어 표현은 중요하다. 같은 말이라도 상황에 따라 다르게 해석될 수 있기 때문이다. 그런 의미에서 자신의 의견을 효과적으로 전달할 수 있는 능력을 평가하는 것은 당연하다. 따라서 다양한 상황에서의 언어 표현 능력을 함양하기 위한 연습의 과정이 요구된다. 업무를 수행하면서 발생할 수 있는 여러 상황을 가정하고 그에 따른 올바른 언어 표현을 정리하는 것이 필요하다. 의사표현 영역의 경우 출제 빈도가 높지는 않지만 상황에 따른 판단력을 평가하는 문항인 만큼 대비하는 것이 필요하다.

04　말하는 이의 입장에서 생각하라!

잘 듣는 것 또한 하나의 능력이다. 상대방의 이야기에 귀 기울이고 공감하는 태도는 업무를 수행하는 관계 속에서 필요한 요소이다. 그런 의미에서 다양한 상황에서의 듣는 능력을 평가하는 것이다. 말하는 이가 요구하는 듣는 이의 태도를 파악하고, 이에 따른 판단을 할 수 있도록 언제나 말하는 사람의 입장이 되어 보는 연습이 필요하다.

05　반복만이 살길이다!

학창 시절 외국어를 공부했을 때를 떠올려 보자! 셀 수 없이 많은 표현들을 익히기 위해 얼마나 많은 반복의 과정을 거쳤는가? 의사소통능력 역시 그러하다. 하나의 문제 유형을 마스터하기 위해 가장 중요한 것은 바로 여러 번, 많이 풀어 보는 것이다.

I 의사소통능력

| 01 | 의사소통능력의 의의

(1) 의사소통이란?

두 사람 또는 그 이상의 사람들 사이에서 일어나는 의사의 전달과 상호교류를 의미하며, 어떤 개인 또는 집단이 개인 또는 집단에 대해서 정보, 감정, 사상, 의견 등을 전달하고 그것들을 받아들이는 과정을 말한다.

(2) 의사소통의 중요성

① 대인관계의 기본이며, 직업생활에서 필수적이다.
② 인간관계는 의사소통을 통해서 이루어지는 상호과정이다.
③ 의사소통은 상호 간의 일반적 이해와 동의를 얻기 위한 유일한 수단이다.
④ 서로에 대한 지각의 차이를 좁혀주며, 선입견을 줄이거나 제거해 줄 수 있는 수단이다.

예제풀이

의사소통이란 기계적으로 무조건적인 정보의 전달이 아니라 두 사람 또는 그 이상의 사람들 사이에서 '의사의 전달'과 '상호교류'가 이루어진다는 뜻이며, 어떤 개인 또는 집단에 대해서 정보, 감정, 사상, 의견 등을 전달하고 그것들을 받아들이는 과정이다.

정답 ③

◀ 핵심예제 ▶

다음은 의사소통에 대한 설명이다. (A), (B)에 각각 들어갈 말로 적절한 것은?

> 의사소통이란 두 사람 또는 그 이상의 사람들 사이에서 일어나는 ____(A)____ 과 ____(B)____ 이/가 이루어진다는 뜻이며, 어떤 개인 또는 집단이 개인 또는 집단에 대해서 정보, 감정, 사상, 의견 등을 전달하고 그것들을 받아들이는 과정이라고 할 수 있다.

	(A)	(B)
①	의사의 전달	상호분석
②	의사의 이행	상호분석
③	의사의 전달	상호교류
④	의사의 이행	상호교류

(3) 성공적인 의사소통의 조건

내가 가진 정보를 상대방이 이해하기 쉽게 표현

+

상대방이 어떻게 받아들일 것인가에 대한 고려

||

일방적인 말하기가 아닌 의사소통의 정확한 목적을 알고, 의견을 나누는 자세

| 02 | 의사소통능력의 종류

(1) 문서적인 의사소통능력

문서이해능력	업무와 관련된 다양한 문서를 읽고 핵심을 이해, 정보를 획득하고, 수집·종합하는 능력
문서작성능력	목적과 상황에 적합하도록 정보를 전달할 수 있는 문서를 작성하는 능력

(2) 언어적인 의사소통능력

경청능력	원활한 의사소통을 위해 상대의 이야기를 집중하여 듣는 능력
의사표현력	자신의 의사를 목적과 상황에 맞게 설득력을 가지고 표현하는 능력

(3) 특징

구분	문서적인 의사소통능력	언어적인 의사소통능력
장점	권위감, 정확성, 전달성, 보존성 높음	유동성 높음
단점	의미의 곡해	정확성 낮음

(4) 기초외국어능력

외국어로 된 간단한 자료를 이해하거나, 외국인과의 전화응대와 간단한 대화 등 외국인의 의사표현을 이해하고, 자신의 의사를 기초외국어로서 표현할 수 있는 능력을 말한다.

| 03 | 의사소통의 저해요인

(1) 의사소통 기법의 미숙, 표현 능력의 부족, 이해 능력의 부족

'일방적으로 말하고', '일방적으로 듣는' 무책임한 태도

(2) 복잡한 메시지, 경쟁적인 메시지

너무 복잡한 표현, 모순되는 메시지 등 잘못된 정보 전달

CHECK POINT

사례를 통해 확인할 수 있는 의사소통의 종류
- 고객사에서 보내온 수취확인서 – 문서적인 의사소통
- 수취확인 문의전화 – 언어적인 의사소통
- 업무지시 메모 – 문서적인 의사소통
- 영문 운송장 작성 – 문서적인 의사소통
- 주간 업무보고서 작성 – 문서적인 의사소통

(3) 의사소통에 대한 잘못된 선입견

'말하지 않아도 아는 문화'에 안주하는 태도

(4) 기타 요인

정보의 과다, 메시지의 복잡성, 메시지의 경쟁, 상이한 직위와 과업지향성, 신뢰의 부족, 의사소통을 위한 구조상의 권한, 잘못된 의사소통 매체의 선택, 폐쇄적인 의사소통 분위기

예제풀이

의사소통 시 '상대방을 배려하는 마음가짐'은 성공적인 대화를 위해 필수적으로 갖춰야 하는 마음가짐이다. 그러므로 의사소통의 저해요인이 될 수 없다.

정답 ③

〈〈핵심예제〉〉

다음 중 의사소통의 저해요인에 해당하지 않는 것은?

① 표현능력의 부족
② 평가적이며 판단적인 태도
③ 상대방을 배려하는 마음가짐
④ 선입견과 고정관념

| 04 | 키슬러의 대인관계 의사소통 유형

유형	특징	제안
지배형	자신감이 있고 지도력이 있으나, 논쟁적이고 독단이 강하여 대인 갈등을 겪을 수 있음	타인의 의견을 경청하고 수용하는 자세 필요
실리형	이해관계에 예민하고 성취지향적으로 경쟁적이며 자기중심적임	타인의 입장을 배려하고 관심을 갖는 자세 필요
냉담형	이성적인 의지력이 강하고 타인의 감정에 무관심하며 피상적인 대인관계를 유지함	타인의 감정상태에 관심을 가지고 긍정적 감정을 표현하는 것이 필요
고립형	혼자 있는 것을 선호하고 사회적 상황을 회피하며 지나치게 자신의 감정을 억제함	대인관계의 중요성을 인식하고 타인에 대한 비현실적인 두려움의 근원을 성찰하는 것이 필요
복종형	수동적이고 의존적이며 자신감이 없음	적극적인 자기표현과 주장이 필요
순박형	단순하고 솔직하며 자기주관이 부족함	자기주장을 적극적으로 표현하는 것이 필요
친화형	따뜻하고 인정이 많아 자기희생적이나 타인의 요구를 거절하지 못함	타인과의 정서적인 거리를 유지하는 노력이 필요
사교형	외향적이고 인정하는 욕구가 강하며 타인에 대한 관심이 많고 쉽게 흥분함	심리적으로 안정을 취할 필요가 있으며 지나친 인정욕구에 대한 성찰 필요

| 05 | 의사소통능력의 개발

(1) 사후검토와 피드백의 활용

직접 말로 물어보거나 표정, 기타 표시 등을 통해 정확한 반응을 살핀다.

(2) 언어의 단순화

명확하고 쉽게 이해 가능한 단어를 선택하여 이해도를 높인다.

(3) 적극적인 경청

감정을 이입하여 능동적으로 집중하며 경청한다.

(4) 감정의 억제

감정에 치우쳐 메시지를 곡해하지 않도록 침착하게 의사소통한다.

| 06 | 입장에 따른 의사소통전략

화자의 입장	• 의사소통에 앞서 생각을 명확히 할 것 • 문서를 작성할 때는 주된 생각을 앞에 쓸 것 • 평범한 단어를 쓸 것 • 편견 없는 언어를 사용할 것 • 사실 밑에 깔린 감정을 의사소통할 것 • 어조, 표정 등 비언어적인 행동이 미치는 결과를 이해할 것 • 행동을 하면서 말로 표현할 것 • 피드백을 받을 것
청자의 입장	• 세세한 어휘를 모두 들으려고 노력하기보다는 요점, 즉 의미의 파악에 집중할 것 • 말하고 있는 바에 관한 생각과 사전 정보를 동원하여 말하는 바에 몰입할 것 • 모든 이야기를 듣기 전에 결론에 이르지 말고 전체 생각을 청취할 것 • 말하는 사람의 관점에서 진술을 반복하여 피드백할 것 • 들은 내용을 요약할 것

CHECK POINT

의사소통능력의 개발

• 전문용어의 사용은 그 언어를 사용하는 집단 구성원들 사이에 사용될 때에는 이해를 촉진시키지만, 조직 밖의 사람들에게, 예를 들어 고객에게 사용했을 때에는 의외의 문제를 야기할 수 있기 때문에 의사소통을 할 때 주의하여 단어를 선택하는 것이 필요하다.

• 상대방의 이야기를 듣는 것은 수동적인 데 반해 경청은 능동적인 의미의 탐색이므로 이야기를 들어주는 것과 경청의 의미는 다르다.

• 피드백은 상대방이 원하는 경우 대인관계에 있어서 그의 행동을 개선할 수 있는 기회를 제공해 줄 수 있다.

Ⅱ 문서이해능력

| 01 | 문서이해능력의 의의

(1) 문서이해능력이란?

다양한 종류의 문서에서 전달하고자 하는 핵심 내용을 요약·정리하여 이해하고, 문서에서 전달하는 정보의 출처를 파악하고 옳고 그름을 판단하는 능력을 말한다.

(2) 문서이해의 목적

문서이해능력이 부족하면 직업생활에서 본인의 업무를 이해하고 수행하는 데 막대한 지장을 끼친다. 따라서 본인의 업무를 제대로 수행하기 위해 문서이해능력은 필수적이다.

| 02 | 문서의 종류

(1) 공문서

- 정부 행정기관에서 대내적·대외적 공무를 집행하기 위해 작성하는 문서
- 정부 기관이 일반회사, 단체로부터 접수하는 문서 및 일반회사에서 정부 기관을 상대로 사업을 진행할 때 작성하는 문서 포함
- 엄격한 규격과 양식에 따라 정당한 권리를 가진 사람이 작성
- 최종 결재권자의 결재가 있어야 문서로서의 기능 성립

(2) 보고서

특정 업무에 대한 현황이나 진행 상황 또는 연구·검토 결과 등을 보고할 때 작성하는 문서

종류	내용
영업보고서	영업상황을 문장 형식으로 기재해 보고하는 문서
결산보고서	진행됐던 사안의 수입과 지출결과를 보고하는 문서
일일업무보고서	매일의 업무를 보고하는 문서
주간업무보고서	한 주간에 진행된 업무를 보고하는 문서
출장보고서	출장을 다녀와 외부 업무나 그 결과를 보고하는 문서
회의보고서	회의 결과를 정리해 보고하는 문서

(3) 설명서

상품의 특성이나 사물의 성질과 가치, 작동 방법이나 과정을 소비자에게 설명하는 것을 목적으로 작성한 문서

종류	내용
상품소개서	• 일반인들이 친근하게 읽고 내용을 쉽게 이해하도록 하는 문서 • 소비자에게 상품의 특징을 잘 전달해 상품을 구입하도록 유도
제품설명서	• 제품의 특징과 활용도에 대해 세부적으로 언급하는 문서 • 제품의 사용법에 대해 알려주는 것이 주목적

(4) 비즈니스 메모

업무상 필요한 중요한 일이나 앞으로 체크해야 할 일이 있을 때 필요한 내용을 메모형식으로 작성하여 전달하는 글

종류	내용
전화 메모	• 업무적인 내용부터 개인적인 전화의 전달사항들을 간단히 작성하여 당사자에게 전달하는 메모 • 스마트폰의 발달로 현저히 줄어듦
회의 메모	• 회의에 참석하지 못한 구성원에게 회의 내용을 간략하게 적어 전달하거나 참고 자료로 남기기 위해 작성한 메모 • 업무 상황 파악 및 업무 추진에 대한 궁금증이 있을 때 핵심적인 역할을 하는 자료
업무 메모	개인이 추진하는 업무나 상대의 업무 추진 상황을 메모로 적는 형태

(5) 비즈니스 레터(E-mail)

- 사업상의 이유로 고객이나 단체에 편지를 쓰는 것
- 직장 업무나 개인 간의 연락, 직접 방문하기 어려운 고객관리 등을 위해 사용되는 비공식적 문서
- 제안서나 보고서 등 공식적인 문서를 전달하는 데도 사용

(6) 기획서

하나의 프로젝트를 문서형태로 만들어, 상대방에게 기획의 내용을 전달하여 해당 기획안을 시행하도록 설득하는 문서

(7) 기안서

회사의 업무에 대한 협조를 구하거나 의견을 전달할 때 작성하며 흔히 사내 공문서로 불림

(8) 보도자료

정부 기관이나 기업체, 각종 단체 등이 언론을 상대로 하여 자신들의 정보가 기사로 보도되도록 하기 위해 보내는 자료

(9) 자기소개서

개인의 가정환경과 성장과정, 입사 동기와 근무자세 등을 구체적으로 기술하여 자신을 소개하는 문서

문서이해의 중요성
같은 업무를 추진하더라도
요점을 파악하고 정리하는지
가 업무 성과의 차이를 가져
오므로 자신의 업무를 추진
하는 데 있어서 문서이해를
통해 정보를 획득하고, 수집,
종합하는 것이 중요하다.

| 03 | 문서의 이해

(1) 문서이해의 절차

1. 문서의 목적을 이해하기

↓

2. 이러한 문서가 작성되게 된 배경과 주제를 파악하기

↓

3. 문서에 쓰인 정보를 밝혀내고, 문서가 제시하고 있는 현안을 파악하기

↓

4. 문서를 통해 상대방의 욕구와 의도 및 내게 요구되는 행동에 관한 내용을 분석하기

↓

5. 문서에서 이해한 목적 달성을 위해 취해야 할 행동을 생각하고 결정하기

↓

6. 상대방의 의도를 도표나 그림 등으로 메모하여 요약·정리해보기

예제풀이

문서를 이해하기 위해 가장
먼저 행해져야 할 것은 문서
의 목적을 먼저 이해하는 것
이다. 목적을 명확히 해야
문서의 작성 배경과 주제,
현안을 파악할 수 있다. 궁
극적으로 문서에서 이해한
목적달성을 위해 취해야 할
행동을 생각하고 결정할 수
있게 된다.

정답 ①

> 《 핵심예제 》

다음 문서이해를 위한 구체적인 절차 중 가장 먼저 행해져야 할 사항은 무엇인가?

① 문서의 목적을 이해하기
② 문서가 작성된 배경과 주제를 파악하기
③ 현안을 파악하기
④ 내용을 요약하고 정리하기

(2) 내용종합능력의 배양

① 주어진 모든 문서를 이해했다 하더라도 그 내용을 모두 기억하기란 불가능하므로
문서내용을 요약하는 문서이해능력에 더해 내용종합능력의 배양이 필요하다.
② 이를 위해서는 다양한 종류의 문서를 읽고, 구체적인 절차에 따라 이해하고, 정리하
는 습관을 들여야 한다.

Ⅲ 문서작성능력

| 01 | 문서작성능력의 의의

(1) 문서작성능력이란?

① 문서의 의미

제안서·보고서·기획서·편지·메모·공지사항 등 문자로 구성된 것을 지칭하며 일상생활뿐만 아니라 직업생활에서도 다양한 문서를 자주 사용한다.

② 문서작성의 목적

치열한 경쟁상황에서 상대를 설득하거나 조직의 의견을 전달하고자 한다.

〈〈 핵심예제 〉〉

다음은 무엇에 대한 설명인가?

상황과 목적에 적합한 문서를 시각적이고 효과적으로 작성하기 위한 능력

① 문서이해능력　　　　　② 문서작성능력

③ 언어이해능력　　　　　④ 언어표현능력

(2) 문서작성 시 고려사항

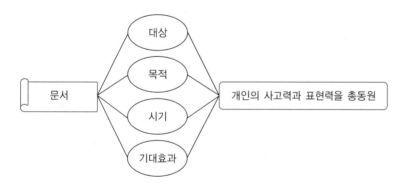

예제풀이

➕ 제시된 설명은 문서작성능력에 대한 정의이다.

정답 ②

| 02 | 문서작성의 실제

(1) 상황에 따른 문서의 작성

상황	내용
요청이나 확인을 위한 경우	• 공문서 형식 • 일정한 양식과 격식을 갖추어 작성
정보제공을 위한 경우	• 홍보물, 보도자료, 설명서, 안내서 • 시각적인 정보의 활용 • 신속한 정보 제공
명령이나 지시가 필요한 경우	• 업무 지시서 • 명확한 지시사항이 필수적
제안이나 기획을 할 경우	• 제안서, 기획서 • 종합적인 판단과 예견적인 지식이 필요
약속이나 추천을 위한 경우	• 제품의 이용에 대한 정보 • 입사지원, 이직 시 상사가 작성

(2) 문서의 종류에 따른 작성법

① 공문서

- '누가, 언제, 어디서, 무엇을, 어떻게(왜)'가 드러나도록 작성해야 함
- 날짜는 연도와 월일을 반드시 함께 기입해야 함
- 날짜 다음에 괄호를 사용할 때는 마침표를 찍지 않음
- 내용이 복잡할 경우 '−다음−', '−아래−'와 같은 항목을 만들어 구분함
- 한 장에 담아내는 것이 원칙임
- 마지막엔 반드시 '끝' 자로 마무리함
- 대외문서이고 장기간 보관되는 문서이므로 정확하게 기술해야 함

② 설명서

- 간결하게 작성함
- 전문용어의 사용은 가급적 삼갈 것
- 복잡한 내용은 도표화
- 명령문보다 평서형으로, 동일한 표현보다는 다양한 표현으로 작성함
- 글의 성격에 맞춰 정확하게 기술해야 함

③ 기획서

- 무엇을 위한 기획서인지 핵심 메시지가 정확히 도출되었는지 확인
- 상대가 요구하는 것이 무엇인지 고려하여 작성
- 글의 내용이 한눈에 파악되도록 목차를 구성할 것
- 분량이 많으므로 핵심 내용의 표현에 유념할 것
- 효과적인 내용전달을 위해 표나 그래프를 활용
- 제출하기 전에 충분히 검토할 것
- 인용한 자료의 출처가 정확한지 확인할 것

④ 보고서

- 핵심내용을 구체적으로 제시할 것
- 간결하고 핵심적인 내용의 도출이 우선이므로 내용의 중복을 피할 것
- 독자가 궁금한 점을 질문할 것에 대비할 것
- 산뜻하고 간결하게 작성할 것
- 도표나 그림을 적절히 활용할 것
- 참고자료는 정확하게 제시할 것
- 개인의 능력을 평가하는 기본 자료이므로 제출하기 전 최종점검을 할 것

〈 핵심예제 〉

다음 중 설명서의 올바른 작성법에 해당하지 않는 것은?

① 정확한 내용 전달을 위해 명령문으로 작성한다.
② 상품이나 제품에 대해 설명하는 글의 성격에 맞춰 정확하게 기술한다.
③ 정확한 내용전달을 위해 간결하게 작성한다.
④ 소비자들이 이해하기 어려운 전문용어는 가급적 사용을 삼간다.

예제풀이

설명서는 명령문이 아닌 평서형으로 작성해야 한다.

정답 ①

| 03 | 문서작성의 원칙

(1) 문장 구성 시 주의사항

- 간단한 표제를 붙일 것
- 결론을 먼저 작성
- 상대방이 이해하기 쉽게
- 중요하지 않은 경우 한자의 사용은 자제
- 문장은 짧고, 간결하게
- 문장은 긍정문의 형식으로

(2) 문서작성 시 주의사항

- 문서의 작성 시기를 기입
- 제출 전 반드시 최종점검
- 반드시 필요한 자료만 첨부
- 금액, 수량, 일자는 정확하게 기재

안심Touch

◀◀ 핵심예제 ▶▶

다음 중 문서작성의 원칙으로 옳지 않은 것은?

① 문장을 짧고, 간결하게 작성하도록 한다.
② 정확한 의미전달을 위해 한자어를 최대한 많이 사용한다.
③ 간단한 표제를 붙인다.
④ 문서의 주요한 내용을 먼저 쓰도록 한다.

| 04 | 문서표현의 시각화

(1) 시각화의 구성요소

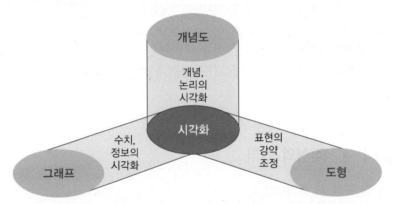

문서의 내용을 시각화하기 위해서는 전하고자 하는 내용의 개념이 명확해야 하고, 수치 등의 정보는 그래프 등을 사용하여 시각화하며, 특히 강조하여 표현하고 싶은 내용은 도형을 이용할 수 있다.

(2) 시각화 방법

① **차트 시각화** : 데이터 정보를 쉽게 이해할 수 있도록 시각적으로 표현하며, 주로 통계 수치 등을 도표나 차트를 통해 명확하고 효과적으로 전달한다.
② **다이어그램 시각화** : 개념이나 주제 등 중요한 정보를 도형, 선, 화살표 등 여러 상징을 사용하여 시각적으로 표현한다.
③ **이미지 시각화** : 전달하고자 하는 내용을 관련 그림이나 사진 등으로 표현한다.

Ⅳ 경청능력

| 01 | 경청능력의 의의

(1) 경청능력이란?

① 경청의 의미

상대방이 보내는 메시지에 주의를 기울이고 이해를 위해 노력하는 행동으로, 대화의 과정에서 신뢰를 쌓을 수 있는 최고의 방법이다.

② 경청의 효과

대화의 상대방이 본능적으로 안도감을 느끼게 되어 무의식적인 믿음을 갖게 되며, 이 효과로 인해 말과 메시지, 감정이 효과적으로 상대방에게 전달된다.

(2) 경청의 중요성

| 경청을 통해 | + | 대화의 상대방을(의) | ⇨ | • 한 개인으로 존중하게 된다.
• 성실한 마음으로 대하게 된다.
• 입장에 공감하며 이해하게 된다. |

| 02 | 효과적인 경청방법

(1) 적극적 경청과 소극적 경청

① 적극적 경청

상대의 말에 집중하고 있음을 행동을 통해 표현하며 듣는 것으로 질문, 확인, 공감 등으로 표현된다.

② 소극적 경청

상대의 말에 특별한 반응 없이 수동적으로 듣는 것을 말한다.

(2) 적극적 경청을 위한 태도

• 비판적 · 충고적인 태도를 버린다.
• 상대방이 말하고자 하는 의미를 이해한다.
• 단어 이외에 보여지는 표현에 신경쓴다.
• 경청하고 있다는 것을 표현한다.
• 흥분하지 않는다.

CHECK POINT

➕ 경청의 중요성

"성공하는 사람과 그렇지 못한 사람의 대화 습관에는 뚜렷한 차이가 있다. 그 차이점이 무엇인지 단 하나만 꼽으라고 한다면, 나는 주저 없이 '경청하는 습관'을 들 것이다. 우리는 지금껏 말하기, 읽기, 쓰기에만 골몰해 왔다. 하지만 정작 우리의 감성을 지배하는 것은 '귀'다. 경청이 얼마나 주요한 능력인지, 그리고 우리가 어떻게 경청의 힘을 획득할 수 있는지 알아야 한다."
– 스티븐 코비의 「성공하는 사람의 7가지 습관」과 「성공하는 사람의 8번째 습관」

"내가 만일 경청의 습관을 갖지 못했다면, 나는 그 누구도 설득하지 못했을 것이다."
– 피터 드러커

"20세기가 말하는 자의 시대였다면, 21세기는 경청하는 리더의 시대가 될 것이다. 경청의 힘은 신비롭기까지 하다. 말하지 않아도, 아니 말하는 것보다 더 매혹적으로 사람의 마음을 사로잡기 때문이다."
– 톰 피터스의 「초우량기업의 조건」과 「미래를 경영하라」

(3) 경청의 올바른 자세

> • 상대를 정면으로 마주하여 의논할 준비가 되었음을 알린다.
> • 손이나 다리를 꼬지 않는 개방적 자세를 취한다.
> • 상대를 향해 상체를 기울여 경청하고 있다는 사실을 강조한다.
> • 우호적인 눈빛 교환을 한다.
> • 편안한 자세를 취한다.

(4) 효과적인 경청을 위한 트레이닝

종류	내용
준비	미리 나누어준 계획서 등을 읽어 강연 등에 등장하는 용어에 친숙해질 필요가 있음
집중	말하는 사람의 속도와 말을 이해하는 속도 사이에 발생하는 간격을 메우는 방법을 학습해야 함
예측	대화를 하는 동안 시간 간격이 있으면, 다음에 무엇을 말할 것인가를 추측하려고 노력해야 함
연관	상대방이 전달하려는 메시지가 무엇인가를 생각해보고 자신의 삶, 목적, 경험과 관련지어 보는 습관이 필요함
질문	질문에 대한 답이 즉각적으로 이루어질 수 없다고 하더라도 질문을 하려고 하면 경청하는 데 적극적이 되고 집중력이 높아지게 됨
요약	대화 도중에 주기적으로 대화의 내용을 요약하면 상대방이 전달하려는 메시지를 이해하고, 사상과 정보를 예측하는 데 도움이 됨
반응	상대방에 대한 자신의 지각이 옳았는지 확인할 수 있으며, 상대방에게 자신이 정확하게 의사소통을 하였는가에 대한 정보를 제공함

〈 핵심예제 〉

다음 중 효과적인 경청방법으로 옳지 않은 것은?

① 주의를 집중한다.
② 나와 관련지어 생각해 본다.
③ 상대방의 대화에 적절히 반응한다.
④ 상대방의 말을 적당히 걸러내며 듣는다.

| 03 | 경청의 방해요인

요인	내용
짐작하기	상대방의 말을 듣고 받아들이기보다 자신의 생각에 들어 맞는 단서들을 찾아 자신의 생각을 확인하는 것
대답할 말 준비하기	자신이 다음에 할 말을 생각하기에 바빠서 상대방이 말하는 것을 잘 듣지 않는 것
걸러내기	상대의 말을 듣기는 하지만 상대방의 메시지를 온전하게 듣지 않는 것
판단하기	상대방에 대한 부정적인 판단 때문에, 또는 상대방을 비판하기 위해 상대방의 말을 듣지 않는 것

다른 생각하기	상대방이 말을 할 때 다른 생각을 하는 것으로 현실이 불만스럽지만 이러한 상황을 회피하고 있다는 신호임
조언하기	본인이 다른 사람의 문제를 지나치게 해결해 주고자 하는 것을 말하며, 말끝마다 조언하려고 끼어들면 상대방은 제대로 말을 끝맺을 수 없음
언쟁하기	단지 반대하고 논쟁하기 위해서만 상대방의 말에 귀를 기울이는 것
자존심 세우기	자존심이 강한 사람에게서 나타나는 태도로 자신의 부족한 점에 대한 상대방의 말을 듣지 않으려 함
슬쩍 넘어가기	문제를 회피하려 하거나 상대방의 부정적 감정을 회피하기 위해서 유머 등을 사용하는 것으로 이로 인해 상대방의 진정한 고민을 놓치게 됨
비위 맞추기	상대방을 위로하기 위해서 너무 빨리 동의하는 것을 말하며, 상대방에게 자신의 생각이나 감정을 충분히 표현할 시간을 주지 못하게 됨

〈 핵심예제 〉

다음 중 경청을 방해하는 요인에 해당하지 않는 것은?

① 상대방의 말을 짐작하면서 듣기
② 대답할 말을 미리 준비하며 듣기
③ 상대방의 마음상태를 이해하며 듣기
④ 상대방의 말을 판단하며 듣기

예제풀이

➕ 상대방의 마음상태를 이해하며 듣는 것은 올바른 경청 방법으로, 방해요인에 해당하지 않는다.

〖정답〗 ③

| 04 | 경청훈련

(1) 대화법을 통한 경청훈련

① 주의 기울이기

바라보기, 듣기, 따라하기가 이에 해당하며, 산만한 행동은 중단하고 비언어적인 것, 즉 상대방의 얼굴과 몸의 움직임뿐만 아니라 호흡하는 자세까지도 주의하여 관찰해야 한다.

② 상대방의 경험을 인정하고 더 많은 정보 요청하기

화자가 인도하는 방향으로 따라가고 있다는 것을 언어적·비언어적인 표현을 통하여 상대방에게 알려주는 것은 상대방이 더 많은 것을 말할 수 있는 수단이 된다.

③ 정확성을 위해 요약하기

상대방에 대한 이해의 정확성을 확인할 수 있게 하며, 자신과 상대의 메시지를 공유할 수 있도록 한다.

④ 개방적인 질문하기

단답형의 대답이나 반응보다 상대방의 다양한 생각을 이해하고, 상대방으로부터 보다 많은 정보를 얻기 위한 방법이다.

⑤ '왜?'라는 질문 피하기

'왜?'라는 질문은 보통 진술을 가장한 부정적·추궁적·강압적인 표현이므로 사용하지 않는 것이 좋다.

(2) 경청능력을 높이는 공감하는 태도

① 공감적 태도

성숙된 인간관계를 유지하기 위해서는 서로의 의견을 공감하고 존중하며 의견 조율이 필요하다. 이를 위해 깊이 있는 대화가 필요하며 이때 필요한 것이 공감적 태도이다. 즉, 공감이란 상대방이 하는 말을 상대방의 관점에서 이해하고 느끼는 것이다.

② 공감적 반응

㉠ 상대방의 이야기를 자신의 관점이 아닌 그의 관점에서 이해한다.

㉡ 상대방의 말 속에 담겨 있는 감정과 생각에 민감하게 반응한다.

Ⅴ 의사표현능력

| 01 | 의사표현능력의 의의

(1) 의사표현능력이란?

① 의사표현의 의미

말하는 이가 자신의 생각과 감정을 듣는 이에게 음성언어나 신체언어로 표현하는 행위로서 말하는 이의 목적을 달성하는 데 효과가 있다고 생각하는 말하기를 말한다.

② 의사표현의 종류

종류	내용
공식적 말하기	• 사전에 준비된 내용을 대중을 상대로 하여 말하는 것 • 연설, 토의, 토론 등
의례적 말하기	• 정치적 · 문화적 행사에서와 같이 의례 절차에 따라 말하는 것 • 식사, 주례, 회의 등
친교적 말하기	• 매우 친근한 사람들 사이에서 이루어지는 것으로 자연스러운 상황에서 떠오르는 대로 주고받는 말하기

(2) 의사표현의 중요성

언어에 의해 그려지는 이미지로 인해 자신의 이미지가 형상화될 수 있다. 즉, 자신이 자주 하는 말로써 자신의 이미지가 결정된다는 것이다.

| 02 | 의사표현에 영향을 미치는 비언어적 요소

(1) 연단공포증

청중 앞에서 이야기를 해야 하는 상황일 때 정도의 차이는 있지만 누구나 가슴이 두근거리는 등의 현상을 느끼게 된다. 이러한 연단공포증은 소수가 경험하는 심리상태가 아니라, 90% 이상의 사람들이 호소하는 불안이므로 이를 걱정할 필요는 없으며, 오히려 이러한 심리현상을 잘 통제하면서 표현한다면 청자는 그것을 더 인간다운 것으로 생각하게 된다.

(2) 말

① 장단

표기가 같은 말이라도 소리가 길고 짧음에 따라 전혀 다른 뜻이 되는 단어의 경우 긴 소리와 짧은 소리를 구분하여 정확하게 발음해야 한다.

② 발음

발음이 분명하지 못하면 듣는 이에게 정확하게 의사를 전달하기 어렵다. 천천히 복식호흡을 하며 깊은 소리로 침착하게 이야기하는 습관을 가져야 한다.

③ 속도

발표할 때의 속도는 10분에 200자 원고지 15장 정도가 적당하다. 이보다 빠르면 청중이 내용에 대해 생각할 시간이 부족하고 놓친 메시지가 있다고 느끼며, 말하는 사람이 바쁘고 성의 없는 느낌을 주게 된다. 반대로 느리게 말하면, 분위기가 처지게 되어 청중이 내용에 집중을 하지 못한다. 발표에 능숙하게 되면 청중의 반응을 감지하면서 분위기가 처질 경우 좀 더 빠르게, 내용상 중요한 부분을 짚고 넘어가고자 할 경우는 조금 여유 있게 말하는 등의 조절을 할 수 있다.

④ 쉼

의도적으로 쉼을 잘 활용함으로써 논리성, 감정제고, 동질감 등을 확보할 수 있다.

(3) 몸짓

① 몸의 방향

몸의 방향을 통해 대화 상대를 향하는가, 피하는가가 판단된다. 예를 들어 대화 도중에 끼어든 제3자가 있다고 상상했을 때, 말하는 이가 제3자를 불편하게 생각하는 경우 살짝 몸을 돌릴 수 있다. 몸의 방향은 의도적일 수도 있고, 비의도적일 수도 있으나 말하는 이가 그 사람을 '피하고' 있음을 표현하는 방식이 된다.

② 자세

특정 자세를 보고 그 사람의 분노, 슬픔, 행복과 같은 일부 감정들을 맞히는 것은 90% 이상 일치한다는 연구 결과가 있다. 자신뿐 아니라 지금 대화를 나누고 있는 상대방의 자세에 주의를 기울임으로써 우리는 언어적 요소와는 다른 중요한 정보를 얻을 수 있다.

③ 몸짓

몸짓의 가장 흔한 유형은 몸동작으로 화자가 말을 하면서 자연스럽게 동반하는 움직임이다. 누군가 우리에게 길을 물어볼 때 자연스럽게 말과 함께 손가락과 몸짓을 통해 길을 알려준다. 몸동작은 말로 설명하기는 어려운 것들을 설명하는 데 자주 사용되며, 몸동작이 완전히 배제된 의사표현은 때로 어색함을 줄 수 있다. 또 "최고다."라는 긍정적 신호를 보내기 위해 엄지를 들어 올리는 등의 상징적 동작은 말을 동반하지 않아도 의사표현이 가능하게 한다. 상징적 동작은 문화권에 따라 다를 수 있으므로, 다른 문화권의 사람들과 의사소통을 해야 할 경우에는 문화적 차이를 고려해야 한다.

(4) 유머

유머는 의사표현을 더욱 풍요롭게 도와준다. 하지만 하루아침에 유머를 포함한 의사표현을 할 수 있는 것은 아니며, 평소 일상생활 속에서 부단히 유머 감각을 훈련하여야만 자연스럽게 상황에 맞는 유머를 즉흥적으로 구사할 수 있다.

| 03 | 효과적인 의사표현법

상황	내용
지적	• 충고나 질책의 형태로 나타난다. • '칭찬 – 질책 – 격려'의 샌드위치 화법을 사용한다. • 충고는 최후의 수단으로 은유적으로 접근한다.
칭찬	• 대화 서두의 분위기 전환용으로 사용한다. • 상대에 어울리는 중요한 내용을 포함한다.
요구	• 부탁 : 상대의 상황을 확인한 후 응하기 쉽도록 구체적으로 부탁하며, 거절을 당해도 싫은 내색을 하지 않는다. • 업무상 지시, 명령 : 강압적 표현보다는 청유식 표현이 효과적이다.
거절	• 거절에 대한 사과와 함께 응할 수 없는 이유를 설명한다. • 요구를 들어주는 것이 불가능할 경우 단호하게 거절하지만, 정색하는 태도는 지양한다.
설득	• 강요는 금물이다. • 문 안에 한 발 들여놓기 기법 • 얼굴 부딪히기 기법

Ⅵ 기초외국어능력

| 01 | 기초외국어능력의 의의

(1) 기초외국어능력이란?

일 경험에 있어 우리만의 언어가 아닌 세계의 언어로 의사소통을 가능하게 하는 능력을 말하며, 일 경험 중에 필요한 문서이해나 문서작성, 의사표현, 경청 등 기초적인 의사소통을 기초적인 외국어로 가능하게 하는 능력을 말한다.

(2) 기초외국어능력의 중요성

외국인들과의 업무가 잦은 특정 직무뿐만 아니라 컴퓨터 활용 및 공장의 기계사용, 외국산 제품의 사용법을 확인하는 경우 등 기초외국어를 모르면 불편한 경우가 많다.

CHECK POINT

국가별 대표적인 비언어적 ✛
의사표현법
• 러시아 : 스스로에게 화가 났을 때 손을 펴서 자기 이마를 친다.
• 미국 : 상대를 꼬실 때뿐만 아니라 "농담이야."라는 말을 하려 할 때도 윙크를 한다.
• 중국 : 놀라거나 어려운 일을 당했을 때 말없이 고개를 좌우로 젓는다.
• 일본 : 팔짱을 끼고 서 있으면 깊이 생각하고 있다는 뜻이다.
• 아랍권 국가들 : "No"라는 의미로 머리를 뒤로 젖히고 눈썹을 치켜 올린다.

| 02 | 외국인과의 비언어적 의사소통

(1) 표정으로 알아채기

외국인과 마주하여 대화할 때 그들의 감정이나, 생각을 가장 쉽게 알 수 있는 것이 표정이다. 웃는 표정은 행복과 만족, 친절을 표현하는 데 비해, 눈살을 찌푸리는 표정은 불만족과 불쾌를 나타낸다. 또한 눈을 마주 쳐다보는 것은 흥미와 관심이 있음을, 그리고 그렇게 하지 않음은 무관심을 말해준다.

(2) 음성으로 알아채기

어조가 높으면 적대감이나 대립감을 나타내고, 낮으면 만족이나 안심을 나타낸다. 또한 목소리가 커졌으면 내용을 강조하는 것이거나 흥분, 불만족 등의 감정 상태를 표현하는 것이다. 또한 말의 속도와 리듬이 매우 빠르거나 짧게 얘기하면 공포나 노여움을 나타내는 것이며, 너무 자주 말을 멈추면 결정적인 의견이 없음을 의미하거나 긴장 또는 저항을 의미한다.

(3) 외국인과의 의사소통에서 피해야 할 행동

- 상대를 볼 때 흘겨보거나, 아예 보지 않는 것
- 팔이나 다리를 꼬는 것
- 표정이 없는 것
- 다리를 흔들거나 펜을 돌리는 것
- 맞장구를 치지 않거나, 고개를 끄덕이지 않는 것
- 생각 없이 메모하는 것
- 자료만 들여다보는 것
- 바르지 못한 자세로 앉는 것
- 한숨, 하품, 신음을 내는 것
- 다른 일을 하며 듣는 것
- 상대방에게 이름이나 호칭을 어떻게 부를지 묻지 않고 마음대로 부르는 것

〈핵심예제〉

다음 중 기초외국어능력을 대하는 마음가짐으로 옳지 않은 것은?

① 상대방과 목적을 공유하라.
② 외국어를 너무 어렵게만 생각하지 마라.
③ 자신을 극복하라.
④ 자신의 부족한 외국어 실력을 의식하여, 실수하지 않도록 한다.

예제풀이

➕ 외국어에 대한 자신감이 부족한 사람들이 가지는 특징은 외국어를 잘 못한다는 지나친 의식, 불명확한 의사표현, 의견정리의 어려움, 표현력의 저하 등이다. 그러므로 이러한 마음상태를 극복하고, 자신만의 기초외국어로의 의사소통 방법을 만들어나가는 것도 기초외국어능력을 높이는 좋은 방법이라 할 수 있다.

정답 ④

┌연속출제┐

다음 중 철도 운전면허를 취득할 수 있는 사람 은?

풀이순서

1) 질문의도
   : 법령이해

2) 선택지 키워드 찾기

3) 지문독해
   : 선택지와 비교

〈철도안전법〉

제11조(결격사유)

다음 각 호의 어느 하나에 해당하는 사람은 운전면허를 받을 수 없다.

1. 19세 미만인 사람
2. 철도차량 운전상의 위험과 장해를 일으킬 수 있는 정신질환자 또는 뇌전증환자로서 대통령령으로 정하는 사람 ❶
3. 철도차량 운전상의 위험과 장해를 일으킬 수 있는 약물('마약류 관리에 관한 법률' 제2조 제1호에 따른 마약류 및 '화학물질관리법' 제22조 제1항에 따른 환각물질을 말한다. 이하 같다) 또는 알코올 중독자로서 대통령령으로 정하는 사람 ❷
4. 두 귀의 청력 또는 두 눈의 시력을 완전히 상실한 사람 ❹

〈철도안전법 시행령〉

제12조(운전면허를 받을 수 없는 사람)

철도안전법 제11조 제4호에서 '대통령령으로 정하는 신체장애인'이란 다음 각 호의 어느 하나에 해당하는 사람을 말한다.

1. 말을 하지 못하는 사람
2. 한쪽 다리의 발목 이상을 잃은 사람 ❸
3. 한쪽 팔 또는 한쪽 다리 이상을 쓸 수 없는 사람
4. 다리·머리·척추 또는 그 밖의 신체장애로 인하여 걷지 못하거나 앉아 있을 수 없는 사람
5. 한쪽 손 이상의 엄지손가락 을 잃었거나 엄지손가락 을 제외한 손가락을 3개 이상 잃은 사람 ❺

① 전문의가 뇌전증환자로서 정상적인 운전을 할 수 없다고 인정한 사람
② 전문의가 알코올 중독자로서 정상적인 운전을 할 수 없다고 인정한 사람
③ 교통사고로 두 다리를 잃어 걷지 못하는 사람
④ 태어날 때부터 두 눈의 시력을 완전히 상실한 사람
❺ 사고로 한쪽 손의 새끼손가락 을 잃은 사람

4) 정답 도출

📋 **유형 분석**
- 주어진 제시문을 읽고 일치하는 선택지를 고르는 전형적인 독해 문제이다.
- 제시문은 주로 법령, 신문기사(보도자료 등), 업무 보고서, 시사 등이 제시된다.
- 대체로 제시문이 긴 경우가 많아 푸는 시간이 많이 소요된다.
응용문제 : 제시문의 주제를 찾는 문제나 제시문의 핵심내용을 근거로 추론하는 문제가 출제된다.

📋 **풀이 전략**
먼저 선택지의 키워드를 체크한 후, 제시문의 내용과 비교하며 내용의 일치유무를 신속히 판단한다.

CHAPTER 01

의사소통능력 | 기출유형 2

문서이해 ②

┌연속출제┐

다음 중 감정은행계좌에 대한 설명으로 │가장 적절하지 않은 것은?│

<감정은행계좌>

1. 감정은행계좌란?

인간관계에서 구축하는 신뢰의 정도를 은유적으로 표현한 것으로, 만약 우리가 다른 사람에 대해 공손하고 친절하며 정직하고 약속을 지킨다면 우리는 감정을 저축하는 것이 되고, ❸ 무례하고 불친절한 행동 등을 한다면 감정을 인출하는 것이 된다. ❶ㆍ❷

2. 감정은행계좌 주요 예입수단

내용	사례
상대방에 대한 이해심	여섯 살 아이는 벌레를 좋아하였지만, 아이의 행동을 이해하지 못한 부모는 벌레를 잡아서 내쫓았다. 결국 아이는 크게 울고 말았다.
사소한 일에 대한 관심	두 아들과 여행을 간 아버지는 막내아들이 추워하자 입고 있던 자신의 코트를 벗어 막내아들에게 입혔다. 여행에서 돌아온 뒤 표정이 좋지 않은 큰아들과 이야기를 나누어보니 동생만 챙긴다고 서운해하고 있었다. ❹
기대의 명확화	이번에 결혼한 신혼부부는 결혼생활에 대한 막연한 기대감을 품고 있었다. 그러나 결혼 후의 생활이 각자 생각하던 것과 달라 둘 다 서로에게 실망하였다.
언행일치	야구선수 C는 이번 시즌에서 20개 이상의 홈런과 도루를 성공하겠다고 이야기하였다. 실제 이번 시즌에서 C가 그 이상을 해내자 사람들은 C의 능력을 확실히 믿게 되었다.
진지한 사과	D사원은 작업 수행 중 실수가 발생하면 자신의 잘못을 인정하고 사과하였다. 처음에는 상사도 이를 이해하고 진행하였으나, 같은 실수와 사과가 반복되자 이제 D사원을 신뢰하지 않게 되었다. ❺

① 상대방을 제대로 이해하지 못하면 감정이 인출될 수 있다.
② 분명한 기대치를 제시하지 않아 오해가 생기면 감정이 인출될 수 있다.
③ 말과 행동을 일치시키면 신뢰의 감정이 저축된다.
④ 내게 사소한 것이 남에게는 사소하지 않을 수 있다.
⑤ 잘못한 것에 대해 사과를 하면 항상 신뢰의 감정이 저축된다.

풀이순서

1) 질문의도
   : 내용이해 → 적용

2) 보기의 내용 파악

3) 선택지 키워드 찾기

4) 정답 도출
   : 선택지와 비교

📋 **유형 분석**
• 주어진 지문에 대한 이해를 바탕으로 유추할 수 있는 내용을 고르는 문제이다.
• 지문은 주로 업무 보고서, 기획서, 보도자료 등이 제시된다.
• 일반적인 독해 문제와는 달리 선택지의 내용이 애매모호한 경우가 많으므로 꼼꼼히 살펴보아야 한다.

📋 **풀이 전략**
주어진 지문이 어떠한 내용을 다루고 있는지 파악한 후 선택지의 키워드를 체크한다. 그리고 나서 지문의 내용에서 도출할 수 있는 내용을 선택지에서 찾아야 한다.

┌─**연속출제**─┐

다음 중 밑줄 친 단어와 의미가 유사한 것은?

> 흑사병은 페스트균에 의해 발생하는 급성 열성 감염병으로, 쥐에 기생하는 벼룩에 의해 사람에게 전파된다. 국가위생건강위원회의 자료에 따르면 중국에서는 최근에도 <u>간헐적</u>으로 흑사병 확진 판정이 나온 바 있다. 지난 2014년에는 중국 북서부에서 38세의 남성이 흑사병으로 목숨을 잃었으며, 2016년과 2017년에도 각각 1건씩 발병 사례가 확인됐다.

① 근근이
② 자못
✔ 이따금
④ 빈번히
⑤ 흔히

풀이순서

1) 질문의도
: 유의어

2) 지문파악
: 문맥을 보고 단어의 뜻 유추

3) 정답도출

📋 **유형 분석**
- 주어진 지문에서 밑줄 친 단어의 유의어를 찾는 문제이다.
- 자료는 지문, 보고서, 약관, 공지 사항 등 다양하게 제시된다.
- 다른 문제들에 비해 쉬운 편에 속하지만 실수를 하기 쉽다.

  응용문제 : 틀린 단어를 올바르게 고치는 등 맞춤법과 관련된 문제가 출제된다.

📋 **풀이 전략**
앞뒤 문장을 읽어 문맥을 파악하여 밑줄 친 단어의 의미를 찾는다.

┌연속출제┐

다음 중 공문서 작성 요령으로 적절하지 않은 것은?

① 전문 용어 사용을 지양한다.

💡 1. → 1) → (1) → 가. → 가)와 같이 항목을 순서대로 표시한다.

③ 첨부물이 있다면 붙임 표시문 다음에 '끝'을 표시한다.

④ 뜻을 정확하게 전달하기 위해 괄호 안에 한자를 함께 적을 수 있다.

⑤ 쌍점(:)은 앞말에 붙여 쓰고 뒷말과는 띄어 쓴다.

풀이순서

1) 질문의도
   : 문서작성 방법

2) 선택지 확인
   : 공문서 작성법

3) 정답도출
   : 공문서의 번호체계
   는 1. → 가. → (1)
   → (가) → 1)과 같
   이 적용한다.

📋 **유형 분석** ・실무에서 적용할 수 있는 공문서 작성 방법의 개념을 익히고 있는지 평가하는 문제이다.

・지문은 실제 문서 형식, 조언하는 말하기, 조언하는 대화가 주로 제시된다.

응용문제 : 문서 유형별 문서작성 방법에 대한 내용이 출제된다. 맞고 틀리고의 문제가 아니라 적합한 방법을 묻는 것이기 때문에 구분이 안 되어 있으면 틀리기 쉽다.

📋 **풀이 전략** 공문서 작성법을 익히고 해당 내용이 올바르게 적용되었는지 파악한다.

안심Touch

┌연속출제┐

다음 빈칸에 들어갈 경청 단계가 차례대로 연결된 것은?

풀이순서

〈경청의 5단계〉

단계	경청 정도	내용
㉠	0%	상대방은 이야기를 하지만, 듣는 사람에게 전달되는 내용은 하나도 없는 단계
㉡	30%	상대방의 이야기를 듣는 태도는 취하고 있지만, 자기 생각 속에 빠져 있어 이야기의 내용이 전달되지 않는 단계
㉢	50%	상대방의 이야기를 듣기는 하나, 자신이 듣고 싶은 내용을 선택적으로 듣는 단계
㉣	70%	상대방이 어떤 이야기를 하는지 내용에 집중하면서 듣는 단계
㉤	100%	상대방의 이야기에 집중하면서 의도와 목적을 추측하고, 이해한 내용을 상대방에게 확인하면서 듣는 단계

	㉠	㉡	㉢	㉣	㉤
①	선택적 듣기	무시	듣는 척하기	공감적 듣기	적극적 듣기
②	듣는 척하기	무시	선택적 듣기	적극적 듣기	공감적 듣기
③	듣는 척하기	무시	선택적 듣기	공감적 듣기	적극적 듣기
✔	무시	듣는 척하기	선택적 듣기	적극적 듣기	공감적 듣기

1) 질문의도
  : 경청 방법

2) 지문파악
  : 경청 정도에 따른
    단계

3) 정답도출

📋 **유형 분석**
• 경청 단계에 대해 이해하고 있는지를 묻는 문제이다.
• 경청 방법에 대한 지식이 있어도 대화 상황이나 예가 제시되었을 때 그 자료를 해석하지 못하면 소용이 없다.
  지식과 예를 연결지어 학습해야 한다.
  응용문제 : 경청하는 태도와 방법에 대한 질문, 경청을 방해하는 요인 등의 지식을 묻는 문제들이 출제된다.

📋 **풀이 전략**
경청하는 단계에 대한 지식을 익히고 문제에 적용한다.

CHAPTER

01

의사소통능력 | 기출유형 6

의사표현

다음 제시문에 나타난 의사소통의 저해요인 으로 가장 적절한 것은?

> '말하지 않아도 알아요.' TV 광고 음악에 많은 사람이 공감했던 것과 같이 과거 우리 사회에서
> 는 자신의 의견을 직접적으로 드러내지 않는 것을 미덕이라고 생각했다. 하지만 직접 말하지
> 않아도 상대가 눈치껏 판단하고 행동해주길 바라는 '눈치' 문화가 오히려 의사소통 과정에서
> 의 불신과 오해를 낳는다.

① 의사소통 기법의 미숙
② 부족한 표현 능력
③ 평가적이며 판단적인 태도
④ 선입견과 고정관념
⑤ 폐쇄적인 의사소통 분위기

풀이순서

1) 질문의도
   : 의사소통 저해요인

2) 지문파악
   : 과거의 미덕
   → 불신과 오해

3) 정답도출
   : 사회적으로 미덕으
   로 인식되던 긍정적
   고정관념이 시대가
   변함에 따라 불신과
   오해를 낳는 이유가
   되었다는 것이 제시
   문의 내용이다.

📋 유형 분석
- 상황에 적합한 의사표현법에 대한 이해를 묻는 문제이다.
- 의사표현 방법에 대한 지식이 있어도 대화 상황이나 예가 제시되었을 때 그 자료를 해석하지 못하면 소용이 없다.
  지식과 예를 연결지어 학습해야 한다.
  응용문제 : 의사표현방법, 의사표현을 방해하는 요인 등의 지식을 묻는 문제들이 출제된다.

📋 풀이 전략   의사소통의 저해요인에 대한 지식을 익히고 문제에 적용한다.

의사소통능력

기출예상문제

정답 및 해설 p.12

01 다음 중 (가) ~ (다)에 들어갈 문장을 〈보기〉에서 찾아 순서대로 나열한 것은?

소리를 내는 것, 즉 음원의 위치를 판단하는 일은 복잡한 과정을 거친다. 사람의 청각은 '청자의 머리와 두 귀가 소리와 상호작용하는 방식'을 단서로 음원의 위치를 파악한다.

음원의 위치가 정중앙이 아니라 어느 한쪽으로 치우쳐 있으면, 소리가 두 귀 중에서 어느 한쪽에 먼저 도달한다. (가) 따라서 소리가 두 귀에 도달하는 데 걸리는 시간차를 이용하면 소리가 오는 방향을 알아낼 수 있다. 소리가 두 귀에 도달하는 시간의 차이는 음원이 정중앙에서 한쪽으로 치우칠수록 커진다.

양 귀를 이용해 음원의 위치를 알 수 있는 또 다른 단서는 두 귀에 도달하는 소리의 크기 차이이다. 왼쪽에서 나는 소리는 왼쪽 귀에 더 크게 들리고, 오른쪽에서 나는 소리는 오른쪽 귀에 더 크게 들린다. 이런 차이는 머리가 소리 전달을 막는 장애물로 작용하기 때문이다. (나) 따라서 소리가 저주파로만 구성되어 있는 경우 소리의 크기 차이를 이용한 위치 추적은 효과적이지 않다.

또 다른 단서는 음색의 차이이다. 고막에 도달하기 전에 소리는 머리와 귓바퀴를 지나는데, 이때 머리와 귓바퀴의 굴곡은 소리를 변형시키는 필터 역할을 한다. (다) 이러한 차이를 통해 음원의 위치를 파악할 수 있다.

> **보기**
>
> ㉠ 이 때문에 두 고막에 도달하는 소리의 음색 차이가 생겨난다.
> ㉡ 하지만 이런 차이는 소리에 섞여 있는 여러 음파들 중 고주파에서만 일어나고 저주파에서는 일어나지 않는다.
> ㉢ 왼쪽에서 나는 소리는 왼쪽 귀가 먼저 듣고, 오른쪽에서 나는 소리는 오른쪽 귀가 먼저 듣는다.

	(가)	(나)	(다)
①	㉠	㉡	㉢
②	㉠	㉢	㉡
③	㉡	㉠	㉢
④	㉢	㉡	㉠

02 다음은 신입사원 A가 작성한 보고서의 일부이다. 상사 B는 신입사원 A에게 문서 작성 시 유의해야 할 띄어쓰기에 대해 조언을 하려고 한다. 상사 B가 조언할 내용으로 적절하지 않은 것은?

> 국내의 한 운송 업체는 총무게가 만톤에 달하는 고대 유적을 안전한 장소로 이전하는 해외 프로젝트에 성공하였습니다. 이번 프로젝트는 댐 건설로 인해 수몰 위기에 처한 지역의 고대 유적을 약 5km 가량 떨어진 문화공원으로 옮기는 문화유적 이송 프로젝트입니다. 운송 업체 관계자인 김민관 씨는 "글로벌 종합물류 기업에 걸맞은 시너지 효과를 창출하기 위해 더욱 더 노력하겠다."라고 말했습니다.

① 관형사는 뒷말과 띄어써야 하므로 모두 합하여 몇임을 나타내는 관형사인 '총'은 '총 무게'와 같이 띄어써야 합니다.

② 단위를 나타내는 명사는 앞말과 띄어써야 하므로 '만톤'은 '만 톤'으로 띄어써야 합니다.

③ '-여, -쯤, -가량'과 같은 접미사는 앞말과 붙여써야 하므로 '5km 가량'은 '5km가량'으로 붙여써야 합니다.

④ 성과 이름 그리고 이에 덧붙는 호칭어, 관직명 등은 모두 붙여써야 하므로 '김민관 씨'는 '김민관씨'와 같이 붙여써야 합니다.

03 다음 빈칸에 들어갈 말로 가장 적절한 것은?

> 만약 어떤 사람에게 다가온 신비적 경험이 그가 살아갈 수 있는 힘으로 밝혀진다면, 그가 다른 방식으로 살아야 한다고 다수인 우리가 주장할 근거는 어디에도 없다. 사실상 신비적 경험은 우리의 모든 노력을 조롱할 뿐 아니라, 논리라는 관점에서 볼 때 우리의 관할 구역을 절대적으로 벗어나 있다. 우리 자신의 더 합리적인 신념은 신비주의자가 자신의 신념을 위해서 제시하는 증거와 그 본성에 있어서 유사한 증거에 기초해 있다. 우리의 감각이 우리의 신념에 강력한 증거가 되는 것과 마찬가지로, 신비적 경험도 그것을 겪은 사람의 신념에 강력한 증거가 된다. 우리가 지닌 합리적 신념의 증거와 유사한 증거에 해당되는 경험은, 그러한 경험을 한 사람에게 살아갈 힘을 제공해 줄 것이다. 신비적 경험은 신비주의자들에게는 살아갈 힘이 되는 것이다. 따라서 _____

① 신비주의가 가져다주는 긍정적인 면에 대한 심도 있는 연구가 필요하다.

② 신비주의자들의 삶의 방식이 수정되어야 할 불합리한 것이라고 주장할 수는 없다.

③ 논리적 사고와 신비주의적 사고를 상반된 개념으로 보는 견해는 수정되어야 한다.

④ 신비주의자들은 그렇지 않은 사람들보다 더 나은 삶을 살아간다고 할 수 있다.

04 다음 글에서 〈보기〉가 들어갈 위치로 가장 적절한 곳은?

(가) 휴대폰은 어린이들이 자신의 속마음을 고백하기도 하고, 그가 하는 말을 들어주기도 하며, 자신의 호주머니나 입 속에 쑤셔 넣기도 하는 곰돌이 인형과 유사하다. 다른 점이 있다면, 곰돌이 인형은 말하는 사람에게 주의 깊게 귀를 기울여 준다는 것이다.

(나) 휴대폰이 제기하는 핵심 문제는 바로 이러한 모순 가운데 있다. 곰돌이 인형과 달리 휴대폰을 통해 듣는 목소리는 우리가 듣기를 바라는 것과는 다른 대답을 자주 한다. 그것은 특히 우리가 대화 상대자와 다른 시간과 다른 장소 그리고 다른 정신상태에 처해 있기 때문이다.

(다) 그리 오래 전 일도 아니지만, 우리가 시·공간적으로 떨어져 있는 상대와 대화를 나누고 싶을 때 할 수 있는 일이란 기껏해야 독백을 하거나 글쓰기에 호소하는 것밖에 없었다. 하지만 글을 써본 사람이라면 펜을 가지고 구어(口語)적 사고를 진행시킨다는 것이 얼마나 어려운 일인지 잘 알 것이다.

(라) 반면, 우리가 머릿속에 떠오르는 말들에 따라 그때그때 우리가 취하는 어조와 몸짓들은 얼마나 다양한가! 휴대 폰으로 말미암아 우리는 혼자 말하는 행복을 되찾게 되었다. 더 이상 독백의 기쁨을 만끽하기 위해서 혼자 숨어 들 필요가 없는 것이다.

어린이에게 자신이 보호받고 있다는 느낌을 주기 위해 발명된 곰돌이 인형을 어린이는 가장 좋은 대화 상대자로 이용한다. 마찬가지로 통신 수단으로 발명된 휴대폰은 고독 속에서 우리를 안도시키는 절대적 수단이 될 것이다.

보기

곰돌이 인형에게 이야기하는 어린이가 곰돌이 인형이 자기 말을 듣고 있다고 믿는 이유는 곰돌이 인형이 결코 대답하는 법이 없기 때문이다. 만일 곰돌이 인형이 대답을 한다면 그것은 어린이가 자신의 마음속에서 듣는 말일 것이다.

① (가) 문단의 뒤   ② (나) 문단의 뒤
③ (다) 문단의 뒤   ④ (라) 문단의 뒤

05 다음 문단에 이어질 내용을 논리적 순서대로 올바르게 나열한 것은?

마그네틱 카드는 자기 면에 있는 데이터를 입력장치에 통과시키는 것만으로 데이터를 전산기기에 입력할 수 있다. 마그네틱 카드는 미국 IBM에서 자기 테이프의 원리를 카드에 응용한 것으로 자기 테이프 표면에 있는 자성 물질의 특성을 변화시켜 데이터를 기록하는 방식으로 개발되었다. 개발 이후 신용카드, 신분증 등 여러 방면으로 응용되었고, 현재도 사용되고 있다.

하지만 마그네틱 카드는 자기 테이프를 이용하였기 때문에 자석과 접촉하면 기능이 상실되는 단점을 가지고 있는데, 최근 마그네틱 카드의 단점을 보완한 IC 카드가 만들어져 사용되고 있다.

(가) IC 카드는 데이터를 여러 번 쓰거나 지울 수 있는 EEPROM이나 플래시메모리를 내장하고 있다. 개발 초기의 IC 카드는 8KB 정도의 저장공간을 가지고 있었으나, 2000년대 이후에는 1MB 이상의 데이터 저장이 가능하다.

(나) IC 카드는 내부에 집적회로를 내장하였기 때문에 자석과 접촉해도 데이터가 손상되지 않으며, 마그네틱 카드에 비해 다양한 기능을 추가할 수 있고 보안성 및 내구성도 우수하다.

(다) 메모리 외에도 프로세서를 함께 내장한 것도 있다. 이러한 것들은 스마트카드로 불리며, 현재 16비트 및 32비트급의 성능을 가진 카드도 등장했다. 프로세서를 탑재한 카드는 데이터의 저장뿐 아니라 데이터의 암호화나 특정 컴퓨터만이 호환되도록 하는 등의 프로그래밍이 가능해서 보안성이 향상되었다.

① (가) – (나) – (다)   ② (가) – (다) – (나)
③ (나) – (다) – (가)   ④ (나) – (가) – (다)

06 다음 글을 바탕으로 할 때, 〈보기〉에서 옳은 것은 모두 몇 개인가?

반려동물 동거인 1천만 시대. 다섯 명 가운데 한 명이 키울 정도로 반려동물은 이미 우리 생활의 일부가 됐다. 그런데 가정 안에서 빈번하게 문제가 되는 것이 바로 임신했을 때 반려동물을 격리할 것인가 말 것인가에 대한 분분한 의견들이다. 떠도는 속설, 기우 때문에 주인의 임신과 함께 버려지는 반려동물이 많은 것도 사실이다. 반려동물은 과연 태아에게 치명적인 영향을 미치는 존재일까? 그 속설들에 대해 하나하나 따져 보기로 하자.

최근 아이들을 낳지 않고 반려동물만 키우는 딩크족이 늘고 있다. 이 때문일까? 항간에는 반려동물과의 동거가 불임의 원인이 된다는 속설이 돌고 있다. 그러나 결론적으로 말하면 이것은 과학적 근거가 없는 허구이다. 반려동물을 키우면 모성 호르몬이 여성 호르몬을 억제해 임신이 잘 되지 않는다고 하는데, 애초에 모성 호르몬이라는 것은 존재하지 않는 것일뿐더러 반려동물을 키운다고 해서 여성 호르몬이 영향을 받는다는 것도 증명된 적이 없다.

임신을 안 순간 반려동물은 갑자기 고민거리가 되기도 한다. 임신부의 건강에 문제가 생길 수도 있다고 여겨지기 때문이다. 특히 반려동물의 털은 태아에게 나쁜 영향을 미친다고도 알려져 있어 임신부들을 불안하게 한다. 그러나 태아는 자궁경부와 양막의 보호를 받으므로 임신 중 반려동물의 털이 태아에게 들어갈 수 없다. 물론 털에 의한 알레르기 반응이나 천식, 두드러기 등에는 쉽게 노출될 수도 있다. 평소 알레르기에 민감하게 반응해온 임신부라면 당분간 떨어져 지내면서 증상을 완화시키도록 하는 것이 좋다.

고양이를 키우기 때문에 기형아를 낳는다는 속설도 있지만 그렇지 않다. 다만, 고양이와 임신부에게 톡소플라즈마(기생충) 항체가 없을 경우에는 문제가 될 수 있다. 확률이 작기는 하지만 급성으로 감염된 고양이가 알을 배출하는 2주 동안 그 알을 임신부가 섭취하게 되면 기형아 발생의 위험이 있기 때문이다. 따라서 고양이를 키우고 있다면 이를 숙지하여 임신 초기 톡소플라즈마 감염을 예방할 수 있도록 해야 한다.

임신부들은 아무래도 임신 초기 입덧 때문에 냄새에 민감해진다. 때문에 입덧이 심할 때는 반려동물의 몸이나 배설물 냄새가 더 역하게 느껴지기도 한다. 그러나 반려동물 때문에 없던 입덧이 생기거나 입덧이 더 심해지는 것은 아니다. 임신부가 있는 집이라면 가족들이 평소보다 더 청결하게 반려동물을 관리하는 것이 좋다. 특히 반려동물의 목욕과 깨끗한 배설물 처리는 다른 가족들의 건강을 위해서라도 꼭 필요한 일임을 명심해야 한다.

임신 초기는 유산의 위험이 높고 안정이 필요한 시기이다. 특히 유산 병력이 있거나 출혈, 복통이 있다면 안정기까지 최대한 주의를 해야 한다. 평소 알레르기 질환에 노출되어 있는 임신부라면 면역력이 약해서 호흡기증상이나 임신소양증 등을 일으킬 수 있으므로 미리 반려동물에 대한 면역이 있는지도 검사를 받아야 한다. 한편 반려동물은 임신 중 우울감이나 스트레스를 감소시키는 역할도 하므로 키울 것인지 아닌지는 개개인의 특성과 처한 상황에 따라 신중하게 선택하는 것이 좋다.

보기

- 반려동물은 불임의 원인이 된다.
- 반려동물의 털은 태아에게 나쁜 영향을 미친다.
- 반려동물을 키우면 입덧이 심해진다.
- 유산의 위험이 있다면 안정기까지 주의가 필요하다.

① 1개　　　　　　　　　② 2개
③ 3개　　　　　　　　　④ 4개

07 다음 중 글의 내용과 일치하지 않는 것은?

우리 은하에서 가장 가까이 위치한 은하인 안드로메다은하까지의 거리는 220만 광년이다. 이처럼 엄청난 거리로 떨어져 있는 천체까지의 거리는 어떻게 측정한 것인가?

첫 번째 측정 방법은 삼각 측량법이다. 그러나 피사체가 매우 멀리 있는 경우라면 삼각형의 밑변이 충분히 길 필요가 있다. 지구는 1년에 한 바퀴씩 태양 주변을 공전하는데, 우리는 이 공전 궤도 반경을 알고 있기 때문에 이를 밑변으로 삼아 별까지의 거리를 측정할 수 있다. 그러나 가까이 있는 별까지의 거리도 지구 궤도 반지름에 비하면 엄청나게 커서 연주 시차는 아주 작은 값이 되므로 측정하기가 쉽지 않다.

두 번째 측정 방법은 주기적으로 별의 밝기가 변하는 변광성의 주기와 밝기를 연구하는 과정에서 얻어졌다. 보통 별의 밝기는 거리의 제곱에 반비례해서 어두워지는데, 1등급과 6등급의 별은 100배의 밝기 차이가 있다. 그러나 밝은 별이 반드시 어두운 별보다 가까이 있는 것은 아니다. 별의 거리는 밝기의 절대등급과 겉보기등급의 비교를 통해 확정되기 때문이다. 즉, 모든 별이 같은 거리에 놓여 있다고 가정하고, 밝기 등급을 매긴 것을 절대등급이라 하는데, 만약 이 등급이 낮은(밝은) 별이 겉보기에 어둡다면 이 별은 매우 멀리 있는 것으로 볼 수 있다.

① 절대등급과 겉보기등급은 다를 수 있다.
② 별이 항상 같은 밝기를 가지고 있는 것은 아니다.
③ 삼각 측량법은 지구의 궤도 반경을 알아야 측정이 가능하다.
④ 어두운 별은 밝은 별보다 항상 멀리 있기 때문에 밝기에 의해 거리의 차가 있다.

08 다음 중 밑줄 친 단어를 맥락에 맞게 고친 것은?

영화의 기본적인 단위는 프레임이다. 테두리 혹은 틀을 뜻하는 프레임은 영화가 만들어져 상영되는 단계마다 서로 다르게 정의된다. 촬영 과정에서는 카메라를 통해 들여다보는 장면의 구도로, 편집 과정에서는 필름에 현상된 낱낱의 정지 사진으로, 그리고 상영 과정에서는 극장의 어둠과 화면을 가르는 경계선으로 규정되는 것이다. 그러나 <u>정의되다</u> 이 개념은 영화가 프레임을 통해 비추어진 세계이며 프레임을 경계로 어두운 객석의 현실 세계와 구분되는 것을 의미한다는 점에서 일치한다.

① 이렇게 정의되고 나서야
② 정의되는 방식을 살펴보면
③ 다르게 정의되기 때문에
④ 어떻게 정의되든 간에

※ 다음 글을 읽고 이어지는 질문에 답하시오. [9~10]

우리는 컴퓨터에서 음악을 들으면서 문서를 작성할 때 두 가지 프로그램이 동시에 실행되고 있다고 생각한다. 그러나 실제로는 아주 짧은 시간 간격으로 그 프로그램들이 번갈아 실행되고 있다. 이는 컴퓨터 운영 체제의 일부인 CPU(중앙 처리 장치) 스케줄링 때문이다. 어떤 프로그램이 실행될 때 컴퓨터 운영 체제는 실행할 프로그램을 주기억 장치에 저장하고 실행 대기 프로그램의 목록인 '작업큐'에 등록한다. 운영 체제는 실행할 하나의 프로그램을 작업큐에서 선택하여 CPU에서 실행하고, 실행이 종료되면 작업큐에서 지운다.

한 개의 CPU는 한 번에 하나의 프로그램만 실행할 수 있다. 그러면 A와 B 두 개의 프로그램이 동시에 실행되는 것처럼 보이게 하려면 어떻게 해야 할까? 프로그램은 실행을 요청한 순서대로 작업큐에 등록되고 이 순서에 따라 A와 B는 차례로 실행된다. 이때, A의 실행 시간이 길어지면 B가 기다려야 하는 '대기 시간'이 길어지므로 동시에 두 프로그램이 실행되고 있는 것처럼 보이지 않는다. 그러나 A와 B를 일정한 시간 간격을 두고 번갈아 실행하면 두 프로그램이 동시에 실행되는 것처럼 보인다.

이를 위해서 CPU의 실행 시간을 여러 개의 짧은 구간으로 나누어 놓고 각각의 구간마다 하나의 프로그램이 실행되도록 한다. 여기서 한 구간에서 프로그램이 실행되는 것을 '구간 실행'이라 하며, 각각의 구간에서 프로그램이 실행되는 시간을 '구간 시간'이라고 하는데, 구간 시간의 길이는 일정하게 정한다. A와 B의 구간 실행은 원칙적으로 두 프로그램이 종료될 때까지 번갈아 반복되지만 하나의 프로그램이 먼저 종료되면 나머지 프로그램이 계속 실행된다.

한편, 어떤 프로그램의 구간 실행이 진행되는 동안 다른 프로그램은 작업큐에서 대기한다. A의 구간 실행이 끝나면 A의 실행이 정지되고 다음번 구간 시간 동안 실행할 프로그램을 선택한다. 이때, A가 정지한 후 B의 실행을 준비하는 데 필요한 시간을 '교체 시간'이라고 하는데, 교체 시간은 구간 시간에 비해 매우 짧다. 교체 시간에는 그때까지 실행된 A의 상태를 저장하고 B를 실행하기 위해 B의 이전 상태를 가져온다. 그뿐만 아니라 같은 프로그램이 이어서 실행되더라도 운영 체제가 다음에 실행되어야 할 프로그램을 판단해야 하므로 구간 실행 사이에는 반드시 교체 시간이 필요하다.

하나의 프로그램이 작업큐에 등록될 때부터 종료될 때까지 걸리는 시간을 '총 처리 시간'이라고 하는데, 이 시간은 순수하게 프로그램의 실행에만 소요된 시간인 '총 실행 시간'에 '교체 시간'과 작업큐에서 실행을 기다리는 '대기 시간'을 모두 합한 것이다. ㉠ 총 실행 시간이 구간 시간보다 긴 프로그램이 실행될 때는 구간 실행 횟수가 많아져서 교체 시간의 총합은 늘어난다. 그러나 총 실행 시간이 구간 시간보다 짧거나 같은 프로그램은 한 번의 구간 시간 내에 종료되고 곧바로 다음 프로그램이 실행된다.

이제 프로그램 A, B, C가 실행되는 경우를 생각해 보자. A가 실행되고 있고 B는 작업큐에서 대기 중인 상태에서 새로운 프로그램 C를 실행할 경우, C는 B 다음에 등록되므로 A와 B의 구간 실행이 끝난 후 C가 실행된다. A와 B가 종료되지 않아 추가적인 구간 실행이 필요하면 작업큐에서 C의 뒤로 다시 등록되므로 C, A, B의 상태가 되고 결과적으로 세 프로그램은 등록되는 순서대로 반복해서 실행된다.

이처럼 작업큐에 등록된 프로그램의 수가 많아지면 각 프로그램의 대기 시간은 그에 비례하여 늘어난다. 따라서 작업큐에 등록할 수 있는 프로그램의 수를 제한해 대기 시간이 일정 수준 이상으로 길어지는 것을 막을 필요가 있다.

09 다음 중 글을 읽고 내용에 부합하지 않는 것은?

① CPU 스케줄링은 컴퓨터 운영 체제의 일부이다.

② 구간 실행의 교체에 소요되는 시간은 구간 시간보다 짧다.

③ CPU 한 개는 한 번에 하나의 프로그램만 실행이 가능하다.

④ 프로그램 실행이 종료되면 실행 결과는 작업큐에 등록된다.

10 다음 중 ㉠의 실행 과정에 대한 이해로 가장 적절하지 않은 것은?

① 교체 시간이 줄어들면 총 처리시간이 줄어든다.

② 대기 시간이 늘어나면 총 처리시간이 늘어난다.

③ 총 실행 시간이 줄어들면 총 처리시간이 줄어든다.

④ 구간 시간이 늘어나면 구간 실행 횟수는 늘어난다.

11 다음 중 ⊙의 사례로 적절하지 않은 것은?

자동화는 자본주의의 실업을 늘려 실업자에게 생계의 위협을 가하거나, 기존 근로자에 대한 감시를 더욱 효율적으로 해내는 역할을 수행한다. 자동화를 적용하는 기업 측에서는 자동화가 인간의 삶을 증대시키는 이미지로 일반 사람들에게 인식되기를 바란다. 그래야 자동화 도입에 대한 노동자의 반발을 무마하고 기업가의 구상을 관철시킬 수 있기 때문이다. 그러나 자동화나 기계화 도입으로 인해 실업을 두려워하고, 업무 내용이 바뀌는 것을 탐탁해하지 않았던 유럽의 노동자들은 자동화 도입에 대해 극렬히 반대했던 경험들이 있다.

지금도 자동화·기계화는 좋은 것이라는 고정관념을 가진 사람들이 많고, 현실에서 이러한 고정관념이 가져오는 파급 효과는 의외로 크다. 예를 들어 은행에 현금을 자동으로 세는 기계가 등장하면 은행원들이 현금을 세는 작업량은 줄어든다. 손님들도 기계가 현금을 재빨리 세는 것을 보고 감탄하면서 행원이 세는 것보다 더 많은 신뢰를 보낸다. 그러나 현금 세는 기계의 도입에는 이익 추구라는 의도가 숨어 있다. 현금 세는 기계는 행원의 수고를 덜어주지만, 현금 세는 기계를 들여옴으로써 실업자가 생기고 만다. 사람이 잘만 이용하면 잘 써먹을 수 있을 것만 같은 기계가 엄청나게 혹독한 성품을 지닌 프랑켄슈타인으로 돌변하는 것이다.

자동화와 정보화를 추진하는 핵심 조직이 기업이란 것에서도 알 수 있듯이 기업은 이윤 추구에 도움이 되지 않는 행위는 무가치하다고 판단한다. 그러므로 자동화는 그 계획 단계에서부터 기업의 의도가 스며들기 마련이다. 또한, 그 의도대로 자동화나 정보화가 진행되면, 다른 한편으로 의도하지 않은 결과를 초래한다. ⊙ <u>자동화와 같은 과학 기술이 풍요를 생산하는 수단이라고 생각하는 것은 하나의 고정관념에 불과하다.</u>

① 부자는 누구나 행복할 것이라고 믿는 경우이다.
② 값비싼 물건이 항상 우수하다고 믿는 경우이다.
③ 절약이 언제나 경제 발전에 도움을 준다고 믿는 경우이다.
④ 구구단이 실생활에 도움을 준다고 믿는 경우이다.

12 다음 글의 중심 화제로 가장 적절한 것은?

경제학에서는 한 재화나 서비스 등의 공급이 기업에 집중되는 양상에 따라 시장 구조를 크게 독점시장, 과점시장, 경쟁시장으로 구분하고 있다. 소수의 기업이 공급의 대부분을 차지할수록 독점시장에 가까워지고, 다수의 기업이 공급을 나누어 가질수록 경쟁시장에 가까워진다. 이렇게 시장 구조를 구분하기 위해서 사용하는 지표 중의 하나가 바로 '시장집중률'이다.

시장집중률을 이해하기 위해서는 먼저 '시장점유율'에 대한 이해가 있어야 한다. 시장점유율이란 시장 안에서 특정 기업이 차지하고 있는 비중을 의미하는데, 생산량, 매출액 등을 기준으로 측정할 수 있다. Y기업의 시장점유율을 생산량 기준으로 측정한다면 '(Y기업의 생산량)÷(시장 내 모든 기업의 생산량의 총합)×100'으로 나타낼 수 있다. 시장점유율이 시장 내 한 기업의 비중을 나타내 주는 수치라면, 시장집중률은 시장 내 일정 수의 상위 기업들이 차지하는 비중을 나타내 주는 수치, 즉 일정 수의 상위 기업의 시장점유율을 합한 값이다. 몇 개의 상위 기업을 기준으로 삼느냐는 나라마다 자율적으로 결정하고 있는데, 우리나라에서는 상위 3대 기업의 시장점유율을 합한 값을, 미국에서는 상위 4대 기업의 시장점유율을 합한 값을 시장집중률로 채택하여 사용하고 있다. 이렇게 산출된 시장집중률을 통해 시장 구조를 구분해 볼 수 있는데, 시장집중률이 높으면 그 시장은 공급이 소수의 기업에 집중되어 있는 독점시장으로 구분하고, 시장집중률이 낮으면 공급이 다수의 기업에 의해 분산되어 있는 경쟁시장으로 구분한다. 한국개발연구원에서는 어떤 산업에서의 시장집중률이 80% 이상이면 독점시장, 60% 이상 80% 미만이면 과점시장, 60% 미만이면 경쟁시장으로 구분하고 있다.

시장집중률을 측정하는 기준에는 여러 가지가 있기 때문에 어느 것을 기준으로 삼느냐에 따라 측정 결과에 차이가 생기며 이에 대한 경제학적인 해석도 달라진다. 어느 시장의 시장집중률을 '생산량' 기준으로 측정했을 때 A, B, C기업이 상위 3대 기업이고 시장집중률이 80%로 측정되었다고 하더라도, '매출액' 기준으로 측정했을 때는 D, E, F기업이 상위 3대 기업이 되고 시장집중률이 60%가 될 수도 있다.

이처럼 시장집중률은 시장 구조를 구분하는 데 매우 유용한 지표이며, 이를 통해 시장 내의 공급이 기업에 집중되는 양상을 파악해 볼 수 있다.

① 시장 구조의 변천사
② 시장집중률의 개념과 의의
③ 독점시장과 경쟁시장의 비교
④ 우리나라 시장점유율의 특성

13 다음 중 (가)와 (나)의 논점에 대한 설명으로 옳지 않은 것은?

(가) 좌절과 상실을 당하여 상대방에 대해 외향적 공격성을 보이는 원(怨)과 무력한 자아를 되돌아보고 자책하고 한탄하는 내향적 공격성인 탄(嘆)이 한국의 고유한 정서인 한(恨)의 기점이 되고 있다. 이러한 것들은 체념의 정서를 유발할 수 있다. 이른바 한국적 한에서 흔히 볼 수 있는 소극적·퇴영적인 자폐성과 허무주의, 패배주의 등은 이러한 체념적 정서의 부정적 측면이다. 그러나 체념에 부정적인 것만 있는 것은 아니다. 오히려 체념에 철저함으로써 달관의 경지에 나아갈 수 있다. 세상의 근원을 바라볼 수 있는 관조의 눈이 열리게 되는 것이다. 여기서 더욱 중요하게 보아야 하는 것이 한국적 한의 또 다른 내포이다. 그것은 바로 '밝음'에 있다. 한이 세상과 자신에 대한 공격성을 갖는 것이 아니라 오히려 세계와 대상에 대하여 연민을 갖고, 공감할 수 있는 풍부한 감수성을 갖는 경우가 있다. 이를 '정(情)으로서의 한'이라고 할 수 있다. 또한, 한이 간절한 소망과 연결되기도 한다. 결핍의 상황으로 인한 한이 그에 대한 강한 욕구 불만에 대한 반사적 정서로서의 간절한 소원을 드러내는 것이다. 이것이 '원(願)으로서의 한'이다.

(나) 한국 민요가 슬픈 노래라고 하는 것은 민요를 면밀하게 관찰하고 분석하여 내린 결론은 아니다. 겉으로 보아서는 슬프지만 슬픔과 함께 해학을 가지고 있어서 민요에서의 해학은 향유자들이 슬픔에 빠져 들어가지 않도록 차단하는 구실을 하고 있다. 예컨대 "나를 버리고 가시는 님은 십 리도 못 가서 발병 났네."라고 하는 아리랑 사설 같은 것은 이별의 슬픔을 말하면서도 "십 리도 못 가서 발병 났네."라는 해학적 표현을 삽입하여 이별의 슬픔을 차단하며 단순한 슬픔에 머무르지 않는 보다 복잡한 의미 구조를 창조한다. 아무리 비장한 민요라고 하더라도 해학의 계속적인 개입이 거의 예외 없이 이루어진다. 한국 민요의 특징이나 한국적 미의식의 특징을 한마디 말로 규정하겠다는 의도를 버리지 않는다면, 차라리 해학을 드는 편이 무리가 적지 않을까 한다. 오히려 비애 또는 한이라고 하는 것을 대량으로 지니고 있는 것은 일부의 현대시와 일제하의 유행가이다. 김소월의 시도 그 예가 될 수 있고, '황성 옛터', '타향살이' 등의 유행가를 생각한다면 사태는 분명하다. 이런 것들에는 해학을 동반하지 않은 슬픔이 확대되어 있다.

---

① 한국 문화의 중요한 지표로 (가)는 한을, (나)는 해학을 들고 있다.
② (가)는 한의 긍정적 측면을 강조하였다면, (나)는 한의 부정적 측면을 전제하고 있다.
③ (가)는 한의 부정적 측면을 지양할 것을, (나)는 해학의 전통을 재평가할 것을 강조한다.
④ (가)는 한을 한국 문화의 원류적인 것으로, (나)는 시대에 따른 현상으로 보고 있다.

14 다음 대화를 읽고 A사원이 수정할 내용으로 적절하지 않은 것은?

> B대리 : A씨, 오늘 업무일지 좀 볼까요.
>
> A사원 : 네, 여기 있습니다.
>
> B대리 : 업무일지에는 당일 날짜뿐 아니라 어느 주에 해당하는지 해당 주를 구체적으로 기재하는 것이 좋습니다. 그리고 하루 일과는 오전과 오후로 나누어 기재하세요. 별도로 지시사항이나 협조사항이 있었다면 그것은 비고란에 기록하시고요.
>
> A사원 : 알겠습니다. 최대한 자세히 쓰라는 말씀이신가요?
>
> B대리 : 상세하게 쓰되, 문장은 짧게 하고 핵심 내용을 이해하기 쉽도록 써야 합니다.
>
> A사원 : 알겠습니다.
>
> B대리 : 아, 그리고 장기적으로 진행할 일인지 단기적으로 끝낼 수 있는 업무인지를 구분하여 기재해두면 효과적으로 업무를 추진할 수 있어요. 참고하세요.
>
> A사원 : 알겠습니다. 감사합니다.

업무일지		소속	편집팀	작성자	A
		날짜		2021년 2월 25일	

1. 주간 업무목표(㉠)

분류	목표	진척도	비고
주간 업무목표	• 저자 미팅 − A대 K교수 • [국어실용글쓰기] 교정 완료 • [국어맞춤법] 예시 문항 개발	70%	

2. 일일 실시사항 및 예정사항

분류	오전	오후	비고

금일
실시사항
	− [국어실용글쓰기] 교정
	  : 1교 완료
	− [국어실용글쓰기] 교정
	  : 2교 협조 요청 (B과장님)
		− 미팅 일정 협의
		  : A대 K교수
		− [국어맞춤법] 예시 문항
		  : 5문제 완성
			㉢

익일 예정사항	㉡		
추진 업무 진행상황			
지시사항(㉣)			

① ㉠에는 이 달의 몇 주차인지 해당 주를 기재해야겠어.

② ㉡도 오전과 오후로 나누어서 작성해야 하는구나.

③ 금일 실시사항에서 협조 요청 건은 ㉢으로 옮겨야겠다.

④ ㉣을 잊지 않고 처리하려면 별도의 칸을 만들어 자세히 써놔야지.

※ 다음 글을 읽고 이어지는 질문에 답하시오. [15~16]

나이가 들면서 크고 작은 신체장애가 오는 것은 동서고금의 진리이고 어쩔 수 없는 사실이다. 노화로 인한 신체장애는 사십대 중반의 갱년기를 넘으면 누구에게나 나타날 수 있는 현상이다.

원시가 된다든가, 치아가 약해진다든가, 높은 계단을 빨리 오를 수 없다든가, 귀가 잘 안 들려서 자신도 모르게 큰 소리로 이야기한다든가, 기억력이 감퇴하는 것 등이 그 현상이다. 노인들에게 '당신들도 젊은이들처럼 할 수 있다.'라고 헛된 자존심을 부추길 것이 아니라, _____㉠_____ 우리가 장애인들에게 특별한 배려를 하는 것은 그들의 인권을 위해서이다. 그것은 건강한 사람과 동등하게 그들을 인간으로 대하는 태도이다. 늙음이라는 신체적 장애를 느끼는 노인들에 대한 배려도 그들의 인권을 보호하는 차원에서 이루어져야 할 것이다.

집안의 어르신을 잘 모시는 것을 효도의 관점에서만 볼 것이 아니라, 인권의 관점에서 볼 줄도 알아야 한다. 노부모에 대한 효도가 좀 더 보편적 차원의 성격을 갖지 못한다면, 앞으로의 세대들에게 설득력을 얻기 어려울 것이다. 나는 장애인을 위한 자원봉사에는 열심인 한 젊은이가 자립 능력이 없는 병약한 노부모 모시기를 거부하며, 효도의 ㉡ 시대착오적 측면을 적극 비판하는 경우를 보았다. 이렇게 인권의 사각지대는 가정 안에도 있을 수 있다. 보편적 관점에서 보면, 노부모를 잘 모시는 것은 효도의 차원을 넘어선 인권 존중이라고 할 수 있다. 인권 존중은 가까운 곳에서부터 시작되어야 하고, 인권은 그것이 누구의 인권이든, 언제 어디서든 존중되어야 한다.

15 다음 중 ㉠에 들어갈 말로 가장 적절한 것은?

① 모든 노인들을 가족처럼 공경해야 한다.
② 노인 스스로 그 문제를 해결할 수 있도록 한다.
③ 노인들의 장애로 인한 부담을 사회가 나누어 가져야 한다.
④ 노인성 질환 치료를 위해 노력해야 한다.

16 다음 중 ㉡의 사례로 적절하지 않은 것은?

① 정민주 씨는 투표할 때마다 반드시 입후보자들의 출신 고교를 확인한다.
② 차사랑 씨는 직장에서 승진하였기에 자가용 자동차를 고급차로 바꾸었다.
③ 이규제 씨는 학생들의 효율적인 생활지도를 위해 두발 규제를 제안했다.
④ 한지방 씨는 생활비를 아끼기 위해 점심 도시락을 싸기로 했다.

17 B대리가 A사원에게 '하반기 고객 데이터 수치'에 대한 문서 작성을 요구하였다. 다음 자료에 있는 작성 내용을 토대로 한 〈보기〉의 작성 방법 중 올바른 것을 모두 고르면?

> A씨, 이번 보고서에 고객 데이터 수치가 들어가야 해요. 데이터 수치는 시트 제목을 '하반기 고객 데이터 수치'라고 해서 작성하고 함수를 사용해 평균을 내 주세요. 실제 구매율이 있는 고객은 O, 아닌 고객은 × 표시가 나올 수 있게 다른 열에 구분표를 만들어 주세요. 또 간단하게 작업할 것이 있는데 A4 용지 한 장 분량의 고객 마케팅 관련 설명문을 넣어주어야 합니다. 설명문은 따로 워드로 저장해서 주세요. 자간은 160%로 띄워 주시고 본문 서체는 바탕, 10pt로 부탁할게요. 마지막으로 마케팅 사례에 사진 자료를 덧붙이고 전달력 있는 발표를 위해서 다양한 효과를 사용하면 좋을 것 같네요.

보기

㉠ 스프레드 시트를 사용하여 상반기 고객 데이터를 정리하였다.
㉡ 고객 마케팅 관련 설명문을 스프레드 시트2에 작성하였다.
㉢ PPT의 레이아웃을 이용해 고객 마케팅 설명문과 마케팅 사례를 작성하였다.
㉣ 고객 마케팅 관련 설명문을 워드를 사용해 작성하였다.
㉤ 마케팅 사례를 PPT를 이용해 다양한 효과를 넣어 작성하였다.

---

① ㉠
② ㉠, ㉤
③ ㉢, ㉣
④ ㉠, ㉣, ㉤

18 다음 중 빈칸에 들어갈 말로 적절한 것은?

죄가 언론 보도의 주요 소재가 되고 있다. 그 이유는 언론이 범죄를 취잿감으로 찾아내기가 쉽고 편의에 따라 기사화할 수 있을 뿐만 아니라, 범죄 보도를 통하여 시청자의 관심을 끌 수 있기 때문이다. 이러한 보도는 범죄에 대한 국민의 알 권리를 충족시키는 공적 기능을 수행하기 때문에 사회적으로 용인되는 경향이 있다. 그러나 지나친 범죄 보도는 범죄자나 범죄 피의자의 초상권을 침해하여 법적·윤리적 문제를 일으키기도 한다.

일반적으로 초상권은 얼굴 및 기타 사회 통념상 특정인임을 식별할 수 있는 신체적 특징을 타인이 함부로 촬영하여 공표할 수 없다는 인격권과 이를 광고 등에 영리적으로 이용할 수 없다는 재산권을 포괄한다. 언론에 의한 초상권 침해의 유형으로는 본인의 동의를 구하지 않은 무단 촬영·보도, 승낙의 범위를 벗어난 촬영·보도, 몰래 카메라를 동원한 촬영·보도 등을 들 수 있다.

법원의 판결로 이어진 대표적인 사례로는 교내에서 불법으로 개인 지도를 하던 대학 교수를 현행범으로 체포하려는 현장을 방송 기자가 경찰과 동행하여 취재하던 중 초상권을 침해한 경우를 들 수 있다. 법원은 '원고의 동의를 구하지 않고, 연습실을 무단으로 출입하여 취재한 것이 원고의 사생활과 초상권을 침해하는 행위'라고 판시했다. 더불어 취재의 자유를 포함하는 언론의 자유가 다른 법익을 침해하지 않는 범위 내에서 인정되며, 비록 취재 당시 원고가 현행범으로 체포되는 상황이라 하더라도, 원고의 연습실과 같은 사적인 장소는 수사 관계자의 동의 없이는 출입이 금지되고, 이를 무시한 취재는 원칙적으로 불법이라고 판결했다.

이 사례는 법원이 언론의 자유와 초상권 침해의 갈등을 어떤 기준으로 판단하는지 보여 주고 있다. 또한, 이 판결은 사적 공간에서의 취재 활동이 어디까지 허용되는가에 대한 법적 근거를 제시하고 있다. 언론 보도에 노출된 범죄 피의자는 경제적·직업적·가정적 불이익을 당할 뿐만 아니라, 인격이 심하게 훼손되거나 심지어는 생명을 버리기까지도 한다. 따라서 사회적 공기(公器)인 언론은 개인의 초상권을 존중하고 언론 윤리에 부합하는 범죄 보도가 될 수 있도록 신중을 기해야 한다. 범죄 보도가 초래하는 법적·윤리적 논란은 언론계 전체의 신뢰도에 치명적인 손상을 가져올 수도 있다. 이는 범죄가 언론에는 매혹적인 보도 소재이지만, 자칫 _____이 될 수도 있음을 의미한다.

① 시금석　　　　　　　　　　　　　② 부메랑
③ 아킬레스건　　　　　　　　　　　④ 악어의 눈물

19 다음 중 ㉠ ～ ㉢에 들어갈 접속어를 바르게 연결한 것은?

현존하는 한국 범종 중에서 신라 범종이 으뜸이다. 신라 범종으로는 상원사 동종, 성덕대왕 신종, 용주사 범종이 있으며 모두 국보로 지정되어 있다. 이 가운데 에밀레종이라 알려진 성덕대왕 신종은 세계의 보배라 여겨진다. ___㉠___ 이러한 평가는 미술이나 종교의 차원에 국한될 뿐, 에밀레종이 갖는 음향공학 차원의 가치는 간과되고 있다.

에밀레종을 포함한 한국 범종은 종신(鐘身)이 작고 종구(鐘口)가 벌어져 있는 서양 종보다 종신이 훨씬 크다는 점에서는 중국 범종과 유사하다. 또한, 한국 범종은 높은 종탑에 매다는 서양 종과 달리 높지 않은 종각에 매단다는 점에서도 중국 범종과 비슷하다. ___㉡___ 중국 범종은 종신의 중앙 부분에 비해 종구가 나팔처럼 벌어져 있는 반면, 한국 범종은 종구가 항아리처럼 오므라져 있다. ___㉢___ 한국범종은 중국 범종에 비해 지상에 더 가까이 땅에 닿을 듯이 매단다.

나아가 한국 범종은 종신과 대칭 형태로 바닥에 커다란 반구형의 구덩이를 파두는데, 바로 여기에 에밀레종이나 여타 한국 범종의 숨은 진가가 있다. 한국 범종의 이러한 구조는 종소리의 조음에 영향을 미쳐 독특한 음향을 내게 한다. 이 구덩이는 100헤르츠 미만의 저주파 성분이 땅속으로 스며들게 하고, 커다란 울림통으로 작용하여 소리의 여운을 길게 한다.

	㉠	㉡	㉢
①	그리고	그러므로	또한
②	그러므로	그리고	그러나
③	그러므로	하지만	그러나
④	그러나	하지만	또한

20 다음 제시문에서 틀린 단어의 개수는?

프랑스 리옹대학 심리학과 스테파니 마차 교수팀은 학습시간 사이에 잠을 자면 복습시간이 줄어들고 더 오랫동안 기억할 수 있다는 점을 발명했다고 발표했다. 마차 교수팀은 성인 40명을 두 집단으로 나누어 단어학습과 기억력을 검사했는데, 한 집단은 오전에 1차 학습을 한 후 오후에 복습을 시켰고 다른 한 집단은 저녁에 1차 학습을 한 후 잠을 자고 다음날 오전 복습을 시켰다. 그 결과 수면집단이 비수면집단에 비해 학습효과가 올라간 것을 볼 수 있었다. 이는 수면집단이 상대적으로 짧은 시간에 좋은 성과를 얻은 것으로 '수면이 기억을 어떤 방식으로인가 전환한 것으로 보인다.'고 설명했다. 그러므로 학령기 자녀를 둔 부모라면 수면과 학습효과의 상관성을 더욱 관심 있게 지켜봐야 할 것 같다.

---

① 없음　　　　　　　　　　　　② 1개
③ 2개　　　　　　　　　　　　④ 3개

CHAPTER 02

수리능력

수리능력은 사칙연산, 통계, 확률의 의미를 정확하게 이해하고, 이를 업무에 적용하는 능력으로, 기초연산과 기초통계, 도표분석 및 작성의 문제 유형으로 출제된다. 수리능력 역시 포함되지 않는 공사·공단이 거의 없을 만큼 필기시험에서 중요도가 높은 영역이다.

수리능력은 NCS 기반 채용을 진행한 거의 모든 기업에서 다루었으며, 문항 수는 전체의 평균 16% 정도로 많이 출제되었다. 특히, 난이도가 높은 공사·공단의 시험에서는 도표분석, 즉 자료해석 유형의 문제가 많이 출제되고 있고, 응용수리 역시 꾸준히 출제하는 공사·공단이 많기 때문에 기초연산과 기초통계에 대한 공식의 암기와 자료해석능력을 기를 수 있는 꾸준한 연습이 필요하다.

01 응용수리능력의 공식은 반드시 암기하라!

응용수리능력은 지문이 짧지만, 풀이 과정은 긴 문제도 자주 볼 수 있다. 그렇기 때문에 응용수리능력의 공식을 반드시 암기하여 문제의 상황에 맞는 공식을 적절하게 적용하여 답을 도출해야 한다. 따라서 문제에서 묻는 것을 정확하게 파악하여 그에 맞는 공식을 적절하게 적용하는 꾸준한 연습과 공식을 암기하는 연습이 필요하다.

02 통계에서의 사건이 동시에 발생하는지 개별적으로 발생하는지 구분하라!

통계에서는 사건이 개별적으로 발생했을 때, 경우의 수는 합의 법칙, 확률은 덧셈정리를 활용하여 계산하며, 사건이 동시에 발생했을 때, 경우의 수는 곱의 법칙, 확률은 곱셈정리를 활용하여 계산한다. 특히, 기초통계능력에서 출제되는 문제 중 순열과 조합의 계산 방법이 필요한 문제도 다수 출제되는 편이므로 순열(순서대로 나열)과 조합(순서에 상관없이 나열)의 차이점을 숙지하는 것 또한 중요하다. 통계 문제에서의 사건 발생 여부만 잘 판단하여도 계산과 공식을 적용하기가 수월하므로 문제의 의도를 잘 파악하는 것이 중요하다.

03   자료의 해석은 자료에서 즉시 확인할 수 있는 지문부터 확인하라!

대부분의 공사·공단 취업준비생들이 어려워 하는 영역이 수리영역 중 도표분석, 즉 자료해석능력이다. 자료는 표 또는 그래프로 제시되고, 쉬운 지문은 증가 혹은 감소 추이, 간단한 사칙연산으로 풀이가 가능한 지문 등이 있고, 자료의 조사기간 동안 전년 대비 증가율 혹은 감소율이 가장 높은 기간을 찾는 지문들도 있다. 따라서 일단 증가·감소 추이와 같이 눈으로 확인이 가능한 지문을 먼저 확인한 후 복잡한 계산이 필요한 지문을 확인하는 방법으로 문제를 풀이한다면, 시간을 조금이라도 아낄 수 있다. 특히, 그래프와 같은 경우에는 그래프에 대한 특징을 알고 있다면, 그래프의 길이 혹은 높낮이 등으로 대강의 수치를 빠르게 확인이 가능하므로 이에 대한 숙지도 필요하다. 또한, 여러 가지 보기가 주어진 문제 역시 지문을 잘 확인하고 문제를 풀이한다면 불필요한 계산이 줄어들 수 있으므로 항상 지문부터 확인하는 습관을 들이기를 바란다.

04   도표작성능력에서 지문에 작성된 도표의 제목을 반드시 확인하라!

도표작성은 하나의 자료 혹은 보고서와 같은 수치가 표현된 자료를 도표로 작성하는 형식으로 출제되는데, 대체로 표보다는 그래프를 작성하는 형태로 많이 출제된다. 지문을 살펴보면 각 지문에서 주어진 도표에도 소제목이 있는 경우가 대부분이다. 이때, 자료의 수치와 도표의 제목이 일치하지 않는 경우 함정이 존재하는 문제의 비중이 높으므로 도표의 제목을 반드시 확인하는 것이 중요하다. 도표작성의 경우 대부분 비율 계산이 많이 출제되는데, 도표의 제목과는 다른 수치로 작성된 도표가 존재하는 경우가 있다. 그렇기 때문에 지문에서 작성된 도표의 소제목을 먼저 확인하는 연습을 하여 간단하지 않은 비율 계산을 두 번 하는 일이 없도록 해야 한다.

Ⅰ 수리능력

| 01 | 수리능력의 의의

(1) 수리능력이란?

직업생활에서 요구되는 사칙연산과 기초적인 통계를 이해하고, 도표의 의미를 파악하거나 도표를 이용해서 결과를 효과적으로 제시하는 능력을 의미한다.

(2) 수리능력의 분류

분류	내용
기초연산능력	기초적인 사칙연산과 계산방법을 이해하고 활용하는 능력
기초통계능력	평균, 합계와 같은 기초적인 통계기법을 활용하여 자료의 특성과 경향성을 파악하는 능력
도표분석능력	도표의 의미를 파악하고, 필요한 정보를 해석하는 능력
도표작성능력	자료를 이용하여 도표를 효과적으로 제시하는 능력

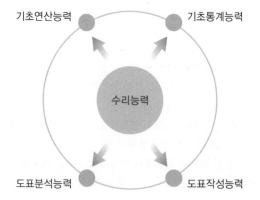

| 02 | 수리능력의 중요성

(1) 수학적 사고를 통한 문제해결
수학 원리를 활용하면 업무 중 문제 해결이 더욱 쉽고 편해진다.

(2) 직업세계 변화에 적응
수리능력은 논리적이고 단계적 학습을 통해서만 향상된다. 수십 년에 걸친 직업세계의 변화에 적응하기 위해 수리능력을 길러야 한다.

(3) 실용적 가치의 구현
수리능력의 향상을 통해 일상생활과 업무수행에 필요한 수학적 지식을 습득하며, 생활 수준의 발전에 따라 실용성도 늘어난다.

CHECK POINT

수리능력 학습평가 유형
사전평가, 학습성취도 평가, 사후평가

| 03 | 도표의 분석 및 작성

(1) 도표의 의의
내용을 선, 그림, 원 등으로 시각화하여 표현하는 것이며, 한눈에 내용을 파악할 수 있다는 데에 그 특징이 있다.

(2) 도표 작성의 목적
① 타인에 대한 보고·설명 : 회의에서의 설명, 상급자에게 보고
② 현재의 상황분석 : 상품별 매출액의 경향
③ 관리목적 : 진도표

(3) 도표 작성 시 주의사항

> • 보기 쉽게 깨끗이 그린다.
> • 하나의 도표에 여러 가지 내용을 넣지 않는다.
> • 특별히 순서가 정해 있지 않는 것은 큰 것부터, 왼쪽에서 오른쪽으로, 또는 위에서 아래로 그린다.
> • 눈금의 간격을 부적절하게 설정할 경우 수치가 왜곡될 수 있으므로 주의한다.
> • 수치를 생략할 경우에는 잘못 이해하는 경우가 생기니 주의한다.
> • 컴퓨터에 의한 전산 그래프를 최대한 이용한다.

CHECK POINT

도표 해석상의 유의사항
• 요구되는 지식의 수준
• 도표에 제시된 자료의 의미에 대한 정확한 숙지
• 도표로부터 알 수 있는 것과 없는 것의 구별
• 총량의 증가와 비율증가의 구분
• 백분위수와 사분위수의 이해

| 04 | 일상생활에서 필요한 단위의 환산

종류	단위 환산
길이	$1\text{cm}=10\text{mm}$, $1\text{m}=100\text{cm}$, $1\text{km}=1,000\text{m}$
넓이	$1\text{cm}^2=100\text{mm}^2$, $1\text{m}^2=10,000\text{cm}^2$, $1\text{km}^2=1,000,000\text{m}^2$
부피	$1\text{cm}^3=1,000\text{mm}^3$, $1\text{m}^3=1,000,000\text{cm}^3$, $1\text{km}^3=1,000,000,000\text{m}^3$
들이	$1\text{mL}=1\text{cm}^3$, $1\text{dL}=100\text{cm}^3=100\text{mL}$, $1\text{L}=1,000\text{cm}^3=10\text{dL}$
무게	$1\text{kg}=1,000\text{g}$, $1\text{t}=1,000\text{kg}=1,000,000\text{g}$
시간	1분$=60$초, 1시간$=60$분$=3,600$초
할푼리	1푼$=0.1$할, 1리$=0.01$할, 1모$=0.001$할

예제풀이

1에서 200까지의 숫자 중 소수인 수는 약수가 2개이고, 소수의 제곱은 약수가 3개이므로 2, 3, 5, 7, 11, 13의 제곱인 4, 9, 25, 49, 121, 169로 총 6개이다.

정답 ②

《 핵심예제 》

1부터 200까지의 숫자 중 약수가 3개인 수는 몇 개인가?

① 5개   ② 6개

③ 7개   ④ 8개

Ⅱ   기초연산능력

| 01 | 사칙연산과 검산

(1) 사칙연산의 의의

수에 관한 덧셈, 뺄셈, 곱셈, 나눗셈의 네 종류의 계산법으로 사칙계산이라고도 한다. 특히 업무를 원활하게 수행하기 위해서는 기본적인 사칙연산뿐만 아니라 복잡한 사칙연산까지도 수행할 수 있어야 한다.

(2) 기초연산능력이 요구되는 상황

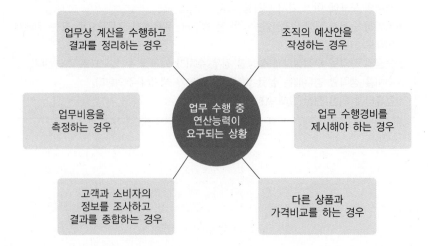

예제풀이

$\therefore 14-(3\times4)=14-12=2$

정답 ①

《 핵심예제 》

다음 식을 계산하면?

| $14-(3\times4)$ |

① 2   ② 5
③ 7   ④ 44

(3) 검산

① 검산의 의의

연산의 결과를 확인하는 과정을 의미하며, 업무를 수행하는 데 있어서 연산의 결과를 확인하는 검산과정을 거치는 것은 필수적이다.

② 검산방법의 종류

역연산법	본래의 풀이와 반대로 연산을 해가면서 본래의 답이 맞는지를 확인해나가는 방법이다.
구거법	원래의 수와 각자리 수의 합이 9로 나눈 나머지와 같다는 원리를 이용하는 것으로서, 각각의 수를 9로 나눈 나머지가 같은지를 확인하는 방법이다.

③ 구거법의 예

$3,456+341=3,797$에서 좌변의 $3+4+5+6$의 9로 나눈 나머지는 0, $3+4+1$의 9로 나눈 나머지는 8이고, 우변의 $3+7+9+7$을 9로 나눈 나머지는 8인데, 구거법에 의하면 좌변의 나머지의 합(8)과 우변의 나머지(8)가 같으므로 이 계산은 옳은 것이 된다.

예제풀이

15^2-6^2
$=(15+6)(15-6)$
$=21\times9$
$=189$

정답 ③

《 핵심예제 》

15^2-6^2의 값은 얼마인가?

① 165   ② 170
③ 189   ④ 215

| 02 | 응용수리

(1) 방정식 · 부등식의 활용

① 거리 · 속력 · 시간

$$(\text{거리})=(\text{속력})\times(\text{시간}), \quad (\text{속력})=\frac{(\text{거리})}{(\text{시간})}, \quad (\text{시간})=\frac{(\text{거리})}{(\text{속력})}$$

② 일

전체 작업량을 1로 놓고, 단위 시간 동안 한 일의 양을 기준으로 식을 세움

> **핵심예제**
>
> 영미가 혼자 하면 4일, 민수가 혼자 하면 6일 걸리는 일이 있다. 영미가 먼저 2일 동안 일하고, 남은 양을 민수가 끝내려고 한다. 민수는 며칠 동안 일을 해야 하는가?
>
> ① 2일   ② 3일
>
> ③ 4일   ④ 5일

③ 농도

㉠ $[\text{소금물의 농도}(\%)]=\dfrac{(\text{소금의 양})}{(\text{소금물의 양})}\times100$

㉡ $(\text{소금의 양})=\dfrac{[\text{소금물의 농도}(\%)]}{100}\times(\text{소금물의 양})$

> **핵심예제**
>
> 10%의 소금물 100g과 25%의 소금물 200g을 섞으면, 몇 %의 소금물이 되겠는가?
>
> ① 15%   ② 20%
>
> ③ 25%   ④ 30%

④ 나이

문제에서 제시된 조건의 나이가 현재인지 과거인지를 확인한 후 구해야 하는 한 명의 나이를 변수로 잡고 식을 세움

⑤ 비율

$$x\text{가 } a\% \text{ 증가} : x\times\left(1+\frac{a}{100}\right), \quad x\text{가 } a\% \text{ 감소} : x\times\left(1-\frac{a}{100}\right)$$

⑥ 금액

　㉠ (정가)＝(원가)＋(이익)

　　※ (이익)＝(원가)×(이율)

　㉡ a원에서 $b\%$ 할인한 가격＝$a\times\left(1-\dfrac{b}{100}\right)$

　㉢ 단리법·복리법(원금 : a, 이율 : r, 기간 : n, 원리합계 : S)

단리법	복리법
• 정의 : 원금에 대해서만 약정된 이자율과 기간을 곱해 이자를 계산 • $S=a\times(1+r\times n)$	• 정의 : 원금에 대한 이자를 가산한 후 이 합계액을 새로운 원금으로 계산 • $S=a\times(1+r)^n$

⑦ 날짜·요일

　㉠ 1일＝24시간＝$1,440(=24\times60)$분＝$86,400(=1,440\times60)$초

　㉡ 월별 일수 : 1, 3, 5, 7, 8, 10, 12월은 31일, 4, 6, 9, 11월은 30일, 2월은 28일 또는 29일

　㉢ 윤년(2월 29일)은 4년에 1회

◀핵심예제▶

2월 5일이 수요일이라고 할 때, 8월 15일은 무슨 요일인가?(단, 2월은 29일까지이다)

① 토요일　　　　　　　　　② 일요일

③ 월요일　　　　　　　　　④ 화요일

⑧ 시계

　㉠ 시침이 1시간 동안 이동하는 각도 : $\dfrac{360°}{12}=30°$

　㉡ 시침이 1분 동안 이동하는 각도 : $\dfrac{30°}{60}=0.5°$

　㉢ 분침이 1분 동안 이동하는 각도 : $\dfrac{360°}{60}=6°$

◀핵심예제▶

12시 이후 처음으로 시침과 분침의 각도가 55°가 되는 시각은 12시 몇 분인가?

① 10분　　　　　　　　　　② 11분

③ 12분　　　　　　　　　　④ 13분

예제풀이

2월 5일에서 8월 15일까지는 총 24＋31＋30＋31＋30＋31＋15＝192일이다. 이를 7로 나누면 192÷7＝27 … 3이므로 8월 15일은 토요일이다.

정답 ①

예제풀이

시침은 1시간에 30°, 1분에 0.5°씩 움직인다. 분침은 1분에 6°씩 움직이므로 시침과 분침은 1분에 5.5°씩 차이가 난다. 12시에 분침과 시침 사이의 각은 0°이고, 55°가 되려면 5.5°씩 10번 벌어지면 된다.

정답 ①

⑨ 수

ㄱ 연속한 두 자연수 : x, $x+1$

ㄴ 연속한 세 자연수 : $x-1$, x, $x+1$

ㄷ 연속한 두 짝수(홀수) : x, $x+2$

ㄹ 연속한 세 짝수(홀수) : $x-2$, x, $x+2$

ㅁ 십의 자릿수가 x, 일의 자릿수가 y인 두 자리 자연수 : $10x+y$

ㅂ 백의 자릿수가 x, 십의 자릿수가 y, 일의 자릿수가 z인 세 자리 자연수
: $100x+10y+z$

(2) 경우의 수와 확률

① 경우의 수

ㄱ 어떤 사건이 일어날 수 있는 모든 가짓수

ㄴ 합의 법칙 : 두 사건 A와 B가 동시에 일어나지 않을 때, 사건 A가 일어나는 경우의 수를 m, 사건 B가 일어나는 경우의 수를 n이라 하면, 사건 A 또는 B가 일어나는 경우의 수는 $(m+n)$이다.

ㄷ 곱의 법칙 : 사건 A가 일어나는 경우의 수를 m, 사건 B가 일어나는 경우의 수를 n이라 하면, 사건 A와 B가 동시에 일어나는 경우의 수는 $(m \times n)$이다.

예제풀이

• A에서 짝수의 눈이 나오는 경우의 수
: 2, 4, 6 → 3가지
• B에서 3 또는 5의 눈이 나오는 경우의 수
: 3, 5 → 2가지
A, B 주사위는 동시에 던지므로 곱의 법칙에 의해 3×2 =6가지이다.

정답 ④

《핵심예제》

A, B주사위 2개를 동시에 던졌을 때, A에서는 짝수의 눈이 나오고, B에서는 3 또는 5의 눈이 나오는 경우의 수는?

① 2가지   ② 3가지

③ 5가지   ④ 6가지

② 순열·조합

순열	조합
ㄱ 서로 다른 n개에서 r개를 순서대로 나열하는 경우의 수	ㄱ 서로 다른 n개에서 r개를 순서에 상관없이 나열하는 경우의 수
ㄴ $_n\mathrm{P}_r = \dfrac{n!}{(n-r)!}$	ㄴ $_n\mathrm{C}_r = \dfrac{n!}{(n-r)! \times r!}$
ㄷ $_n\mathrm{P}_n = n!$, $0! = 1$, $_n\mathrm{P}_0 = 1$	ㄷ $_n\mathrm{C}_r = {_n\mathrm{C}_{n-r}}$, $_n\mathrm{C}_0 = {_n\mathrm{C}_n} = 1$

홀수 항은 -4, 짝수 항은 -7인 수열이다.
따라서 ( )$=27-4=23$이다.

정답 ②

⟪ 핵심예제 ⟫

일정한 규칙으로 수를 나열할 때, 빈칸에 들어갈 수로 옳은 것은?

| 31 71 27 64 ( ) 57 19 50 |

① 9   ② 23
③ 41   ④ 63

③ 확률

　㉠ (사건 A가 일어날 확률)$=\dfrac{(\text{사건 A가 일어나는 경우의 수})}{(\text{모든 경우의 수})}$

　㉡ 여사건의 확률 : 사건 A가 일어날 확률이 p일 때, 사건 A가 일어나지 않을 확률은 $(1-p)$이다.

　㉢ 확률의 덧셈정리 : 두 사건 A, B가 동시에 일어나지 않을 때 A가 일어날 확률을 p, B가 일어날 확률을 q라고 하면, 사건 A 또는 B가 일어날 확률은 $(p+q)$이다.

　㉣ 확률의 곱셈정리 : A가 일어날 확률을 p, B가 일어날 확률을 q라고 하면, 사건 A와 B가 동시에 일어날 확률은 $(p\times q)$이다.

• 두 개의 주사위를 던지는 경우의 수 : $6\times6=36$가지
• 나온 눈의 곱이 홀수인 경우(홀수×홀수)의 수
　: $3\times3=9$가지
∴ 주사위의 눈의 곱이 홀수일 확률 : $\dfrac{9}{36}=\dfrac{1}{4}$

정답 ①

⟪ 핵심예제 ⟫

서로 다른 2개의 주사위 A, B를 동시에 던졌을 때, 나온 눈의 곱이 홀수일 확률은?

① $\dfrac{1}{4}$ ② $\dfrac{1}{5}$

③ $\dfrac{1}{6}$ ④ $\dfrac{1}{8}$

Ⅲ 기초통계능력

| 01 | 통계의 의의

(1) 통계란?

집단현상에 대한 구체적인 양적 기술을 반영하는 숫자를 의미하며, 특히 사회집단 또는 자연집단의 상황을 숫자로 나타낸 것을 말한다.

(2) 통계의 의의

사회적, 자연적인 현상이나 추상적인 수치를 포함한 모든 집단적 현상을 숫자로 나타낸 것을 말한다.

(3) 통계의 본질

① 구체적인 일정집단에 대한 숫자자료가 통계이며, 단일개체에 대한 숫자자료일 때에는 통계라고 하지 않는다.

② 통계의 요소인 단위나 표지를 어떻게 규정하는지에 따라 통계자료가 다르게 나타나게 되므로 이들에 대한 구체적 개념이나 정의를 어떻게 정하는가가 중요하다.

③ 통계의 필요성이나 작성능력의 측면에서 볼 때 대부분 정부나 지방자치단체 등에 의한 관청통계로 작성되고 있다.

(4) 통계의 기능

- 많은 수량적 자료를 처리가능하고 쉽게 이해할 수 있는 형태로 축소시킴
- 표본을 통해 연구대상 집단의 특성을 유추할 수 있게 함
- 의사결정의 보조수단으로 이용됨
- 관찰가능한 자료를 통해 논리적으로 결론을 추출·검증할 수 있게 함

(5) 통계의 속성

① 단위와 표지

집단을 구성하는 각 개체를 단위라 하며, 이 단위가 가지고 있는 공통의 성질을 표지라고 한다.

② 표지의 분류

속성통계	질적인 표지	남녀, 산업, 직업 등
변수통계	양적인 표지	연령, 소득금액 등

(6) 기본적인 통계치

종류	내용
빈도	어떤 사건이 일어나거나 증상이 나타나는 정도
빈도분포	빈도를 표나 그래프로 종합적이면서도 일목요연하게 표시하는 것
평균	모든 사례의 수치를 합한 후 총 사례 수로 나눈 값
백분율	백분비라고도 하며, 전체의 수량을 100으로 하여, 해당되는 수량이 그중 몇이 되는가를 가리키는 수를 %로 나타낸 것
범위	분포의 흩어진 정도를 가장 간단히 알아보는 방법으로써 최곳값에서 최젓값을 뺀 값을 의미
분산	각 관찰값과 평균값과의 차이의 제곱의 평균을 의미하며, 구체적으로는 각 관찰값과 평균값 차이의 제곱을 모두 합한 값을 개체의 수로 나눈 값
표준편차	분산의 제곱근 값을 의미하며, 개념적으로는 평균으로부터 얼마나 떨어져 있는가를 나타내는 개념으로서 분산과 개념적으로 동일함

통계기법 활용
직업인들은 업무를 수행함에 있어서 다양한 통계기법을 활용하게 되며 특히 자료를 요약함에 있어서 가장 빈번히 활용하는 것은 평균과 표준편차 등이 있다.

PART 1 직업기초능력평가

| 02 | 통계자료의 해석

(1) 다섯숫자 요약

종류	내용
최솟값(m)	원자료 중 값의 크기가 가장 작은 값
최댓값(M)	원자료 중 값의 크기가 가장 큰 값
중앙값(Q_2)	최솟값부터 최댓값까지 크기에 의하여 배열하였을 때 중앙에 위치하는 값
하위 25%값(Q_1) 상위 25%값(Q_3)	원자료를 크기 순서로 배열하여 4등분한 값을 의미하며 백분위 수의 관점에서 25백분위수, 제75백분위수로 표기

(2) 평균값과 중앙값

① 원자료에 대한 대푯값으로써 평균값과 중앙값은 엄연히 다른 개념이지만 모두 중요한 역할을 하게 되므로 통계값을 제시할 때에는 어느 수치를 이용했는지를 명확하게 제시해야 한다.

② 평균값이 중앙값보다 높다는 의미는 자료 중에 매우 큰 값이 일부 있음을 의미하며, 이와 같은 경우는 평균값과 중앙값 모두를 제시해줄 필요가 있다.

Ⅳ 도표분석능력

| 01 | 도표의 종류와 활용

CHECK POINT

도표의 종류를 분석하는 이유
도표는 관리나 문제해결의
과정에서 다양하게 활용되
며, 활용되는 국면에 따라
활용되는 도표의 종류를 달
리할 필요가 있다. 직업인으
로서 업무수행을 원활하게
하기 위해서는 다양한 도표
의 종류를 암기할 필요는 없
지만, 각각의 도표를 활용하
여야 하는 경우에 대해서는
숙지하고 있을 필요가 있다.

(1) 도표의 종류

도표는 크게 목적별·용도별·형상별로 구분할 수 있는데, 실제로는 목적, 용도와 형
상을 여러 가지로 조합하여 하나의 도표로 작성하게 된다.

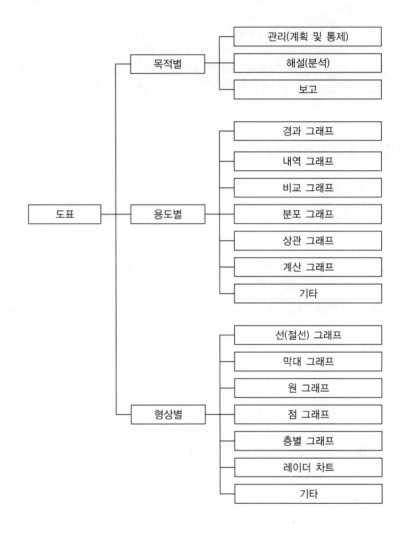

(2) 도표의 활용

종류	내용
선 그래프	• 시간적 추이(시계열 변화)를 표시하고자 할 때 적합 예 연도별 매출액 추이 변화
막대 그래프	• 수량 간의 대소관계를 비교하고자 할 때 적합 예 영업소별 매출액
원 그래프	• 내용의 구성비를 분할하여 나타내고자 할 때 적합 예 제품별 매출액 구성비
점 그래프	• 지역분포를 비롯한 기업 등의 평가나 위치, 성격을 표시하고자 할 때 적합 예 광고비율과 이익률의 관계
층별 그래프	• 합계와 각 부분의 크기를 백분율로 나타내고 시간적 변화를 보고자 할 때 적합 예 상품별 매출액 추이
방사형 그래프	• 다양한 요소를 비교하고자 할 때 적합 예 매출액의 계절변동

| 02 | 도표의 형태별 특징

(1) 선 그래프

시간의 경과에 따라 수량에 의한 변화의 상황을 선의 기울기로 나타내는 그래프로, 시간적 변화에 따른 수량의 변화를 표현하기에 적합하다.

〈중학교 장학금, 학비감면 수혜현황〉

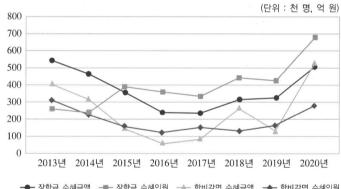

(2) 막대 그래프

비교하고자 하는 수량을 막대 길이로 표시하고 그 길이를 비교하여 각 수량 간의 대소관
계를 나타내는 그래프로서, 전체에 대한 구성비를 표현할 때 다양하게 활용할 수 있다.

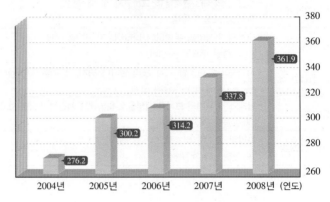

〈연도별 암 발생 추이〉

(3) 원 그래프

내용의 구성비를 원을 분할하여 작성하는 그래프로서, 전체에 대한 구성비를 표현할
때 다양하게 활용할 수 있다.

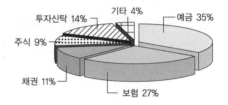

〈C국의 가계 금융자산 구성비〉

(4) 층별 그래프

선의 움직임보다는 선과 선 사이의 크기로써 데이터 변화를 나타내는 그래프로서, 시간
적 변화에 따른 구성비의 변화를 표현하고자 할 때 활용할 수 있다.

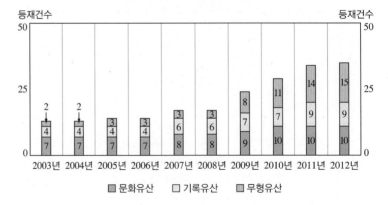

〈우리나라 세계유산 현황〉

(5) 점 그래프

종축과 횡축에 두 개의 요소를 두고, 보고자 하는 것이 어떤 위치에 있는가를 알고자 하는 데 쓰인다.

〈OECD 국가의 대학졸업자 취업률 및 경제활동인구 비중〉

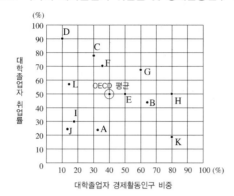

(6) 방사형 그래프(레이더 차트, 거미줄 그래프)

비교하는 수량을 직경 또는 반경으로 나누어 원의 중심에서의 거리에 따라 각 수량의 관계를 나타내는 그래프로서 대상들을 비교하거나 경과를 나타낼 때 활용할 수 있다.

〈외환위기 전후 한국의 경제상황〉

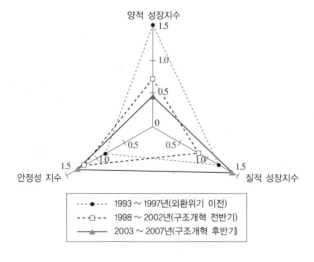

| 03 | 도표 해석 시 유의사항

- 요구되는 지식의 수준을 넓혀야 한다.
- 도표에 제시된 자료의 의미를 정확히 숙지하여야 한다.
- 도표로부터 알 수 있는 것과 없는 것을 구별하여야 한다.
- 총량의 증가와 비율의 증가를 구분하여야 한다.
- 백분위수와 사분위수를 정확히 이해하고 있어야 한다.

V 도표작성능력

| 01 | 도표의 작성절차

CHECK POINT

업무수행 중에 활용되는 도
표작성
- 업무결과를 도표를 사용하
여 제시하는 경우
- 업무의 목적에 맞게 계산
결과를 묘사하는 경우
- 업무 중 계산을 수행하고
결과를 정리하는 경우
- 업무에 소요되는 비용을
시각화 해야 하는 경우
- 고객과 소비자의 정보를
조사하고 결과를 설명하는
경우

① 작성하려는 도표의 종류 결정

↓

② 가로축과 세로축에 나타낼 것을 결정

↓

③ 가로축과 세로축의 눈금의 크기 결정

↓

④ 자료를 가로축과 세로축이 만나는 곳에 표시

↓

⑤ 표시된 점에 따라 도표 작성

↓

⑥ 도표의 제목 및 단위 표기

| 02 | 도표 작성 시 유의사항

CHECK POINT

➕ 엑셀프로그램을 활용한 그 래프 작성
① 자료의 입력
② [삽입] – [차트] 선택
③ 그래프의 종류 선택하기
④ 데이터의 범위와 계열 지정
⑤ 옵션 지정
⑥ 차트 위치 지정

(1) 선 그래프

① 세로축에 수량(금액, 매출액 등), 가로축에 명칭 구분(연, 월, 장소 등)을 표시하고 축의 모양은 L자형으로 하는 것이 일반적이다.

② 선의 높이에 따라 수치를 파악하는 경우가 많으므로 세로축의 눈금을 가로축의 눈금보다 크게 하는 것이 효과적이다.

③ 선이 두 종류 이상인 경우는 각각에 대해 명칭을 기입해야 하며, 중요한 선을 다른 선보다 굵게 하는 등의 노력을 기울일 필요가 있다.

(2) 막대 그래프

① 세로형이 보다 일반적이나 가로형으로 작성할 경우 사방을 틀로 싸는 것이 좋다.

② 가로축은 명칭 구분(연, 월, 장소 등), 세로축은 수량(금액, 매출액)을 표시하는 것이 일반적이다.

③ 막대의 수가 많은 경우에는 눈금선을 기입하는 것이 알아보기에 좋다.

④ 막대의 폭은 모두 같게 하여야 한다.

(3) 원 그래프

① 정각 12시의 선을 시작선으로 하며, 이를 기점으로 하여 오른쪽으로 그리는 것이 보통이다.

② 분할선은 구성 비율이 큰 순서로 그리되, '기타' 항목은 구성 비율의 크기에 관계없이 가장 뒤에 그리는 것이 좋다.

③ 각 항목의 명칭은 같은 방향으로 기록하는 것이 일반적이나, 각도가 적어서 명칭을 기록하기 힘든 경우에는 지시선을 사용하여 기록한다.

(4) 층별 그래프

① 가로로 할 것인지 세로로 할 것인지는 작성자의 기호나 공간에 따라 판단하나, 구성 비율 그래프는 가로로 작성하는 것이 좋다.

② 눈금은 선 그래프나 막대 그래프보다 적게 하고 눈금선을 넣지 않아야 하며, 층별로 색이나 모양이 모두 완전히 다른 것이어야 한다.

③ 같은 항목은 옆에 있는 층과 선으로 연결하여 보기 쉽도록 하여야 한다.

④ 세로 방향일 경우 위로부터 아래로, 가로 방향일 경우 왼쪽에서 오른쪽으로 나열하면 보기가 좋다.

안심Touch

┌연속출제┐

다음과 같은 규칙으로 수를 나열할 때, **11행 3열에 오는 숫자**는?

	1열	2열	3열
1행	1	4	5
2행	2	3	6
3행	9	8	7
4행	10	…	

① 118   ☑ 119
③ 120   ④ 121
⑤ 122

풀이순서

1) 질문의도
  : 규칙찾기

2) 규칙찾기
  (i) 홀수의 제곱수
  (ii) 1씩 증가 시,
      나열된 수 1씩
      감소

3) 정답도출
  ∴ 119

📋 **유형** 분석	• 나열된 숫자의 규칙을 찾아 정답을 고르는 수열 문제이다. • 기존 적성검사의 수 추리 문제와 유사한 유형이다. • 등차·등비수열 등 다양한 수열 규칙을 미리 알아두면 쉽게 풀어나갈 수 있다. 응용문제 : 나열된 숫자들의 관계가 사칙연산으로 이루어진 형식의 문제가 출제된다.
📋 **풀이** 전략	수열 규칙을 바탕으로 나열된 숫자들의 관계를 찾아내어 정답을 고른다. 사전에 수열 규칙에 대해 학습하도록 한다.

┌ 연속출제 ┐

금연프로그램을 신청한 흡연자 A씨는 K공단에서 진료 및 상담비용과 금연보조제 비용의 일정 부분을 지원받고 있다. A씨는 <u>의사와 상담을 6회 받았고</u>, 금연보조제로 <u>니코틴 패치 3묶음을 구입했다고 할 때</u>, 다음 지원 현황에 따라 흡연자 A씨가 지불하는 부담금 은 얼마인가?

풀이순서

1) 질문의도
   : 지불하려는 부담금

2) 조건확인
   ⓐ 일정 부분 지원
   ⓑ 상담 6회
   ⓒ 금연보조제 3묶음

〈금연프로그램 지원 현황〉

구분	진료 및 상담	금연보조제(니코틴패치)
가격	30,000원/회	12,000원/묶음
지원금 비율	90%	75%

※ 진료 및 상담료 지원금은 6회까지 지원한다.

① 21,000원   ② 23,000원
③ 25,000원   ✔ 27,000원

3) 정답도출

$$(30,000 \times 0.1 \times 6) + (12,000 \times 0.25 \times 3) = 27,000원 \longleftarrow$$

📋 **유형 분석**
- 문제에서 제공하는 정보를 파악한 뒤 사칙연산을 활용하여 계산하는 전형적인 수리문제이다.
- 다양한 직무상황과 연관을 지어 복잡하게 문제를 출제하지만 실제로 정답을 도출하는 과정은 단순하다.
- 문제를 풀기 위한 정보가 산재되어 있는 경우가 많으므로 꼼꼼히 읽어야 한다.

  응용문제 : 최소공배수 등 수학 이론을 활용하여 계산하는 문제도 출제된다.

📋 **풀이 전략**

문제에서 묻는 것을 정확하게 확인한 후, 필요한 조건 또는 정보를 구분하여 신속하게 풀어간다. 단, 계산에 착오가 생기지 않도록 유의하여야 한다.

┌연속출제┐

12층에 살고 있는 수진이는 출근하려고 나왔다가 중요한 서류를 깜빡한 것이 생각나 다시 집에 다녀오려고 한다. 엘리베이터 고장으로 계단을 이용해야 하는데, 1층부터 6층까지 쉬지 않고 올라갈 때 35초가 걸리고 ⓐ, 7층부터는 한 층씩 올라갈 때마다 5초씩 쉬려고 한다 ⓑ. 이때, 수진이가 1층부터 12층까지 올라가는 데 걸리는 시간은? (단, 6층에서는 쉬지 않는다 ⓒ)

☑ 102초

② 107초

③ 109초

④ 112초

⑤ 114초

풀이순서

1) 질문의도
   : 시간

2) 조건확인
   ⓐ ~ ⓒ

3) 계산

4) 정답도출
   35+42+25=102초

📋 **유형 분석**
• 문제에서 제공하는 정보를 파악한 뒤 사칙연산을 활용하여 계산하는 전형적인 수리문제이다.
• 다양한 직무상황과 연관을 지어 복잡하게 문제를 출제하지만 실제로 정답을 도출하는 과정은 단순하다.
• 문제를 풀기 위한 정보가 산재되어 있는 경우가 많으므로 꼼꼼히 읽어야 한다.
응용문제 : 표, 그림 및 도표 등이 제시되고 문제에서 요구하는 정보를 찾아야 하는 문제가 출제된다. 이러한 문제의 경우에는 계산이 복잡하거나 단위가 커서 실수하기 쉽다.

📋 **풀이 전략**
문제에서 묻는 것을 정확하게 확인한 후, 필요한 조건 또는 정보를 구분하여 신속하게 풀어간다. 단, 계산에 착오가 생기지 않도록 유의하여야 한다.

기초통계

┌ 연속출제 ┐

매년 수입이 4,000만 원인 A씨의 소득 공제 금액이 작년에는 수입의 5%였고, 올해는 수입의 10%로 늘었다. 올해의 <u>작년 대비</u> 증가한 소비 금액은 얼마인가?(단, 소비 금액은 천 원 단위에서 반올림한다)

풀이순서

1) 질문의도
    : 작년 대비 증가한
     소비 금액

〈소비 금액별 소득 공제 비율〉

소비 금액	공제 적용 비율
1,200만 원 이하	6%
1,200만 원 초과 4,600만 원	(72만 원+1,200만 원 초과금)×15%

2) 계산
    • 작년 : 1,261
    • 올해 : 2,594

✓① 1,333만 원
② 1,350만 원
③ 1,412만 원
④ 1,436만 원
⑤ 1,455만 원

3) 정답도출
    : 1,333만 원

• 작년 : $(72+x) \times 0.15 = 4,000 \times 0.05 \rightarrow 72+x = \dfrac{200}{0.15}$

$\rightarrow x = \dfrac{200}{0.15} - 72 ≒ 1,261$

• 올해 : $(72+y) \times 0.15 = 4,000 \times 0.1 \rightarrow 72+y = \dfrac{400}{0.15}$

$\rightarrow y = \dfrac{400}{0.15} - 72 ≒ 2,594$

∴ 올해의 작년 대비 증가한 소비 금액 $= (2,594+1,200) - (1,261+1,200) = 1,333$만 원

📋 **유형 분석**　　• 통계와 관련한 이론을 활용하여 계산하는 문제이다.
　　　　　　　　• 기초연산능력과 마찬가지로 중·고등 수준의 통계 이론을 알아두어야 한다.
　　　　　　　　• 주로 상대도수, 평균, 표준편차, 최댓값, 최솟값, 가중치 등이 활용된다.

📋 **풀이 전략**　　우선 질문을 꼼꼼히 읽고 정답을 이끌어내기 위한 통계 이론을 적절하게 활용하여 정확히 계산한다.

안심Touch

┌연속출제┐

다음은 2020년도 국가별 국방예산 그래프이다. 그래프를 이해한 내용으로 옳지 않은 것은?
(단, 비중은 소수점 이하 둘째 자리에서 반올림한다)

① 국방예산이 가장 많은 국가와 가장 적은 국가의 예산 차이는 324억 원이다.
② 사우디아라비아 국방예산은 프랑스 예산보다 14% 이상 많다.
③ 인도보다 국방예산이 적은 국가는 5개 국가이다.
✓ 영국과 일본의 국방예산 차액은 독일과 일본의 국방예산 차액의 55% 이상이다.
⑤ 8개 국가 국방예산 총액에서 한국이 차지하는 비중은 약 8.8%이다.

풀이순서

1) 질문의도
   : 도표분석

3) 도표분석
   : 국가별 국방예산

2) 선택지 키워드 찾기

4) 정답도출

📋 **유형 분석**
- 문제에서 주어진 도표를 분석하여 각 선택지의 정답 유무를 판단하는 문제이다.
- 주로 그래프와 표로 많이 제시되며, 경영·경제·산업과 관련된 최신 이슈를 많이 다룬다.
- 정답을 도출하는 데 상당한 시간이 걸리며, 증감률·비율·추세 등을 자주 묻는다.
  응용문제 : 도표(그래프, 표)와 함께 신문기사 혹은 보도자료 등을 함께 제공하여 복합적으로 판단하는 형식의 문제도
  출제된다. 때로는 선택지에 경제·경영학 이론을 묻는 경우도 있다.

📋 **풀이 전략**   선택지를 먼저 읽고 필요한 정보를 도표(그래프, 표)에서 찾아 정답 유무를 판단한다.

수리능력 | 기출유형 6
도표작성

※ 다음 글을 읽고 이어지는 질문에 답하시오.

(가) 지난해 콜탄 1, 2위 생산국은 민주콩고와 르완다로, 두 나라가 전 세계 콜탄 생산량의 66%를 차지하고 있다. 미국 지질조사국에 의하면 콜탄은 미국에서만 1년 새 소비량이 27% 늘었고, 2017년 9월 1kg의 가격은 224달러로 2015년의 193달러에서 16%가 올랐다. 스마트폰이 나오기 직전인 2006년 1kg당 70달러였던 가격에 비하면 300% 이상 오른 것이다. ⓐ · ⓑ

(나) 이 콜탄이 민주콩고의 내전 장기화에 한몫했다는 주장이 곳곳에서 나오고 있다. 휴대폰 이용자들이 기기를 바꿀 때마다 콩고 주민 수십 명이 죽는다는 말도 있다. '피 서린 휴대폰(Bloody Mobile)'이란 표현이 나올 정도다. 1996년 시작된 콩고 내전은 2003년 공식 종료되면서 500만 명을 희생시켰으나, 이후로도 크고 작은 분쟁이 그치질 않고 있다.

3) 정답도출
　(가) 문단
　• 스마트폰 사용 현황
　• 콜탄의 가격 상승

글의 내용을 효과적으로 전달하기 위해 다음과 같은 자료를 만들었다고 할 때, (가) ~ (나) 문단 중 다음 자료에 해당하는 문단은?

1) 질문의도
　: 자료의 시각화

2) 도표제목 확인
　ⓐ 스마트폰 교체 주기
　ⓑ 콜탄 값 얼마나 올랐나

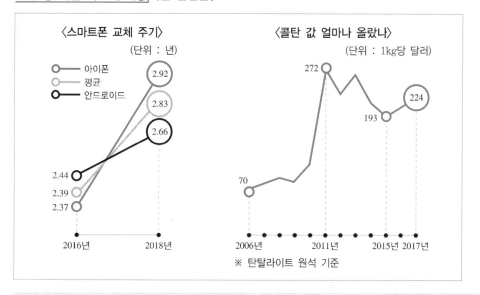

• 문제에서 주어진 자료를 읽고 도표를 작성하는 문제이다.
• 주어진 자료에 있는 수치와 그래프 또는 표에 있는 수치가 서로 일치하는지 여부를 판단하는 것이다.
• 문제에서 주어지는 자료는 보고서나 신문기사 등의 일부 내용을 제시하거나 혹은 표를 제시하고 있다.

각 선택지에 있는 도표의 제목을 먼저 확인한다. 제목에서 어떠한 정보가 필요한지 확인한 후에 문제에서 주어진 자료를 읽으면서 일치 여부를 판단한다.

01 서울에 사는 K씨는 휴가를 맞아 가족들과 자동차를 타고 휴가를 떠났다. 휴가지에 갈 때는 시속 80km로 운전하고, 휴가지에서 집으로 돌아올 때는 시속 120km로 운전했다. 갈 때와 돌아올 때의 시간차이가 1시간 20분이라고 할 때, K씨의 집과 휴가지 사이의 거리는?

① 300km

② 320km

③ 340km

④ 360km

02 H시 문화센터의 5월 회원 중 6월 글쓰기반에 등록한 회원은 전체의 $\frac{2}{3}$, 캘리그라피반에 등록한 회원은 전체의 $\frac{7}{10}$ 이다. 글쓰기반과 캘리그라피반에 모두 등록한 회원은 전체의 $\frac{13}{20}$ 일 때, 모두 등록하지 않은 회원은 얼마인가?

① $\frac{3}{20}$

② $\frac{17}{20}$

③ $\frac{17}{60}$

④ $\frac{23}{60}$

03 G공단에서는 공원 내 쓰레기를 수거해 올 때 포인트를 지급하는 '그린포인트제도'를 시행하고 있다. 쓰레기 1g당 2포인트를 지급하고, 젖은 쓰레기의 무게는 50%를 감량해 적용한다. 어떤 등산객이 쓰레기를 수거하여 950포인트를 적립하였다. 이중 $\frac{1}{3}$ 이 젖은 쓰레기라고 할 때, 젖지 않은 쓰레기의 양은?

① 360g

② 370g

③ 380g

④ 390g

04 인쇄소에 M1과 M2 두 대의 인쇄기가 있다. 하루에 M1은 50,000장을, M2는 40,000장을 인쇄할 수 있다. M1의 불량률은 5%이고 M2의 불량률은 4%일 때, 방금 나온 오류 인쇄물이 M1에서 나온 인쇄물일 확률은?(단, 소수점 이하 첫째 자리에서 반올림한다)

① 60% ② 61%

③ 62% ④ 63%

05 서울에 소재한 K회사에 근무 중인 A씨와 B씨는 부산으로 출장을 가게 되었다. 서울에서 부산까지 400km를 달리는 일반 열차와 급행열차가 있다. 일반 열차는 중간에 있는 4개의 역에서 10분씩 정차를 하고 급행열차는 정차하는 역 없이 한 번에 도착한다. 오전 10시에 일반 열차를 탄 A씨와 동시에 도착하려면 B씨는 급행열차를 몇 시에 타야 하는가?(단, 일반 열차의 속력은 160km/h, 급행열차의 속력은 200km/h이다)

① 오전 11시 ② 오전 11시 10분

③ 오전 11시 20분 ④ 오전 11시 30분

06 다음은 전자책 이용 매체 사용비율에 대한 자료이다. 이에 대한 설명으로 옳은 것은?

〈전자책 이용 매체 사용비율〉

(단위 : %)

구분	2018년	2019년		2020년	
	성인	성인	학생	성인	학생
표본 인원(명)	47	112	1,304	338	1,473
컴퓨터	68.1	67	43.2	52.1	48.2
휴대폰 / 스마트폰	12.8	14.3	25.5	42.4	38
개인휴대단말기(PDA)	4.3	3.6	2.3	0.2	0.2
태블릿 PC	0	2.7	0.5	3.8	2.3
휴대용 플레이어(PMP)	2.1	0.9	13.7	1	9.3
전자책 전용단말기	0	0	2.1	0.5	0.4
기타	12.7	11.5	12.7	0	1.6

① 2018년 휴대폰 / 스마트폰 성인 사용자 수는 2019년 태블릿 PC 성인 사용자 수보다 많다.

② 2020년에 개인휴대단말기 학생 사용자 수는 전년 대비 증가하였다.

③ 2020년 전자책 전용단말기 사용자 수는 20명 이상이다.

④ 2019년 컴퓨터 사용자 수는 성인이 학생 수의 20% 이상 차지한다.

07 다음은 산림병해충 방제 현황에 대한 자료이다. 이에 대한 설명으로 옳은 것은?

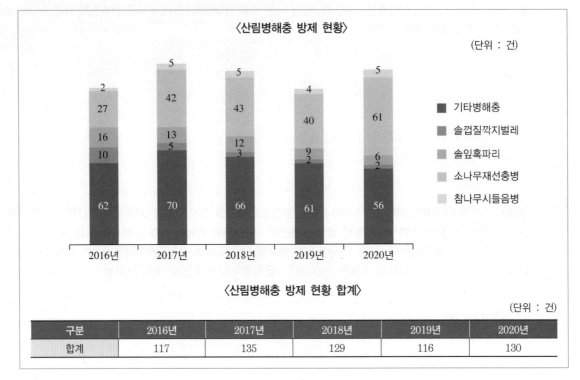

〈산림병해충 방제 현황〉

(단위 : 건)

범례:
- 기타병해충
- 솔껍질깍지벌레
- 솔잎혹파리
- 소나무재선충병
- 참나무시들음병

〈산림병해충 방제 현황 합계〉

(단위 : 건)

구분	2016년	2017년	2018년	2019년	2020년
합계	117	135	129	116	130

① 기타병해충에 대한 방제는 매해 두 번째로 큰 비율을 차지한다.
② 매해 솔잎혹파리가 차지하는 방제 비율은 10% 미만이다.
③ 단일 항목 중 조사기간 내 변동폭이 가장 큰 방제는 소나무재선충병에 대한 방제이다.
④ 기타병해충과 소나무재선충병에 대한 방제는 서로 동일한 증감 추이를 보인다.

08 다음은 국가별 생산직 노동자의 시간당 임금과 단위노동 비용지수를 조사한 자료이다. 이에 대한 설명으로 옳은 것은?

〈국가별 생산직 노동자의 시간당 임금과 단위노동 비용지수〉

국가 \ 구분 연도	시간당 임금(달러)				단위노동 비용지수			
	2017년	2018년	2019년	2020년	2017년	2018년	2019년	2020년
독일	26.28	23.66	22.99	22.86	90.3	86.6	76.9	76.2
일본	18.29	20.89	22.00	19.59	93.1	105.7	100.4	93.6
미국	18.64	19.11	19.72	20.32	92.4	91.1	91.7	91.4
영국	16.75	17.04	20.24	18.35	105.2	102.8	98.4	95.5
프랑스	17.49	17.17	15.66	15.88	83.2	79.6	63.2	62.5
스웨덴	22.02	21.61	16.45	16.14	66.6	64.3	53.0	48.2
한국	5.67	7.35	8.48	8.09	63.7	71.7	70.2	64.7

※ 단위노동 비용지수는 국가별로 해당 국가의 2011년 단위노동 비용을 100으로 하여 각 연도의 비교치를 제시한 것이다.

보기

㉠ 2017년과 비교하여 2020년에 시간당 임금이 감소한 국가는 모두 유럽에 위치하고 있다.
㉡ 2019년에 생산직 노동자의 시간당 임금이 가장 높은 국가는 독일이고, 가장 낮은 국가는 한국이다.
㉢ 각각의 국가에서 연도별 시간당 임금과 단위노동 비용의 증감은 같은 추세를 보이고 있다.
㉣ 2017년에 비해 2020년에 단위노동 비용이 가장 큰 비율로 증가한 국가는 한국이며, 가장 큰 비율로 감소한 국가는 스웨덴이다.

① ㉠, ㉡   ② ㉠, ㉣
③ ㉡, ㉢   ④ ㉠, ㉡, ㉣

※ 다음은 현 직장 만족도에 대하여 조사한 자료이다. 자료를 참고하여 이어지는 질문에 답하시오. [9~10]

<현 직장 만족도>

만족분야별	직장유형별	2019년	2020년
전반적 만족도	기업	6.9	6.3
	공공연구기관	6.7	6.5
	대학	7.6	7.2
임금과 수입	기업	4.9	5.1
	공공연구기관	4.5	4.8
	대학	4.9	4.8
근무시간	기업	6.5	6.1
	공공연구기관	7.1	6.2
	대학	7.3	6.2
사내분위기	기업	6.3	6.0
	공공연구기관	5.8	5.8
	대학	6.7	6.2

09 2019년 3개 기관의 전반적 만족도의 합은 2020년 3개 기관의 임금과 수입 만족도의 합의 몇 배인가?(단, 소수점 이하 둘째 자리에서 반올림한다)

① 1.4배
② 1.6배
③ 1.8배
④ 2.0배

10 다음 중 자료에 대한 설명으로 옳지 않은 것은?(단, 비율은 소수점 이하 둘째 자리에서 반올림한다)

① 현 직장에 대한 전반적 만족도는 대학 유형에서 가장 높다.
② 2020년 근무시간 만족도에서는 공공연구기관과 대학의 만족도가 동일하다.
③ 2020년에 모든 유형의 직장에서 임금과 수입의 만족도는 전년 대비 증가했다.
④ 사내분위기 측면에서 2019년과 2020년 공공연구기관의 만족도는 동일하다.

※ 다음은 S초등학교 남학생과 여학생의 도서 선호 분야를 비율로 나타낸 그래프이다. 이어지는 질문에 답하시오. [11~13]

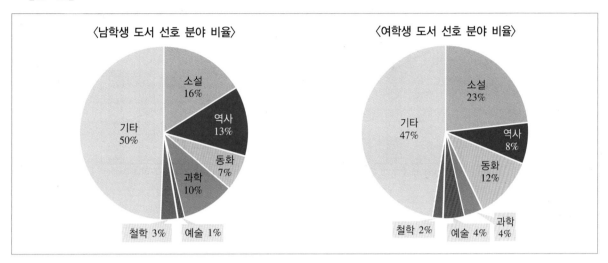

11 그래프가 S초등학교 남학생 470명, 여학생은 450명을 대상으로 조사한 결과라면 남학생과 여학생 중에서 과학 분야를 선호하는 총 학생 수는 몇 명인가?

① 60명   ② 65명

③ 70명   ④ 75명

12 기타를 제외한 도서 선호 분야에서 남학생과 여학생 각각 가장 낮은 비율을 차지하는 분야의 학생 수를 구하려고 한다. 해당하는 분야의 총 학생 수의 10배는 몇 명인가?(단, 조사대상 인원은 남학생 500명, 여학생 450명이다)

① 104명   ② 115명

③ 126명   ④ 140명

13 다음 중 자료에 대한 설명으로 옳은 것은?

① 남학생과 여학생은 예술 분야보다 철학 분야를 더 선호한다.

② 과학 분야는 여학생 비율이 남학생 비율보다 높다.

③ 역사 분야는 남학생 비율이 여학생 비율의 2배 미만이다.

④ 동화 분야는 여학생 비율이 남학생 비율의 2배 이상이다.

14 다음 중 그래프를 해석한 내용으로 옳은 것은?

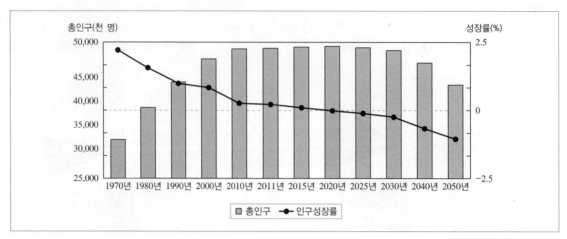

① 인구성장률은 2025년에 잠시 성장하다가 다시 감소할 것이다.
② 2011년부터 총인구는 감소할 것이다.
③ 2000 ~ 2010년보다 2025 ~ 2030년의 인구 수 변동이 적을 것이다.
④ 2040년에 총인구는 1990년 인구보다 적을 것이다.

15 다음은 로봇 산업현황 중 일부 자료이다. 자료를 참고할 때, 2020년 제조업용 로봇 생산액의 2018년 대비 성장률은?(단, 소수점 이하 둘째 자리에서 반올림한다)

〈국내시장(생산기준) 규모〉

(단위 : 억 원, %)

구분	2018년		2019년			2020년		
	생산액	구성비	생산액	구성비	전년 대비	생산액	구성비	전년 대비
제조업용 로봇	6,272	87.2	6,410	85.0	2.2	7,016	84.9	9.5
서비스용 로봇	447	6.2	441	5.9	−1.1	483	5.9	9.4
전문 서비스용	124	1.7	88	1.2	−29.1	122	1.5	38.4
개인 서비스용	323	4.5	353	4.7	9.7	361	4.4	2.2
로봇부품 및 부분품	478	6.6	691	9.1	44.5	769	9.2	11.4
합계	7,197	100.0	7,542	100.0	4.8	8,268	100.0	9.6

① 7.3%   ② 8.9%
③ 10.2%   ④ 11.9%

16 다음은 부문별·유형별 최종에너지 소비량에 관한 자료이다. 이에 대한 〈보기〉의 설명 중 옳은 것을 모두 고르면?

〈2018 ~ 2020년 유형별 최종에너지 소비량 비중〉

(단위 : %)

구분	석탄		석유제품	도시가스	전력	기타
	무연탄	유연탄				
2018년	2.7	11.6	53.3	10.8	18.2	3.4
2019년	2.8	10.3	54.0	10.7	18.6	3.6
2020년	2.9	11.5	51.9	10.9	19.1	3.7

〈2020년 부문별·유형별 최종에너지 소비량〉

(단위 : 천TOE)

구분	석탄		석유제품	도시가스	전력	기타	합계
	무연탄	유연탄					
산업	4,750	15,317	57,451	9,129	23,093	5,415	115,155
가정·상업	901	4,636	6,450	11,105	12,489	1,675	37,256
수송	–	–	35,438	188	1,312	–	36,938
기타	–	2,321	1,299	669	152	42	4,483
합계	5,651	22,274	100,638	21,091	37,046	7,132	193,832

보기

ㄱ. 2018 ~ 2020년 동안 전력 소비량은 매년 증가한다.
ㄴ. 2020년 산업부문의 최종에너지 소비량은 전체 최종에너지 소비량의 50% 이상을 차지한다.
ㄷ. 2018 ~ 2020년 동안 석유제품 소비량 비중 대비 전력 소비량 비중의 비율이 매년 증가한다.
ㄹ. 2020년에는 산업부문과 가정·상업부문에서 유연탄 소비량 대비 무연탄 소비량의 비율이 각각 25% 미만이다.

① ㄱ, ㄴ ② ㄱ, ㄹ
③ ㄴ, ㄷ ④ ㄴ, ㄹ

17 A통신사 대리점에서 근무하는 귀하는 판매율을 높이기 위해 핸드폰을 구매한 고객에게 사은품을 나누어 주는 이벤트를 실시하고자 한다. 본사로부터 할당받은 예산은 총 5백만 원이며, 예산 내에서 고객 1명당 2가지 사은품을 증정하고자 한다. 고객 만족도 대비 비용이 낮은 순으로 상품을 확보하였을 때, 최대 몇 명의 고객에게 사은품을 전달할 수 있는가?

상품명	개당 구매비용(원)	확보 가능한 최대물량(개)	상품에 대한 고객 만족도(점)
차량용 방향제	7,000	300	5
식용유 세트	10,000	80	4
유리용기 세트	6,000	200	6
32GB USB	5,000	180	4
머그컵 세트	10,000	80	5
육아 관련 도서	8,800	120	4
핸드폰 충전기	7,500	150	3

① 360명   ② 370명
③ 380명   ④ 390명

18 다음은 한국의 물가 수준을 기준으로 연도별 각국의 물가 수준을 비교한 자료이다. 이에 대한 설명으로 옳지 않은 것은?

〈연도별 각국의 물가 수준 비교〉

구분	2016년	2017년	2018년	2019년	2020년
한국	100	100	100	100	100
일본	217	174	145	129	128
프랑스	169	149	127	127	143
캐나다	138	124	126	114	131
미국	142	118	116	106	107
독일	168	149	128	128	139
헝가리	86	85	72	75	91
영국	171	145	127	132	141

※ (해당연도 한국 물가 수준)=100

① 2020년에 한국보다 물가 수준이 높은 나라는 6개국이다.
② 2018~2019년의 한국과 프랑스의 물가변동률은 같다.
③ 2019년과 2020년에 한국의 물가 수준이 같다면, 2020년 일본의 물가는 전년에 비해 약간 하락하였다.
④ 영국은 항상 세 번째로 물가가 높은 나라이다.

19 다음은 시도별 자전거도로 현황에 대한 자료이다. 이에 대한 내용으로 옳은 것은?

〈시도별 자전거도로 현황〉

(단위 : km)

구분	합계	자전거전용도로	자전거보행자 겸용도로	자전거전용차로	자전거우선도로
전국	21,176	2,843	16,331	825	1,177
서울특별시	869	104	597	55	113
부산광역시	425	49	374	1	1
대구광역시	885	111	758	12	4
인천광역시	742	197	539	6	-
광주광역시	638	109	484	18	27
대전광역시	754	73	636	45	-
울산광역시	503	32	408	21	42
세종특별자치시	207	50	129	6	22
경기도	4,675	409	4,027	194	45
강원도	1,498	105	1,233	62	98
충청북도	1,259	202	824	76	157
충청남도	928	204	661	13	50
전라북도	1,371	163	1,042	112	54
전라남도	1,262	208	899	29	126
경상북도	1,992	414	1,235	99	244
경상남도	1,844	406	1,186	76	176
제주특별자치도	1,324	7	1,299	0	18

① 제주특별자치도의 자전거도로는 전국에서 다섯 번째로 길다.

② 광주광역시를 볼 때, 자전거전용도로의 전국 대비 비율이 자전거보행자겸용도로의 비율보다 낮다.

③ 경상남도의 모든 자전거도로는 전국에서 9% 이상의 비율을 가진다.

④ 전국에서 자전거전용도로의 비율은 약 13.4%이다.

20 다음은 국내 의료기관 수 변동 현황에 대한 자료이다. 〈보기〉를 참고하여 (A) ~ (E)에 들어갈 항목을 바르게 짝지은 것은?

〈국내 의료기관 수 변동 현황〉

(단위 : 개)

구분	2005년 12월	2020년 12월
(A)	43	43
(B)	28	1,337
(C)	10,855	16,377
(D)	21,342	28,883
(E)	677	1,474
합계	32,945	48,114

보기

• 상급종합병원 수는 정체된 것으로 조사되었다.
• 노인인구 증가와 정부의 육성정책으로 요양병원 수가 가장 큰 폭으로 증가하였다.
• 진료과목의 경영환경 개선으로 신경과의원, 내과의원, 치과의원 순서로 의원의 증감률이 높은 것으로 나타났다.

	(A)	(B)	(C)	(D)	(E)
①	요양병원	상급종합병원	신경과의원	치과의원	내과의원
②	요양병원	상급종합병원	치과의원	신경과의원	내과의원
③	상급종합병원	요양병원	신경과의원	내과의원	치과의원
④	상급종합병원	요양병원	내과의원	치과의원	신경과의원

CHAPTER 03

문제해결능력

합격 CHEAT KEY

문제해결능력은 업무를 수행하면서 여러 가지 문제 상황이 발생하였을 때, 창의적이고 논리적인 사고를 통하여 이를 올바르게 인식하고 적절히 해결하는 능력을 말한다. 하위능력으로는 사고력과 문제처리능력이 있다.

문제해결능력은 NCS 기반 채용을 진행하는 대다수의 공사·공단에서 다루어졌으며, 문항 수는 평균 24% 정도로 상당히 많이 출제되고 있다. 하지만 많은 수험생들은 더 많이 출제되는 다른 영역에 몰입하고 문제해결능력은 집중하지 않는 실수를 하고 있다. 다른 영역보다 더 많은 노력이 필요할 수는 있지만 그렇기에 차별화할 수 있는 득점영역이므로 포기하지 말고 꾸준하게 노력해야 한다.

01 질문의 의도를 정확하게 파악하라!

문제해결능력은 문제에서 무엇을 묻고 있는지 정확하게 파악하여 풀이방향을 설정하는 것이 가장 효율적인 방법이다. 특히, 조건이 주어지고 답을 찾는 창의적, 분석적인 문제가 주로 출제되고 있기 때문에 처음에 정확한 풀이방향이 설정되지 않는다면 시간만 허비하고 결국 문제도 풀지 못하게 되므로 첫 번째로 문제의도 파악에 집중해야 한다.

02 중요한 정보는 반드시 표시하라!

위에 말한 정확한 문제의도를 파악하기 위해서는 문제에서 중요한 정보는 반드시 표시나 메모를 하여 하나의 조건, 단서도 잊고 넘어가는 일이 없도록 해야 한다. 실제 시험에서는 시간의 압박과 긴장감으로 정보를 잘못 적용하거나 잊고 지나쳐 틀리는 실수가 많이 발생하므로 사전에 충분한 연습이 필요하다. 가령 명제문제의 경우 주어진 명제와 그 명제의 대우를 본인이 한눈에 파악할 수 있도록 기호화, 도식화하여 메모하면 흐름을 이해하기가 더 수월하다. 이를 통해 자신만의 풀이순서와 방향, 기준 또한 생길 것이다.

03 반복풀이를 통해 취약유형을 파악하라!

길지 않은 한정된 시간 동안 모든 문제를 다 푸는 것은 조금은 어려울 수도 있다. 따라서 고득점을 얻을 수 있는 방법은 효율적인 문제풀이다. 반복적인 문제풀이를 통해 본인의 취약한 유형을 파악하는 것이 중요하다. 취약유형 파악은 종료시간이 임박했을 때 빛을 발할 것이다. 풀 수 있는 문제부터 빠르게 풀고 취약한 유형은 나중에 푸는 효율적인 문제풀이를 통해 최대한의 고득점을 받는 것이 중요하다. 본인의 취약유형을 파악하기 위해서는 많은 문제를 풀어 봐야 한다.

04 타고나는 것이 아니므로 열심히 노력하라!

대부분의 수험생들이 문제해결능력은 공부해도 실력이 늘지 않는 영역이라고 생각한다. 하지만 그렇지 않다. 문제해결능력이야말로 노력을 통해 충분히 득점이 가능한 영역이다. 정확한 질문 의도 파악, 취약한 유형의 반복적인 풀이, 빈출유형 파악 등의 방법으로 충분히 실력을 향상시킬 수 있다. 자신감을 갖고 공부하기 바란다.

I 문제해결능력

| 01 | 문제의 의의

(1) 문제와 문제점

문제	업무를 수행함에 있어서 답을 요구하는 질문이나 의논하여 해결해야 하는 사항
문제점	문제의 원인이 되는 사항으로 문제해결을 위해서 조치가 필요한 대상

난폭운전으로 전복사고가 일어난 경우는 '사고의 발생'이 문제이며, '난폭운전'은 문제점이다.

(2) 문제의 유형

① 기능에 따른 분류 : 제조 문제, 판매 문제, 자금 문제, 인사 문제, 경리 문제, 기술상 문제

② 시간에 따른 분류 : 과거 문제, 현재 문제, 미래 문제

③ 해결방법에 따른 분류 : 논리적 문제, 창의적 문제

④ 업무수행 과정 중 발생한 문제 유형 : 발생형 문제(보이는 문제), 탐색형 문제(찾는 문제), 설정형 문제(미래 문제)

구분	내용
발생형 문제 (보이는 문제)	• 우리 눈앞에 발생되어 걱정하고 해결하기 위해 고민하는 문제를 말하며 원인지향적인 문제라고도 함 • 일탈 문제 : 어떤 기준을 일탈함으로써 생기는 문제 • 미달 문제 : 기준에 미달하여 생기는 문제
탐색형 문제 (찾는 문제)	• 현재의 상황을 개선하거나 효율을 높이기 위한 문제를 말하며 문제를 방치하면 뒤에 큰 손실이 따르거나 해결할 수 없게 되는 것 • 잠재 문제 : 문제가 잠재되어 인식하지 못하다가 결국 문제가 확대되어 해결이 어려운 문제 • 예측 문제 : 현재는 문제가 아니지만 계속해서 현재 상태로 진행할 경우를 가정하고 앞으로 일어날 수 있는 문제 • 발견 문제 : 현재는 문제가 없으나 좋은 제도나 기법, 기술을 발견하여 개선, 향상할 수 있는 문제
설정형 문제 (미래의 문제)	• 장래의 경영전략을 통해 앞으로 어떻게 할 것인가 하는 문제 • 새로운 목표를 설정함에 따라 일어나는 문제로서 목표 지향적 문제라고도 함 • 지금까지 경험한 바가 없는 문제로 많은 창조적인 노력이 요구되므로 창조적 문제라고도 함

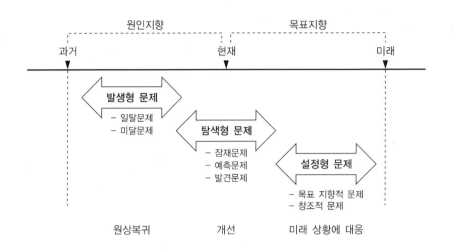

CHECK POINT

➕ **문제의 종류**
- 발생형 문제 : 현재 직면하여 해결하기 위해 고민하는 문제
- 탐색형 문제 : 현재의 상황을 개선하거나 효율을 높이기 위한 문제
- 설정형 문제 : 앞으로 어떻게 할 것인가 하는 문제

◇ **핵심예제** ◇

다음 중 문제에 대한 설명으로 옳지 않은 것은?

① 업무를 수행함에 있어서 답을 요구하는 질문이나 의논하여 해결해야 되는 사항을 의미한다.

② 해결하기를 원하지만 실제로 해결해야 하는 방법을 모르고 있는 상태도 포함된다.

③ 얻고자 하는 해답이 있지만 그 해답을 얻는 데 필요한 일련의 행동을 알지 못한 상태도 있다.

④ 일반적으로 발생형 문제, 설정형 문제, 논리적 문제로 구분된다.

예제풀이

➕ 문제는 일반적으로 발생형 문제, 탐색형 문제, 설정형 문제로 구분된다.

정답 ④

| 02 | 문제해결의 의의

(1) 문제해결이란?

목표와 현상을 분석하고, 분석 결과를 토대로 주요 과제를 도출한 뒤, 바람직한 상태나 기대되는 결과가 나타나도록 최적의 해결책을 찾아 실행, 평가해가는 활동을 말한다.

(2) 문제해결에 필요한 기본요소

① 체계적인 교육훈련

② 창조적 스킬의 습득

③ 전문영역에 대한 지식 습득

④ 문제에 대한 체계적인 접근

CHECK POINT

➕ **분석적 사고가 요구되는 문제**
- 성과 지향의 문제 : 기대하는 결과를 명시하고 효과적으로 달성하는 방법을 사전에 구상
- 가설 지향의 문제 : 현상 및 원인분석 전에 일의 과정이나 결론을 가정한 후, 일을 수행
- 사실 지향의 문제 : 객관적 사실로부터 사고와 행동을 시작

| 03 | 문제해결에 필요한 기본적 사고

(1) 전략적 사고

현재 당면하고 있는 문제와 해결방법에만 집착하지 말고, 그 문제와 해결방안이 상위 시스템 또는 다른 문제와 어떻게 연결되어 있는지를 생각하는 것이 필요하다.

(2) 분석적 사고

전체를 각각의 요소로 나누어 그 요소의 의미를 도출한 다음 우선순위를 부여하고 구체적인 문제해결방법을 실행하는 것이 요구된다.

문제의 종류	요구되는 사고
성과 지향의 문제	기대하는 결과를 명시하고 효과적으로 달성하는 방법을 사전에 구상하고 실행에 옮길 것
가설 지향의 문제	현상 및 원인 분석 전에 지식과 경험을 바탕으로 일의 과정이나 결과, 결론을 가정한 다음 검증 후 사실일 경우 다음 단계의 일을 수행할 것
사실 지향의 문제	일상 업무에서 일어나는 상식, 편견을 타파하여 객관적 사실로부터 사고와 행동을 출발할 것

(3) 발상의 전환

사물과 세상을 바라보는 인식의 틀을 전환하여 새로운 관점에서 바로 보는 사고를 지향하는 것이 필요하다.

(4) 내·외부자원의 효과적 활용

기술, 재료, 방법, 사람 등 필요한 자원 확보 계획을 수립하고 내·외부자원을 효과적으로 활용하도록 해야 한다.

예제풀이

문제해결에 필요한 기본적 사고
전략적 사고, 분석적 사고, 발상의 전환, 내·외부자원의 활용

정답 ②

< 핵심예제 >

문제해결에 필요한 기본적 사고로 옳은 것은?

① 외부자원만을 효과적으로 활용한다.
② 전략적 사고를 해야 한다.
③ 같은 생각을 유지한다.
④ 추상적 사고를 해야 한다.

CHECK POINT

문제해결의 장애요소
주변 환경, 업무의 특성, 개인의 특성 등 다양하다.

| 04 | 문제해결의 장애요소

- 문제를 철저하게 분석하지 않는 것
- 고정관념에 얽매이는 것
- 쉽게 떠오르는 단순한 정보에 의지하는 것
- 너무 많은 자료를 수집하려고 노력하는 것

| 05 | 제3자를 통한 문제해결

종류	내용
소프트 어프로치	• 대부분의 기업에서 볼 수 있는 전형적인 스타일 • 조직 구성원들이 같은 문화적 토양을 가짐 • 직접적인 표현보다는 암시를 통한 의사전달 • 제3자 : 결론을 미리 그려가면서 권위나 공감에 의지함 • 결론이 애매하게 산출되는 경우가 적지 않음
하드 어프로치	• 조직 구성원들이 상이한 문화적 토양을 가짐 • 직설적인 주장을 통한 논쟁과 협상 • 논리, 즉 사실과 원칙에 근거한 토론 • 제3자 : 지도와 설득을 통해 전원이 합의하는 일치점 추구 • 이론적으로는 가장 합리적인 방법 • 창조적인 아이디어나 높은 만족감을 이끌어내기 어려움
퍼실리테이션	• 그룹이 나아갈 방향을 알려주고, 공감을 이룰 수 있도록 도와주는 것 • 제3자 : 깊이 있는 커뮤니케이션을 통해 창조적인 문제해결 도모 • 창조적인 해결방안 도출, 구성원의 동기와 팀워크 강화 • 퍼실리테이터의 줄거리대로 결론이 도출되어서는 안 됨

Ⅱ 사고력

| 01 | 창의적 사고의 의의

(1) 창의적 사고란?

당면한 문제를 해결하기 위해 이미 알고 있는 경험과 지식을 해체하여 다시 새로운 정보로 결합함으로써 새로운 아이디어를 다시 도출하는 것이다.

(2) 창의적 사고의 의미

> • 발산적(확산적) 사고
> • 새롭고 유용한 아이디어를 생산해 내는 정신적인 과정
> • 기발하거나, 신기하며 독창적인 것
> • 유용하고 적절하며, 가치가 있는 것
> • 기존의 정보들을 새롭게 조합시킨 것

(3) 창의적 사고의 특징

> • 정보와 정보의 조합
> • 사회나 개인에게 새로운 가치 창출
> • 교육훈련을 통해 개발 가능

CHECK POINT

창의적 사고
창의적 사고란 노벨상을 수상할 만한 발명과 같이 아무것도 없는 무에서 유를 만들어 내는 것이 아니라 끊임없이 참신한 아이디어를 산출하는 힘으로서, 필요한 물건을 싸게 사기 위해 하는 생각 등 우리는 매일매일 창의적 사고를 하며 살고 있다.

창의적 사고에 대한 편견
• 창의적 사고력은 선천적으로 타고난 사람들에게만 있다.
• 지능이 뛰어나거나 현실에 적응을 잘하지 못하는 사람들이 일반인보다 창의적이다.
• 사람의 나이가 적을수록 창의력이 높다.
• 창의적 사고란 아이디어를 내는 것으로 그 아이디어의 유용성을 따지는 것은 별개의 문제이다.

《 핵심예제 》

창의적 사고의 특징으로 옳지 않은 것은?

① 외부 정보끼리의 조합이다.

② 사회나 개인에게 새로운 가치를 창출한다.

③ 창조적인 가능성이다.

④ 사고력, 성격, 태도 등의 전인격적인 가능성을 포함한다.

| 02 | 창의적 사고의 개발 방법

(1) 자유 연상법 – 생각나는 대로 자유롭게 발상 – 브레인스토밍

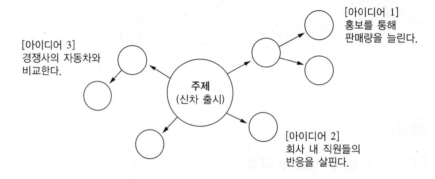

(2) 강제 연상법 – 각종 힌트와 강제적으로 연결지어서 발상 – 체크리스트

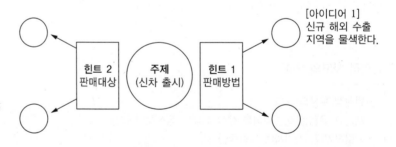

(3) 비교 발상법 – 주제의 본질과 닮은 것을 힌트로 발상 – NM법, Synectics

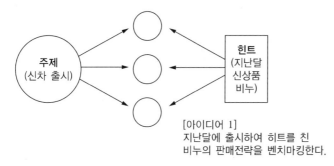

[아이디어 1]
지난달에 출시하여 히트를 친
비누의 판매전략을 벤치마킹한다.

(4) 브레인스토밍 진행 방법

• 주제를 구체적이고 명확하게 정한다.
• 구성원의 얼굴을 볼 수 있는 좌석 배치와 큰 용지를 준비한다.
• 구성원들의 다양한 의견을 도출할 수 있는 사람을 리더로 선출한다.
• 구성원은 다양한 분야의 사람들로 5 ~ 8명 정도로 구성한다.
• 발언은 누구나 자유롭게 할 수 있도록 하며, 모든 발언 내용을 기록한다.
• 아이디어에 대한 평가는 비판해서는 안 된다.

CHECK POINT

브레인스토밍
미국의 알렉스 오즈번이 고안한 그룹발산기법으로, 창의적인 사고를 위한 발산방법 중 가장 흔히 사용되는 방법이다. 집단의 효과를 살려서 아이디어의 연쇄반응을 일으켜 자유분방한 아이디어를 내고자 하는 것이다.

| 03 | 논리적 사고

(1) 논리적 사고란?

사고의 전개에 있어서 전후의 관계가 일치하고 있는가를 살피고, 아이디어를 평가하는 능력을 말한다.

(2) 논리적 사고의 5요소

CHECK POINT

논리적 사고
업무 수행 중에 자신이 만든 계획이나 주장을 주위 사람에게 이해시켜 실현시키기 위해서는 체계적인 설득 과정을 거쳐야 하는데, 이때 필요로 하는 것이 논리적 사고이다.

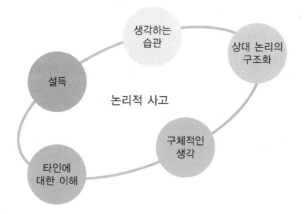

(3) 논리적 사고를 개발하기 위한 방법

① 피라미드 기법

보조 메시지들을 통해 주요 메인 메시지를 얻고, 다시 메인 메시지를 종합한 최종적인 정보를 도출해 내는 방법이다.

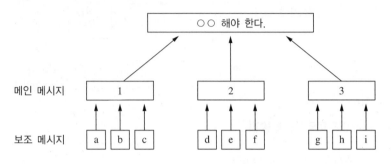

② So What 기법

"그래서 무엇이지?" 하고 자문자답하는 의미로 눈앞에 있는 정보로부터 의미를 찾아내어 가치 있는 정보를 이끌어 내는 사고이다. "So What?"은 "어떻게 될 것인가?", "어떻게 해야 한다."라는 내용이 포함되어야 한다. 아래는 이에 대한 사례이다.

상황

ㄱ. 우리 회사의 자동차 판매대수가 사상 처음으로 전년 대비 마이너스를 기록했다.

ㄴ. 우리나라의 자동차 업계 전체는 일제히 적자 결산을 발표했다.

ㄷ. 주식 시장은 몇 주간 조금씩 하락하는 상황에 있다.

So What?을 사용한 논리적 사고의 예

a. 자동차 판매의 부진

b. 자동차 산업의 미래

c. 자동차 산업과 주식시장의 상황

d. 자동차 관련 기업의 주식을 사서는 안 된다.

e. 지금이야말로 자동차 관련 기업의 주식을 사야 한다.

해설

a. 상황 ㄱ만 고려하고 있으므로 So What의 사고에 해당하지 않는다.

b. 상황 ㄷ을 고려하지 못하고 있으므로 So What의 사고에 해당하지 않는다.

c. 상황 ㄱ ~ ㄷ을 모두 고려하고는 있으나 자동차 산업과 주식시장이 어떻게 된다는 것을 알 수 없으므로 So What의 사고에 해당하지 않는다.

d·e. "주식을 사지 마라(사라)."는 메시지를 주고 있으므로 So What의 사고에 해당한다.

<< 핵심예제 >>

논리적 사고를 위한 요소가 아닌 것은?

① 생각하는 습관
② 상대 논리의 구조화
③ 타인에 대한 이해·설득
④ 추상적인 생각

예제풀이

➕ 논리적 사고의 요소
생각하는 습관, 상대 논리의 구조화, 구체적인 생각, 타인에 대한 이해·설득

정답 ④

| 04 | 비판적 사고

(1) 비판적 사고란?

어떤 주제나 주장 등에 대해서 적극적으로 분석하고 종합하며 평가하는 능동적인 사고를 말한다. 이는 문제의 핵심을 중요한 대상으로 하며, 지식과 정보를 바탕으로 합당한 근거에 기초를 두고 현상을 분석, 평가하는 사고이다. 비판적 사고를 개발하기 위해서는 지적 호기심, 객관성, 개방성, 융통성, 지적 회의성, 지적 정직성, 체계성, 지속성, 결단성, 다른 관점에 대한 존중과 같은 합리적인 태도가 요구된다.

CHECK POINT

➕ 비판적 사고에 대한 편견
• 비판적 사고의 주요 목적은 어떤 주장의 단점을 파악하려는 데 있다.
• 비판적 사고는 타고 나는 것이지 학습할 수 있는 것이 아니다.

(2) 비판적 사고에 필요한 태도

① 문제의식

문제의식을 가지고 있다면 주변에서 발생하는 사소한 것에서도 정보를 수집하고 새로운 아이디어를 끊임없이 생산해 낼 수 있다.

② 고정관념 타파

지각의 폭을 넓히는 일은 정보에 대한 개방성을 가지고 편견을 갖지 않는 것으로 이를 위해서는 고정관념을 타파하는 것이 중요하다.

Ⅲ 문제처리능력

| 01 | 문제 인식

CHECK POINT

문제 인식을 위해 필요한 것들
문제 상황에 대해 고객, 자사, 경쟁사의 환경을 분석하고, 분석 결과를 토대로 해결해야 하는 과제를 도출하는 일이 필요하다.

(1) 문제 인식 절차

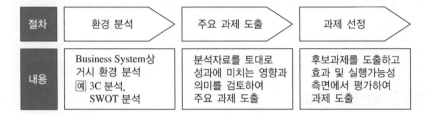

절차	환경 분석	주요 과제 도출	과제 선정
내용	Business System상 거시 환경 분석 예 3C 분석, SWOT 분석	분석자료를 토대로 성과에 미치는 영향과 의미를 검토하여 주요 과제 도출	후보과제를 도출하고 효과 및 실행가능성 측면에서 평가하여 과제 도출

CHECK POINT

환경 분석의 종류
3C 분석, SWOT 분석 등

(2) 환경 분석

① 3C 분석

사업환경을 구성하고 있는 요소인 자사, 경쟁사, 고객을 3C라고 한다.

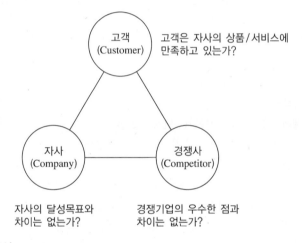

② SWOT 분석

㉠ 의의 : 기업내부의 강점, 약점과 외부환경의 기회, 위협요인을 분석 평가하고 이들을 서로 연관지어 전략을 개발하고 문제해결 방안을 개발하는 방법이다.

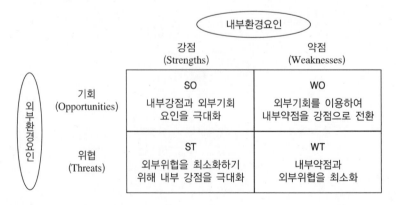

		내부환경요인	
		강점 (Strengths)	약점 (Weaknesses)
외부환경요인	기회 (Opportunities)	SO 내부강점과 외부기회 요인을 극대화	WO 외부기회를 이용하여 내부약점을 강점으로 전환
	위협 (Threats)	ST 외부위협을 최소화하기 위해 내부 강점을 극대화	WT 내부약점과 외부위협을 최소화

ⓒ SWOT 분석방법

외부환경
분석
	• 좋은 쪽으로 작용하는 것은 기회, 나쁜 쪽으로 작용하는 것은 위협으로 분류
	• 언론매체, 개인 정보망 등을 통하여 입수한 상식적인 세상의 변화 내용을
	  시작으로 당사자에게 미치는 영향을 순서대로 점차 구체화
	• 인과관계가 있는 경우 화살표로 연결
	• 동일한 Data라도 자신에게 긍정적으로 전개되면 기회로, 부정적으로 전개되면
	  위협으로 구분
	• 외부환경분석시에는 SCEPTIC 체크리스트를 활용
	  ① Social (사회), ② Competition (경쟁), ③ Economic (경제), ④ Politic
	  (정치), ⑤ Technology (기술), ⑥ Information (정보), ⑦ Client (고객)

내부환경
분석
	• 경쟁자와 비교하여 나의 강점과 약점을 분석
	• 강점과 약점의 내용 : 보유하거나 동원 가능하거나 활용 가능한 자원
	• 내부환경분석에는 MMMITI 체크리스트를 활용
	  ① Man (사람), ② Material (물자), ③ Money (돈), ④ Information (정보),
	  ⑤ Time (시간), ⑥ Image (이미지)

ⓒ SWOT 전략 수립 방법

내부의 강점과 약점을, 외부의 기회와 위협을 대응시켜 기업 목표 달성을 위한 SWOT분석을 바탕으로 구축한 발전전략의 특성은 다음과 같다.

SO전략	외부환경의 기회를 활용하기 위해 강점을 사용하는 전략 선택
ST전략	외부환경의 위협을 회피하기 위해 강점을 사용하는 전략 선택
WO전략	자신의 약점을 극복함으로써 외부환경의 기회를 활용하는 전략 선택
WT전략	외부환경의 위협을 회피하고 자신의 약점을 최소화하는 전략 선택

(3) 주요 과제 도출

과제 도출을 위해서는 다양한 과제 후보안을 다음 그림과 같은 표를 이용해서 하는 것이 체계적이며 바람직하다. 주요 과제 도출을 위한 과제안 작성 시, 과제안 간의 동일한 수준, 표현의 구체성, 기간내 해결 가능성 등을 확인해야 한다.

(4) 과제 선정

과제안 중 효과 및 실행 가능성 측면을 평가하여 가장 우선순위가 높은 안을 선정하며, 우선순위 평가 시에는 과제의 목적, 목표, 자원현황 등을 종합적으로 고려하여 평가한다.

CHECK POINT

➕ **고객요구 조사방법**
- **심층면접법**
  : 조사자와 응답자 간의 일 대일 대면접촉에 의해 응답자의 잠재된 동기, 신념, 태도 등을 발견하는 방법
- **Focus Group Interview**
  : 6 ~ 8인으로 구성된 그룹에서 특정 주제에 대해 논의하는 과정으로, 숙련된 사회자의 컨트롤 기술에 의해 구성원 상호 간의 의견을 도출하는 방법

(5) 과제안 평가기준

과제해결의 중요성, 과제착수의 긴급성, 과제해결의 용이성을 고려하여 여러 개의 평가기준을 동시에 설정하는 것이 바람직하다.

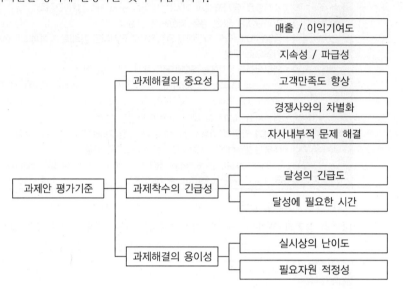

CHECK POINT

문제 도출 과정
문제를 도출하기 위해서는 해결해야 하는 문제들을 작고 다룰 수 있는 세분화된 문제들로 쪼개 나가는 과정이 필요하다. 이를 통해 문제의 내용이나 해결안들을 구조화할 수 있다.

| 02 | 문제 도출

(1) 세부 절차

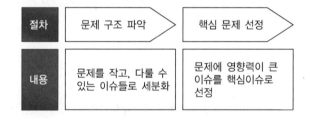

(2) 문제 구조 파악

전체 문제를 개별화된 세부 문제로 쪼개는 과정으로 문제의 내용 및 부정적인 영향 등을 파악하여 문제의 구조를 도출해내는 것이다. 이를 위해서는 문제가 발생한 배경이나 문제를 일으키는 원인을 분명히 해야 하며, 문제의 본질을 다양하고 넓은 시야로 보아야 한다.

(3) 로직트리(Logic Tree)

주요 과제를 나무모양으로 분해하여 정리하는 기술이다. 제한된 시간 동안 문제의 원인을 깊이 파고든다든지, 해결책을 구체화할 때 유용하게 사용된다. 이를 위해서는 전체 과제를 명확히 해야 하며, 분해해 가는 가지의 수준을 맞춰야 하고, 원인이 중복되거나 누락되지 않고 각각의 합이 전체를 포함해야 한다.

| 03 | 원인 분석

(1) 세부 절차

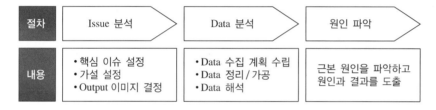

(2) Issue 분석

① 핵심 이슈 설정

업무에 가장 크게 영향을 미치는 문제로 선정하며, 사내외 고객 인터뷰 등을 활용한다.

② 가설 설정

이슈에 대해 자신의 직관, 경험 등에 의존하여 일시적인 결론을 예측하는 것이며, 설정된 가설은 관련자료 등을 통해 검증할 수 있어야 하고, 논리적이며 객관적이어야 한다.

③ 분석 결과 이미지 결정

가설검증계획에 따라 분석 결과를 미리 이미지화하는 것이다.

(3) 데이터 분석

① 데이터 수집 계획 수립

데이터 수집 시에는 목적에 따라 수집 범위를 정하고, 전체 자료의 일부인 표본을 추출하는 전통적인 통계학적 접근과 전체 데이터를 활용한 빅데이터 분석을 구분해야 한다. 이때, 객관적인 사실을 수집해야 하며 자료의 출처를 명확히 밝힐 수 있어야 한다.

② 데이터 정리 / 가공

데이터 수집 후에는 목적에 따라 수집된 정보를 항목별로 분류 정리하여야 한다.

③ 데이터 해석

정리된 데이터는 '무엇을', '왜', '어떻게' 측면에서 의미를 해석해야 한다.

(4) 원인 파악

① 단순한 인과관계

원인과 결과를 분명하게 구분할 수 있는 경우로, 날씨가 더울 때 아이스크림 판매량이 증가하는 경우가 이에 해당한다.

② 닭과 계란의 인과관계

원인과 결과를 구분하기가 어려운 경우로, 브랜드의 향상이 매출 확대로 이어지고, 매출 확대가 다시 브랜드의 인지도 향상으로 이어져 원인과 결과를 쉽게 밝혀내기 어려운 상황이 이에 해당한다.

③ 복잡한 인과관계

단순한 인과관계와 닭과 계란의 인과관계의 유형이 복잡하게 서로 얽혀 있는 경우로, 대부분의 문제가 이에 해당한다.

CHECK POINT

원인결과 다이어그램
문제를 세분화 해가면서 문제의 원인과 대안을 찾을 수 있는 기법이다. 기법의 구조가 생선의 머리와 뼈처럼 보이기 때문에 Fish Bone Diagram으로 알려져 있으며, 품질관리 분야에 널리 이용되고 있다.

| 04 | 해결안 개발

(1) 세부 절차

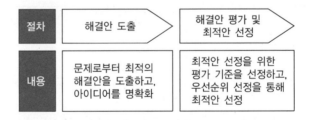

(2) 해결안 도출 과정

① 근본 원인으로 열거된 내용을 어떠한 방법으로 제거할 것인지를 명확히 한다.

② 독창적이고 혁신적인 방안을 도출한다.

③ 유사한 방법이나 목적을 갖는 내용을 군집화한다.

④ 최종 해결안을 정리한다.

(3) 해결안 평가 및 최적안 선정

문제(What), 원인(Why), 방법(How)를 고려해서 해결안을 평가하고 가장 효과적인 해결안을 선정해야 하며, 중요도와 실현가능성 등을 고려해서 종합적인 평가를 내리고, 채택 여부를 결정하는 과정이다.

| 05 | 실행 및 평가

(1) 세부 절차

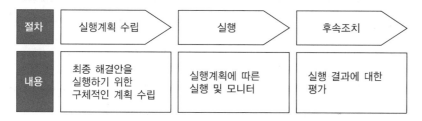

절차	실행계획 수립	실행	후속조치
내용	최종 해결안을 실행하기 위한 구체적인 계획 수립	실행계획에 따른 실행 및 모니터	실행 결과에 대한 평가

(2) 실행계획 수립

세부 실행내용의 난이도를 고려하여 가급적 구체적으로 세우는 것이 좋으며, 해결안별 실행계획서를 작성함으로써 실행의 목적과 과정별 진행내용을 일목요연하게 파악하도록 하는 것이 필요하다.

(3) 실행 및 후속조치

① 파일럿 테스트를 통해 문제점을 발견하고, 해결안을 보완한 후 대상 범위를 넓혀서 전면적으로 실시해야 한다. 그리고 실행상의 문제점 및 장애요인을 신속히 해결하기 위해서 모니터링 체제를 구축하는 것이 바람직하다.

② 모니터링 시 고려 사항

- 바람직한 상태가 달성되었는가?
- 문제가 재발하지 않을 것을 확신할 수 있는가?
- 사전에 목표한 기간 및 비용은 계획대로 지켜졌는가?
- 혹시 또 다른 문제를 발생시키지 않았는가?
- 해결책이 주는 영향은 무엇인가?

◀ 핵심예제 ▶

다음 중 문제해결 과정이 순서대로 바르게 나열된 것은?

ㄱ. 문제 인식	ㄴ. 실행 및 평가
ㄷ. 원인 분석	ㄹ. 문제 도출
ㅁ. 해결안 개발	

① ㄱ - ㄴ - ㄷ - ㄹ - ㅁ
② ㄱ - ㄹ - ㄷ - ㅁ - ㄴ
③ ㄴ - ㄷ - ㄹ - ㅁ - ㄱ
④ ㄹ - ㄱ - ㄷ - ㅁ - ㄴ

PART 1 │ 직업기초능력평가

CHECK POINT

⊕ **실행 및 후속조치**
문제의 원인을 분석하고, 해결안을 개발한 후에는 실행계획을 수립하여 실제 실행하는 과정이 필요하다. 이를 통해서 실행 결과를 평가하고, 문제해결이 제대로 이루어졌는지를 확인할 수 있다.

예제풀이

⊕ **문제해결 과정**
문제 인식 → 문제 도출 → 원인 분석 → 해결안 개발 → 실행 및 평가

정답 ②

CHAPTER

03

문제해결능력 | 기출유형 1

사고력 ①

┌연속출제─

A ~ E사의 올해 영업이익 결과에 대해 사람들이 이야기하고 있다. 이 중 한 사람만 거짓을 말할 때, 항상 참인 것은? (단, 영업이익은 올랐거나 내렸다)

> 철수 : A사는 영업이익이 올랐다.
> 영희 : B사는 D사보다 영업이익이 더 올랐다.
> 수인 : E사의 영업이익이 내렸고, C사 영업이익도 내려갔다.
> 희재 : E사는 영업이익은 올랐다.
> 연미 : A사는 D사보다 영업이익이 덜 올랐다.

① E사는 영업이익이 올랐다.
☑ B사는 A사보다 영업이익이 더 올랐다.
③ C사의 영업이익이 내려갔다.
④ D사는 E사보다 영업이익이 덜 올랐다.
⑤ E사는 B사보다 영업이익이 덜 올랐다.

풀이순서

1) 질문의도
   : 명제 추리

2) 명제분석
   논리 추론화

3) 정답도출
   ∴ B사는 A사보다 영
     업이익이 더 올랐다.

📋 **유형 분석** • 주어진 문장을 토대로 논리적으로 추론하여 참 또는 거짓을 구분하는 문제이다.
  • 대체로 연역추론을 활용한 명제 문제가 출제되고 있다.
  응용문제 : 자료를 제시하고 새로운 결과나 자료에 주어지지 않은 내용을 추론해 가는 형식의 문제가 출제된다.

📋 **풀이 전략** 각 문장에 있는 핵심단어 또는 문구를 기호화하여 정리한 뒤, 선택지와 비교하여 참 또는 거짓을 판단한다.

┌연속출제┐

다음은 2021년 상반기 노동시장의 특징 및 주요 요인에 대한 자료이다. 다음 〈보기〉 중 자료에 대한 설명으로 옳지 않은 것을 모두 고른 것은?

풀이순서

1) 질문의도
: 요인 → 주요 특징
⇒ 피라미드 기법

2) 사고법 적용

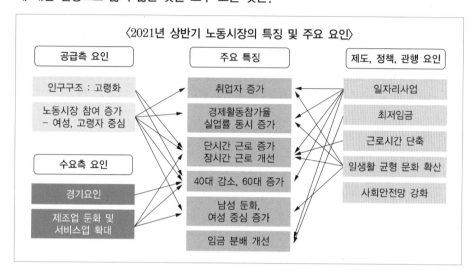

〈2021년 상반기 노동시장의 특징 및 주요 요인〉

공급측 요인	주요 특징	제도, 정책, 관행 요인
인구구조 : 고령화	취업자 증가	일자리사업
노동시장 참여 증가 – 여성, 고령자 중심	경제활동참가율 실업률 동시 증가	최저임금
	단시간 근로 증가 장시간 근로 개선	근로시간 단축
수요측 요인	40대 감소, 60대 증가	일생활 균형 문화 확산
경기요인	남성 둔화, 여성 중심 증가	사회안전망 강화
제조업 둔화 및 서비스업 확대	임금 분배 개선	

보기

ㄱ. 정부의 일자리사업으로 60대 노동자가 증가하였다.
ㄴ. 제조업이 둔화함에 따라 남성 중심의 노동시장이 둔화하고 있다.
ㄷ. 정부의 최저임금 정책으로 단시간 근로자 수가 증가하였다.
ㄹ. 여성의 노동시장 참여가 늘어나면서 전체 취업자 수가 증가하였다.
ㅁ. 인구 고령화가 심화됨에 따라 경제활동참가율과 실업률이 동시에 증가하고 있다.

① ㄱ, ㄴ
② ㄱ, ㄷ
③ ㄴ, ㄹ
④ ㄴ, ㅁ
⑤ ㄷ, ㅁ

3) 정답도출

📋 **유형 분석**
- 문제해결에 필요한 사고력을 평가하기 위한 문제이다.
- 주로 피라미드 구조 기법, 5Why 기법, So What 기법 등을 활용한 문제들이 출제되고 있다.

📋 **풀이 전략**
질문을 읽고 문제를 해결하기 위해 필요한 사고법을 선별한 뒤 적용하여 풀어 나간다.
- 피라미드 구조 기법 : 하위의 사실이나 현상으로부터 상위의 주장을 만들어 나가는 방법
- 5Why 기법 : 주어진 문제에 대해서 계속하여 이유를 물어 가장 근본이 되는 원인을 찾는 방법
- So What 기법 : '그래서 무엇이지?'라고 자문자답하며 눈앞에 있는 정보로부터 의미를 찾아내어 가치 있는 정보를 이끌어 내는 방법

안심Touch

┌연속출제┐

다음은 한국전력공사가 추진 중인 '그린수소' 사업에 관한 보도 자료와 한국전력공사에 대한 SWOT 분석 결과이다. SWOT 분석 결과를 참고할 때, '그린수소' 사업이 해당하는 전략은 무엇인가?

풀이순서

1) 질문의도
   : SWOT 분석

한국전력공사는 전라남도, 나주시와 '그린수소 사업 협력 MOU'를 체결하였다. 지난 5월 정부는 탄소 배출 없는 그린수소 생산을 위해 한국전력공사를 사업자로 선정하였고, 재생에너지 잉여전력을 활용한 수전해(P2G) 기술을 통해 그린수소를 만들어 저장하는 사업을 정부 과제로 선정하여 추진하기로 하였다.

그린수소 사업은 정부의 '재생에너지 3020 계획'에 따라 계속 증가하는 재생에너지를 활용해 수소를 생산함으로써 재생에너지 잉여전력 문제를 해결할 것으로 예상된다.

MOU 체결식에서 한국전력공사 사장은 "한국전력공사는 전라남도, 나주시와 지속적으로 협력하여 정부 에너지전환 정책에 부응하고, 사업에 필요한 기술개발을 위해 더욱 노력할 것"이라고 밝혔다.

〈SWOT 분석 결과〉

강점(Strength)	약점(Weakness)
• 적극적인 기술개발 의지 • 차별화된 환경기술 보유	• 해외시장 진출에 대한 두려움 • 경험 많은 기술 인력의 부족
기회(Opportunity)	위협(Threat)
• 발전설비를 동반한 환경설비 수출 유리 • 세계 전력 시장의 지속적 성장	• 재생에너지의 잉여전력 증가 • 친환경 기술 경쟁 심화

2) 결과분석

① SO전략
③ WO전략
⑤ OT전략
② ST전략 ✓
④ WT전략

3) 정답도출

📋 **유형 분석** • 상황에 대한 환경 분석 결과를 통해 주요 과제를 도출하는 문제이다.
  • 주로 3C 분석 또는 SWOT 분석을 활용한 문제들이 출제되고 있으므로 해당 분석도구에 대한 사전 학습이 요구된다.

📋 **풀이 전략** 문제에서 제시된 분석도구가 무엇인지 확인한 후, 분석 결과를 종합적으로 판단하여 각 선택지의 전략 과제와 일치하는지를 판단한다.

문제해결능력 | 기출유형 4

문제처리 ②

┌ **연속출제** ┐

M사 전산팀의 팀원들은 회의를 위해 회의실에 모였다. 회의실의 테이블은 원형모형이고, 다음 〈조건〉에 근거하여 자리배치를 하려고 할 때, 김 팀장을 기준으로 왼쪽 방향으로 앉은 사람을 │순서대로 나열│한 것은?

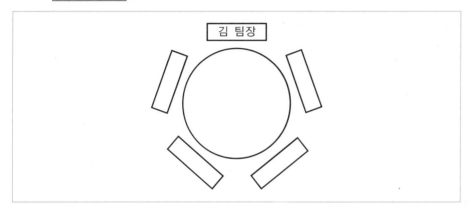

풀이순서

1) 질문의도
   : 순서 나열

2) 조건확인
   : 조건에 맞는 순서 찾기

3) 정답도출

┌ **조건** ┐
- 정 차장과 오 과장은 서로 사이가 좋지 않아서 나란히 앉지 않는다.
- 김 팀장은 정 차장이 바로 오른쪽에 앉기를 바란다.
- 한 대리는 오른쪽 귀가 좋지 않아서 양 사원이 왼쪽에 앉기를 바란다.

① 정 차장 – 양 사원 – 한 대리 – 오 과장
② 한 대리 – 오 과장 – 정 차장 – 양 사원
③ 양 사원 – 정 차장 – 오 과장 – 한 대리
④ 오 과장 – 양 사원 – 한 대리 – 정 차장
⑤ 오 과장 – 한 대리 – 양 사원 – 정 차장

📑 **유형 분석**
- 주어진 상황과 정보를 종합적으로 활용하여 풀어 가는 문제이다.
- 비용, 시간, 순서, 해석 등 다양한 주제를 다루고 있어 문제유형을 한 가지로 단일화하기가 어렵다.
- 대체로 2문제 혹은 3문제가 묶여서 출제되고 있으며, 문제가 긴 경우가 많아 푸는 시간이 많이 걸린다.

📑 **풀이 전략** 먼저 문제에서 묻는 것을 파악한 후, 필요한 상황과 정보를 찾아 이를 활용하여 문제를 풀어 간다.

안심Touch

01 12명의 사람이 모자, 상의, 하의를 착용하는데 모자, 상의, 하의는 빨간색 또는 파란색이다. 12명이 모두 모자, 상의, 하의를 착용했을 때, 다음 〈조건〉과 같은 모습이었다. 이때, 하의만 빨간색인 사람은 몇 명인가?

> **조건**
> • 어떤 사람을 보아도 모자와 하의는 서로 다른 색이다.
> • 같은 색의 상의와 하의를 입은 사람의 수는 6명이다.
> • 빨간색 모자를 쓴 사람의 수는 5명이다.
> • 모자, 상의, 하의 중 1가지만 빨간색인 사람은 7명이다.

① 1명   ② 2명
③ 3명   ④ 4명

02 김 대리는 회의 참석자의 역할을 고려해 A ~ F 총 6명이 앉을 6인용 원탁 자리를 세팅 중이다. 다음 내용을 모두 만족하도록 세팅했을 때, 바로 옆 자리에 앉게 되는 사람은?

> • 원탁 둘레로 6개의 의자를 같은 간격으로 세팅한다.
> • A가 C와 F 중 한 사람의 바로 옆 자리에 앉도록 세팅한다.
> • D의 바로 옆 자리에 C나 E가 앉지 않도록 세팅한다.
> • A가 좌우 어느 쪽을 봐도 B와의 사이에 2명이 앉도록 세팅하고, B의 바로 왼쪽 자리에 F가 앉도록 세팅한다.

① A와 D   ② A와 E
③ B와 C   ④ B와 D

03 다음 글의 내용이 참일 때, 반드시 채택되는 업체의 수는?

> K기업에서는 신제품에 들어갈 부품을 조달할 업체를 채택하려고 한다. 예비 후보로 A ~ E 5개 업체가 선정되었으며, 그 외에 다른 업체가 채택될 가능성은 없다. 각각의 업체에 대해 K기업은 채택하거나 채택하지 않거나 어느 하나의 결정만을 내린다. 기업 내부방침에 따라, 일정 규모 이상의 중견기업인 A가 채택되면 소기업인 B도 채택된다. A가 채택되지 않으면 D와 E 역시 채택되지 않는다. 그리고 K기업의 생산공장과 동일한 단지에 속한 업체인 B가 채택된다면, 같은 단지의 업체인 C가 채택되거나 혹은 타지역 업체인 A는 채택되지 않는다. 마지막으로 부품 공급위험을 분산하기 위해 D가 채택되지 않는다면, A는 채택되지만 C는 채택되지 않는다.

① 1곳

② 2곳

③ 3곳

④ 4곳

04 이웃해 있는 10개의 건물에 초밥가게, 옷가게, 신발가게, 편의점, 약국, 카페가 있다. 카페가 3번째 건물에 있을 때, 다음 〈조건〉을 참고하여 항상 옳은 것은?(단, 한 건물에 한 가지 업종만 들어갈 수 있다)

> **조건**
> • 초밥가게는 카페보다 앞에 있다.
> • 초밥가게와 신발가게 사이에 건물이 6개 있다.
> • 옷가게와 편의점은 인접할 수 없으며, 옷가게와 신발가게는 인접해 있다.
> • 신발가게 뒤에 아무것도 없는 건물이 2개 있다.
> • 2번째와 4번째 건물은 아무것도 없는 건물이다.
> • 편의점과 약국은 인접해 있다.

① 카페와 옷가게는 인접해 있다.

② 초밥가게와 약국 사이에 2개의 건물이 있다.

③ 편의점은 6번째 건물에 있다.

④ 신발가게는 8번째 건물에 있다.

05 K공사 A~E직원은 점심식사를 하고 카페에서 각자 원하는 음료를 주문하였다. 다음 〈조건〉을 참고할 때, 카페라테 한 잔의 가격은?

> **조건**
> • 5명이 주문한 음료의 총 금액은 21,300원이다.
> • A를 포함한 3명의 직원은 아메리카노를 주문하였다.
> • B는 혼자 카페라테를 주문하였다.
> • 나머지 한 사람은 5,300원인 생과일주스를 주문하였다.
> • A와 B의 음료 금액은 총 8,400원이다.

① 4,000원
② 4,200원
③ 4,400원
④ 4,600원

※ 다음 상황과 회의 내용을 참고하여 이어지는 질문에 답하시오. **[6~7]**

〈상황〉

설탕과 프림을 넣지 않은 고급 인스턴트 블랙커피를 커피믹스와 같은 스틱 형태로 선보이겠다는 아이디어를 제시하였지만, 인스턴트커피를 제조하고 판매하는 P회사의 경영진의 반응은 차가웠다. P회사의 커피믹스 판매량이 호조로 상승세에 있기 때문이었다.

〈회의 내용〉

기획팀 부장 : 신제품 개발과 관련된 회의를 진행하도록 하겠습니다. 이 자리는 누구에게 책임이 있는지를 묻는 회의가 아닙니다. 신제품 개발에 대한 서로의 상황을 인지하고 문제 상황을 해결해 보자는 데 그 의미가 있습니다. 먼저 신제품 개발과 관련하여 마케팅팀 의견을 제시해 주십시오.

마케팅 부장 : A제품이 생산될 수 있도록 연구소 자체 공장에 파일럿 라인을 만들어 샘플을 생산하였으면 합니다.

연구소 소장 : 성공 여부가 불투명한 신제품을 위한 파일럿 라인을 만들기는 어렵습니다.

기획팀 부장 : 조금이라도 신제품 개발을 위해 생산현장에서 무언가 협력할 방안은 없을까요?

마케팅 부장 : 고급 인스턴트커피의 생산이 가능한지를 먼저 알아본 후 한 단계씩 전진하면 어떨까요?

기획팀 부장 : 좋은 의견인 것 같습니다. 소장님은 어떻게 생각하십니까?

연구소 소장 : 커피 전문점 수준의 고급 인스턴트커피를 만들기 위해서는 최대한 커피 전문점이 만드는 커피와 비슷한 과정을 거쳐야 할 것 같습니다.

마케팅 부장 : 그렇습니다. 하지만 100% 커피 전문점 원두커피를 만드는 것이 아닙니다. 전문점 커피를 100%로 봤을 때, 80~90% 정도 수준이면 됩니다.

연구소 소장 : 퀄리티는 높이고 일회용 스틱 형태의 제품인 믹스의 사용 편리성은 그대로 두자는 이야기죠?

마케팅 부장 : 그렇습니다. 우선 120℃로 커피를 추출하는 장비가 필요합니다. 또한, 액체인 커피를 봉지에 담지 못하니 동결건조방식을 활용해야 할 것 같습니다.

연구소 소장 : 보통 믹스커피는 하루 1톤 분량의 커피를 만들 수 있는데, 이 방법으로는 하루에 100kg도 못 만듭니다.

마케팅 부장 : 예, 잘 알겠습니다. 그 부분에 대해서는 조금 더 논의가 필요할 것 같습니다. 검토를 하겠습니다.

06 다음 중 마케팅 부장이 취하는 문제해결방법은 무엇인가?

① 소프트 어프로치　　　　　　　　② 하드 어프로치

③ 퍼실리테이션　　　　　　　　　　④ 비판적 사고

07 다음 중 P회사의 신제품 개발과 관련하여 가장 필요한 것은?

① 전략적 사고　　　　　　　　　　② 분석적 사고

③ 발상의 전환　　　　　　　　　　④ 내・외부자원의 효과적 활용

08 K기업은 가전전시회에서 자사의 제품을 출품하기로 하였다. 자사의 제품을 보다 효과적으로 홍보하기 위하여 다음과 같이 행사장의 A ~ G 중 세 곳에서 홍보판촉물을 배부하기로 하였다. 가장 많은 사람들에게 홍보판촉물을 나눠 줄 수 있는 위치는?

- 전시관은 제1전시관 → 제2전시관 → 제3전시관 → 제4전시관 순서로 배정되어 있다.
- 행사장 출입구는 한 곳이며, 다른 곳으로는 출입이 불가능하다.
- 방문객은 행사장 출입구로 들어와서 시계 반대 방향으로 돌며, 4개의 전시관 중 2개의 전시관만을 골라 관람한다.
- 방문객은 자신이 원하는 2개의 전시관을 모두 관람하면 행사장 출입구를 통해 나가기 때문에 한 바퀴를 초과해서 도는 방문객은 없다.
- 방문객은 전시관 입구로 들어가면 출구로 나오기 때문에 전시관의 입구와 출구 사이에 있는 외부 통로를 동시에 지나치지 않는다.
- 행사장에는 시간당 평균 400명이 방문하며, 각 전시관의 시간당 평균 방문객 수는 다음과 같다.

제1전시관	제2전시관	제3전시관	제4전시관
100명	250명	150명	300명

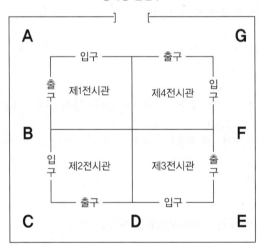

① A, B, C

② A, D, G

③ B, C, E

④ B, D, F

09 다음 중 (가)~(다)와 같은 생산 합리화 원칙이 적용된 사례를 〈보기〉에서 골라 바르게 짝지은 것은?

〈생산 합리화 원칙〉

(가) 공정과 제품의 특성에 따라 작업을 분업화한다.

(나) 불필요한 요소를 제거하여 작업 절차를 간소화한다.

(다) 제품의 크기, 형태에 대해 기준을 설정하여 규격화한다.

보기

ㄱ. 휴대전화와 충전 장치의 연결 방식을 같은 형식으로 만들었다.

ㄴ. 음료수의 생산 과정을 일곱 단계에서 다섯 단계의 과정으로 줄여 작업하였다.

ㄷ. 한 사람이 하던 자동차 바퀴의 나사 조립과 전기 장치 조립을 한 사람씩 전담하여 두 사람이 하도록 하였다.

	(가)	(나)	(다)		(가)	(나)	(다)
①	ㄱ	ㄴ	ㄷ	②	ㄴ	ㄱ	ㄷ
③	ㄴ	ㄷ	ㄱ	④	ㄷ	ㄴ	ㄱ

10 다음 분식점에 관한 SWOT 분석 결과를 통해 시행할 전략으로 옳은 것은?

〈분식점에 관한 SWOT 분석 결과〉

S(강점)	W(약점)
• 좋은 품질의 재료만 사용함 • 청결하고 차별화된 이미지	• 타 분식점에 비해 한정된 메뉴 • 배달서비스를 제공하지 않음
O(기회)	T(위협)
• 분식점 앞에 곧 학교가 들어설 예정 • 최근 TV프로그램 섭외 요청을 받음	• 프랜차이즈 분식점들로 포화상태 • 상대적으로 저렴한 길거리 음식으로 취급하는 경향이 있음

① ST전략 : 비싼 재료들을 사용하여 가격을 올려 저렴한 길거리 음식이라는 인식을 바꾼다.

② WT전략 : 다른 분식점들과 차별화된 전략을 유지하기 위해 배달서비스를 시작한다.

③ SO전략 : TV프로그램에 출연해 좋은 품질의 재료만 사용한다는 점을 부각시킨다.

④ WO전략 : TV프로그램 출연용으로 다양한 메뉴를 일시적으로 개발한다.

11 공중보건비상 발생 시 상황별 대응관계가 아래와 같을 때, 다음 기사에 해당하는 단계는?

〈공중보건비상 발생 시 상황별 대응단계〉

구분	판단기준	주요조치
관심 (Blue) 단계	해외감염병 발생 시	• 해외동향 신속파악 및 대응 • 환자 조기발견 감시체계 가동 • 대국민 홍보 • 환자 진단 및 발생대비 체계 수립
주의 (Yellow) 단계	• 해외감염병 국내 유입 시 - 세계보건기구 감염병주의보 발령 • 국내에서 감염병 발생	• 상황모니터링 및 위기경보 발령 • 감염병 감시체계 강화(일일보고) • 신속 진단 심험실 진단체계 구축 • 국가방역 인프라 준비태세 점검
경계 (Orange) 단계	• 해외감염병의 국내유입 후 타 지역 전파 • 국내감염병의 타 지역으로 전파	• 중앙방역대책본부 운영 • 국가 방역·검역체계 강화 : 24시간 비상방역체제 운영 등 • 필요물자 비축확대, 국가 방역·검역 인력보강, 대국민 홍보 강화
심각 (Red) 단계	• 해외감염병의 전국적 확산 • 국내감염병의 전국적 확산	• 범정부적 대응체계 구축·운영강화 • 국가 가용자원 동원방안 마련 : 의료인 지도명령권 발동, 군 의료 인력 자원 등 • 국내외 입출국자 관리 강화

중동 지역에서 주로 유행하는 중동호흡기증후군(메르스) 환자가 국내에 처음으로 확인됐다. 질병관리본부는 20일 바레인으로부터 입국한 68세의 한국인 남자 1명이 중동호흡기증후군 환자로 확인되었다고 발표했다.

이 남성은 지난 4월 18일 ~ 5월 3일까지 바레인에서 체류하면서 농작물 재배 관련 일에 종사하고 5월 4일 카타르를 경유해 인천공항을 통해 입국한 것으로 확인됐다. 입국 시 별다른 증상은 없었지만 입국 일주일 후인 지난 11일 발열 및 기침 등의 증상이 발생해 병원을 방문하고 20일 국립보건연구원에서 병원체를 확진한 것으로 알려지고 있다. 메르스 바이러스는 지난 2012년 사우디아라비아에서 처음 발견된 뒤 중동 지역에서 집중적으로 발견됐다. 정식 명칭은 '메르스 코로나 바이러스'. 의학계에 따르면 2003년 아시아에서 발생한 뒤 전 세계로 확산되며 800명 가까운 사망자를 낸 중증급성호흡기증후군(사스) 바이러스와 비슷하다. 메르스 바이러스는 감염되면 1 ~ 2주일의 잠복기를 거친 후 고열, 기침, 호흡곤란 등의 증상이 나타난다. 심하면 폐렴과 신부전증을 동반하며 사스보다 치사율이 6배 가량 높다. 메르스 바이러스의 정확한 감염 원인은 밝혀지지 않았지만, 박쥐나 낙타에 의해 전파되는 것으로 알려져 있다.

① 관심(Blue) 단계
② 주의(Yellow) 단계
③ 경계(Orange) 단계
④ 심각(Red) 단계

12 A씨가 자신에게 가장 적합한 신용카드를 발급받고자 할 때, 다음에 제시된 4가지의 카드 중 가장 적절한 것은?

〈A씨의 생활〉

A씨는 아침에 일어나 간단하게 끼니를 챙기고 출근을 한다. 자가용을 타고 가는 길은 항상 막혀 짜증이 날 법도 하지만, A씨는 라디오 뉴스로 주요 이슈를 확인하느라 정신이 없다. 출퇴근 중에는 차에서 보내는 시간이 많아 주유비가 상당히 나온다. 그나마 기름값이 싸져서 부담은 덜하지만 여전히 지출에서 큰 비중을 차지한다. 보조석에는 공과금 용지가 펼쳐져 있다. 혼자 살기 때문에 많은 요금이 나오지 않아 납부하는 것을 신경쓰지 못하고 있다. 이제 곧 겨울이 올 것을 대비하여 오늘 오후에 차량 점검을 맡기려고 예약을 해두었다. 아직 사고는 난적이 없지만 혹시나 하는 마음에 점검을 받으려고 한다.

〈신용카드 종류〉

A카드	B카드	C카드	D카드
• 놀이공원 할인 • 커피 할인 • Kids카페 할인	• 포인트 두 배 적립 • 6개월간 무이자 할인	• 공과금 할인 • 온라인 쇼핑몰 할인 • 병원 / 약국 할인	• 주유비 할인 • 차량 소모품 할인 • 상해보험 무료 가입

① A카드
② B카드
③ C카드
④ D카드

13 A~E 다섯 명은 팀을 이루어 총싸움을 하는 온라인 게임에 한 팀으로 참전하였다. 팀의 개인은 늑대 인간과 드라큘라 중 하나의 캐릭터를 선택할 수 있다. 다음 〈조건〉을 참고할 때, 항상 옳은 것은?

> **조건**
> • A, B, C는 상대팀을 향해 총을 쏘고 있다.
> • D, E는 상대팀에게 총을 맞은 상태로 관전만 가능하다.
> • 늑대 인간은 2명만이 살아남아 총을 쏘고 있다.
> • A는 늑대 인간 캐릭터를 선택하였다.
> • D와 E의 캐릭터는 서로 같지 않다.

① 3명은 늑대 인간 캐릭터를, 2명은 드라큘라 캐릭터를 선택했다.
② B는 드라큘라 캐릭터를 선택했다.
③ C는 늑대 인간 캐릭터를 선택했다.
④ 드라큘라의 수가 늑대 인간의 수보다 많다.

14 한 동물원의 원숭이 무리에는 갑, 을, 병, 정, 무 5마리의 원숭이가 있다. 이 중에서 갑이 우두머리이고, 갑은 다른 원숭이들을 때리면서 놀기를 좋아한다. 다음 〈조건〉을 참고할 때, 갑이 때리는 원숭이를 고르면?

> **조건**
> • 갑은 무를 때리지 않는다.
> • 갑은 병을 때리거나 무를 때린다.
> • 갑이 정을 때리지 않으면, 을을 때린다.
> • 갑이 병을 때리면, 정을 때리지 않는다.

① 을, 병　　　　　　　　　　　② 병, 정
③ 정, 무　　　　　　　　　　　④ 을, 무

15 다음 〈조건〉을 바탕으로 추론한 〈보기〉에 대한 판단으로 옳은 것은?

> **조건**
> • 매운 것을 잘 먹는 사람은 떡볶이를 잘 먹는다.
> • 초콜릿을 잘 먹는 사람은 단 것을 잘 먹는다.
> • 짠 것을 잘 먹는 사람은 매운 것을 잘 먹는다.

> **보기**
> A : 단 것을 잘 먹지 않는 사람은 초콜릿을 잘 먹지 않는다.
> B : 떡볶이를 잘 먹는 사람은 짠 것을 잘 먹는다.

① A만 옳다.
② B만 옳다.
③ A, B 모두 옳다.
④ A, B 모두 틀리다.

16 다음 중 논리적 사고를 하기 위해 필요한 요소에 해당하지 않는 것은?
① 상대 논리의 구조화　　　　　② 구체적인 생각
③ 생각하는 습관　　　　　　　④ 논리에 대한 확신

17 다음 〈조건〉을 참고할 때, 옳지 않은 것은?

> **조건**
> • 건강한 사람은 건강한 요리를 좋아한다.
> • 건강한 요리를 좋아하면 혈색이 좋다.
> • 건강하지 않은 사람은 나쁜 인상을 갖는다.
> • 건강한 요리를 좋아하는 사람은 그렇지 않은 사람보다 콜레스테롤 수치가 낮다.

① 건강한 사람은 혈색이 좋다.
② 좋은 인상을 가진 사람은 건강한 요리를 좋아한다.
③ 건강한 사람은 그렇지 않은 사람보다 콜레스테롤 수치가 낮다.
④ 좋은 인상을 가진 사람은 그렇지 않은 사람보다 콜레스테롤 수치가 높다.

18 S프랜차이즈 카페에서는 디저트로 빵, 케이크, 마카롱, 쿠키를 판매하고 있다. 최근 각 지점에서 디저트를 섭취하고 땅콩 알레르기가 발생했다는 컴플레인이 제기되었다. 해당 디저트에는 모두 땅콩이 들어가지 않으며, 땅콩을 사용한 제품과 인접 시설에서 제조하고 있다. 다음의 사례를 참고할 때, 옳지 않은 것은?

> • 땅콩 알레르기 유발 원인이 된 디저트는 빵, 케이크, 마카롱, 쿠키 중 하나이다.
> • 각 지점에서 땅콩 알레르기가 있는 손님이 섭취한 디저트와 알레르기 유무는 아래와 같다.
>
> | A지점 | 빵과 케이크를 먹고, 마카롱과 쿠키를 먹지 않은 경우, 알레르기가 발생했다. |
> |---|---|
> | B지점 | 빵과 마카롱을 먹고, 케이크와 쿠키를 먹지 않은 경우, 알레르기가 발생하지 않았다. |
> | C지점 | 빵과 쿠키를 먹고, 케이크와 마카롱을 먹지 않은 경우, 알레르기가 발생했다. |
> | D지점 | 케이크와 마카롱을 먹고, 빵과 쿠키를 먹지 않은 경우, 알레르기가 발생했다. |
> | E지점 | 케이크와 쿠키를 먹고, 빵과 마카롱을 먹지 않은 경우, 알레르기가 발생하지 않았다. |
> | F지점 | 마카롱과 쿠키를 먹고, 빵과 케이크를 먹지 않은 경우, 알레르기가 발생하지 않았다. |

① A, B, D지점의 사례만을 고려하면, 케이크가 알레르기의 원인이다.
② A, C, E지점의 사례만을 고려하면, 빵이 알레르기의 원인이다.
③ C, D, F지점의 사례만을 고려하면, 마카롱이 알레르기의 원인이다.
④ B, D, F지점의 사례만을 고려하면, 케이크가 알레르기의 원인이다.

19 다음은 청약가점제의 청약가점 기준표를 나타낸 것이다. 이를 참고할 때 청약가점이 가장 높은 것은?

〈청약가점 기준표〉

(단위 : 점)

가점항목	가점상한	가점구분	점수	가점구분	점수
무주택 기간 ①	32	1년 미만	2	8년 이상 9년 미만	18
		1년 이상 2년 미만	4	9년 이상 10년 미만	20
		2년 이상 3년 미만	6	10년 이상 11년 미만	22
		3년 이상 4년 미만	8	11년 이상 12년 미만	24
		4년 이상 5년 미만	10	12년 이상 13년 미만	26
		5년 이상 6년 미만	12	13년 이상 14년 미만	28
		6년 이상 7년 미만	14	14년 이상 15년 미만	30
		7년 이상 8년 미만	16	15년 이상	32
부양가족 수 ②	35	0명	5	4명	25
		1명	10	5명	30
		2명	15	6명 이상	35
		3명	20		
입주자 저축 가입기간 ③	17	6개월 미만	1	8년 이상 9년 미만	10
		6개월 이상 1년 미만	2	9년 이상 10년 미만	11
		1년 이상 2년 미만	3	10년 이상 11년 미만	12
		2년 이상 3년 미만	4	11년 이상 12년 미만	13
		3년 이상 4년 미만	5	12년 이상 13년 미만	14
		4년 이상 5년 미만	6	13년 이상 14년 미만	15
		5년 이상 6년 미만	7	14년 이상 15년 미만	16
		6년 이상 7년 미만	8	15년 이상	17
		7년 이상 8년 미만	9		

※ 청약가점 : ①+②+③

	무주택 기간	부양가족 수	입주자 저축 가입기간
①	1,265일	4명	73개월
②	2,564일	2명	62개월
③	1,956일	2명	142개월
④	3,214일	3명	95개월

20 K야구단의 락커룸이 그림과 같이 8개가 준비되어 있다. 8명의 새로 영입된 선수들이 각각 하나의 락커룸을 배정받을 때, 배정받을 수 있는 경우의 수는 모두 몇 가지인가?(단, 고려사항을 참고하여 결정한다)

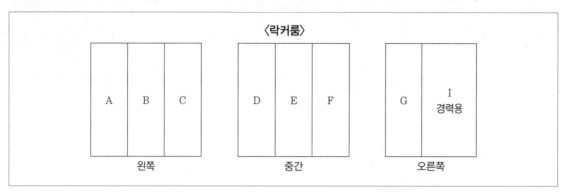

〈락커룸〉

| A | B | C | | D | E | F | | G | I 경력용 |

왼쪽 / 중간 / 오른쪽

〈고려사항〉

1. 락커룸은 그림과 같이 왼쪽 3개, 중간 3개 오른쪽 2개가 준비되어 있고, 영입선수 중 2명은 경력선수이고, 나머지는 신입선수이다.
2. 오른쪽 끝 락커룸 I에는 경력 선수 2명 중 1명만 배정될 수 있다.
3. 왼쪽 락커룸 A, B, C에는 신입선수 2명이 신청하였다.
4. 중간 락커룸에 D, E, F에는 신입선수 1명이 신청하였다.
5. 굳이 신청 의사가 없는 선수는 임의로 배정받아도 된다.

① 72가지   ② 96가지

③ 432가지   ④ 864가지

CHAPTER 04

조직이해능력

합격 CHEAT KEY

조직이해능력은 업무를 원활하게 수행하기 위해 조직의 체제와 경영을 이해하고 국제적인 추세를 이해하는 능력이다. 현재 많은 공사·공단에서 출제 비중을 높이고 있는 영역이기 때문에 미리 대비하는 것이 중요하다. 실제 업무 능력에서 조직이해능력을 요구하기 때문에 중요도는 점점 높아질 것이다.

국가직무능력표준에 따르면 조직이해능력의 세부 유형은 조직체제이해능력·경영이해능력·업무이해능력·국제감각으로 나눌 수 있다. 조직도를 제시하는 문제가 출제되거나 조직의 체계를 파악해 경영의 방향성을 예측하고, 업무의 우선순위를 파악하는 문제가 출제된다.

조직이해능력은 NCS 기반 채용을 진행한 기업 중 70% 정도가 다뤘으며, 문항 수는 전체에서 평균 5% 정도로 상대적으로 적게 출제되었다.

01 문제 속에 정답이 있다!

경력이 없는 경우 조직에 대한 이해가 낮을 수밖에 없다. 그러나 문제 자체가 실무적인 내용을 담고 있어도 문제 안에는 해결의 단서가 주어진다. 부담을 갖지 않고 접근하는 것이 중요하다.

02 경영·경제학원론 정도의 수준은 갖추도록 하라!

지원한 직군마다 차이는 있을 수 있으나, 경영·경제이론을 접목시킨 문제가 꾸준히 출제되고 있다. 따라서 기본적인 경영·경제이론은 익혀 둘 필요가 있다.

03 지원하는 공사·공단의 조직도를 파악하자!

출제되는 문제는 각 공사·공단의 세부내용일 경우가 많기 때문에 지원하는 공사·공단의 조직도를 파악해두어야 한다. 조직이 운영되는 방법과 전략을 이해하고, 조직을 구성하는 체제를 파악하고 간다면 조직이해능력영역에서 조직도가 나올 때 단기간에 문제를 풀 수 있을 것이다.

04 실제 업무에서도 요구되므로 이론을 익혀 두자!

각 공사·공단의 직무 특성상 일부 영역에 중요도가 가중되는 경우가 있어서 많은 취업준비생들이 일부 영역에만 집중하지만, 실제 업무 능력에서 직업기초능력 10개 영역이 골고루 요구되는 경우가 많고, 현재는 필기시험에서도 조직이해능력을 출제하는 기관의 비중이 늘어나고 있기 때문에 미리 이론을 익혀 둔다면 모듈형 문제에서 고득점을 노릴 수 있다.

I 조직이해능력

| 01 | 조직이해능력의 의의

(1) 조직과 조직이해능력

① 조직의 의의

두 사람 이상이 공동의 목표를 달성하기 위해 의식적으로 구성되며 상호작용과 조정을 행하는 행동의 집합체를 말한다.

② 조직의 기능

경제적 기능	재화나 서비스를 생산함
사회적 기능	조직구성원들에게 만족감을 주고 협동을 지속시킴

예제풀이

백화점에 모여 있는 직원과 고객은 조직의 특징인 조직의 목적과 구조가 없고, 또한 목적을 위해 서로 협동하는 모습도 볼 수 없으므로 조직의 사례로 적절하지 않다.

정답 ②

《 핵심예제 》

조직의 정의를 설명하는 다음 글에서 알 수 있는 조직의 사례로 적절하지 않은 것은?

조직은 두 사람 이상이 공동의 목표를 달성하기 위해 의식적으로 구성된 상호작용과 조정을 행하는 행동의 집합체이다. 그러나 단순히 사람들이 모였다고 해서 조직이라고 하지는 않는다. 조직은 목적을 가지고 있고, 구조가 있으며, 목적을 달성하기 위해 구성원들은 서로 협동적인 노력을 하고, 외부환경과도 긴밀한 관계를 이루고 있다. 조직은 일반적으로 재화나 서비스의 생산이라는 경제적 기능과 조직구성원들에게 만족감을 주고 협동을 지속시키는 사회적 기능을 갖는다.

① 편의점을 운영 중인 가족
② 백화점에 모여 있는 직원과 고객
③ 다문화 가정을 돕고 있는 종교단체
④ 병원에서 일하고 있는 의사와 간호사

③ 기업의 의의

- 직장생활을 하는 대표적인 조직으로서, 노동, 자본, 물자, 기술 등을 투입해 제품, 서비스를 산출하는 기관
- 최소의 비용으로 최대의 효과를 얻음으로써 이윤을 극대화하기 위해 만들어진 조직
- 고객에게 보다 좋은 상품과 서비스를 제공하고 마케팅을 통해 고객을 만족시키는 주체

④ 조직이해능력의 의의

자신이 속한 조직의 경영과 체제를 이해하고, 직장생활과 관련된 국제감각을 가지는 능력을 말한다.

⑤ 조직이해능력의 필요성

- 자신의 업무를 효과적으로 수행하기 위함
- 개인의 업무 성과를 높이고 조직 전체의 경영 효과를 높이기 위함

〈 핵심예제 〉

다음 중 조직이해능력이 필요한 이유로 옳지 않은 것은?

① 조직과 개인은 영향을 주고받는 관계이기 때문이다.
② 조직이 정해준 범위 내에서 업무를 효과적으로 수행하기 위해서이다.
③ 구성원 간의 정보를 공유하고 하나의 조직 목적을 달성하기 위해서이다.
④ 조직구성원을 아는 것이 조직의 실체를 완전히 이해하는 것이기 때문이다.

예제풀이

개개인을 안다고 조직의 실체를 완전히 알 수 있는 것은 아니다. 구성원들을 연결하는 조직의 목적, 구조, 환경 등을 알아야 조직을 제대로 이해할 수 있기 때문에 조직이해능력이 필요하다.

정답 ④

(2) 조직의 유형

① 공식성에 따른 분류

비공식조직으로부터 공식화가 진행되어 공식조직으로 발전되지만, 공식조직 내에서 인간관계를 지향하면서 비공식조직이 새롭게 생성되기도 한다.

공식조직	조직의 구조, 기능, 규정 등이 조직화되어 있는 조직
비공식조직	개인들의 협동과 상호작용에 따라 형성된 자발적인 집단 조직

② 영리성에 따른 분류

영리조직	기업과 같이 이윤을 목적으로 하는 조직
비영리조직	정부조직을 비롯해 공익을 추구하는 조직

소규모조직	가족 소유의 상점과 같이 규모가 작은 조직
대규모조직	대기업과 같이 규모가 큰 조직, 최근에는 동시에 둘 이상의 국가에서 법인을 설립하고 경영 활동을 벌이는 다국적 기업이 증가하고 있음

《 핵심예제 》

다음 조직의 유형에 대한 설명이 맞으면 ○를, 틀리면 ✕를 표시하시오.

㉠ 기업은 대표적인 영리조직이다. 　　　　　　　　　　　　　　　(　)
㉡ 병원, 대학은 비영리조직에 해당한다. 　　　　　　　　　　　　(　)
㉢ 최근 다국적 기업과 같은 대규모조직이 증가하고 있다. 　　　(　)
㉣ 공식조직 내에서 비공식조직들이 새롭게 생성되기도 한다. 　(　)
㉤ 공직이 발달해온 역사를 보면 공식조직에서 자유로운 비공식조직으로 발전해 왔다. 　　　　　　　　　　　　　　　　　　　　　　　　(　)

(3) 조직 체제의 구성 요소

① 체제이해능력

조직은 하나의 체제(System)이며, 체제는 특정한 방식이나 양식으로 서로 결합된 부분들의 총체를 의미한다. 따라서 조직의 구성원은 자신이 속한 조직의 체제를 이해할 수 있어야 한다.

② 체제(System)의 구성

- 인풋(Input) : 시스템에 유입되는 것
- 업무 프로세스(Process) : 시스템의 연결망, 즉 조직의 구조를 통해서 인풋이 아웃풋으로 전환되는 과정
- 아웃풋(Output) : 업무 프로세스를 통해 창출된 시스템의 결과물

③ 조직의 목표

- 조직이 달성하려는 장래의 상태로, 조직이 존재하는 정당성, 합법성을 제공
- 전체 조직의 성과, 자원, 시장, 인력개발, 혁신과 변화, 생산성에 대한 목표를 포함

④ 조직의 구조

기계적 조직	구성원들의 업무나 권한이 분명하게 정의된 조직
유기적 조직	의사결정권이 하부에 위임되고 업무가 고정적이지 않은 조직

《 핵심예제 》

조직의 체제를 구성하는 요소에 대한 다음 설명이 맞으면 〇를, 틀리면 ✕를 표시하시오.

㉠ 조직의 목표는 조직이 달성하려는 장래의 상태이다. ( )

㉡ 조직의 규칙과 규정은 조직구성원들의 행동 범위를 정하고 일관성을 부여하는 역할을 한다. ( )

㉢ 조직의 구조는 조직 내의 부문 사이에 형성된 관계로, 조직구성원들의 공유된 생활양식이나 가치이다. ( )

㉣ 조직도는 조직 내적인 구조뿐만 아니라 구성원들의 임무, 수행 과업, 일하는 장소들을 알아보는 데 유용하다. ( )

오답분석

㉢ 조직문화는 조직구성원들의 공유된 생활양식이나 가치를 뜻한다.

㉣ 조직도로는 조직 내적인 구조를 파악할 수 없다.

정답 ㉠ - 〇

㉡ - 〇

㉢ - ✕

㉣ - ✕

⑤ 조직의 문화

- 조직구성원들의 사고, 행동에 영향을 주며, 일체감, 정체성을 부여하고 조직이 안정적으로 유지되게 함
- 조직문화를 긍정적인 방향으로 조성하기 위한 경영층의 노력이 강조

⑥ 조직의 규칙

- 조직의 목표나 전략에 따라 수립되어 조직구성원들의 활동 범위를 제약, 일관성 부여
- 공식화 정도에 따라 조직의 구조가 결정되기도 함

《 핵심예제 》

다음 빈칸에 공통으로 들어갈 용어를 쓰시오.

_____은/는 조직구성원들의 사고와 행동에 영향을 미치며 일체감과 정체성을 부여하고 조직이 안정적으로 유지되게 한다. 이에 따라 최근 _____에 대한 중요성이 부각되면서 _____를 긍정적인 방향으로 조성하기 위한 경영층의 노력이 강조되고 있다.

조직문화는 조직구성원들의 사고와 행동에 영향을 끼치며, 일체감과 정체성을 부여하고 조직이 안정적으로 유지되게 한다. 이에 따라 최근 조직문화에 대한 중요성이 부각되면서 조직문화를 긍정적인 방향으로 조성하기 위한 경영층의 노력이 강조되고 있다.

정답 조직문화

경영혁신 프로그램(변화관리 경영) ➕
- 6Sigma
- TQC(Total Quality Control : 전사적 종합품질 관리)
- TPM(total productive maintenance : 전사적 생산보전)
- ERP(Enterprise Resource Planning : 전사적 자원관리 시스템)
- 동아리 활동
- 개선제안

예제풀이

오답분석
ⓒ 조직 변화는 조직의 목적을 달성하고 효율성을 높이기 위해 기존의 조직 구조, 경영방식 등을 개선하는 것이다.

정답 ㉠ - ○
　　 ⓒ - ✕
　　 ⓒ - ○

(4) 조직의 변화

① 조직 변화의 의의

급변하는 환경에 맞춰 조직이 생존하려면 조직은 새로운 아이디어와 행동을 받아들이는 조직 변화에 적극적이어야 한다.

② 조직 변화의 과정

| 환경 변화 인지 | ▶ | 조직 변화 방향 수립 | ▶ | 조직 변화 실행 | ▶ | 변화 결과 평가 |

환경 변화 인지	환경 변화 중에 해당 조직에 영향을 미치는 변화를 인식하는 것
조직 변화 방향 수립	체계적으로 구체적인 추진 전략을 수립하고 추진 전략별 우선순위를 마련함
조직 변화 실행	수립된 조직 변화 방향에 따라 조직을 변화시킴
변화 결과 평가	조직 개혁의 진행 사항과 성과를 평가함

③ 조직 변화의 유형

제품, 서비스의 변화	기존 제품, 서비스의 문제점을 인식하고 고객의 요구에 부응하기 위한 것
전략, 구조의 변화	조직의 목적 달성과 효율성 제고를 위해 조직 구조, 경영방식, 각종 시스템 등을 개선함
기술 변화	새로운 기술을 도입하는 것으로, 신기술이 발명되었을 때나 생산성을 높이기 위한 변화
문화의 변화	구성원들의 사고방식, 가치체계를 변화시키는 것으로, 조직의 목적과 일치시키기 위해 문화를 유도함

〈 핵심예제 〉

조직 변화의 유형에 대한 다음 설명이 맞으면 ○를, 틀리면 ✕를 표시하시오.

㉠ 조직의 목적과 일치시키기 위해 문화를 변화시키기도 한다. 　　　(　)

ⓒ 조직 변화는 기존의 조직 구조나 경영방식하에서 환경 변화에 따라 제품이나 기술을 변화시키는 것이다. 　　　(　)

ⓒ 조직 변화는 환경 변화에 따른 것으로, 어떤 환경 변화가 있느냐는 어떻게 조직을 변화시킬 것인가에 지대한 영향을 미친다. 　　　(　)

Ⅱ 경영이해능력

| 01 | 경영이해능력의 의의

(1) 경영의 의의

① 경영이란?

조직의 목적을 달성하기 위한 전략, 관리, 운영 활동을 의미하며, 조직은 목적을 달성하기 위해 지속적인 관리와 운영이 요구된다.

② 경영의 4요소

경영 목적	조직의 목적을 어떤 과정과 방법을 통해 수행할 것인가를 제시함
조직구성원	조직에서 일하고 있는 임직원들로, 이들이 어떠한 역량을 가지고 어떻게 직무를 수행하는 지에 따라 경영 성과가 달라짐
자금	경영 활동에 사용할 수 있는 돈으로, 이윤 추구를 목적으로 하는 사기업에서 자금은 새로운 이윤을 창출하는 기초가 됨
경영 전략	기업 내 모든 인적, 물적 자원을 경영 목적을 달성하기 위해 조직화하고, 이를 실행에 옮겨 경쟁우위를 달성하는 일련의 방침 및 활동

〈핵심예제〉

조직 경영과 관련한 다음 설명의 ㉠ ～ ㉡에 들어갈 용어를 쓰시오.

경영이란 조직의 목적을 달성하기 위한 ___㉠___, 관리, 운영 활동이다. 조직은 다양한 유형이 있기 때문에 모든 조직에 공통적인 경영 원리를 적용하는 것은 어렵다. 그러나 특정 조직에 적합한 특수경영 외에 ___㉡___ 은/는 조직의 특성에 관계없이 공통적으로 적용할 수 있는 개념이다.

예제풀이

경영이란 조직의 목적을 달성하기 위한 전략, 관리, 운영 활동이다. 조직 경영에는 특정 조직에게 적합한 특수경영과 조직의 특성에 관계없이 적용할 수 있는 일반경영이 있다.

정답 ㉠ 전략
㉡ 일반경영

③ 경영의 과정

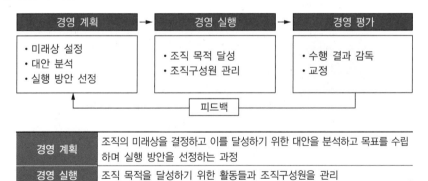

경영 계획	조직의 미래상을 결정하고 이를 달성하기 위한 대안을 분석하고 목표를 수립하며 실행 방안을 선정하는 과정
경영 실행	조직 목적을 달성하기 위한 활동들과 조직구성원을 관리
경영 평가	경영 실행에 대한 평가로, 수행 결과를 감독하고 교정해 다시 피드백

경영의 과정은 계획·실행·평가로 구분된다. 경영의 계획 단계에서 조직의 미래상 결정, 대안 분석, 실행 방안을 선정한다. 실행 단계에서는 계획 단계에서 수립된 실행 방안에 따라 조직 목적 달성을 위한 관리활동이 이루어진다.

정답 ③

잘못된 의사결정에 빠지는 5가지 함정
• 눈으로 보는 것만이 현실이다.
• 결정한 것은 끝까지 성공시켜야 한다.
• 과거 자료나 추세만을 중시한다.
• 늘 하던 대로 자신에게 편한 방식을 고수한다.
• 나의 능력을 믿는다.

《 핵심예제 》

경영의 과정에 대한 설명으로 옳지 않은 것은?

① 경영의 과정은 경영 계획, 경영 실행, 경영 평가의 단계로 이루어진다.
② 경영 계획 단계에서는 조직의 미래상을 결정하고 목표를 수립한다.
③ 경영 실행 단계에서는 구체적인 실행 방안을 선정하고 조직구성원을 관리한다.
④ 경영 평가 단계에서는 수행 결과를 감독하고 교정한다.

④ 경영 활동의 유형

외부 경영 활동	조직 외부에서 조직의 효과성을 높이기 위해 이루어지는 활동, 즉 외적 이윤 추구 활동을 말하며, 마케팅 활동이 이에 해당
내부 경영 활동	조직 내부에서 자원 및 기술을 관리하는 것을 말하며 인사, 재무, 생산 관리가 이에 해당

(2) 의사결정과정

① 확인 단계 : 의사결정이 필요한 문제를 인식하는 단계

> • 문제의 중요도나 긴급도에 따라서 체계적으로 이루어지기도 하며 비공식적으로 이루어지기도 함
> • 문제를 신속히 해결할 필요가 있는 경우에는 진단 시간을 줄이고 즉각 대응해야 함
> • 일반적으로는 다양한 문제를 리스트한 후 주요 문제를 선별하거나, 혹은 문제의 증상을 리스트한 후 그러한 증상이 나타나는 근본원인을 찾아야 함

② 개발 단계 : 확인된 문제의 해결 방안을 모색하는 단계

탐색	• 조직 내의 기존 해결 방법 중에서 새로운 문제의 해결 방법을 찾는 과정 • 조직 내 관련자와의 대화나 공식적인 문서 등을 참고
설계	• 이전에 없었던 새로운 문제의 경우 이에 대한 해결안을 설계 • 시행착오적 과정을 거치면서 적합한 해결 방법 모색

③ 선택 단계 : 실행 가능한 해결안을 선택하는 단계

판단	한 사람의 의사결정권자의 판단에 의한 선택
분석	경영과학 기법과 같은 분석에 의한 선택
교섭	이해관계 집단의 토의와 교섭에 의한 선택
승인	해결 방안의 선택 후에 조직 내에서 공식적인 승인 절차를 거친 다음 실행

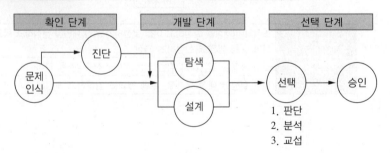

예제풀이

〈 핵심예제 〉

조직 내 의사결정 과정에 대한 설명으로 잘못된 것은?

① 진단 단계는 문제의 심각성에 따라서 체계적 혹은 비공식적으로 이루어진다.
② 개발 단계에서는 확인된 문제에 대해 해결 방안을 모색한다.
③ 설계 단계에서는 조직 내의 기존 해결 방법을 검토한다.
④ 실행 가능한 해결안의 선택은 의사결정권자의 판단, 분석적 방법 활용, 토의와
　교섭으로 이루어질 수 있다.

조직 내 의사결정의 과정은 대부분의 경우 조직에서 이루어진 기존 해결 방법 중에서 새로운 문제의 해결 방법을 탐색하는 과정이 있다. 이는 문제를 확인하고 난 후 개발 단계 중 구체적인 설계가 이루어지기 전 탐색 단계에서 이루어지게 된다.

정답 ③

---

(3) 집단의사결정

① 집단의사결정의 특징

- 한 사람보다 집단이 가지고 있는 지식과 정보다 더 많으므로 집단의 의사결정이 더 효과적이다.
- 다양한 집단구성원아 각자 다른 시각에서 문제를 바라보므로 다양한 견해를 가지고 접근할 수 있다.
- 의견이 불일치하는 경우 의사결정을 내리는 데 시간이 많이 소요된다.
- 특정 구성원에 의해 의사결정이 독점될 가능성이 있다.

② 브레인스토밍의 의의
여러 명이 한 가지의 문제를 놓고 아이디어를 비판 없이 제시해 그 중에서 최선책을 찾아내는 방법을 말한다.

③ 브레인스토밍의 규칙

- 다른 사람이 아이디어를 제시할 때에는 비판하지 않는다.
- 문제에 대한 제안은 자유롭게 이루어질 수 있다.
- 아이디어는 많이 나올수록 좋다.
- 모든 아이디어들이 제안되고 나면 이를 결합하여 해결책을 마련한다.

④ 브레인라이팅(Brain Writing)
구두로 의견을 교환하는 브레인스토밍과 달리 포스트잇 같은 메모지에 의견을 적은 다음 메모된 내용을 차례대로 공유하는 방법을 말한다.

CHECK POINT

성공적 의사결정을 위한 포인트
- 서로 다른 유형의 사람을 옆에 두어라.
- 현실을 냉철하게 직시하라.
- 가치 있는 실수는 과감히 포용하라.
- 현장에서 정보를 얻어라.
- 자신에게 솔직해야 한다.

안심Touch

> **핵심예제**

다음을 읽고 브레인스토밍에 대한 설명으로 옳지 않은 것은?

> 집단에서 의사결정을 하는 대표적인 방법으로 브레인스토밍이 있다. 브레인스토밍은 일정한 테마에 관하여 회의 형식을 채택하고, 구성원의 자유로운 발언을 통해 아이디어의 제시를 요구해 발상을 찾아내려는 방법으로 볼 수 있다.

① 문제에 대한 제안은 자유롭게 이루어질 수 있다.
② 아이디어는 적게 나오는 것보다는 많이 나올수록 좋다.
③ 모든 아이디어들이 제안되고 나면 이를 결합하고 해결책을 마련한다.
④ 다른 사람이 아이디어를 제시할 때, 비판을 통해 새로운 아이디어를 창출한다.

(4) 경영 전략

① 경영 전략의 개념

조직이 환경에 적응해 목표를 달성할 수 있도록 경영 활동을 체계화하는 수단을 말한다.

② SWOT 분석

조직의 내·외부환경을 분석해 전략 대안들을 수립하고 실행, 통제하는 것을 말한다.

조직의 환경을 분석하는 데 이용되는 SWOT 분석에서 조직 내부환경은 조직이 우위를 점할 수 있는 장점, 조직의 효과적인 성과를 방해하는 자원·기술·능력 면에서의 약점으로 구분된다. 또한 조직의 외부환경으로는 조직 활동에 이점을 주는 기회 요인, 조직 활동에 불이익을 미치는 위협 요인으로 구분된다.

정답 ㉠ 장점
ⓛ 약점
ⓒ 기회
ⓔ 위협

> **핵심예제**

SWOT 분석에 대한 다음 설명의 ㉠ ~ ㉣에 들어갈 적절한 용어는 무엇인가?

> SWOT 분석에서 조직 내부환경으로는 조직이 우위를 점할 수 있는 ㉠ 와/과 조직의 효과적인 성과를 방해하는 자원·기술·능력 면에서의 ㉡ 이/가 있다. 조직의 외부환경으로 ㉢ 은/는 조직 활동에 이점을 주는 환경 요인이고, ㉣ 은/는 조직 활동에 불이익을 미치는 환경 요인이다.

③ 본원적 경쟁 전략(Michael E. Porter)

원가우위 전략	• 원가를 절감해 해당 산업에서 우위를 점하는 전략 • 대량생산을 통해 원가를 낮추거나 새로운 생산 기술을 개발해야 함
차별화 전략	• 생산품과 서비스를 차별화해 고객에게 가치있게 인식되도록 하는 전략 • 연구, 개발, 광고를 통해 기술, 품질, 서비스, 브랜드 이미지를 개선해야 함
집중화 전략	• 특정 시장과 고객에게 한정된 전략 • 경쟁 조직들이 소홀히 하고 있는 시장을 집중적으로 공략함

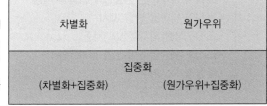

──〈 핵심예제 〉──

전략의 각 유형과 그것에 대한 설명을 연결하시오.

㉠ 차별화 전략 ㉡ 원가우위 전략 ㉢ 집중화 전략	ⓐ 대량생산, 새로운 생산 기술 개발 ⓑ 생산품이나 서비스 차별화 ⓒ 산업의 특정 부문 대상

예제풀이

㉠ 조직이 생산품·서비스를 차별화해 고객에게 가치 있고 독특하게 인식되도록 하는 전략
㉡ 원가 절감을 통해 해당 산업에서 우위를 점하는 전략
㉢ 특정 시장·고객에게 한정해 특정 산업을 대상으로 하는 전략

정답 ㉠ - ⓑ
㉡ - ⓐ
㉢ - ⓒ

Ⅲ 체제이해능력

| 01 | 체제이해능력의 의의

(1) 조직 목표

① 조직 목표의 개념

조직이 달성하려는 장래의 상태로, 미래지향적이지만 현재 조직 행동의 방향을 결정하는 역할을 한다.

② 조직 목표의 기능

- 조직이 존재하는 정당성과 합법성 제공
- 조직이 나아갈 방향 제시
- 조직구성원 의사결정의 기준
- 조직구성원 행동 수행의 동기유발
- 수행평가의 기준
- 조직설계의 기준

③ 조직 목표의 특징

- 공식적 목표와 실제적 목표가 다를 수 있음
- 다수의 조직 목표 추구 가능
- 조직 목표간 위계적 상호관계가 있음
- 가변적 속성
- 조직의 구성요소와 상호관계를 가짐

④ 목표에 영향을 미치는 요인

내적 요인	조직 리더의 결단이나 태도 변화, 조직 내 권력 구조의 변화 등
외적 요인	경쟁업체의 변화, 자원의 변화, 경제 정책의 변화 등

⑤ 조직목표의 분류(R. L. Daft)

전체 성과	영리조직의 경우 수익성, 사회복지기관은 서비스 제공량
자원	조직에 필요한 재료와 재무자원을 획득하는 것
시장	시장점유율, 시장에서의 지위 향상 등의 조직 목표
인력 개발	조직구성원에 대한 교육, 훈련, 승진, 성장 등과 관련된 목표
혁신과 변화	불확실한 환경 변화에 대한 적응 가능성, 내부의 유연성 향상
생산성	투입된 자원에 대비한 산출량을 높이기 위한 목표

《 핵심예제 》

조직 목표의 개념 및 특징에 대한 다음 설명이 맞으면 O를, 틀리면 X를 표시하시오.

㉠ 조직은 한 가지의 목표를 추구한다. ( )

㉡ 조직 목표는 조직구성원들의 의사결정 기준이 된다. ( )

㉢ 조직 목표는 환경이나 조직 내의 다양한 원인들에 의해 변동되거나 없어지기도
한다. ( )

㉣ 조직 목표 중 공식적인 목표인 사명은 측정 가능한 형태로 기술되는 단기적인
목표이다. ( )

㉤ 조직구성원들이 자신의 업무를 성실하게 수행하면 전체 조직 목표는 자연스럽
게 달성된다. ( )

㉠ 조직은 다수의 목표를 추
구할 수 있다.

㉣ 사명은 공식적이고 장기
적인 목표이다.

㉤ 조직구성원들은 자신의
업무를 성실하게 수행해
도 전체 조직 목표에 부
합되지 않으면 조직 목표
가 달성될 수 없다.

정답 ㉠ - X
㉡ - O
㉢ - O
㉣ - X
㉤ - X

(2) 조직 구조

① 조직 구조의 이해

- 조직의 한 구성원으로 조직 내의 다른 사람들과 상호작용해야 함
- 자신이 속한 조직 구조의 특징을 모르면, 자신의 업무와 권한의 범위는 물론
  필요한 정보를 누구에게서 어떤 방식으로 얻어야 하는지 알 수 없게 됨

② 조직 구조의 유형

기계적 조직	• 구성원들의 업무가 분명하게 정의 • 다수의 규칙과 규제가 존재 • 상하간 의사소통이 공식적인 경로를 통해 이루어짐 • 위계질서가 엄격함
유기적 조직	• 의사결정권한이 하부 구성원들에게 많이 위임 • 업무가 고정되지 않고 공유 가능 • 비공식적인 의사소통이 원활함 • 규제나 통제의 정도가 낮음

《 핵심예제 》

조직 구조의 유형과 이와 관련된 특징을 서로 연결하시오.

㉠ 기계적 조직 ㉡ 유기적 조직	ⓐ 구성원들의 업무가 분명하게 규정 ⓑ 비공식적인 상호 의사소통 ⓒ 엄격한 상하간 위계질서 ⓓ 급변하는 환경에 적합한 조직 ⓔ 다수의 규칙과 규정 존재

㉠ 기계적 조직은 구성원들
의 업무가 분명하게 정의
되고 많은 규칙과 규제들
이 있으며, 상하 간 의사
소통이 공식적인 경로를
통해 이루어지고 엄격한
위계질서가 있다.

㉡ 유기적 조직은 비공식적
인 상호 의사소통이 원활
히 이루어지며, 환경 변
화에 따라 쉽게 변할 수
있다.

정답 ㉠ - ⓐ, ⓒ, ⓔ
㉡ - ⓑ, ⓓ

PART 1 직업기초능력평가

③ 조직 구조의 결정 요인

전략	• 조직의 목적을 달성하기 위해 수립한 계획 • 조직이 자원을 배분하고 경쟁적 우위를 달성하기 위한 주요 방침
규모	• 대규모 조직은 소규모 조직에 비해 업무가 전문화, 분화되어 있고 많은 규칙과 규정이 존재함
기술	• 조직이 투입 요소를 산출물로 전환시키는 지식, 절차 등을 의미 • 소량생산 기술은 유기적 조직, 대량생산 기술은 기계적 조직과 연결
환경	• 안정적이고 확실한 환경에서는 기계적 조직 • 급변하는 환경에서는 유기적 조직이 적합

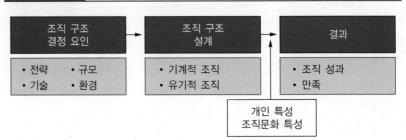

(3) 조직 구조의 형태

① 기능적 조직 구조

> • 조직의 최상층에 최고경영자(CEO)가 위치하고, 구성원들이 단계적으로 배열되는 구조
> • 환경이 안정되었거나 일상적인 기술을 사용하는 경우에 유리함
> • 기업의 규모가 작을 때 업무의 내용이 유사한 것들을 결합하여 조직을 구성함

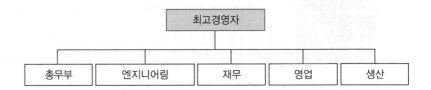

② 사업별 조직 구조

- 급변하는 환경에 대응하고 제품, 지역, 고객별 차이에 신속하게 대응하기 위함
- 의사결정이 분권화되어 이루어짐
- 개별 제품, 서비스, 프로젝트 등에 따라 조직화됨

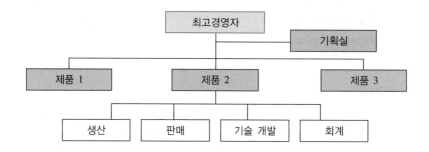

〈 핵심예제 〉

다음 중 조직 구조의 형태를 비교해 이해한 것으로 옳지 않은 것은?

① 기능적 조직 구조는 사업별 조직 구조보다 분권화된 의사결정이 가능하다.

② 기능적 조직 구조와 사업별 조직 구조 모두 조직의 CEO가 최상층에 있다.

③ 사업별 조직 구조는 기능적 조직 구조보다 제품별 차이에 신속하게 적용하기 위한 것이다.

④ 사업별 조직 구조는 기능적 조직 구조보다 급변하는 환경 변화에 효과적으로 대응할 수 있다.

예제풀이

사업별 조직 구조는 기능적 조직 구조보다 분권화된 의사결정이 가능하다.

정답 ①

(4) 조직 내 집단

① 집단의 유형

공식적인 집단	• 조직의 공식적인 목표를 추구하기 위해 의도적으로 만든 집단 • 목표, 임무가 명확하게 규정 • 참여하는 구성원들도 인위적으로 결정 • 각종 위원회, 임무 수행을 위한 태스크포스 팀
비공식적인 집단	• 조직구성원들의 요구에 따라 자발적으로 형성된 집단 • 공식적인 업무 수행 이외의 다양한 요구에 의해 이루어짐 • 스터디 모임, 봉사활동 동아리, 각종 친목회

예제풀이

㉠ 공식적 집단의 사례로는 각종 상설·임시위원회, 임무 수행을 위한 작업팀 등이 있다.
㉡ 비공식적 집단의 사례로는 업무 수행 능력 향상을 위해 자발적으로 형성된 스터디 모임, 봉사활동 동아리, 각종 친목회 등이 있다.

정답 ㉠-ⓐ, ⓑ
　　　 ㉡-ⓒ

《 핵심예제 》

다음 조직 구조의 유형과 관련된 특징을 서로 연결하시오.

㉠ 공식적 집단 ㉡ 비공식적 집단	ⓐ 조직에서 의식적으로 만듦 ⓑ 집단의 목표, 임무가 명확하게 규정됨 ⓒ 조직구성원들의 요구에 따라 자발적으로 형성됨

② 집단 간 경쟁

조직 내의 한정된 자원을 더 많이 가지려 하거나 서로 상반되는 목표를 추구하기 때문에 발생하게 된다.

순기능	집단 내부에서는 응집성이 강화되고, 집단의 활동이 더욱 조직화됨
역기능	경쟁이 과열되면 자원의 낭비, 업무 방해, 비능률 등의 문제가 발생

CHECK POINT

팀제 조직
조직 간의 수직적 장벽을 허물고 보다 자율적인 환경 속에서 경영자원의 효율성을 극대화하기 위해 내부운영에 유연성을 부여한 조직

③ 팀

• 구성원들이 공동의 목표를 이루기 위해 기술을 공유하고 공동으로 책임을 지는 집단
• 상호 공동 책임을 중요시 하나 자율성을 가지고 스스로 관리하는 경향이 강함
• 생산성을 높이고 의사를 신속하게 결정하며 창의성 향상을 도모하기 위해 구성
• 조직구성원들의 협력과 관리자층의 지지가 필수적임

예제풀이

팀은 생산성을 높이고 의사결정을 신속하게 하며 구성원들의 다양한 창의성 향상을 위해 조직된다.

정답 ②

《 핵심예제 》

다음 중에 조직 내의 팀에 대한 설명으로 옳지 않은 것은?

① 팀은 구성원 간 서로 기술을 공유한다.
② 팀은 의사결정을 지연시키는 문제가 있다.
③ 팀은 개인적 책임뿐만 아니라 공동의 책임을 강조한다.
④ 팀이 성공적으로 운영되려면 관리자층의 지지가 요구된다.

Ⅳ 업무이해능력

| 01 | 업무이해능력의 의의

(1) 업무의 의의와 특성

① 업무의 의의

상품이나 서비스를 창출하기 위한 생산적인 활동으로서, 조직의 목적 달성을 위한 근거가 된다.

② 업무의 특성

공통된 목적 지향	업무는 조직 목적의 효과적 달성을 위해 세분화된 것이므로 궁극적으로 같은 목적을 지향한다.
적은 재량권	개인이 선호하는 업무를 임의로 선택할 수 있는 재량권이 적다.
다른 업무와의 관련성	업무는 서로 독립적으로 이루어지지만 업무 간에는 서열이 있어서 순차적으로 이루어지기도 하며, 서로 정보를 주고 받기도 한다.
업무권한	구성원들이 업무를 공적으로 수행할 수 있는 힘을 말하며, 구성원들은 이에 따라 자신이 수행한 일에 대한 책임도 부여받는다.

《 핵심예제 》

다음 중 업무에 대하여 옳지 않은 설명은?

① 업무는 조직의 목적 아래 통합된다.
② 직업인들은 자신의 업무를 자유롭게 선택할 수 있다.
③ 업무에 따라 다른 업무와의 독립성의 정도가 다르다.
④ 업무는 상품이나 서비스를 창출하기 위한 생산적인 활동이다.

(2) 업무 수행 계획 수립의 절차

① 업무 지침 확인

- 개인이 임의로 업무를 수행하지 않고 조직의 목적에 부합될 수 있도록 안내함
- 업무 지침을 토대로 작성하는 개인의 업무 지침은 업무 수행의 준거가 됨
- 개인의 업무 지침 작성 시에는 조직의 업무 지침, 장단기 목표, 경영 전략 등을 고려
- 개인의 업무 지침은 3개월에 한번 정도로 지속적인 개정이 필요

② 활용 자원 확인

- 물적 자원과 인적 자원 등의 업무 관련 자원을 확인
- 자원은 무한정하지 않으므로 효과적인 활용이 필요함
- 업무 수행에 필요한 지식, 기술이 부족하면 이를 함양하기 위한 계획의 수립이 필요

예제풀이

⊕ 업무는 조직에 의해 직업인들에게 부여되며, 개인이 선호하는 업무를 임의로 선택할 수 있는 재량권이 매우 적다.

정답 ②

CHECK POINT

⊕ **업무효율화 도구 5가지**
- WBS(Work Breakdown Structure) : 목표를 이루는 데 필요한 업무를 결정할 때 이용하는 도구
- 책임분석표 : 업무책임을 명확히 할 때 이용하는 도구
- PERT / Critical Path : 일의 순서와 소요기간을 결정할 때 이용하는 도구
- 간트 차트(Gantt Chart) : 일의 시작일과 완료일을 결정할 때 이용하는 도구
- SWOT 분석표 : 기업 내 부환경의 강점과 약점, 외부환경의 기회와 위협을 분석하는 도구

③ 업무 수행 시트의 작성

- 구체적인 업무 수행 계획을 수립하여 가시적으로 나타냄
- 주어진 시간 내에 일을 끝낼 수 있게 동기부여
- 단계별로 협조를 구해야 할 사항과 처리해야 할 일을 체계적으로 알 수 있음
- 문제 발생 시 발생 지점을 정확히 파악할 수 있음

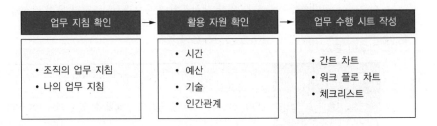

업무 지침 확인	활용 자원 확인	업무 수행 시트 작성
• 조직의 업무 지침 • 나의 업무 지침	• 시간 • 예산 • 기술 • 인간관계	• 간트 차트 • 워크 플로 차트 • 체크리스트

◀◀ 핵심예제 ▶▶

다음 중 업무 수행 계획 수립과 관련된 설명으로 옳지 않은 것은?

① 개인의 업무 지침은 제한 없이 자유롭게 작성한다.
② 업무 수행 시트는 업무를 단계별로 구분해 작성한다.
③ 조직에는 다양한 업무가 있으며, 이것의 수행 절차는 다르다.
④ 업무 수행 시 활용 가능한 자원으로는 시간, 예산, 기술, 인적자원 등이 있다.

(3) 업무 수행 시트의 종류

① 간트 차트

단계별로 업무를 시작해서 끝내는 데 걸리는 시간을 바 형식으로 표시한다. 전체 일정을 한 눈에 볼 수 있고, 단계별로 소요되는 시간과 각 업무활동 사이의 관계를 파악할 수 있다.

업무		6월	7월	8월	9월
설계	자료수집	■			
	기본 설계		■		
	타당성 조사 및 실시 설계			■	
시공	시공				■
	결과 보고				■

② 워크 플로 차트

일의 흐름을 동적으로 보여주는 데 효과적이며, 사용되는 도형을 다르게 표현함으로써 각각의 작업의 특성을 구분하여 표현할 수 있다.

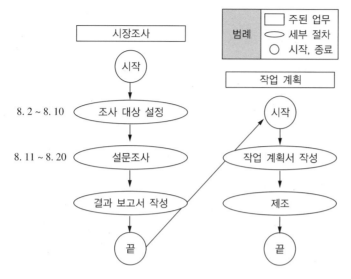

③ 체크리스트

업무의 각 단계를 효과적으로 수행했는지 자가 점검해볼 수 있으며 각 활동별로 기대되는 수행 수준을 달성했는지를 확인하는 데 효과적이다. 단, 시간의 흐름을 표현하기는 어렵다.

업무		체크	
		YES	NO
고객관리	고객 대장을 정비하였는가?		
	3개월에 한 번씩 고객 구매 데이터를 분석하였는가?		
	고객의 청구 내용 문의에 정확하게 응대하였는가?		
	고객 데이터를 분석하여 판매 촉진 기획에 활용하였는가?		

< 핵심예제 >

업무 수행 시트의 설명으로 옳은 것을 연결하시오.

㉠ 간트 차트	ⓐ 수행 수준 달성을 자가 점검
㉡ 워크 플로 차트	ⓑ 일의 흐름을 동적으로 보여줌
㉢ 체크리스트	ⓒ 단계별로 업무의 시작과 끝 시간을 바 형식으로 표현

예제풀이

㉠ 전체 일정을 한눈에 볼 수 있고, 단계별로 업무의 시작과 끝을 알려준다.
㉡ 도형과 선으로 일의 흐름을 동적으로 보여준다.
㉢ 업무의 각 단계를 구분하고 각 활동별로 수행 수준을 달성했는지를 자가 점검할 수 있게 한다.

정답 ㉠ - ⓒ
　　　 ㉡ - ⓑ
　　　 ㉢ - ⓐ

Ⅴ 국제감각

| 01 | 국제감각의 의의

(1) 국제감각이란

① 국제감각의 의의

업무를 하는 중에 다른 나라의 문화를 이해하고 국제적인 동향을 이해하는 능력을 말한다.

② 글로벌화의 의의

활동 범위가 세계로 확대되는 것으로, 경제나 산업 등의 측면에서 벗어나 문화나 정치 등 다른 영역까지 확대되는 개념을 말한다.

③ 글로벌화에 따른 변화

세계적인 경제통합	• 신기술을 확보한 기업이 국경을 넘어 확장 • 다국적 기업의 증가에 따른 국가간 경제 통합 강화
FTA 체결	무역장벽을 없애기 위한 노력

④ 국제적 식견

• 세계를 하나의 공동체로 인식하고, 문화적 배경이 다른 사람과의 커뮤니케이션을 위해 각 국가의 문화적 특징 등에 적응할 수 있는 능력 • 특히 자신의 업무와 관련한 국제동향을 파악하고 이를 적용할 수 있는 능력

(2) 외국인과의 커뮤니케이션

① 문화충격(Culture Shock)

• 한 문화권에 속한 사람이 다른 문화를 접하게 되었을 때 체험하는 충격 • 상대문화를 이질적으로 대하게 되고 위화감, 심리적 부적응 상태를 경험 • 문화충격에 대비하려면 다른 문화에 대해 개방적인 태도를 견지해야 함 • 자신의 기준으로 다른 문화를 평가하지 않되, 자신의 정체성은 유지해야 함

② 이문화(Intercultural) 커뮤니케이션

언어적 커뮤니케이션	• 언어를 통해 의사소통하는 것으로 상대방에게 의사를 전달할 때 직접적으로 이용되는 것이다. • 외국어 사용능력과 직결된다.
비언어적 커뮤니케이션	• 생활양식, 행동규범 등을 통해 상대방과 의사소통 하는 것 • 외국어 능력이 유창해도 문화적 배경을 잘 모르면 언어에 내포된 의미를 오해하거나 수용하지 못할 수 있다.

〈핵심예제〉

다른 나라의 문화를 이해하는 것과 관련한 설명으로 옳지 않은 것은?

① 외국의 문화를 이해하는 것은 많은 시간과 노력이 요구된다.

② 상이한 문화 간 커뮤니케이션을 이문화 커뮤니케이션이라고 한다.

③ 문화충격에 대비해서 가장 중요한 것은 자신이 속한 문화를 기준으로 다른 문화를 주관적으로 평가하는 것이다.

④ 한 문화권에 속하는 사람이 다른 문화를 접할 때 겪는 불일치, 위화감, 심리적 부적응 상태를 문화충격이라고 한다.

➕ 문화충격에 대비해서 중요한 것은 자신이 속한 문화를 기준으로 다른 문화를 평가하지 말고, 자신의 정체성은 유지하되 다른 문화를 경험하는 데 개방적·적극적 자세를 취하는 것이다.

정답 ③

안심Touch

┌연속출제┐

직장생활을 하면 해외 바이어를 만날 일이 생기기도 한다. 이를 대비해 알아두어야 할 국제매너로 옳지 않은 것은?

① 악수를 한 후 명함을 건네는 것이 순서이다.

② 러시아, 라틴아메리카 사람들은 포옹으로 인사를 하는 경우도 많다.

③ 이라크 사람들은 상대방이 약속시간이 지나도 기다려 줄 것으로 생각한다.

④ 미국인들과 악수를 할 때에는 손끝만 살짝 잡아서 해야 한다.

풀이순서

1) 질문의도

: 국제매너

2) 정답도출

: 손끝만 ×

→ 잠시 힘주어 잡아야 함

📋 **유형 분석**
- 국제 예절에 대한 이해를 묻는 문제이다.
- 문제에서 별다른 단서가 주어지지 않고 국제 예절을 알고 있는지 직접적으로 묻기 때문에 정확한 정리가 필수이다.

응용문제 : 국제 공통 예절과 국가별 예절을 구분해서 알아야 하고, 특히 식사예절은 필수로 알아두어야 한다.

📋 **풀이 전략**
질문에서 무엇을 묻고 있는지(옳은, 옳지 않은)를 분명히 표시해 놓고 선택지를 읽어야 한다.

조직 경영

┌연속출제┐

다음 중 경영의 4요소에 대한 설명으로 적절한 것을 모두 고르면?

| **풀이순서** |

1) 질문의도
  : 경영의 4요소

ㄱ. 조직의 목적을 달성하기 위해 경영자가 수립하는 것으로 더욱 구체적인 방법과 과정이
담겨 있다. ⟶ 경영목적
ㄴ. 조직에서 일하는 구성원으로 경영은 이들의 직무수행에 기초하여 이루어지기 때문에 이
것의 배치 및 활용이 중요하다. ⟶ 인적자원
ㄷ. 생산자가 상품 또는 서비스를 소비자에게 유통하는 데 관련된 모든 체계적 경영 활동이다.
ㄹ. 특정의 경제적 실체에 관하여 이해관계를 이루는 사람들에게 합리적인 경제적 의사결정
을 하는 데 유용한 재무적 정보를 제공하기 위한 일련의 과정 또는 체계이다.
ㅁ. 경영하는 데 사용할 수 있는 돈으로 이것이 충분히 확보되는 정도에 따라 경영의 방향과
범위가 정해지게 된다. ⟶ 운영자금
ㅂ. 조직이 변화하는 환경에 적응하기 위하여 경영활동을 체계화하는 것으로, 목표달성을 위
한 수단이다. ⟶ 경영전략

2) 선택지 분석

① ㄱ, ㄴ, ㄷ, ㄹ
② ㄱ, ㄴ, ㄷ, ㅁ
❸ ㄱ, ㄴ, ㅁ, ㅂ
④ ㄷ, ㄹ, ㅁ, ㅂ
⑤ ㄴ, ㄷ, ㅁ, ㅂ

3) 정답도출

📋 **유형 분석**
- 경영을 구성하는 요소에 대한 이해를 묻는 문제이다.
- 지식이 없으면 어려운 문제이다. 조직의 유지에는 경영이 필수이기 때문에 이 영역(조직이해)에서 경영 이론에
  대한 기본적인 내용은 정리해두어야 한다.
응용문제 : 경영 단계와 그 특징에 관한 문제가 출제된다.

📋 **풀이 전략**
문제를 읽어 질문을 확인한 뒤 지문을 읽는다. 지문은 묻는 질문에 대한 진술과 아닌 진술이 섞여 있는 형태이므로
키워드를 표시하면서 걸러내야 한다.

01 다음 중 민츠버그가 정의한 경영자의 역할에 대한 설명으로 옳지 않은 것은?

① 올바른 정보를 수집하는 것은 대인적 역할에 해당한다.
② 대인적 역할은 크게 세 가지로 구분할 수 있다.
③ 정보적 역할에는 대변인으로서의 역할이 포함된다.
④ 수집된 정보를 통해 최종 결정을 내리는 것은 의사결정적 역할이다.

02 김 팀장은 팀 회의를 통해 중요한 사항에 대해 함께 결정하고, 이로 인해 많은 장점을 발견하게 되었다. 다음 중 김 팀장이 발견한 조직 내 집단의사결정의 장점으로 적절하지 않은 것은?

① 각자 다른 시각으로 문제를 바라봄에 따라 다양한 견해를 가지고 접근할 수 있다.
② 결정된 사항에 대하여 구성원들이 보다 수월하게 수용할 수 있다.
③ 구성원 간 의사소통의 기회가 향상된다.
④ 의견이 서로 불일치하더라도 빠르게 의사결정을 완료할 수 있다.

03 다음 중 조직의 의사결정에 대한 설명으로 옳은 것을 모두 고르면?

> ㄱ. 조직 내부 문제에 대한 진단은 비공식적으로 이루어지기도 한다.
> ㄴ. 조직 문제에 대한 대안은 기존 방법을 벗어나는 방법에서 새롭게 설계하는 것이 가장 바람직하다.
> ㄷ. 조직의 의사결정은 기존 결정에 대한 점진적 수정보다는 급진적인 변화가 발생하는 경향이 존재한다.
> ㄹ. 조직 문제에 대한 대안으로 선택된 방안은 조직 내 공식적 승인절차를 거친 후에 실행된다.

① ㄱ, ㄴ   ② ㄱ, ㄹ
③ ㄴ, ㄷ   ④ ㄴ, ㄹ

04 직장사람들이 경제뉴스에서 본 내용을 이야기하고 있다. 다음 대화 중 경제 상식에 대해 잘못 알고 있는 사람은?

> A사원 : 주식을 볼 때, 미국은 나스닥, 일본은 자스닥, 한국은 코스닥을 운영하고 있던가?
> B사원 : 응, 국가마다 기준이 다른데 MSCI 지수를 통해 상호 비교할 수 있어.
> C사원 : 그렇지, 그리고 요즘 기축통화에 대해 들었어? 한국의 결제나 금융거래에서 기본이 되는 화폐인데 이제 그 가치가 더 상승한대.
> D사원 : 그래? 고도의 경제성장률을 보이는 이머징마켓에 속한 국가들 때문에 그런가?

① A사원 　　　　　　　　　　　　② B사원
③ C사원 　　　　　　　　　　　　④ D사원

05 다음 중 이 사원이 처리해야 할 업무 순서로 올바른 것은?

> 현재 시각은 10시 30분. 이 사원은 30분 후 거래처 직원과의 미팅이 예정되어 있다. 거래처 직원에게는 회사의 제1회의실에서 미팅을 진행하기로 미리 안내하였으나, 오늘 오전 현재 제1회의실 예약이 모두 완료되어 금일 사용이 불가능하다는 연락을 받았다. 또한 이 사원은 오후 2시에 김 팀장과 면담 예정이었으나, 오늘까지 문서 작업을 완료해달라는 부서장의 요청을 받았다. 이 사원은 면담 시간을 미뤄보려 했지만 김 팀장은 이 사원과의 면담 이후 부서 회의에 참여해야 하므로 면담 시간을 미룰 수 없다고 답변했다.

> ㉠ 거래처 직원과의 미팅
> ㉡ 11시에 사용 가능한 회의실 사용 예약
> ㉢ 거래처 직원에게 미팅 장소 변경 안내
> ㉣ 김 팀장과의 면담
> ㉤ 부서장이 요청한 문서 작업 완료

① ㉠－㉢－㉡－㉣－㉤ 　　　　② ㉡－㉢－㉠－㉤－㉣
③ ㉡－㉢－㉠－㉣－㉤ 　　　　④ ㉢－㉡－㉠－㉤－㉣

06 다음은 A회사의 직무전결표의 일부분이다. 이에 따라 문서를 처리하였을 경우 올바르지 않은 것은?

직무 내용	대표이사	위임 전결권자		
		전무	이사	부서장
정기 월례 보고				○
각 부서장급 인수인계		○		
3천만 원 초과 예산 집행	○			
3천만 원 이하 예산 집행		○		
각종 위원회 위원 위촉	○			
해외 출장			○	

① 인사부장의 인수인계에 관하여 전무에게 결재받은 후 시행하였다.
② 인사징계위원회 위원을 위촉하기 위하여 대표이사 부재중에 전무가 전결하였다.
③ 영업팀장의 해외 출장을 위하여 이사에게 사인을 받았다.
④ 3천만 원에 해당하는 물품 구매를 위하여 전무 전결로 처리하였다.

07 다음 중 경영자의 역할에 대한 설명으로 옳지 않은 것은?

① Mintzberg의 구분에 따르면, 기업을 둘러싼 외부환경을 모니터링하는 것은 경영자의 역할 중 의사결정적 역할에 포함된다.
② 경영자는 조직의 변화방향을 설정하고 조직의 성과에 책임을 진다.
③ 조직 운영을 위해서는 경영자가 구성원들과 의사소통하는 것이 중요하다.
④ 조직 규모의 확대에 따라 경영자도 수직적 분업화가 이루어지는 것이 효율적이다.

08 다음 직원 중 경영의 구성요소에 대하여 올바르게 설명한 사람을 모두 고르면?

> 김 사원 : 현대 사회에서는 실질적으로 경영(Administration)은 관리(Management)와 동일한 의미야.
> 최 주임 : 기업만이 경영의 대상인 것이 아니라, 모든 조직은 경영의 대상에 해당돼.
> 박 대리 : 경영은 크게 경영목적, 자금, 인적자원, 경영전략 이렇게 4가지로 구성되어 있어.
> 정 주임 : 기업환경이 급변하는 만큼, 경영전략의 중요성이 커지고 있어.

① 김 사원, 최 주임
② 김 사원, 박 대리
③ 최 주임, 박 대리
④ 최 주임, 박 대리, 정 주임

09 다음 중 조직문화의 유형과 해당 유형의 특징이 바르게 연결되지 않은 것은?

① 집단문화 : 조직구성원 간 인간애 및 인간미를 중시한다.
② 집단문화 : 조직구성원들의 조직 의사결정과정에의 참여를 중시한다.
③ 개발문화 : 조직의 발전을 위해 조직구성원의 자율성을 통제한다.
④ 합리문화 : 결과지향적이며 조직 내 경쟁을 장려한다.

10 조직문화 모형인 7S모형에 대한 다음 설명 중 옳지 않은 것을 모두 고르면?

> ㄱ. 7S모형에 제시된 조직문화 구성요소는 공유가치, 스타일, 구성원, 제도·절차, 조직구조, 전략, 기술을 가리킨다.
> ㄴ. '스타일'이란 조직 구성원들의 행동이나 사고를 특정 방향으로 이끌어 가는 원칙이나 기준을 의미한다.
> ㄷ. '조직구조'는 조직의 전략을 수행하는 데 필요한 틀로서 구성원의 역할과 그들 간의 상호관계를 지배하는 공식요소를 가리킨다.
> ㄹ. '전략'은 조직의 장기적인 목적과 계획 그리고 이를 달성하기 위한 장기적인 행동지침을 가리킨다.

① ㄱ   ② ㄴ
③ ㄱ, ㄷ   ④ ㄴ, ㄹ

11 다음 글의 밑줄 친 '마케팅 기법'에 대한 옳은 설명을 〈보기〉에서 모두 고르면?

> 기업들이 신제품을 출시하면서 한정된 수량만 제작 판매하는 한정판 제품을 잇따라 내놓고 있다. 이번 기회가 아니면 더 이상 구입할 수 없다는 메시지를 끊임없이 던지며 소비자의 호기심을 자극하는 <u>마케팅 기법</u>이다. H자동차 회사는 가죽 시트와 일부 외형이 기존 제품과 다른 모델을 8,000대 한정 판매하였는데, 단기간에 매진을 기록하였다.

> **보기**
> ㉠ 소비자의 충동 구매를 유발하기 쉽다.
> ㉡ 이윤 증대를 위한 경영 혁신의 한 사례이다.
> ㉢ 의도적으로 공급의 가격탄력성을 크게 하는 방법이다.
> ㉣ 소장 가치가 높은 상품을 대상으로 하면 더 효과적이다.

① ㉠, ㉡   ② ㉠, ㉢
③ ㉡, ㉣   ④ ㉠, ㉡, ㉣

12 다음 중 팀·조직 안에서 의사결정을 내리게 되는 집단의사결정의 특징으로 옳지 않은 것은?

① 한 사람이 가진 지식보다 집단의 지식과 정보가 더 많기 때문에 보다 효과적인 결정을 할 확률이 높다.

② 의사를 결정하는 과정에서 구성원 간의 갈등은 불가피하다.

③ 여럿의 의견을 일련의 과정을 거쳐 모은 것이기 때문에 결과는 얻을 수 있는 것 중 최선이다.

④ 구성원 각자의 시각으로 문제를 바라보기 때문에 다양한 견해를 가지고 접근할 수 있다.

13 다음 사례 중 경영활동을 이루는 구성요소를 감안할 때, '경영' 활동을 수행하고 있다고 볼 수 없는 것은?

> (가) 다음 시즌 우승을 목표로 해외 전지훈련에 참여하여 열심히 구슬땀을 흘리고 있는 선수단과 이를 운영하는 구단 직원들
>
> (나) 자발적인 참여로 뜻을 같이한 동료들과 함께 매주 어려운 이웃을 찾아다니며 봉사활동을 펼치고 있는 S씨
>
> (다) 교육지원대대장으로서 사병들의 교육이 원활히 진행될 수 있도록 훈련장 관리와 유지에 최선을 다하고 있는 원 대령과 참모진
>
> (라) 영화 촬영을 앞두고 시나리오와 제작 콘셉트를 회의하기 위해 모인 감독 및 스태프와 출연 배우들

① (가) ② (나)
③ (다) ④ (라)

14 다음과 같은 비즈니스 에티켓 특징을 가지고 있는 국가는?

> • 인사 : 중국계의 경우 악수로 시작하는 일반적인 비즈니스 문화를 가지고 있으며, 말레이계의 경우 이성과 악수를 하지 않는 것이 일반적이다. 인도계 역시 이성끼리 악수를 하지 않고 목례를 한다.
>
> • 약속 : 약속 없이 방문하는 것은 실례이므로 업무상 필수적으로 방문해야 하는 경우에는 약속을 미리 잡아 일정 등에 대한 확답을 받은 후 방문한다. 미팅에서는 부수적인 이야기를 거의 하지 않으며 바로 업무에 관한 이야기를 한다. 이때 상대방의 말을 끝까지 경청해야 한다. 명함을 받을 때도 두 손으로 받는 것이 일반적이다.

① 미국 ② 싱가포르
③ 인도네시아 ④ 필리핀

15 다음 중 경영참가제도의 유형에서 '자본참가'에 해당하는 사례로 옳은 것은?

① 임직원들에게 저렴한 가격으로 일정 수량의 주식을 매입할 수 있게 권리를 부여한다.

② 위원회제도를 활용하여 근로자의 경영참여와 개선된 생산의 판매가치를 기초로 성과를 배분한다.

③ 부가가치의 증대를 목표로 하여 이를 노사협력체제를 통해 달성하고, 이에 따라 증가된 생산성 향상분을 노사 간에 배분한다.

④ 천재지변의 대응, 생산성 하락, 경영성과 전달 등과 같이 단체교섭에서 결정되지 않은 사항에 대하여 노사가 서로 협력할 수 있도록 한다.

16 다음 중 조직목표에 대한 설명으로 옳지 않은 것은?

① 조직이 달성하려는 장래의 상태로, 미래지향적이지만 현재의 조직행동의 방향을 결정해주는 역할을 한다.

② 조직의 단합을 위해 공식적 목표와 실제적 목표는 항상 일치해야 하며, 하나의 조직목표만을 추구해야 한다.

③ 조직목표들은 한번 수립되면 달성될 때까지 지속되는 것이 아니라 환경이나 조직 내의 다양한 원인들에 의하여 변동되거나 없어지고 새로운 목표로 대체되기도 한다.

④ 조직구성원들이 공통된 조직목표 아래서 소속감과 일체감을 느끼고 행동수행의 동기를 가지게 하며, 조직구성원들의 수행을 평가할 수 있는 기준이 된다.

17 유기농 식품 회사에 근무하는 A씨에게 어느 고객이 신제품에 대한 문의를 해 왔다. A씨가 제품에 부착된 설명서를 참고하여 고객에게 꼭 안내해야 할 내용은?

> • 제품명 : 그린너트 마카다미아넛츠
> • 식품의 유형 : 땅콩 또는 견과류 가공품
> • 내용량 : 25g
> • 원재료명 및 함량 : 구운 아몬드[아몬드(미국) 100%] 50%, 호두(수입산) 20%, 마카다미아(호주) 15%, 건크랜베리(미국) 15%[크랜베리 55%, 설탕 44%, 해바라기유 1%]
> • 보관 및 취급사항 : 직사광선을 피하고 건조하고 서늘한 곳에 보관하십시오. 남은 제품을 보관하실 경우 밀폐용기에 넣어 냉장 보관해 주십시오.
> • 본 제품은 대두, 땅콩, 밀, 메밀, 호두, 아몬드를 사용한 제품과 같은 제조시설에서 포장하였습니다.
> • 본 제품은 공정거래위원회 고시 소비분쟁해결 기준에 의거 교환 또는 보상받을 수 있습니다.
> • 부정·불량식품 신고는 국번 없이 1399

① 합성첨가물은 사용되지 않았지만 원재료 그대로가 아닌 가공된 제품입니다.

② 보관하실 때에는 햇빛과 습기를 피하십시오.

③ 고객의 단순 변심은 교환 또는 보상의 조건이 되지 않습니다.

④ 같은 제조시설에서 포장된 것에 어떤 재료들이 쓰였는지 꼭 확인하시기 바랍니다.

18 다음을 읽고, A사원이 처리할 첫 업무와 마지막 업무를 올바르게 짝지은 것은?

> A씨, 우리 팀이 준비하는 상반기 프로젝트가 마무리 단계인 건 알고 있죠? 이제 곧 그동안 진행해 온 팀 프로젝트를 발표해야 하는데 A씨가 발표자로 선정되어서 몇 가지 말씀드릴 게 있어요. 6월 둘째 주 월요일 오후 4시에 발표를 할 예정이니 그 시간에 비어있는 회의실을 찾아보고 예약해 주세요. 오늘이 벌써 첫째 주 수요일이네요. 보통 일주일 전에는 예약해야 하니 최대한 빨리 확인하고 예약해 주셔야 합니다. 또 발표 내용을 PPT 파일로 만들어서 저한테 메일로 보내 주세요. 검토 후 수정사항을 회신할테니 반영해서 최종본 내용을 브로슈어에 넣어 주세요. 최종본 내용을 모두 입력하면 디자인팀 D대리님께 파일을 넘겨줘야 해요. 디자인팀에서 작업 후 인쇄소로 보낼 겁니다. 최종 브로슈어는 1층 인쇄소에서 받아오시면 되는데, 원래는 한나절이면 찾을 수 있지만 이번에 인쇄 주문 건이 많아서 다음 주 월요일에 찾을 수 있을 거예요. 아, 그리고 브로슈어 내용 정리 전에 작년 하반기에 프로젝트 발표자였던 B주임에게 물어보면 어떤 식으로 작성해야 할지 이야기해 줄 거예요.

① PPT 작성 – D대리에게 파일 전달
② 회의실 예약 – B주임에게 조언 구하기
③ 회의실 예약 – 인쇄소 방문
④ B주임에게 조언 구하기 – 인쇄소 방문

19 다음 중 〈보기〉의 ㉠에 들어갈 말로 올바른 것은?

> **보기**
>
> ___㉠___ 은/는 두 사람 이상이 공동의 목표를 달성하기 위해 의식적으로 구성된 상호작용과 조정을 행하는 행동의 집합체이다. 그러나 단순히 사람들이 모였다고 해서 ___㉠___ (이)라고 하지는 않는다. ___㉠___ 은/는 목적을 가지고 있고, 구조가 있으며, 목적을 달성하기 위해 구성원들은 서로 협동적인 노력을 하고, 외부 환경과 긴밀한 관계를 가지고 있다. ___㉠___ 은/는 일반적으로 재화나 서비스의 생산이라는 경제적 기능과 구성원들에게 만족감을 주고 협동을 지속시키는 사회적 기능을 갖는다.

① 공동체   ② 집합
③ 모임   ④ 조직

20 다음 중 조직에 대한 설명으로 옳지 않은 것은?

① 조직은 두 사람 이상이 있어야 한다.
② 무의식적으로 구성된 상호작용과 조정을 행하는 집합체이다.
③ 공동의 목표가 있어야 한다.
④ 직업인으로서 조직이란 직장을 의미한다.

CHAPTER 05

정보능력

정보능력은 업무를 수행함에 있어 기본적인 컴퓨터를 활용하여 필요한 정보를 수집, 분석, 활용하는 능력을 의미한다. 또한, 업무와 관련된 정보를 수집하고, 이를 분석하여 의미있는 정보를 얻는 능력이다.

국가직무능력표준에 따르면 정보능력의 세부 유형은 컴퓨터활용능력·정보처리능력으로 나눌 수 있다.

정보능력은 NCS 기반 채용을 진행한 기업 중 52% 정도가 다뤘으며, 문항 수는 전체에서 평균 6% 정도 출제되었다.

01 평소에 컴퓨터활용 스킬을 틈틈이 익혀라!

윈도우(OS)에서 어떠한 설정을 할 수 있는지, 응용프로그램(엑셀 등)에서 어떠한 기능을 활용할 수 있는지를 평소에 직접 사용해 본다면 문제를 보다 수월하게 해결할 수 있다. 여건이 된다면 컴퓨터활용능력에 관련된 자격증 공부를 하는 것도 이론과 실무를 익히는 데 도움이 될 것이다.

02 문제의 규칙을 찾는 연습을 하라!

일반적으로 코드체계나 시스템 논리체계를 제공하고 이를 분석하여 문제를 해결하는 유형이 출제된다. 이러한 문제는 문제해결능력과 같은 맥락으로 규칙을 파악하여 접근하는 방식으로 연습이 필요하다.

03 현재 보고 있는 그 문제에 집중하자!

정보능력의 모든 것을 공부하려고 한다면 양이 너무나 방대하다. 그렇기 때문에 수험서에서 본인이 현재 보고 있는 문제들을 집중적으로 공부하고 기억하려고 해야 한다. 그러나 엑셀의 함수 수식, 연산자 등 암기를 필요로 하는 부분들은 필수적으로 암기를 해서 출제가 되었을 때 오답률을 낮출 수 있도록 한다.

04 사진·그림을 기억하자!

컴퓨터의 활용능력을 파악하는 영역이다 보니 컴퓨터 속 옵션, 기능, 설정 등의 사진·그림이 문제에 같이 나오는 경우들이 있다. 그런 부분들은 직접 컴퓨터를 통해서 하나하나 확인을 하면서 공부한다면 더 기억에 잘 남게 된다. 조금 귀찮더라도 한 번씩 클릭하면서 확인을 해보도록 한다.

Ⅰ 정보능력

| 01 | 정보능력의 의의

(1) 정보의 의의

① 정보능력의 의미

컴퓨터를 활용하여 필요한 정보를 수집·분석·활용하는 능력이다.

② 자료(Data), 정보(Information), 지식(Knowledge)

구분	일반적 정의	사례
자료	객관적 실체를 전달이 가능하게 기호화한 것	스마트폰 활용 횟수
정보	자료를 특정한 목적과 문제 해결에 도움이 되도록 가공한 것	20대의 스마트폰 활용 횟수
지식	정보를 체계화하여 보편성을 갖도록 한 것	스마트폰 디자인에 대한 20대의 취향

일반적으로 '자료⊇지식⊇정보'의 포함관계로 나타낼 수 있다.

예제풀이

ⓛ·ⓜ 음식과 색상에 대한 자료를 가구, 연령으로 특징지음으로써 자료를 특정한 목적으로 가공한 정보이다.

오답분석

㉠ 특정 목적을 달성하기 위한 지식이다.

ⓒ·ⓔ 특정 목적이 없는 자료이다.

정답 ②

〈핵심예제〉

다음 중 정보의 사례로 옳은 것을 모두 고르면?

㉠ 남성용 화장품 개발
㉡ 1인 가구의 인기 음식
㉢ 라면 종류별 전체 판매량
㉣ 다큐멘터리와 예능 시청률
㉤ 5세 미만 아동들의 선호 색상

① ㉠, ㉢
② ㉡, ㉤
③ ㉢, ㉤
④ ㉢, ㉣
⑤ ㉣, ㉤

③ 정보의 핵심특성

　㉠ 적시성 : 정보는 원하는 시간에 제공되어야 한다.

　㉡ 독점성 : 정보는 공개가 되고 나면 정보가치가 급감하나(경쟁성), 정보획득에 필
　　　요한 비용이 줄어드는 효과도 있다(경제성).

구분	공개 정보	반(半)공개 정보	비(非)공개 정보
경쟁성	낮음	──────────▶	높음
경제성	높음	──────────▶	낮음

(2) 정보화 사회

① 정보화 사회의 의의

　정보가 사회의 중심이 되는 사회로 IT기술을 활용해 필요한 정보가 창출되는 사회
　이다.

② 정보화 사회의 특징

- 정보의 사회적 중요성이 요구되며, 정보 의존성이 강화됨
- 전 세계를 하나의 공간으로 여기는 수평적 네트워크 커뮤니케이션이 가능해짐
- 경제 활동의 중심이 유형화된 재화에서 정보, 서비스, 지식의 생산으로 옮겨감
- 정보의 가치 생산을 중심으로 사회 전체가 움직이게 됨

《 핵심예제 》

다음 제시문이 설명하고 있는 사회는?

이 세상에서 필요로 하는 정보가 사회의 중심이 되는 사회로서, 컴퓨터 기술과 정
보통신 기술을 활용해 사회 각 분야에서 필요로 하는 가치 있는 정보를 창출하고,
보다 유익하고 윤택한 생활을 영위하는 사회로 발전시켜 나가는 것을 뜻한다.

① 시민 사회　　　　　　　　② 미래 사회
③ 정보화 사회　　　　　　　④ 산업화 사회

③ 미래 사회의 특징

- 지식 및 정보 생산 요소에 의한 부가가치 창출
- 세계화의 진전
- 지식의 폭발적 증가

④ 정보화 사회의 필수 행위

　정보 검색, 정보 관리, 정보 전파

예제풀이

➕ 정보화 사회는 경제 활동의
중심이 상품의 정보나 서비
스, 지식의 생산으로 옮겨지
는 사회이다. 즉, 지식·정
보와 관련된 산업이 부가가
치를 높일 수 있는 사회이다.

정답 ③

(3) 컴퓨터의 활용 분야

① 기업 경영 분야

경영정보시스템(MIS), 의사결정지원시스템(DSS)	기업 경영에 필요한 정보를 효과적으로 활용하도록 지원해 경영자가 신속히 의사결정을 할 수 있게 함
전략정보시스템(SIS)	기업의 전략을 실현해 경쟁 우위를 확보하기 위한 목적으로 사용
사무자동화(OA)	문서 작성과 보관의 자동화, 전자 결재 시스템이 도입되어 업무 처리의 효율을 높여 줌
전자상거래(EC)	기업의 입장에서는 물류 비용을 절감할 수 있으며, 소비자는 값싸고 질 좋은 제품을 구매할 수 있게 함

② 행정 분야

행정 데이터베이스	민원 처리, 행정 통계 등의 행정 관련 정보의 데이터베이스 구축
행정 사무자동화	민원 서류의 전산 발급

③ 산업 분야

공업	컴퓨터를 이용한 공정 자동화와 산업용 로봇의 활용
상업	POS 시스템

예제풀이

전략정보시스템(SIS)은 기업의 전략을 실현해 경쟁 우위를 확보하기 위한 목적으로 사용되는 정보시스템으로, 기업의 궁극적 목표인 이익에 직접적인 영향을 끼치는 시장점유율 향상, 매출 신장, 신상품 전략, 경영 전략 등의 전략 계획에 도움을 준다.

정답 ②

〈 핵심예제 〉

다음 중 빈칸에 들어갈 용어로 가장 적절한 것은?

이것은 기업이 경쟁에서 우위를 확보하려고 구축·이용하는 것이다. 기존의 정보 시스템이 기업 내 업무의 합리화·효율화에 역점을 두었던 것에 반해, 기업이 경쟁에서 승리해 살아남기 위한 필수적인 시스템이라는 뜻에서 _____ (이)라고 한다. 그 요건으로는 경쟁 우위의 확보, 신규 사업의 창출이나 상권의 확대, 업계 구조의 변혁 등을 들 수 있다. 실례로는 금융 기관의 대규모 온라인시스템, 체인점 등의 판매시점관리(POS)를 들 수 있다.

① 경영정보시스템(MIS)
② 전략정보시스템(SIS)
③ 전사적 자원관리(ERP)
④ 의사결정지원시스템(DSS)

(4) 정보 처리 과정

| 기획 | → | 수집 | → | 관리 | → | 활용 |

① 기획

정보 활동의 가장 첫 단계이며, 정보 관리의 가장 중요한 단계이다.

5W	What(무엇을)	정보의 입수대상을 명확히 한다.
	Where(어디에서)	정보의 소스를 파악한다.
	When(언제)	정보의 요구시점을 고려한다.
	Why(왜)	정보의 필요 목적을 염두에 둔다.
	Who(누가)	정보 활동의 주체를 확정한다.
2H	How(어떻게)	정보의 수집 방법을 검토한다.
	How much(얼마나)	정보 수집의 효용성을 중시한다.

② 수집

㉠ 다양한 정보원으로부터 목적에 적합한 정보를 입수하는 것이다.

㉡ 정보 수집의 최종적인 목적은 '예측'을 잘하기 위함이다.

③ 관리

㉠ 수집된 다양한 형태의 정보를 사용하기 쉬운 형태로 바꾸는 것이다.

㉡ 정보관리의 3원칙

목적성	사용 목적을 명확히 설명해야 한다.
용이성	쉽게 작업할 수 있어야 한다.
유용성	즉시 사용할 수 있어야 한다.

④ 활용

최신 정보기술을 통한 정보들을 당면한 문제에 활용하는 것이다.

〈 핵심예제 〉

다음 중 정보 관리의 3원칙으로 적절하지 않은 것은?

① 목적성　　　　　　　② 용이성

③ 유용성　　　　　　　④ 상대성

예제풀이

ⓗ 정보 관리의 3원칙에는 목적성, 용이성, 유용성 등이 있다.

정답 ④

x

x

| 02 | 컴퓨터 활용능력

(1) 인터넷 서비스의 종류

① 전자우편

- 인터넷을 이용하여 다른 이용자들과 정보를 주고받는 통신 방법을 말한다.
- 포털, 회사, 학교 등에서 제공하는 전자우편 시스템에 계정을 만들어 이용가능하다.

② 웹하드

웹서버에 대용량의 저장 기능을 갖추고 사용자가 개인의 하드디스크와 같은 기능을 인터넷을 통해 이용할 수 있게 하는 서비스를 말한다.

③ 메신저

컴퓨터를 통해 실시간으로 메시지와 데이터를 주고받을 수 있는 서비스이며 응답이 즉시 이루어져 가장 보편적으로 사용되는 서비스이다.

④ 클라우드

- 사용자들이 별도의 데이터 센터를 구축하지 않고도, 인터넷 서버를 활용해 정보를 보관하고 있다가 필요할 때 꺼내 쓰는 기술을 말한다.
- 모바일 사회에서는 장소와 시간에 관계없이 다양한 단말기를 통해 사용가능하다.

⑤ SNS

온라인 인맥 구축을 목적으로 개설된 커뮤니티형 웹사이트를 말하며 트위터, 페이스북, 인스타그램과 같은 1인 미디어와 정보 공유 등을 포괄하는 개념이다.

⑥ 전자상거래

협의의 전자상거래	인터넷이라는 전자적인 매체를 통해 재화나 용역을 거래하는 것
광의의 전자상거래	소비자와의 거래 뿐만 아니라 관련된 모든 기관과의 행위를 포함

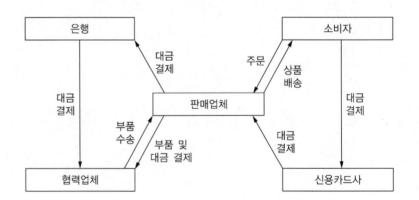

CHECK POINT

클라우드 컴퓨팅
사용자들이 복잡한 정보를 보관하기 위해 별도의 데이터 센터를 구축하지 않고도, 인터넷을 통해 제공되는 서버를 활용해 정보를 보관하고 있다가 필요할 때 꺼내 쓰는 기술

SNS
온라인 인맥 구축을 목적으로 개설된 커뮤니티형 웹사이트

⟨ **핵심예제** ⟩

다음 중 전자상거래에 관한 설명으로 옳은 것을 고르면?

> ㉠ 내가 겪은 경험담도 전자상거래 상품이 될 수 있다.
> ㉡ 인터넷 서점, 홈쇼핑, 홈뱅킹 등도 전자상거래 유형이다.
> ㉢ 팩스나 전자우편 등을 이용하면 전자상거래가 될 수 없다.
> ㉣ 개인이 아닌 공공기관이나 정부는 전자상거래를 할 수 없다.

① ㉠, ㉡   ② ㉠, ㉢
③ ㉡, ㉢   ④ ㉡, ㉣

(2) 검색 엔진의 유형

종류	내용
키워드 검색 방식	• 정보와 관련된 키워드를 직접 입력하여 정보를 찾는 방식 • 방법이 간단하나 키워드를 불명확하게 입력하면 검색이 어려움
주제별 검색 방식	• 주제별, 계층별로 문서들을 정리해 DB를 구축한 후 이용하는 방식 • 원하는 정보를 찾을 때까지 분류된 내용을 차례로 선택해 검색
자연어 검색 방식	문장 형태의 질의어를 형태소 분석을 거쳐 각 질문에 답이 들어 있는 사이트를 연결해 주는 방식
통합형 검색 방식	• 검색엔진 자신만의 DB를 구축하지 않음 • 검색어를 연계된 다른 검색 엔진에 보낸 후 검색 결과를 보여줌

(3) 업무용 소프트웨어

① 워드프로세서

   ㉠ 문서를 작성, 편집, 저장, 인쇄할 수 있는 프로그램을 말하며, 키보드 등으로 입력한 문서의 내용을 화면으로 확인하면서 쉽게 고칠 수 있어 편리하다.

   ㉡ 흔글과 MS-Word가 가장 대표적으로 활용되는 프로그램이다.

   ㉢ 워드프로세서의 주요 기능

종류	내용
입력	키보드나 마우스를 통해 문자, 그림 등을 입력할 수 있는 기능
표시	입력한 내용을 표시 장치를 통해 나타내주는 기능
저장	입력된 내용을 저장하여 필요할 때 사용할 수 있는 기능
편집	문서의 내용이나 형태 등을 변경해 새롭게 문서를 꾸미는 기능
인쇄	작성된 문서를 프린터로 출력하는 기능

② 스프레드시트
　　㉠ 수치나 공식을 입력하여 그 값을 계산해내고, 결과를 차트로 표시할 수 있는 프로그램을 말하며, 다양한 함수를 이용해 복잡한 수식도 계산할 수 있다.
　　㉡ Excel이 가장 대표적으로 활용되는 프로그램이다.
　　㉢ 스프레드시트의 구성단위
　　　스프레드시트는 셀, 열, 행, 영역의 4가지 요소로 구성된다. 그중에서 셀은 가로 행과 세로열이 교차하면서 만들어지는 공간을 말하며, 이는 정보를 저장하는 기본단위이다.

예제풀이

ⓒ은 셀 F4를=RANK(F4, $E$4:$E$8)로 구한 후에 '자동 채우기' 기능으로 구할 수 있다.

정답 ③

◀ 핵심예제 ▶

다음은 스프레드시트로 작성한 워크시트이다. ㉠~㉣에 대한 설명으로 옳지 않은 것은?

	A	B	C	D	E	F	
1	참고서 구입 현황						◀ ㉠
2						[단위 : 명]	
3	종류	1학년	2학년	3학년	합계	순위	◀ ㉡
4	국어	67	98	102	267	3	
5	수학	68	87	128	283	1	
6	영어	24	110	115	249	4	◀ ㉢
7	사회	56	85	98	239	5	
8	과학	70	86	112	268	2	
9	합계	285	466	555	1306		

↑
㉣

① ㉠은 '셀 병합' 기능을 이용해 작성할 수 있다.
② ㉡은 '셀 서식'의 '채우기' 탭에서 색상을 변경할 수 있다.
③ ㉢은 셀 F4를=RANK(F4, E4:E8)로 구한 후에 '자동 채우기' 기능으로 구할 수 있다.
④ ㉣은 '자동 합계' 기능을 사용해 구할 수 있다.

③ 프레젠테이션
　　㉠ 컴퓨터 등을 이용하여 그 속에 담겨 있는 각종 정보를 전달하는 행위를 프레젠테이션이라고 하며, 이를 위해 사용되는 프로그램 들을 프레젠테이션 프로그램이라고 한다.
　　㉡ 파워포인트가 가장 대표적으로 활용되는 프로그램이다.

(4) 데이터베이스

① 데이터베이스의 의의

여러 개의 서로 연관된 파일을 데이터베이스라 하며, 이 연관성으로 인해 사용자는 여러 개의 파일에 있는 정보를 한 번에 검색할 수 있다.

데이터베이스 관리시스템	데이터와 파일의 관계를 생성, 유지, 검색할 수 있게 하는 소프트웨어
파일 관리시스템	한 번에 한 개의 파일만 생성, 유지, 검색할 수 있는 소프트웨어

② 데이터베이스의 필요성

종류	내용
데이터 중복 감소	데이터를 한 곳에서만 갖고 있으므로 유지 비용이 절감된다.
데이터 무결성 증가	데이터가 변경될 경우 한 곳에서 수정하는 것만으로 해당 데이터를 이용하는 모든 프로그램에 반영된다.
검색의 용이	한 번에 여러 파일에서 데이터를 찾을 수 있다.
데이터 안정성 증가	사용자에 따라 보안등급의 차등을 둘 수 있다.

③ 데이터베이스의 기능

종류	내용
입력 기능	형식화된 폼을 사용해 내용을 편리하게 입력할 수 있다.
검색 기능	필터나 쿼리 기능을 이용해 데이터를 빠르게 검색하고 추출할 수 있다.
일괄 관리 기능	테이블을 사용해 데이터를 관리하기 쉽고, 많은 데이터를 종류별로 분류해 일괄적으로 관리할 수 있다.
보고서 기능	데이터를 이용해 청구서나 명세서 등의 문서를 쉽게 만들 수 있다.

〈 핵심예제 〉

다음 중 데이터베이스의 필요성에 관한 설명으로 옳은 것을 모두 고르면?

㉠ 데이터의 양이 많아 검색이 어려워진다.
㉡ 데이터의 중복을 줄이고 안정성을 높인다.
㉢ 프로그램의 개발이 쉽고 개발기간도 단축한다.
㉣ 데이터가 한 곳에만 기록되어 있어 결함 없는 데이터를 유지하기 어려워진다.

① ㉠, ㉡   ② ㉠, ㉢
③ ㉡, ㉢   ④ ㉡, ㉣

CHECK POINT

데이터베이스의 작업 순서
데이터베이스 만들기 → 자료 입력 → 저장 → 자료 검색 → 보고서 인쇄

PART 1 | 직업기초능력평가

예제풀이

오답분석

㉠ 한 번에 여러 파일에서 데이터를 찾아내는 기능은 원하는 검색이나 보고서 작성 등을 쉽게 할 수 있게 해준다.
㉣ 데이터가 중복되지 않고 한 곳에만 기록되어 있으므로 데이터의 무결성, 즉 결함 없는 데이터를 유지하는 것이 훨씬 쉬워진다.

정답 ③

| 03 | 정보처리능력

(1) 정보의 수집

① 1차 자료와 2차 자료

1차 자료	원래의 연구 성과가 기록된 자료
2차 자료	1차 자료를 효과적으로 찾아보기 위한 자료 혹은 1차 자료에 포함되어 있는 정보를 압축, 정리한 자료

② 인포메이션과 인텔리전스

인포메이션	하나하나의 개별적인 정보
인텔리전스	인포메이션 중에 몇 가지를 선별해 그것을 연결시켜 판단하기 쉽게 도와주는 하나의 정보 덩어리

③ 정보 수집을 잘하기 위한 방법

ㄱ 신뢰관계 수립 : 중요한 정보는 신뢰관계가 좋은 사람에게만 전해지므로 중요한 정보를 수집하려면 먼저 신뢰관계를 이루어야 한다.

ㄴ 선수필승(先手必勝) : 변화가 심한 시대에는 질이나 내용보다 빠른 정보 획득이 중요하다.

ㄷ 구조화 : 얻은 정보를 의식적으로 구조화하여 머릿속에 가상의 서랍을 만들어두자.

ㄹ 도구의 활용 : 기억력에는 한계가 있으므로 박스, 스크랩 등을 활용하여 정리하자.

CHECK POINT

정보분석의 이해(훌륭한 분석) 좋은 데이터(자료)가 있어도 훌륭한 분석이 되는 것은 아니다. 훌륭한 분석이랑 하나의 메커니즘을 그려낼 수 있고, 동향, 미래를 예측할 수 있는 것이어야 한다.

(2) 정보 분석

① 정보 분석의 정의

여러 정보를 상호관련지어 새로운 정보를 생성해내는 활동을 말한다.

② 정보 분석의 절차

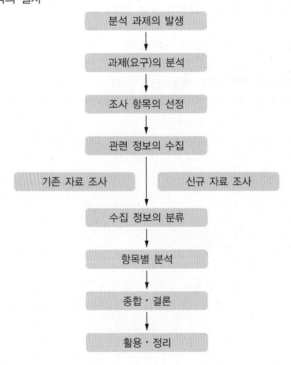

③ 정보의 서열화와 구조화
  ㉠ 1차 정보가 포함하는 내용을 몇 개의 카테고리로 분석해 각각의 상관관계를 확
     정하고,
  ㉡ 1차 정보가 포함하는 주요 개념을 대표하는 용어(키워드)를 추출하여,
  ㉢ 이를 간결하게 서열화·구조화해야 한다.

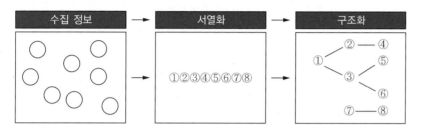

〈 핵심예제 〉

다음 중 정보 분석에 대한 설명으로 옳지 않은 것은?

① 좋은 자료는 항상 훌륭한 분석이 될 수 있다.

② 반드시 고도의 수학적 기법을 요구하는 것만은 아니다.

③ 한 개의 정보로써 불분명한 사항을 다른 정보로써 명백히 할 수 있다.

④ 서로 상반되거나 큰 차이가 있는 정보의 내용을 판단해서 새로운 해석을 할 수
   있다.

예제풀이

➕ 좋은 자료가 있다고 해서 항
  상 훌륭한 분석이 되는 것은
  아니다. 좋은 자료가 있어도
  그것을 평범한 것으로 바꾸
  는 것만으로는 훌륭한 분석
  이라고 할 수 없다. 훌륭한
  분석이란 하나의 메커니즘
  을 그려낼 수 있고, 동향과
  미래를 예측할 수 있는 것이
  어야 한다.

정답 ①

(3) 효율적인 정보 관리 방법

① 목록을 이용한 정보 관리

  정보에서 중요 항목을 찾아 기술한 후 정리해 목록을 만드는 것이며, 디지털 파일로
  저장해두면 특정 용어를 입력하는 것만으로 결과물을 쉽게 찾을 수 있다.

② 색인을 이용한 정보 관리

  ㉠ 목록과 색인의 차이

목록	하나의 정보원에 하나의 목록이 대응된다.
색인	하나의 정보원에 여러 색인을 부여할 수 있다.

  ㉡ 색인의 구성요소

③ 분류를 이용한 정보 관리

  ㉠ 유사한 정보를 하나로 모아 분류하여 정리하는 것은 신속한 정보 검색을 가능하
     게 한다.

ⓛ 분류 기준 예시

기준	내용	예
시간적 기준	정보의 발생 시간별로 분류	2021년 봄, 7월 등
주제적 기준	정보의 내용에 따라 분류	역사, 스포츠 등
기능적 / 용도별 기준	정보의 용도나 기능에 따라 분류	참고자료용, 강의용, 보고서 작성용 등
유형적 기준	정보의 유형에 따라 분류	도서, 비디오, CD, 한글파일, 파워포인트 파일 등

예제풀이

목록은 한 정보원에 하나만 만드는 것이지만, 색인은 여러 개를 추출해 한 정보원에 여러 개의 색인어를 부여할 수 있다.

정답 ②

《핵심예제》

다음 중 효율적인 정보 관리 방법에 대한 설명으로 옳지 않은 것은?

① 디지털 파일에 색인을 저장하면 추가·삭제·변경이 쉽다.

② 색인은 1개를 추출해 한 정보원에 1개의 색인어를 부여할 수 있다.

③ 정보 목록은 정보에서 중요 항목을 찾아 기술한 후 정리하면서 만들어진다.

④ 정보를 유사한 것끼리 모아 체계화해 정리하면 나중에 정보를 한번에 찾기가 가능하다.

(4) 인터넷의 역기능과 네티켓

① 인터넷의 역기능

- 불건전 정보의 유통
- 개인 정보 유출
- 사이버 성폭력
- 사이버 언어폭력
- 언어 훼손
- 인터넷 중독
- 불건전한 교제
- 저작권 침해

② 네티켓

네트워크(Network) + 에티켓(Etiquette) = 네티켓(Netiquettee)

상황	내용
전자우편 사용 시	• 메시지는 가능한 짧게 요점만 작성한다. • 메일을 보내기 전에 주소가 올바른지 확인한다. • 제목은 메시지 내용을 함축해 간략하게 쓴다. • 가능한 메시지 끝에 Signature(성명, 직위 등)를 포함시킨다.
온라인 대화 시	• 도중에 들어가면 지금까지 진행된 대화의 내용과 분위기를 익힌다. • 광고, 홍보 등을 목적으로 악용하지 않는다.
게시판 사용 시	• 글의 내용은 간결하게 요점만 작성한다. • 제목에는 내용을 파악할 수 있는 함축된 단어를 사용한다. • 글을 쓰기 전에 이미 같은 내용의 글이 있는지 확인한다.
공개자료실 이용 시	• 자료는 가급적 압축된 형식으로 등록한다. • 프로그램을 등록할 경우에는 바이러스 감염 여부를 점검한다. • 음란물, 상업용 S/W를 올리지 않는다.
인터넷 게임	• 온라인 게임은 온라인 상의 오락으로 끝나야 한다. • 게임 중에 일방적으로 퇴장하지 않는다.

(5) 개인정보 보호

① 개인정보의 의미

생존하는 개인에 관한 정보로서, 정보에 포함된 성명 등에 의해 개인을 식별할 수 있는 정보를 의미하며, 단일 정보뿐만 아니라 다른 정보와 결합해 식별할 수 있는 것도 이에 해당한다.

② 개인정보의 유출 방지

- 회원 가입 시 이용 약관 확인
- 이용 목적에 부합하는 정보를 요구하는지 확인
- 정기적인 비밀번호 교체
- 정체가 불분명한 사이트 접속 자제
- 가입 해지 시 정보 파기 여부 확인
- 생년월일, 전화번호 등 유추 가능한 비밀번호 사용 자제

〈 핵심예제 〉

다음 중 개인정보의 유출을 방지할 수 있는 방법이 아닌 것은?

① 정체 불명의 사이트는 멀리한다.

② 비밀번호는 주기적으로 교체한다.

③ 회원 가입 시 이용약관을 읽는다.

④ 비밀번호는 기억하기 쉬운 전화번호를 사용한다.

예제풀이

생년월일이나 전화번호 등 남들이 쉽게 유추할 수 있는 비밀번호는 사용하지 말아야 한다.

정답 ④

┌연속출제┐

2020년에 출시될 음료 제품의 블라인드 테스트를 진행한 설문 응답표를 엑셀 표로 정리하였다. 결과표를 만들고 싶을 때 필요한 엑셀의 함수는?

풀이순서

1) 질문의도
: 응답표 → 결과표
= 엑셀함수

설문지

문항 1. 음료를 개봉했을 때, 냄새가 바로 느껴지는가?
　　　 1. 매우 그렇다.　 2. 그렇다.　 3. 보통이다.　 4. 아니다.　 5. 매우 아니다.

문항 2. 음료를 마신 후, 이전에 먹어본 비슷한 음료가 생각나는가?
　　　 1. 매우 그렇다.　 2. 그렇다.　 3. 보통이다.　 4. 아니다.　 5. 매우 아니다.
　　　　　　　　　　　　　　　　　⋮

---

2) 자료비교
: 조건 + 개수세기

	A	B	C	D	E	F	G
1	〈설문 응답표〉						
2		설문자 A	설문자 B	설문자 C	설문자 D	설문자 E	…
3	문항 1	1	2	3	4	5	…
4	문항 2	5	4	3	2	1	…
5	문항 3	1	1	1	1	1	…
6	문항 4	2	2	2	3	3	…
7	문항 5	4	4	5	1	2	…
8	…	…	…	…	…	…	…

설문자 명단별

	A	B	C	D	E	F	G
1	〈결과표〉						
2		매우 그렇다(1)	그렇다(2)	보통(3)	아니다(4)	매우 아니다(5)	…
3	문항 1	1	1	1	1	1	…
4	문항 2	1	1	1	1	1	…
5	문항 3	5	0	0	0	0	…
6	문항 4	0	3	2	0	0	…
7	문항 5	1	1	0	2	1	…
8	…	…	…	…	…	…	…

응답번호별

✔ ① COUNTIF　　　　　　　　　② COUNT
③ COUNTA　　　　　　　　　　④ DSUM
⑤ SUMIF

3) 정답도출
: COUNTIF는 지정한 범위 내에서 조건에 맞는 셀의 개수를 구하는 함수

📋 **유형 분석**　　• 문제의 주어진 상황에서 사용할 적절한 엑셀함수가 무엇인지 묻는 문제이다.
　　　　　　　　　• 주로 업무 수행 중에 많이 활용되는 대표적인 엑셀함수가 출제된다.
　　　　　　　　　응용문제 : 엑셀시트를 제시하여 각 셀에 들어갈 함수식을 고르는 문제가 출제된다.

📋 **풀이 전략**　　제시된 상황에서 사용할 엑셀함수가 무엇인지 파악한 후 선택지에서 적절한 함수식을 고른다. 사전에 대표적인 엑셀함수를 익혀두면 풀이시간을 줄일 수 있다.

┌─연속출제─┐

다음 프로그램의 실행 결과로 옳은 것은?

종류	연산자	설명
비트	~	비트를 반전시킨다.
	&	대응되는 비트가 모두 1일 때 1이다. (and)
	|	대응되는 비트가 모두 0일 때 0이다. (or)
	^	두 개의 비트가 다를 때 1이다.
논리	!	논리식의 진위를 반대로 만든다. (not)
	||	논리식 중 하나만 참이면 참이다.
관계	==	좌변과 우변이 같다.
	!=	좌변과 우변이 다르다
	>	좌변이 우변보다 크다.
	<	좌변이 우변보다 작다.
산술	%	두 연산자를 나눈 후 몫은 버리고 나머지 값만 취한다.

풀이순서

1) 질문의도
   : C언어

2) 자료비교
   : 관련 조건 찾기
   → 연산자 %
   → 연산자 !
   → 연산자 ==

```c
#include <stdio.h>
void main( ) {
    int a = 9 % 6;
    int b = 20 % 7;
    if ( !(a == b) ) {
        printf("%d", a + b);
    } else {
        printf("%d", a * b);
    }
}
```

3) 정답도출
   : % 연산자 → 나머지를 구해주는 연산자
   • 9 % 6의 결과는 3
   • 20 % 7의 결과는 6
   a의 값과 b의 값을 비교하면 같지 않기 때문에 결과는 거짓이지만 결괏값에 !(역)를 취했기 때문에 if문은 참을 만족하게 되어 9가 실행 결과

① 3
② 6
③ 9
④ 18
⑤ −6

📋 **유형 분석**
• 문제에 주어진 정보를 통해 최종적으로 도출값이 무엇인지 묻는 문제이다.
• 주로 C언어 연산자를 적용하여 나오는 값을 구하는 문제가 출제된다.
응용문제 : 정보를 제공하지 않고, 기본적인 C언어 지식을 통해 도출되는 C언어를 고르는 문제가 출제된다.

📋 **풀이 전략**
제시된 상황에 있는 C언어 연산자가 무엇이 있는지 파악한 후, 연산자를 적용하여 값을 구한다. C언어에 대한 기본적인 지식을 익혀 두면 도움이 된다.

안심Touch

01 다음 중 프로세서 레지스터에 대한 설명으로 옳은 것은?

① 하드디스크의 부트 레코드에 위치한다.
② 하드웨어 입출력을 전담하는 장치로 속도가 빠르다.
③ 주기억장치보다 큰 프로그램을 실행시켜야 할 때 유용한 메모리이다.
④ 중앙처리장치에서 사용하는 임시기억장치로 메모리 중 가장 빠른 속도로 접근 가능하다.

02 다음 중 컴퓨터 시스템을 안정적으로 사용하기 위한 관리 방법으로 적절하지 않은 것은?

① 컴퓨터를 이동하거나 부품을 교체할 때는 반드시 전원을 끄고 작업하는 것이 좋다.
② 직사광선을 피하고 습기가 적으며 통풍이 잘되고 먼지 발생이 적은 곳에 설치한다.
③ 시스템 백업 기능을 자주 사용하면 시스템 바이러스 감염 가능성이 높아진다.
④ 디스크 조각 모음에 대해 예약 실행을 설정하여 정기적으로 최적화시킨다.

03 다음 중 디지털 컴퓨터와 아날로그 컴퓨터의 차이점에 관한 설명으로 옳은 것은?

① 디지털 컴퓨터는 전류, 전압, 온도 등 다양한 입력 값을 처리하며, 아날로그 컴퓨터는 숫자 데이터만을 처리한다.
② 디지털 컴퓨터는 증폭 회로로 구성되며, 아날로그 컴퓨터는 논리 회로로 구성된다.
③ 아날로그 컴퓨터는 미분이나 적분 연산을 주로 하며, 디지털 컴퓨터는 산술이나 논리 연산을 주로 한다.
④ 아날로그 컴퓨터는 범용이며, 디지털 컴퓨터는 특수 목적용으로 많이 사용된다.

04 다음 중 바이오스(Basic Input Output System)에 대한 설명으로 옳은 것은?

① 한번 기록한 데이터를 빠른 속도로 읽을 수 있지만, 다시 기록할 수 없는 메모리

② 컴퓨터에서 전원을 켜면 맨 처음 컴퓨터의 제어를 맡아 가장 기본적인 기능을 처리해 주는 프로그램

③ 기억된 정보를 읽어내기도 하고, 다른 정보를 기억시킬 수도 있는 메모리

④ 주변 장치와 컴퓨터 처리 장치 간에 데이터를 전송할 때 처리 지연을 단축하기 위해 보조 기억 장치를 완충 기억 장치로 사용하는 것

05 다음 제어판의 장치관리자 목록 중 LAN카드가 포함된 항목은?

① 디스크 드라이브   ② 디스플레이 어댑터

③ 시스템 장치   ④ 네트워크 어댑터

06 다음 중 동영상 파일 포맷의 확장자로 옳은 것은?

① TIFF   ② GIF

③ PNG   ④ MPEG

07 왼쪽 워크시트의 성명 데이터를 오른쪽 워크시트와 같이 성과 이름 두 개의 열로 분리하기 위해 [텍스트 나누기] 기능을 사용하고자 한다. 다음 중 [텍스트 나누기]의 분리 방법으로 가장 적절한 것은?

	A
1	김철수
2	박선영
3	최영희
4	한국인

	A	B
1	김	철수
2	박	선영
3	최	영희
4	한	국인

① 열 구분선을 기준으로 내용 나누기

② 구분 기호를 기준으로 내용 나누기

③ 공백을 기준으로 내용 나누기

④ 탭을 기준으로 내용 나누기

08 김 사원은 다음 사이트에서 '통계요약집'이라는 단어를 검색하려고 한다. 검색 결과창에 PDF형식으로 된 파일만 나타나게 하려고 할 때, 검색창에 입력해야 하는 것은?

Google

Google 검색   I'm Feeling Lucky

① 통계요약집 filetype:pdf
② 통계요약집 filetype pdf
③ 통계요약집 filetype-pdf
④ 통계요약집 "pdf" filetype

09 옆 부서 K과장은 컴맹으로 유명하다. 어느 날 귀하에게 "어제 내가 무엇을 건드렸는지 모르겠는데, 보조프로그램 폴더에 가면 그림판이 있었는데 사라졌어. 그림판이 없으면 업무하기 불편한데…."라고 말하며 어떻게 조치하면 되는지 물었다. 이에 대해 가장 간단한 조치 방법으로 적절한 것은?

① 컴퓨터를 다시 재부팅하면 그림판이 돌아오지 않을까요?
② 포맷을 하고 Windows 운영체제를 재설치하는 것이 좋을 것 같습니다.
③ 그림판 대신에 포토샵이나 일러스트를 사용하시는 건 어떨까요?
④ 바로가기 아이콘이 삭제된 것이니 그림판 응용프로그램이 설치되어 있는 폴더에서 다시 찾으면 됩니다.

10 다음 중 Windows에서 32bit 운영체제인지 64bit 운영체제인지 확인하는 방법으로 옳은 것은?

① [시작] 단추의 바로 가기 메뉴-[속성]
② [시작] 단추-[컴퓨터]의 바로 가기 메뉴-[속성]
③ [시작] 단추-[제어판]의 바로 가기 메뉴-[관리 센터]
④ [시작] 단추-[기본 프로그램]의 바로 가기 메뉴-[열기]

11 다음 중 그래픽 파일 포맷의 종류가 아닌 것은?

① JPG   ② GIF
③ AVI   ④ PNG

12 다음 중 Windows 탐색기에서 사용하는 바로가기 키에 대한 설명으로 옳지 않은 것은?

① 〈F4〉 : 선택한 파일 / 폴더의 이름 변경하기
② 〈F3〉 : 검색
③ 〈F1〉 : 도움말 보기
④ 〈F5〉 : 목록 내용을 최신 정보로 수정

13 워크시트 [A1:C8] 영역에 다음과 같이 규칙의 조건부 서식을 적용하는 경우 지정된 서식이 적용되는 셀의 개수는?(단, 조건부 서식 규칙에서 규칙 유형 선택을 '고유 또는 중복 값만 서식 지정'으로 설정한다)

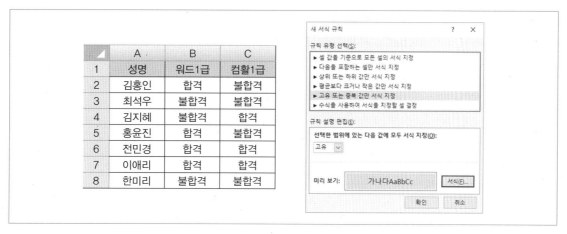

① 2개
③ 10개
② 7개
④ 12개

14 다음 중 워드프로세서의 커서 이동키에 대한 설명으로 옳은 것은?

① 〈Home〉 : 커서를 현재 문서의 맨 처음으로 이동시킨다.
② 〈End〉 : 커서를 현재 문단의 맨 마지막으로 이동시킨다.
③ 〈Back Space〉 : 커서를 화면의 맨 마지막으로 이동시킨다.
④ 〈Page Down〉 : 커서를 한 화면 단위로 하여 아래로 이동시킨다.

15 다음 중 데이터 유효성 검사에 대한 설명으로 옳지 않은 것은?

① 목록의 값들을 미리 지정하여 데이터 입력을 제한할 수 있다.

② 입력할 수 있는 정수의 범위를 제한할 수 있다.

③ 목록으로 값을 제한하는 경우 드롭다운 목록의 너비를 지정할 수 있다.

④ 유효성 조건 변경 시 변경 내용을 범위로 지정된 모든 셀에 적용할 수 있다.

16 다음 중 스프레드시트의 차트에 대한 설명으로 옳지 않은 것은?

① 표면형 차트 : 두 개의 데이터 집합에서 최적의 조합을 찾을 때 사용한다.

② 방사형 차트 : 분산형 차트의 한 종류로 데이터 계열 간의 항목 비교에 사용된다.

③ 분산형 차트 : 데이터의 불규칙한 간격이나 묶음을 보여주는 것으로 주로 과학이나 공학용 데이터 분석에 사용된다.

④ 이중 축 차트 : 특정 데이터 계열의 값이 다른 데이터 계열의 값과 현저하게 차이가 날 경우나 두 가지 이상의 데이터 계열을 가진 차트에 사용한다.

17 다음 중 아래의 워크시트를 참조하여 작성한 수식 「=INDEX(B2:D9,2,3)」의 결과는?

	A	B	C	D
1	코드	정가	판매수량	판매가격
2	L-001	25,400	503	12,776,000
3	D-001	23,200	1,000	23,200,000
4	D-002	19,500	805	15,698,000
5	C-001	28,000	3,500	98,000,000
6	C-002	20,000	6,000	96,000,000
7	L-002	24,000	750	18,000,000
8	L-003	26,500	935	24,778,000
9	D-003	22,000	850	18,700,000

① 19,500

② 23,200,000

③ 1,000

④ 805

18 아래 시트에서 [E2:E7] 영역처럼 표시하려고 할 때, [E2] 셀에 입력할 수식으로 올바른 것은?

	A	B	C	D	E
1	순번	이름	주민등록번호	생년월일	백넘버
2	1	박민석 11	831121-1092823	831121	11
3	2	최성영 20	890213-1928432	890213	20
4	3	이형범 21	911219-1223457	911219	21
5	4	임정호 26	870211-1098432	870211	26
6	5	박준영 28	850923-1212121	850923	28
7	6	김민욱 44	880429-1984323	880429	44

① =MID(B2,5,2) ② =LEFT(B2,2)

③ =RIGHT(B2,5,2) ④ =MID(B2,5)

19 다음 관리코드의 마지막 한 글자가 K이면 '한국은행', G이면 '조은은행', 그 외에는 '서울은행'일 때 [I3] 셀에 들어갈 수식으로 올바른 것은?

	A	B	C	D	E	F	G	H	I
1	2013년 8월 고객 현황								
2	관리코드	고객명	구분	납기일	이용금액	월대비 이용	할인금액	당월요금계(VAT 포함)	거래은행
3	5200K	김선영	일반고객	2013-09-15	₩ 37,640	129%	₩ 5,610		한국은행
4	2403G	한명언	일반고객	2013-09-27	₩ 50,040	92%	₩ 1,720		조은은행
5	8200S	윤준희	VIP고객	2013-09-19	₩ 80,440	197%	₩ 4,800		서울은행
6	5205S	주애차	일반고객	2013-09-27	₩ 27,000	48%			서울은행
7	8230G	허경선	VIP고객	2013-09-15	₩ 113,570	150%	₩ 8,350		조은은행
8	7206K	김선영	VIP고객	2013-09-15	₩ 102,740	64%	₩ 6,450		한국은행
9	1920S	고민규	일반고객	2013-09-10	₩ 37,540	114%			서울은행
9	4209K	김성희	VIP고객	2013-09-27	₩ 90,540	154%	₩ 910		한국은행

① =IF(RIGHT(A3,1)="K","한국은행",IF(RIGHT(A3,1)="G","조은은행","서울은행"))

② =IF(LEFT(A3,1)="K","한국은행",IF(RIGHT(A3,1)="G","조은은행","서울은행"))

③ =IF(MID(A3,1)="K","한국은행",IF(RIGHT(A3,1)="G","조은은행","서울은행"))

④ =IF(RIGHT(A3,1)="K","조은은행",IF(RIGHT(A3,1)="G","서울은행"))

20 엑셀에서 차트를 작성할 때 [차트 마법사]를 이용할 경우 차트 작성 순서로 옳은 것은?

ⓞ 작성할 차트 중 차트 종류를 선택하여 지정한다.
ⓛ 데이터 범위와 계열을 지정한다.
ⓒ 차트를 삽입할 위치를 지정한다.
ⓔ 차트 옵션을 설정한다.

---

① ⓞ → ⓛ → ⓒ → ⓔ
② ⓞ → ⓛ → ⓔ → ⓒ
③ ⓞ → ⓒ → ⓛ → ⓔ
④ ⓛ → ⓞ → ⓒ → ⓔ

CHAPTER 06

직업윤리

합격 CHEAT KEY

직업윤리는 업무를 수행함에 있어 원만한 직업생활을 위해 필요한 태도, 매너, 올바른 직업관이다. 직업윤리는 필기시험뿐만 아니라 서류를 제출하면서 자기소개서를 작성할 때와 면접을 시행할 때도 포함되는 항목으로 들어가지 않는 공사·공단이 없을 정도로 필수 능력으로 꼽힌다.

국가직무능력표준에 따르면 직업윤리의 세부능력은 근로윤리·공동체윤리로 나눌 수 있다. 구체적인 문제 상황을 제시하여 해결하기 위해 어떤 대안을 선택해야 할지에 관한 문제들이 출제된다.

직업윤리는 NCS 기반 채용을 진행한 기업 중 74% 정도가 다뤘으며, 문항 수는 전체에서 평균 6% 정도로 상대적으로 적게 출제되었다.

01 오답을 통해 대비하라!

이론을 따로 정리하는 것보다는 문제에서 본인이 생각하는 모범답안을 선택하고 틀렸을 경우 그 이유를 정리하는 방식으로 학습하는 것이 효율적이다. 암기하기보다는 이해에 중점을 두고 자신의 상식으로 문제를 푸는 것이 아니라 해당 문제가 어느 영역 어떤 하위능력의 문제인지 파악하는 훈련을 한다면 답이 보일 것이다.

02 직업윤리와 일반윤리를 구분하라!

일반윤리와 구분되는 직업윤리의 특징을 이해해야 한다. 통념상 비윤리적이라고 일컬어지는 행동도 특정한 직업에서는 허용되는 경우가 있다. 그러므로 문제에서 주어진 상황을 판단할 때는 우선 직업의 특성을 고려해야 한다.

03 직업윤리의 하위능력을 파악해 두자!

직업윤리의 경우 직장생활 경험이 없는 수험생들은 조직에서 일어날 수 있는 구체적인 직업윤리와 관련된 내용에 흥미가 없고 이를 이해하는 데 어려움이 있을 수 있다. 그러나 문제에서는 구체적인 상황·사례를 제시하는 문제가 나오기 때문에 직장에서의 예절을 정리하고 문제 상황에서 적절한 대처를 선택하는 연습을 하는 것이 중요하다.

04 면접에서도 유리하다!

많은 공사·공단에서 면접 시 직업윤리에 관련된 질문을 하는 경우가 많다. 직업윤리 이론 학습을 미리 해두면 본인의 가치관을 세우는 데 도움이 되고 이는 곧 기업의 인재상과도 연결되기 때문에 미리 준비해 두면 필기시험에서 합격하고 면접을 준비할 때도 수월할 것이다.

모듈이론

I 직업윤리

(1) 윤리란 무엇인가?

① 윤리의 의미

㉠ '윤(倫)'의 의미 : 인간관계에 있어 필요한 길, 도리, 질서

㉡ '리(理)'의 의미 : 다스리다, 바르다, 원리, 이치, 더 나아가서는 가리다(판단), 밝히다(해명), 명백하다 등

㉢ '윤리(倫理)'의 의미

'인간과 인간 사이에서 지켜야 할 도리를 바르게 하는 것' 또는 '인간사회에 필요한 올바른 질서'라고 해석할 수 있다. 동양적 사고에서 윤리는 전적으로 인륜과 같은 의미이며, 엄격한 규율이나 규범의 의미가 있다.

예제풀이

윤리라는 것은 '인간과 인간 사이에서 지켜야 할 도리를 바르게 하는 것'으로서, 이 세상에 두 사람 이상이 있으면 존재하고, 반대로 혼자 있을 때는 의미가 없는 말이 되기도 한다.

정답 ④

《핵심예제》

다음 중 윤리에 대한 설명으로 옳은 것을 모두 고르면?

㉠ '윤(倫)'이라는 글자는 동료, 친구, 무리, 또래 등의 인간 집단 등을 뜻한다.
㉡ '윤(倫)'이라는 글자는 길, 도리, 질서, 차례, 법 등을 뜻한다.
㉢ '이(理)'는 다스린다, 바르다, 원리, 이치, 밝히다 등의 여러 가지 뜻이 있다.
㉣ 동양 사회에서는 예로부터 인간관계를 천륜과 인륜 두 가지로 나누어 왔다.

① ㉠, ㉡   ② ㉡, ㉣
③ ㉡, ㉢, ㉣   ④ ㉠, ㉡, ㉢, ㉣

② 윤리적 가치의 중요성

• 모두가 자신만을 위한다면 서로를 적대시하면서 비협조적으로 살게 될 것이다.
• 눈에 보이는 경제적 이득만을 추구하는 것이 아니라 삶의 본질적 가치와 도덕적 신념을 존중해야 하므로 윤리적으로 행동해야 한다.

③ 윤리적 인간

'공동의 이익을 추구'하고, '도덕적 가치 신념'을 기반으로 형성되는 인간형을 말한다.

④ 윤리규범의 형성

- 인간의 특성 : 기본적인 욕구 충족에 도움이나 방해가 되는 사물 등에 선호를 가지게 된다.
- 사회적 인간 : 인간은 사회의 공동 목표 달성과 구성원들의 욕구 충족에 도움이 되는 행위는 찬성하고, 반대되는 행위는 비난한다.
- 윤리규범의 형성 : 인간의 기본적인 특성과 사회성에 부합하는 행위가 반복되면서 무엇이 옳고 그른지에 대한 윤리규범이 형성된다.

〈핵심예제〉

다음 중 윤리적 인간에 대한 설명으로 옳지 않은 것은?

① 공동의 이익보다는 자신의 이익을 우선으로 행동하는 사람
② 원만한 인간관계를 유지할 수 있도록 다른 사람의 행복을 고려하는 사람
③ 눈에 보이는 육신의 안락보다는 삶의 가치와 도덕적 신념을 존중하는 사람
④ 인간은 결코 혼자 살아갈 수 없는 사회적 동물이기 때문에 다른 사람을 배려하면서 행동하는 사람

예제풀이

윤리적인 인간은 자신의 이익보다는 공동의 이익을 우선하는 사람이다.

정답 ①

(2) 직업과 직업윤리

① 직업의 의미

직업은 생활에 필요한 경제적 보상을 주고, 평생에 걸쳐 물질적인 보수 외에 만족감, 명예 등 자아실현의 중요한 기반이 된다.

② 직업의 특징

종류	내용
계속성	주기적으로 일을 하거나, 명확한 주기가 없어도 계속 행해지며, 현재 하고 있는 일을 계속할 의지와 가능성이 있어야 함을 의미한다.
경제성	경제적 거래 관계가 성립되는 활동이어야 한다. 따라서 무급 자원봉사나 전업 학생은 직업으로 보지 않으며, 자연 발생적인 이득의 수취나 우연하게 발생하는 경제적 과실에 전적으로 의존하는 활동도 직업으로 보지 않는다.
윤리성	비윤리적인 영리 행위나 반사회적인 활동을 통한 경제적 이윤추구는 직업 활동으로 인정되지 않음을 의미한다.
사회성	모든 직업 활동이 사회 공동체적 맥락에서 의미 있는 활동이어야 한다는 것이다.
자발성	속박된 상태에서의 제반 활동은 경제성이나 계속성의 여부와 상관없이 직업으로 보지 않는다는 것이다.

《 핵심예제 》

다음 중 직업에 대한 설명으로 옳은 것을 모두 고르면?

> ㉠ 경제적인 보상이 있어야 한다.
> ㉡ 본인의 자발적 의사에 의한 것이어야 한다.
> ㉢ 장기적으로 계속해서 일하는 지속성이 있어야 한다.
> ㉣ 취미 활동, 아르바이트, 강제노동 등도 포함된다.
> ㉤ 다른 사람들과 함께 인간관계를 쌓을 수 있는 기회가 된다.
> ㉥ '직업(職業)'의 '직(職)'은 사회적 역할의 분배인 직분(職分)을 의미한다.
> ㉦ 직업은 사회적으로 맡은 역할, 하늘이 맡긴 소명 등으로 볼 수 있다.

① ㉠, ㉡, ㉢, ㉣

② ㉠, ㉢, ㉣, ㉤

③ ㉠, ㉡, ㉤, ㉥

④ ㉠, ㉡, ㉢, ㉤, ㉥, ㉦

③ 직업윤리의 의미

직업 활동을 하는 개인이 자신의 직무를 잘 수행하고 자신의 직업과 관련된 직업과 사회에서 요구하는 규범에 부응하여 개인이 갖추고 발달시키는 직업에 대한 신념, 태도, 행위를 의미한다.

④ 직업윤리의 5대 기본원칙

종류	내용
객관성의 원칙	업무의 공공성을 바탕으로 공사 구분을 명확히 하고, 모든 것을 숨김없이 투명하게 처리하는 원칙을 말한다.
고객 중심의 원칙	고객에 대한 봉사를 최우선으로 생각하고 현장 중심, 실천 중심으로 일하는 원칙을 말한다.
전문성의 원칙	자기 업무에 전문가로서의 능력과 의식을 가지고 책임을 다하며, 능력을 연마하는 것을 말한다.
정직과 신용의 원칙	업무와 관련된 모든 것을 숨김없이 정직하게 수행하고, 본분과 약속을 지켜 신뢰를 유지하는 것을 말한다.
공정 경쟁의 원칙	법규를 준수하고, 경쟁 원리에 따라 공정하게 행동하는 것을 말한다.

기업 중심의 원칙이 아니라 고객 중심의 원칙이다. 고객 중심의 원칙은 고객에 대한 봉사를 최우선으로 생각하고 현장 중심, 실천 중심으로 일하는 것을 말한다.

정답 ③

《 핵심예제 》

직업윤리의 5대 원칙은 모든 직업에 공통적으로 요구되는 윤리 원칙이다. 다음 중 직업윤리의 5대 원칙에 해당하지 않는 것은?

① 객관성의 원칙

② 전문성의 원칙

③ 기업 중심의 원칙

④ 정직과 신용의 원칙

Ⅱ 근로윤리

(1) 근면한 태도

① 근면의 개념적 특성

ㄱ 고난의 극복 : 근면은 과거의 고난을 극복한 경험을 통해 형성되고, 현재의 고난을 극복할 수 있는 자원이 된다.

ㄴ 개인의 절제나 금욕 : 근면은 고난을 극복하기 위해서 금전과 시간, 에너지를 사용할 수 있도록 준비하는 것이다.

ㄷ 장기적이고 지속적인 행위 과정 : 근면은 끊임없이 달성이 유예되는 가치지향적인 목표 속에서 재생산되므로 인내를 요구한다.

② 근면의 종류

종류	내용
외부로부터 강요당한 근면	• 삶(생계)의 유지를 위한 필요에 의해서 강요된 근면 • 상사의 명령에 따라 잔업을 하는 것 • 오직 삶의 유지를 위해 열악한 노동 조건에서 기계적으로 일하는 것
자진해서 하는 근면	• 자신의 것을 창조하며 조금씩 자신을 발전시키고, 시간의 흐름에 따라 자아를 확립시켜 가는 근면 • 회사 내 진급시험을 위해 외국어를 열심히 공부하는 것 • 세일즈맨이 자신의 성과를 높이기 위해 노력하는 것

③ 근면의 변화방향

타인 등 외부로부터 요구되는 일과 노동을 수행하기 위한 근면보다는 개인의 성장과 자아의 확립, 나아가 행복하고 자유로운 삶을 살기 위한 근면으로 구현될 필요가 있다.

〈 핵심예제 〉

다음 중 자진해서 하는 근면의 사례를 모두 고른 것은?

ㄱ 진수는 어머니의 성화에 못 이겨 공부에 매진하고 있다.

ㄴ 영희는 미국 여행을 위해 매일 30분씩 영어 공부를 한다.

ㄷ K사에 근무하는 A씨는 상사의 지시로 3일 동안 야근을 했다.

ㄹ 70세를 넘긴 B씨는 뒤늦게 공부에 재미를 느껴, 현재 만학도로 공부에 전념하고 있다.

ㅁ 자동차 세일즈맨 C씨는 성과에 따라 보수가 결정되기 때문에 성과를 높이기 위해 누구보다 열심히 노력한다.

① ㄱ, ㄹ

② ㄴ, ㄷ

③ ㄱ, ㄷ, ㄹ

④ ㄴ, ㄹ, ㅁ

예제풀이

ㄴ · ㄹ · ㅁ은 자진해서 행동하고 있다. 자진해서 하는 근면은 능동적 · 적극적인 태도가 우선시된다.

ㄱ · ㄷ은 각각 어머니와 상사로부터 근면을 강요당했다.

정답 ④

(2) 정직과 성실

① 정직의 의의

- 타인이 전하는 말·행동이 사실과 부합된다는 신뢰가 없다면 일일이 직접 확인해야 하므로 사람들의 행동은 상당한 제약을 피할 수 없으며, 조직과 사회 체제의 유지 자체가 불가능해진다.
- 따라서 정직에 기반을 두는 신뢰가 있어야만 사람과 사람이 함께 살아가는 사회 시스템이 유지·운영될 수 있다.

② 우리사회의 정직성 수준

- 우리 사회에서는 개인의 행위가 도덕적으로 옳은지 그른지를 판단할 때 유교의 영향으로 집단의 조화를 위한 판단을 우선시하는 경향을 보인다.
- 유교의 전통적 가치는 '정직'이라는 규범적 의미를 이해하는 행위와 '정직 행동'을 선택하는 행위 사이에서 괴리를 발생하게 하는 요소로 작용할 수 있다.

예제풀이

사람은 사회적인 동물이므로, 다른 사람들과의 관계가 매우 중요하다. 이러한 관계를 유지하기 위해서는 다른 사람이 전하는 말이나 행동이 사실과 부합된다는 신뢰가 있어야 한다.

정답 ④

〈 **핵심예제** 〉

정직에 대한 다음 설명 중 바르지 않은 것은?

① 정직한 것은 성공을 이루는 기본 조건이 된다.
② 정직은 신뢰를 형성하기 위해 필요한 규범이다.
③ 사람은 혼자서 살 수 없으므로, 타인과의 신뢰가 필요하다.
④ 다른 사람이 전하는 말이나 행동이 사실과 부합된다는 신뢰가 없어도 사회생활을 하는 데 별로 지장이 없다.

③ 성실의 의미

사전적 의미	정성스럽고 참됨을 의미하며 단어의 본질을 살펴보았을 때, 그 의미가 근면함보다는 충(忠) 혹은 신(信)의 의미와 더 가깝다.
심리학적 의미	사회규범이나 법을 존중하고 충동을 통제하며 목표 지향적 행동을 조직하고 유지하며 목표를 추구하도록 동기를 부여하는 것을 의미하기도 한다.

④ 현대사회에서의 성실성

- 사회적 자본이란 사회 구성원들이 힘을 합쳐 공동 목표를 효율적으로 추구할 수 있게 하는 자본을 가리키는데, 신뢰를 포괄하는 성실은 보이지 않는 가장 확실한 사회적 자본이다.
- 성실의 결핍은 결과적으로 위법 행위로 이어지고 나아가 사회 전반에 악영향을 끼치게 된다.
- 성실이 항상 긍정적인 측면만 지니는 것은 아니다. 성실은 시대 개념적 차원에서 볼 때 현대 사회와 어울리지 않는 한계성 또한 지니고 있다.

Ⅲ 공동체 윤리

(1) 봉사와 책임의식, 준법의 의미

① 봉사와 책임의식의 의미

봉사	다른 사람과 공동체에 대하여 봉사하는 정신을 갖추고 실천하는 태도를 의미하며, 나아가 고객의 가치를 최우선으로 하는 고객 서비스 개념
책임의식	직업에 대한 사회적 역할과 책무를 충실히 수행하고 책임지려는 태도이며, 맡은 업무를 어떠한 일이 있어도 수행해 내는 태도

② 기업의 사회적 책임(Corporate Social Responsibility; CSR)

단순히 이윤 추구를 하는 집단의 형태를 벗어나 자신들이 벌어들인 이익의 일부분을 사회로 환원하는 개념을 말한다.

③ 준법의 의미

- 민주시민으로서 기본적으로 지켜야 하는 의무이며 생활자세이다.
- 민주사회의 법과 규칙을 준수하는 것은 시민으로서의 자신의 권리를 보장받고, 다른 사람의 권리를 보호하며 사회질서를 유지하는 역할을 한다.

④ 우리나라의 준법의식

- 여전히 사회적 부패 현상이 만연해 있으며, 이러한 현상은 올바름에 대한 기준과 윤리적 판단 기준을 흐리게 한다.
- 민주주의와 시장경제는 구성원들에게 자유와 권리를 주는 동시에 규율의 준수와 책임을 요구하므로 개개인의 의식 변화와 함께 체계적 접근과 단계별 실행을 통한 제도적·시스템적 기반의 확립이 필요하다.

《 핵심예제 》

다음 중 준법에 대한 설명으로 옳지 않은 것은?

① 준법의 사전적 의미는 법과 규칙을 준수하는 것이다.
② 준법의식이 해이해지면, 사회적으로 부패가 싹트게 된다.
③ 우리나라의 준법의식 수준은 세계 최고이기 때문에, 부패지수가 0이다.
④ 선진국들과 경쟁하기 위해서는 개인의 의식 변화와 이를 뒷받침할 시스템 기반의 확립이 필요하다.

예제풀이

우리나라의 준법의식 수준은 세계 최고가 아니다. 아직까지 준법의식 수준이 낮은 편이다.

정답 ③

(2) 직장에서의 예절

① 예절의 의미

일정한 생활문화권에서 오랜 생활습관을 통해 하나의 공통된 생활방법으로 정립되어 관습적으로 행해지는 사회계약적인 생활규범을 말한다.

② 에티켓과 매너

에티켓	사람과 사람 사이에 마땅히 지켜야 할 규범으로서 형식적 측면이 강함
매너	형식을 나타내는 방식으로 방법적 성격이 강함

③ 비즈니스 매너

㉠ 인사 예절

- 악수는 윗사람이 아랫사람에게, 여성이 남성에게 청한다.
- 소개를 할 때는 나이 어린 사람을 연장자에게, 내가 속해 있는 회사의 관계자를 타 회사의 관계자에게, 동료를 고객에게 소개한다.
- 명함을 건넬 때는 왼손으로 받치고 오른손으로 건네는데 자신의 이름이 상대방을 향하도록 한다.

㉡ 전화 예절

- 전화가 연결되면 담당자 확인 후 자신을 소개하고 간결하고 정확하게 용건을 전달한다. 전화를 끊기 전 내용을 다시 한 번 정리해 확인하고 담당자가 없을 땐 전화번호를 남긴다.
- 전화를 받을 때는 벨이 3 ~ 4번 울리기 전에 받는다.

㉢ 이메일 예절

- 이메일을 쓸 때는 서두에 소속과 이름을 밝힌다.
- 업무 성격에 맞는 형식을 갖추고 간결하면서도 명확하게 쓴다.
- 메일 제목은 반드시 쓰고 간결하면서 핵심을 알 수 있게 작성한다

④ 직장 내 괴롭힘

근로기준법상에 따른 사용자 등이 사업장 내의 모든 근로자에게,
ⅰ) 지위 또는 관계 등의 우위를 이용하여
ⅱ) 업무상 적정 범위를 넘는 행위를 통해
ⅲ) 신체적, 정신적 고통을 주거나 근무환경을 악화시키는 행위를 할 경우

⑤ 직장 내 성희롱

ⅰ) 성희롱의 당사자 요건 충족
ⅱ) 지위를 이용하거나 업무와의 관련성이 있을 것
ⅲ) 성적인 언어나 행동, 또는 이를 조건으로 하는 행위일 것
ⅳ) 고용상 불이익을 초래하거나 성적 굴욕감을 유발하여 고용환경을 악화시키는
경우

┌연속출제┐
다음 A, B의 태도와 관련 깊은 직업윤리 덕목은?

> A : 내가 하는 일은 내가 가장 잘할 수 있는 일이고, 나는 내게 주어진 사회적 역할과 책무를 충실히 하여 사회에 기여하고 공동체를 발전시켜 나간다.
> B : 내가 하는 일은 기업의 이익을 넘어 사회에 기여할 수 있는 일이라고 생각한다. 나는 이런 중요한 일을 하므로 내 직업에 있어서 성실히 임해야 한다.

	A의 직업윤리	B의 직업윤리
①	봉사의식	소명의식
②	책임의식	직분의식
③	천직의식	소명의식
④	전문가의식	직분의식
⑤	봉사의식	책임의식

풀이순서

1) 질문의도
   : 직업윤리 덕목

2) 지문파악

3) 보기분석
   A : 책임의식의 태도
   B : 직분의식의 태도

4) 정답도출

 유형 분석
• 직업인으로서 갖춰야 할 덕목에 대한 이해를 묻는 유형이다.
• 쉬운 편에 속하지만, 방심해서 실수로 틀릴 가능성이 높기 때문에 주의해야 한다.

풀이 전략
개념이 어렵지 않지만 실수하기 쉬운 영역이다. 가장 먼저, 문제에서 무엇을 묻는지 확인하고 선택지를 확인해야 한다. 선택지를 먼저 확인하면 자신만의 기준으로 판단하기 쉬운 내용(가치, 태도)들이기 때문이다.

공동체윤리

┌ 연속출제 ┐

다음은 직장 내 성희롱과 관련된 사례들이다. 이 중 성희롱에 해당되지 않는 것은?

① 홍 부장은 사무실에서 매우 재미있는 사람으로 주로 성을 소재로 한 이야기를 시도 때도 없이 한다. 여직원 김 씨는 홍 부장의 이러한 농담이 부담스러웠지만 부서에서 여자는 자신 혼자뿐이었기 때문에 같이 어울릴 수밖에 없는 처지이다.

② 여직원 박 씨는 몇 명의 남자직원들과 함께 근무하는 팀의 홍일점이다. 그런데 박 씨에게 관심 있는 강 대리는 일을 시킬 때면 박 씨의 어깨와 손을 은근히 건드리곤 한다.

③ 최 대리는 모든 사람에게 인사 잘하기로 유명한 남직원이다. 그는 동료 여직원인 정 씨에게 "오늘은 대단히 멋있어 보이는데요? 정 씨는 파란색을 입으면 대단히 잘 어울린단 말이야." 하고 말한다. └→ 칭찬

④ 박 부장은 회식에 가면 옆에 앉은 여직원에게 술을 따르라고 하면서 "이런 것은 아무래도 여자가 해야 술맛이 나지, 분위기 좀 살려봐."라고 한다.

⑤ 박 과장은 이 씨를 아래위로 훑어보며 "나 보라고 그렇게 짧게 입은 거야?"라는 식의 농담을 자주 던지곤 한다.

풀이순서

1) 질문의도
　: 직장 내 성희롱

2) 선택지 분석

3) 정답도출
　: ③ - 칭찬하는 말

📋 **유형** 분석
- 근로윤리와 마찬가지로 직업인으로서 갖춰야 할 덕목에 대한 이해를 묻는 문제이다.
- 근로윤리가 개인적인 차원에서 바람직한 태도에 대한 이해를 묻는다면, 이 유형은 집단 속에서 구성원으로서 지켜야 할 도리에 대한 이해를 묻는다.
- 윤리 영역이기 때문에 좋은 말 혹은 바람직하지 않은 말만 찾아도 문제를 푸는 데 큰 무리가 없지만, 직장 내 성희롱에 대해서는 관련 지식을 필수로 알아두어야 한다.

📋 **풀이** 전략
성희롱에 관련된 지식을 머릿속에 상기하면서 선택지에서 키워드를 찾아야 한다. 그렇지 않으면 자의적인 판단을 할 가능성이 높기 때문이다.

01 다음 중 악수 예절에 대한 설명으로 옳지 않은 것은?

① 악수는 왼손으로 하는 것이 원칙이다.

② 상대의 눈을 보지 않고 하는 악수는 실례이다.

③ 손끝만 내밀어 악수하지 않는다.

④ 상대가 악수를 청할 경우, 남성은 반드시 일어서서 받는다.

02 다음 중 전화응대의 기본예절로 적절하지 않은 것은?

① 인사나 필요한 농담이라도 길어지지 않도록 한다.

② 상대가 누구이건 차별하지 말고 높임말을 쓰도록 한다.

③ 업무에 방해되지 않도록 출근 직후나 퇴근 직전에 전화한다.

④ 상대가 이해하지 못할 전문용어나 틀리기 쉬운 단어는 사용하지 않는다.

03 다음은 기업의 사회적 책임과 관련된 자료이다. 빈칸에 들어갈 말이 바르게 연결된 것은?

〈기업의 사회적 책임〉

현대사회에서 기업이 지속적으로 유지 · 발전하기 위해서는 사회구성원과의 상생을 위한 기업의 노력이 필요하다. 기업의 사회적 책임이란 기업이 이윤 추구 활동 이외에 법령과 윤리를 준수하고, 기업 이해관계자의 요구에 적절히 대응함으로써 사회에 긍정적 영향을 미치는 책임 있는 활동을 의미한다. 이러한 기업의 사회적 책임에는 기본적으로 다음과 같은 4가지 책임이 따른다.

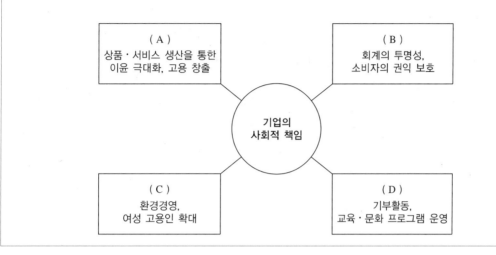

	(A)	(B)	(C)	(D)
①	경제적 책임	윤리적 책임	법적 책임	자선적 책임
②	경제적 책임	법적 책임	윤리적 책임	자선적 책임
③	자선적 책임	법적 책임	윤리적 책임	경제적 책임
④	자선적 책임	윤리적 책임	법적 책임	경제적 책임

04 P회사에서는 2020년 연말에 사내 공모전을 시행하였다. 팀 회식 중 팀장님이 공모전에 대해 이야기하며, 옆 팀 B사원이 낸 아이디어가 참신하다고 이야기하였다. A사원은 그 이야기를 듣고 자신의 아이디어와 너무 비슷하다고 생각하여 당황하였다. 생각해 보니 입사 동기인 B사원과 점심 식사 중 공모전 아이디어에 대해 이야기를 나누며 의견을 물은 적이 있었다. 이때 A사원이 취할 행동은?

① 회식 중에 사실 관계에 대해 정확히 이야기한다.

② 다음 날 B사원에게 어떻게 된 일인지 이야기해 본다.

③ 다음 날 감사팀에 바로 이의제기를 한다.

④ 다른 입사 동기들에게 B사원이 아이디어를 따라 했다고 이야기한다.

05 다음 중 준법의 의미에 대한 〈보기〉의 설명으로 옳은 것을 모두 고르면?

> **보기**
> ㉠ 준법은 민주 시민으로서 기본적으로 지켜야 하는 의무이며 생활 자세이다.
> ㉡ 민주 사회의 법과 규칙을 준수하는 것은 시민으로서의 자신의 권리를 보장받고, 다른 사람의 권리를 보호해 주며 사회 질서를 유지하는 역할을 한다.
> ㉢ 우리 사회는 민주주의와 시장경제를 지향하고 있으며, 그것이 제대로 정착될 만한 사회적·정신적 토대를 완벽히 갖추고 있다.
> ㉣ 민주주의와 시장경제는 구성원들에게 많은 자유와 권리를 부여하지만, 동시에 규율의 준수와 그에 따르는 책임을 요구한다.
> ㉤ 준법의 사전적 의미는 말 그대로 법과 규칙을 준수하는 것으로, 준법의식이 해이해지면 사회적으로 부패가 싹트게 된다.

① ㉠, ㉡, ㉢, ㉣

② ㉠, ㉡, ㉣, ㉤

③ ㉠, ㉢, ㉣, ㉤

④ ㉡, ㉢, ㉣, ㉤

※ 다음을 읽고 이어지는 질문에 답하시오. **[6~7]**

〈더글러스와 보잉의 대결〉

항공기 제작회사인 더글러스와 보잉사는 최초의 대형 제트 여객기를 이스턴 항공사에 팔기 위해 경합을 벌이고 있었다. 이스턴 항공사의 사장인 에디 레켄베커는 도날드 더글러스 사장에게 편지를 하여 더글러스사가 DC – 8 항공기에 대해 작성한 설계 명세서나 요구 조건은 보잉사와 매우 흡사한 반면 소음방지 장치에 대한 부분은 미흡하다고 전했다.

그러고 나서 마지막으로 레켄베커는 더글러스사가 보잉사보다 더 우수한 소음방지 장치를 달아주겠다는 약속을 할 수가 있는지 물어보았다.

이에 대해 더글러스는 다음과 같은 편지를 보냈다.

To. 이스턴 항공사의 에디 레켄베커
　　우리 회사의 기술자들에게 조회해 본 결과, 소음방지장치에 대한 약속은 할 수 없음을 알려드립니다.
From. 더글러스사의 도날드 더글러스

레켄베커는 이 같은 내용의 답신을 보냈다.

To. 더글러스사의 도날드 더글러스
　　나는 당신이 그 약속을 할 수 없다는 것을 알고 있었습니다.
　　나는 당신이 얼마나 정직한지를 알고 싶었을 뿐입니다.
　　이제 1억3천5백만 달러 상당의 항공기를 주문하겠습니다.
　　마음 놓고 소음을 최대한 줄일 수 있도록 노력해 주십시오.

---

06 더글러스가 만약 레켄베커의 요청에 대해 기술적 검토를 해본 후에 불가능함을 알고도 할 수 있다고 답장을 보냈다면 직업윤리 덕목 중 어떤 덕목에 어긋난 행동이 되는가?

① 책임의식, 전문가의식　　　　　　　　② 소명의식, 전문가의식

③ 직분의식, 천직의식　　　　　　　　　④ 천직의식, 소명의식

---

07 더글러스가 제시문과 같이 답장을 함으로써 얻을 수 있는 가치는 무엇인가?

① 눈앞의 단기적 이익　　　　　　　　　② 명예로움과 양심

③ 매출 커미션　　　　　　　　　　　　　④ 주위의 부러움

※ 다음은 상황에 따른 직장에서의 전화예절을 지키기 위한 주의사항을 제시한 것이다. 이어지는 질문에 답하시오.
[8~9]

<직장에서의 전화예절>

상황	주의사항
전화 걸기	• 전화를 걸기 전에 먼저 내용을 준비한다. • 전화를 건 이유를 숙지하고 이와 관련하여 대화를 나눌 수 있도록 준비한다. • 정상적인 업무가 이루어지고 있는 근무 시간에 건다. • 비서나 다른 사람에게 메시지를 남길 수 있도록 준비한다. • 전화는 직접 건다. • 전화를 해달라는 메시지를 받았다면 48시간 안에 답한다. • 하루 이상 자리를 비우게 되면 메시지를 남겨놓는다.
전화 받기	• 전화벨이 3~4번 울리기 전에 받는다. • 당신이 누구인지 즉각 밝힌다. • 천천히, 명확하게 예의를 갖추고 말한다. • 목소리에 미소를 띠고 말한다. • 언제나 펜과 메모지를 곁에 두어 메시지를 받아 적을 수 있도록 한다. • 주위의 소음을 최소화한다. • 긍정적인 말로 전화 통화를 마치고 전화를 건 상대방에게 감사의 표시를 한다. • 준비되지 않은 곤란한 질문을 받으면 차후 다시 전화를 건다.
휴대전화	• 상대방에게 통화를 강요하지 않는다. • 상대방이 장거리 요금을 지불하게 되는 경우를 피한다. • 운전하면서 사용하지 않는다. • 휴대전화를 빌려달라고 부탁하지 않는다.

08 다음 중 직업인이 지켜야 할 예절로서 적절하지 않은 것은?

① 외부 인사와 첫인사로 악수를 할 때는 서로의 이름을 말하고 간단한 인사 몇 마디를 주고받는 정도의 시간 안에 끝내야 한다.

② 비즈니스상의 소개를 할 때는 직장 내에서의 서열과 나이, 성별을 고려해야 한다.

③ 명함을 교환할 때는 하위에 있는 사람이 먼저 꺼내는데 상위자에 대해서는 왼손으로 가볍게 받치는 것이 예의이며, 동위자・하위자에게는 오른손으로만 쥐고 건넨다.

④ 전화를 받을 때는 전화벨이 3~4번 울리기 전에 받고 자신이 누구인지를 즉시 말한다.

09 다음과 같은 상황에서 직장 내 전화예절에 부합하는 방식으로 적절한 것은?

A주임	대신 받았습니다. 항공우주박물관 김유신입니다.
민원인	박물관에서 진행하는 전시회에 관해 문의드릴 게 있어서 전화 드렸습니다.
A주임	죄송합니다만, 지금 담당자가 잠시 자리를 비운 상태입니다. ( )

① 담당자가 자리를 비웠으니 나중에 다시 전화주시면 감사하겠습니다.

② 48시간 안에 담당자가 돌아올 예정이니 그때 전화 드리도록 하겠습니다.

③ 메모 가능하시면 지금 담당자 휴대폰 번호를 안내드리도록 하겠습니다.

④ 연락처를 남겨주시면 담당자가 직접 연락드릴 수 있도록 메모 남겨드리겠습니다.

10 직장에서 벌어지는 상황을 보고, 생각할 수 있는 근면한 직장생활로 옳지 않은 것은?

허 주임은 감각파이자 낙천주의자이다. 오늘 점심시간에 백화점 세일에 갔다 온 것을 친구에게 전화로 자랑하기 바쁘다. "오늘 땡잡았어! 스키용품을 50%에 구했지 뭐니!", "넌 혼자만 일하니? 대충대충 해. 그래서 큰 회사 다녀야 땡땡이치기 쉽다니까."

① 업무시간에는 개인적인 일을 하지 않는다.

② 업무시간에 최대한 업무를 끝내도록 한다.

③ 점심시간보다 10분 정도 일찍 나가는 것은 괜찮다.

④ 사무실 내에서 전화나 메신저 등을 통해 사적인 대화를 나누지 않는다.

PART 2

실전모의고사

제1회
실전모의고사

취약영역 분석

번호	O/×	영역	번호	O/×	영역	번호	O/×	영역
1			21			41		
2			22			42		
3			23			43		
4			24			44		
5		의사소통능력	25		문제해결능력	45		조직이해능력
6			26			46		
7			27			47		
8			28			48		
9			29			49		
10			30			50		
11			31			51		
12			32			52		
13			33			53		문제해결능력
14			34			54		
15		수리능력	35		정보능력	55		
16			36			56		
17			37			57		
18			38			58		직업윤리
19			39			59		
20			40			60		

평가 문항	60문항	맞힌 개수	문항	시작시간	:
평가 시간	60분	취약 영역		종료시간	:

FINAL 제 1 회

실전모의고사

모바일
OMR
답안분석
서비스

🕐 응시시간 : 60분   📋 문항 수 : 60문항   정답 및 해설 p.30

※ 다음 글을 읽고 이어지는 질문에 답하시오. [1~2]

신문이나 잡지는 대부분 유료로 판매된다. 반면, 인터넷 뉴스 사이트는 신문이나 잡지의 기사와 같거나 비슷한 내용을 무료로 제공한다. 왜 이런 현상이 발생하는 것일까?

이 현상 속에는 경제학적 배경이 숨어 있다. 대체로 상품의 가격은 그 상품을 생산하는 데 드는 비용의 언저리에서 결정된다. 생산 비용이 많이 들면 들수록 상품의 가격이 상승하는 것이다. 그러나, 인터넷에 게재되는 기사를 생산하는 데 드는 비용은 0원에 가깝다. 기자가 컴퓨터로 작성한 기사를 신문사 편집실로 보내 종이 신문에 게재하고, 그 기사를 그대로 재활용하여 인터넷 뉴스 사이트에 올리기 때문이다. 또한, 인터넷 뉴스 사이트 방문자 수가 증가하면 사이트에 걸어 놓은 광고에 대한 수입도 증가하게 된다. 이러한 이유로 신문사들은 경쟁적으로 인터넷 뉴스 사이트를 개설하여 무료로 운영했던 것이다. 그런데 무료로 인터넷 뉴스 사이트를 이용하는 사람들이 폭발적으로 늘어나면서 돈을 지불하고 신문이나 잡지를 구독하는 사람들이 점점 줄어들기 시작했고, 이는 언론사들의 수익률 감소로 인한 재정악화를 초래했다. 문제는 여기서 그치지 않는다. 언론사들의 재정적 악화는 깊이 있고 정확한 뉴스를 생산하는 그들의 능력을 저하시키거나 사라지게 할 수도 있다. 결국 그로 인한 피해는 뉴스를 이용하는 소비자에게 되돌아올 것이다.

그래서 언론사들, 특히 신문사들의 재정악화 개선을 위해 인터넷 뉴스를 유료화해야 한다는 의견이 대두되고 있다. 하지만 이러한 주장을 현실화하는 것은 그리 간단하지 않다. 소비자들은 어떤 상품을 구매할 때 그 상품의 가격이 얼마 정도면 구입할 것이고, 얼마 이상이면 구입하지 않겠다는 마음의 선을 긋는다. 이 선의 최대치가 바로 최대 지불 의사(Willingness to Pay)이며, 소비자들의 머릿속에 한번 각인된 최대 지불 의사는 좀처럼 변하지 않는 특성이 있다. 인터넷 뉴스의 경우 오랫동안 소비자에게 무료로 제공되었고, 그러는 사이 인터넷 뉴스에 대한 소비자들의 최대 지불 의사도 0원으로 굳어진 것이다. 즉, 이를 유료화한다면 소비자들은 여러 이유를 들어 불만을 토로할 것이다.

해외의 일부 경제 전문지는 이러한 문제를 성공적으로 해결했다. 그들은 매우 전문적이고, 깊이 있는 기사를 작성하여 소비자에게 제공하는 대신 인터넷 뉴스 사이트를 유료화했다. 그럼에도 불구하고 많은 소비자들이 기꺼이 돈을 지불하고 이들 사이트의 기사를 이용하고 있다. 전문화되고 맞춤화된 뉴스일수록 유료화 잠재력이 높은 것이다. 이처럼 제대로 된 뉴스를 만드는 공급자와 정당한 값을 내고 제대로 된 뉴스를 소비하는 수요자가 만나는 순간 문제해결의 실마리를 찾을 수 있을 것이다.

01 다음 중 윗글의 내용에 바탕이 되는 경제관으로 적절하지 않은 것은?

① 경제적 이해관계는 사회현상의 변화를 초래한다.

② 상품의 가격이 상승할수록 소비자의 수요가 증가한다.

③ 소비자들의 최대 지불 의사는 상품의 구매 결정과 밀접한 관련이 있다.

④ 일반적으로 상품의 가격은 상품 생산의 비용과 가까운 수준에서 결정된다.

02 다음 중 윗글을 읽은 학생들의 반응으로 적절하지 않은 것은?

① 정보를 이용할 때 정보의 가치에 상응하는 이용료를 지불하는 것은 당연한 거라고 생각해.

② 현재 무료인 인터넷 뉴스 사이트를 유료화하려면 먼저 전문적이고 깊이 있는 기사를 제공해야만 해.

③ 인터넷 뉴스가 광고를 통해 수익을 내는 경우도 있으니, 신문사의 재정을 악화시키는 것만은 아니야.

④ 인터넷 뉴스만 보는 독자들의 행위가 품질이 나쁜 뉴스를 생산하게 만드는 근본적인 원인이므로 좋은 신문을 많이 구독해야겠어.

03 다음 중 기획안 작성 시 유의할 점에 대한 김 대리의 조언으로 적절하지 않은 것은?

> 발신인 : 김 □□
> 수신인 : 이 ○○
> ○○ 씨, 김 □□ 대리입니다. 기획안 잘 받아봤어요. 검토가 더 필요해서 결과는 시간이 좀 걸릴 것 같아요, 기왕 메일을 보내는 김에 기획안을 쓸 때 지켜야 할 점들에 대해서 말씀드리고자 합니다. 문서는 내용 못지않게 형식을 지키는 것도 매우 중요하니까 다음 기획안을 쓸 때 참고하시면 도움이 될 겁니다.

① 표나 그래프를 활용하는 경우에는 내용이 잘 드러나는지 꼭 점검하세요.
② 마지막엔 반드시 '끝'을 붙여 문서의 마지막임을 확실하게 전달해야 해요.
③ 전체적으로 내용이 많은 만큼 구성에 특히 신경을 써야 합니다.
④ 완벽해야 하기 때문에 꼭 여러 번 검토를 하세요.

04 아래 자료는 문서 작성 시 유의해야 할 한글 맞춤법 및 어법에 따른 표기이다. 다음 중 표기가 적절하지 않은 것은?

> **〈한글 맞춤법 및 어법〉**
>
> 1) 고 / 라고
> 앞말이 직접 인용되는 말임을 나타내는 조사는 '라고'이다. '고'는 앞말이 간접 인용되는 말임을 나타내는 격조사이다.
> 2) 로써 / 로서
> 지위나 신분 또는 자격을 나타내는 격조사는 '로서'이며, '로써'는 어떤 일의 수단이나 도구를 나타내는 격조사이다.
> 3) 율 / 률
> 받침이 있는 말 뒤에서는 '렬, 률', 받침이 없는 말이나 'ㄴ' 받침으로 끝나는 말 뒤에서는 '열, 율'로 적는다.
> 4) 년도 / 연도
> 한자음 '녀, 뇨, 뉴, 니'가 단어 첫머리에 올 때는 두음 법칙에 따라 '여, 요, 유, 이'로 적는다. 단, 의존 명사의 경우 두음 법칙을 적용하지 않는다.
> 5) 연월일의 표기
> 아라비아 숫자만으로 연월일을 표시할 경우 마침표는 연월일 다음에 모두 사용해야 한다.

① 이사장은 "이번 기회를 통해 소중함을 깨닫게 되었으면 좋겠다."라고 말했다.
② 모든 것이 말로써 다 표현되는 것은 아니다.
③ 올해의 상반기 목표 성장률을 달성하기 위해서는 모두가 함께 노력해야 한다.
④ 노인 일자리 추가 지원 사업을 시작한 지 반 연도 되지 않아 지원이 끝이 났다.

05 다음 글의 제목으로 가장 적절한 것은?

> 감시용으로만 사용되는 CCTV가 최근에 개발된 신기술과 융합되면서 그 용도가 점차 확대되고 있다. 대표적인 것이 인공지능(AI)과의 융합이다. CCTV가 지능을 가지게 되면 단순 행동 감지에서 벗어나 객체를 추적해 행위를 판단할 수 있게 된다. 단순히 사람의 눈을 대신하던 CCTV가 사람의 두뇌를 대신하는 형태로 진화하고 있는 셈이다.
> 인공지능을 장착한 CCTV는 범죄현장에서 이상 행동을 하는 사람을 선별하고, 범인을 추적하거나 도주 방향을 예측해 통합관제센터로 통보할 수 있다. 또 수상한 사람의 행동 패턴에 따라 지속적인 추적이나 감시를 수행하고, 차량 번호 및 사람 얼굴 등을 인식해 관련 정보를 분석해 제공할 수 있다.
> 한국전자통신연구원(ETRI)에서는 CCTV 등의 영상 데이터를 활용해 특정 인물이 어떤 행동을 할지를 사전에 예측하는 영상분석 기술을 연구 중인 것으로 알려져 있다. 인공지능 CCTV는 범인 추적뿐만 아니라 자연재해를 예측하는 데 사용할 수도 있다. 장마철이나 국지성 집중호우 때 홍수로 범람하는 하천의 수위를 감지하는 것은 물론 산이나 도로 등의 붕괴 예측 등 다양한 분야에 적용될 수 있기 때문이다.

① AI와 융합한 CCTV의 진화

② 범죄를 예측하는 CCTV

③ 당신을 관찰한다, CCTV의 폐해

④ CCTV와 AI의 현재와 미래

06 공문서는 결재권자가 해당 문서에 결재함으로써 성립하고, 성립한 문서는 입법주의에 따라 문서의 종류마다 효력이 다르게 발생한다. 〈보기〉의 내용이 문서의 효력 발생에 대한 입법주의를 각각 설명한 것일 때, 다음 중 바르게 연결된 것은?

> **보기**
>
> (가) 성립한 문서가 상대방에게 발신된 때 효력이 발생한다는 견해로, 신속한 거래에 적합하며 다수에게 동일한 통지를 해야 할 경우 획일적으로 효력을 발생하게 할 수 있다는 장점이 있다.
> (나) 상대방이 문서의 내용을 알게 되었을 때에 효력이 발생한다는 견해로, 상대방의 부주의나 고의 등으로 인해 내용을 알 수 없을 경우 발신자가 불이익을 감수해야 하는 폐단이 발생할 수 있다.
> (다) 문서가 상대방에게 도달해야 효력이 발생한다는 견해로, 이때 도달은 문서가 상대방의 지배범위 내에 들어가 사회 통념상 그 문서의 내용을 알 수 있는 상태가 되었다고 인정되는 것을 의미한다.
> (라) 문서가 성립한 때, 즉 결재로써 문서의 작성이 끝났을 때에 효력이 발생한다는 견해로, 문서발신 지연 등 발신자의 귀책사유로 인한 불이익을 상대방이 감수해야 하는 부당함이 발생하기도 한다.

	(가)	(나)	(다)	(라)
①	표백주의	도달주의	요지주의	발신주의
②	도달주의	요지주의	발신주의	표백주의
③	도달주의	표백주의	발신주의	요지주의
④	발신주의	요지주의	도달주의	표백주의

사람들은 커뮤니케이션에 대한 관점이 다르기 때문에 메시지 내용의 구성에 있어서도 매우 차이가 나는 것을 볼 수 있다. 메시지 구성논리(Message Design Logic)는 사람들이 자신의 생각과 메시지의 구성을 연결하는 커뮤니케이션에 대하여 가지는 믿음 체계라고 볼 수 있다. 다시 말해 커뮤니케이션의 기능이나 특성에 대한 사람들의 차별적인 관점이 메시지 구성에서 차별화를 보여 준다는 것이다. 이러한 차별적 메시지 구성은 사람들이 갈등적 관계에 있을 때 특히 명확하게 드러난다. 오키프는 다음과 같은 세 가지 종류의 메시지 구성논리를 주장하고 있다.

첫 번째, 표현적 메시지 구성논리(Expressive Message Design Logic)는 송신자 중심의 패턴이라고 볼 수 있다. 이러한 패턴을 사용하는 사람들은 기본적으로 자신의 표현(Self-expression)을 가장 중요하게 생각한다. _____(가)_____ 표현적 메시지 구성논리를 사용하는 사람들은 자신의 생각의 표현을 억제하는 것이 힘들며, 생각하는 것을 곧바로 입으로 표현하고자 한다. 이러한 사람들은 커뮤니케이션에서 솔직함이나 개방성, 명쾌함 등을 중요한 가치로 생각하며, 의도적이고 전략적으로 말을 하는 사람들을 신뢰하지 않는다. 마음에 있는 것들을 곧바로 말하고 싶은 충동을 갖고 있는 것이다. 메시지 내용의 대부분은 송신자가 무엇을 느끼고 있는가에 초점이 맞춰져 있는 것이다.

두 번째는 인습적 메시지 구성논리(Conventional Message Design Logic)이다. 메시지 구성 논리를 사용하는 사람들은 커뮤니케이션을 협동적으로 이뤄지는 게임으로 간주한다. 따라서 이러한 사람들은 커뮤니케이션에서 적절함에 관심을 가지며, 대화의 맥락, 역할, 관계 등을 중요하게 생각한다. _____(나)_____ 그들은 공손하려고 애쓰며, 사회적 규칙 등을 암시적으로 언급하는 사람들이다. 다른 사람이 사회적으로 잘못했을 경우 그 사람의 행동이 부적절했음을 지적할 뿐만 아니라 상대방의 사회적 위치가 무엇인지를 지적하는 사람인 것이다.

마지막으로 세 번째 구성논리는 수사적 메시지 구성논리(Rhetorical Message Design Logic)이다. _____(다)_____ 이러한 사고방식은 커뮤니케이션의 기술적 능력과 세심함과 함께 유연성을 특히 강조하고 있다. 수사적 메시지 구성논리를 중심으로 하는 사람들은 상대방의 관점을 이해하기 위하여 상대방과의 커뮤니케이션의 내용에 주목한다. 서로 간에 이익이 되는 상황으로 기존의 상황을 재정의함으로써 문제를 예방하려고 한다.

보기

㉠ 이러한 구성논리를 사용하는 사람들은 커뮤니케이션을 상황을 만들고 복수(자신과 상대방)의 목표를 타협하는 도구로 간주한다.

㉡ 커뮤니케이션이란 송신자의 생각이나 감정을 전달하는 수단으로 간주되는 것이다.

㉢ 주어진 상황에서 올바른 것을 말하고 행하는 것에 관심을 갖는 것이다.

	(가)	(나)	(다)
①	㉠	㉡	㉢
②	㉠	㉢	㉡
③	㉡	㉢	㉠
④	㉡	㉠	㉢

08 국민연금공단의 이 부장은 신입사원을 대상으로 직장 내 교육훈련을 진행하고 있으며 문서 종류에 따른 작성법을 교육하려고 아래의 자료를 준비하였다. 다음 중 자료의 내용에서 수정해야 할 부분은?

구분	작성법
공문서	• 회사 외부로 전달되는 문서이기 때문에 누가, 언제, 어디서, 무엇을, 어떻게(혹은 왜)가 드러나도록 작성함 • 날짜는 연도와 월일을 반드시 함께 기입함 • 한 장에 담아내는 것이 원칙 … ① • 마지막엔 반드시 '끝.'자로 마무리 • 내용이 복잡할 경우 '-다음-' 또는 '-아래-'와 같은 항목을 만들어 구분함 • 장기간 보관되므로 정확하게 기술함
설명서	• 명령문보다 평서형으로 작성함 • 상품이나 제품에 대해 설명하는 글이므로 정확하게 기술함 • 정확한 내용 전달을 위해 간결하게 작성함 … ② • 전문용어는 이해하기 어렵기 때문에 가급적 사용하지 않음 • 복잡한 내용은 도표를 통해 시각화함 • 동일한 문장 반복을 피하고 다양한 표현을 이용함 … ③
기획서	• 기획서의 목적을 달성할 수 있는 핵심 사항이 정확하게 기입되었는지 확인함 • 상대가 채택하게끔 설득력을 갖춰야 하므로, 상대가 요구하는 것이 무엇인지 고려하여 작성함 • 내용이 한눈에 파악되도록 체계적으로 목차를 구성함 • 핵심 내용의 표현에 신경을 써야 함 • 효과적인 내용 전달을 위해 내용에 적합한 표나 그래프를 활용하여 시각화함 • 충분히 검토를 한 후 제출함 • 인용한 자료의 출처가 정확한지 확인함
보고서	• 업무 진행 과정에서 쓰는 보고서인 경우, 진행 과정에 대한 핵심 내용을 구체적으로 제시함 • 내용의 중복을 피하고, 핵심 사항만 산뜻하고 간결하게 작성함 • 복잡한 내용일 때는 도표나 그림을 활용함 • 개인의 능력을 평가하는 기본 요소이므로 제출하기 전에 반드시 최종 점검함 • 참고자료는 정확하게 제시함 • 마지막엔 반드시 '끝.'자로 마무리 … ④ • 내용에 대한 예상 질문을 사전에 추출해 보고 그에 대한 답을 미리 준비함

A사원의 추론이 올바를 때, 다음 글의 빈칸에 들어갈 진술로 적절한 것을 〈보기〉에서 모두 고르면?

A사원은 인사과에서 인사고과를 담당하고 있다. 올해 인사과에서는 우수 직원을 선정하여 표창하기로 하였고, 그에게 인사고과에서 우수한 평가를 받은 직원을 후보자로 추천하라는 과장의 지시가 내려왔다. 평가 항목은 대민봉사, 업무역량, 성실성, 청렴도이고 각 항목은 상(3점), 중(2점), 하(1점)로 평가한다. A사원이 추천한 표창 후보자는 갑돌, 을순, 병만, 정애 네 명이며, 이들이 받은 평가는 다음과 같다.

구분	대민봉사	업무역량	성실성	청렴도
갑돌	상	상	상	하
을순	중	상	하	상
병만	하	상	상	중
정애	중	중	중	상

A사원은 네 명의 후보자에 대한 평가표를 과장에게 제출하였다. 과장은 "평가 점수 총합이 높은 순으로 선발한다. 단, 동점자 사이에서는 _____"라고 하였다. A사원은 과장과의 면담 후 이들 중 세 명이 표창을 받게 된다고 추론하였다.

보기

ㄱ. 두 개 이상의 항목에서 상의 평가를 받은 후보자를 선발한다.
ㄴ. 청렴도에서 하의 평가를 받은 후보자를 제외한 나머지 후보자를 선발한다.
ㄷ. 하의 평가를 받은 항목이 있는 후보자를 제외한 나머지 후보자를 선발한다.

① ㄱ
② ㄷ
③ ㄱ, ㄴ
④ ㄴ, ㄷ

10 다음 중 글의 전체 흐름과 맞지 않는 부분을 찾아 수정하려고 할 때, 가장 적절한 것은?

상업적 농업이란 전통적인 자급자족 형태의 농업과 달리 ⊙ 판매를 위해 경작하는 농업을 일컫는다. 농업이 상업화된다는 것은 산출할 수 있는 최대의 수익을 얻기 위해 경작이 이루어짐을 뜻한다. 이를 위해 쟁기질, 제초작업 등과같은 생산 과정의 일부를 인간보다 효율이 높은 기계로 작업하게 되고, 농장에서 일하는 노동자도 다른 산업 분야처럼 경영상의 이유에 따라 쉽게 고용되고 해고된다. 이처럼 상업적 농업의 도입은 근대 사회의 상업화를 촉진한 측면이 있다.

홉스봄은 18세기 유럽에 상업적 농업이 도입되면서 일어난 몇 가지 변화에 주목했다. 중세 말기 장원의 해체로 인해지주와 소작농 간의 인간적이었던 관계가 사라진 것처럼, ⓛ 농장주와 농장 노동자의 친밀하고 가까웠던 관계가상업적 농업의 도입으로 인해 사라졌다. 토지는 삶의 터전이라기보다는 수익의 원천으로 여겨지게 되었고, 농장 노동자는 고용되어 임금을 받는 존재로 변화하였다. 결국 대량 판매 시장을 위한 ⓒ 대규모 생산이 점점 더 강조되면서 기계가 인간을 대체하기 시작했다.

또한, 상업적 농업의 도입은 중요한 사회적 결과를 가져왔다. 점차적으로 @ 중간 계급으로의 수렴현상이 나타난것이다. 저임금 구조의 고착화로 농장주와 농장 노동자 간의 소득 격차는 갈수록 벌어졌고, 농장 노동자의 처지는위생과 복지, 두 가지 측면에서 이전보다 더욱 열악해졌다.

나아가 상업화로 인해 그동안 호혜성의 원리가 적용되어왔던 대상들의 성격마저 변화하였는데, 특히 돈과 관련된재산권이 그러했다. 수익을 얻기 위한 토지 매매가 본격화되면서 재산권은 공유되기보다는 개별화되었다. 이에 따라이전에 평등주의 가치관이 우세했던 일부 유럽 국가에서조차 자원의 불평등한 분배와 사회적 양극화가 심화되었다.

① ⊙을 '개인적인 소비를 위해 경작하는 농업'으로 고친다.
② ⓛ을 '농장주와 농장 노동자의 이질적이고 사용 관계에 가까웠던 관계'로 고친다.
③ ⓒ을 '기술적 전문성이 점점 더 강조되면서 인간이 기계를 대체'로 고친다.
④ @을 '계급의 양극화가 나타난 것이다.'로 고친다.

11 국민연금공단은 야유회 준비를 위해 500mL 물과 2L 음료수를 총 330개 구입하였다. 야유회에 참가한 직원을 대상으로 500mL 물은 1인당 1개, 2L 음료수는 5인당 1개씩 지급했다. 만약, 물과 음료수가 남거나 모자라지 않았다면 야유회에 참가한 총 인원은?

① 260명   ② 265명
③ 270명   ④ 275명

12 국민연금공단은 2021년도 상반기 우수사원들에게 부상으로 순금을 수여하기로 하였다. 수상자는 1 ~ 3등 각 1명씩이며, 1등에게는 5돈 순금 두꺼비를 수여하고, 2등과 3등에게는 10g의 순금 열쇠를 하나씩 수여하기로 하였다. 부상 제작에 필요한 순금의 총 무게는?(단, 한 돈은 3.75g이다)

① 0.3875kg   ② 0.03875kg
③ 0.2875kg   ④ 0.02875kg

13 만약, 8월 19일이 수요일이라면, 30일 후인 9월 18일의 요일은?

① 수요일   ② 목요일
③ 금요일   ④ 토요일

※ 다음은 국민연금공단의 성과급 지급방법에 대한 자료이다. 이를 참고하여 이어지는 질문에 답하시오. [14~15]

〈성과급 지급방법〉

가. 성과급 지급은 성과평가 결과와 연계함

나. 성과평가 점수는 유용성, 안전성, 서비스 만족도의 총합으로 평가함 단, 유용성, 안전성, 서비스 만족도의 가중치를 각 각 0.4, 0.4, 0.2로 부여함

다. 성과평가 결과를 활용한 성과급 지급기준

성과평가 점수	성과평가 등급	분기별 성과급 지급액	비고
9.0 이상	A	100만 원	성과평가 등급이 A이면 직전분기 차감금의 50%를 가산하여 지급
8.0 이상 9.0 미만	B	90만 원(10만 원 차감)	
7.0 이상 8.0 미만	C	80만 원(20만 원 차감)	
7.0 미만	D	40만 원(60만 원 차감)	

14 국민연금공단 기획팀의 성과평가 결과가 다음과 같다. 성과급 지급방법을 참고할 때, 기획팀에 지급되는 1년 성과급의 총 금액은?

(단위 : 점)

구분	1/4분기	2/4분기	3/4분기	4/4분기
유용성	8	8	10	8
안전성	8	6	8	8
서비스 만족도	6	8	10	8

① 350만 원　　　　　　　　　　② 355만 원

③ 360만 원　　　　　　　　　　④ 365만 원

15 3/4분기에 평가등급이 A였던 마케팅팀, B였던 전략팀, C였던 영업팀이 4/4분기에서는 모두 A등급을 받았다. 다음 중 세 팀의 4/4분기 성과급 지급액을 모두 더한 금액은?

① 315만 원　　　　　　　　　　② 320만 원

③ 325만 원　　　　　　　　　　④ 330만 원

16 다음은 '갑' 연구소에서 제습기 A ~ E의 습도별 연간소비전력량을 측정한 자료이다. 이에 대한 〈보기〉의 설명으로 옳은 것을 모두 고르면?

〈제습기 A ~ E의 습도별 연간소비전력량〉

(단위 : kWh)

제습기＼습도	40%	50%	60%	70%	80%
A	550	620	680	790	840
B	560	640	740	810	890
C	580	650	730	800	880
D	600	700	810	880	950
E	660	730	800	920	970

보기

ㄱ. 습도가 70%일 때 연간소비전력량이 가장 적은 제습기는 A이다.

ㄴ. 각 습도에서 연간소비전력량이 많은 제습기부터 순서대로 나열하면, 습도 60%일 때와 습도 70%일 때의 순서는 동일하다.

ㄷ. 습도가 40%일 때 제습기 E의 연간소비전력량은 습도가 50%일 때 제습기 B의 연간소비전력량보다 많다.

ㄹ. 제습기 각각에서 연간소비전력량은 습도가 80%일 때가 40%일 때의 1.5배 이상이다.

① ㄱ, ㄴ

② ㄱ, ㄷ

③ ㄴ, ㄹ

④ ㄱ, ㄷ, ㄹ

17 다음은 1996 ~ 2015년 생명공학기술의 기술분야별 특허건수와 점유율에 관한 자료이다. 표와 〈조건〉에 근거하여 A ~ D에 해당하는 기술분야를 바르게 나열한 것은?

〈1996 ~ 2015년 생명공학기술의 기술분야별 특허건수와 점유율〉

(단위 : 건, %)

기술분야 \ 구분	전세계 특허건수	미국 점유율	한국 특허건수	한국 점유율
생물공정기술	75,823	36.8	4,701	6.2
A	27,252	47.6	1,880	( )
생물자원탐색기술	39,215	26.1	6,274	16.0
B	170,855	45.6	7,518	( )
생물농약개발기술	8,122	42.8	560	6.9
C	20,849	8.1	4,295	( )
단백질체기술	68,342	35.1	3,622	5.3
D	26,495	16.8	7,127	( )

※ [해당국의 점유율(%)] = $\dfrac{\text{해당국의 특허건수}}{\text{전세계 특허건수}} \times 100$

조건

- '발효식품개발기술'과 '환경생물공학기술'은 미국보다 한국의 점유율이 높다.
- '동식물세포배양기술'에 대한 미국 점유율은 '생물농약 개발기술'에 대한 미국 점유율보다 높다.
- '유전체기술'에 대한 한국 점유율과 미국 점유율의 차이는 41%p 이상이다.
- '환경생물공학기술'에 대한 한국의 점유율은 25% 이상이다.

	A	B	C	D
①	동식물세포배양기술	유전체기술	발효식품개발기술	환경생물공학기술
②	동식물세포배양기술	유전체기술	환경생물공학기술	발효식품개발기술
③	발효식품개발기술	유전체기술	동식물세포배양기술	환경생물공학기술
④	유전체기술	동식물세포배양기술	발효식품개발기술	환경생물공학기술

18 다음은 3D기술 분야 특허등록건수 상위 10개국의 국가별 영향력지수와 기술력지수를 나타낸 자료이다. 이에 대한 〈보기〉의 설명 중 옳은 것을 모두 고르면?

〈3D기술 분야 특허등록건수 상위 10개국의 국가별 영향력지수와 기술력지수〉

국가 \ 구분	특허등록건수(건)	영향력지수	기술력지수
미국	500	( )	600.0
일본	269	1.0	269.0
독일	( )	0.6	45.0
한국	59	0.3	17.7
네덜란드	( )	0.8	24.0
캐나다	22	( )	30.8
이스라엘	( )	0.6	10.2
태국	14	0.1	1.4
프랑스	( )	0.3	3.9
핀란드	9	0.7	6.3

※ 1) (해당국가의 기술력지수)=(해당국가의 특허등록건수)×(해당국가의 영향력지수)

2) (해당국가의 영향력지수)=$\dfrac{\text{(해당국가의 피인용비)}}{\text{(전세계 피인용비)}}$

3) (해당국가의 피인용비)=$\dfrac{\text{(해당국가의 특허피인용건수)}}{\text{(해당국가의 특허등록건수)}}$

4) 3D기술 분야의 전세계 피인용비는 10임

보기

ㄱ. 캐나다의 영향력지수는 미국의 영향력지수보다 크다.
ㄴ. 프랑스와 태국의 특허피인용건수의 차이는 프랑스와 핀란드의 특허피인용건수의 차이보다 크다.
ㄷ. 특허등록건수 상위 10개국 중 한국의 특허피인용건수는 네 번째로 많다.
ㄹ. 네덜란드의 특허등록건수는 한국의 특허등록건수의 50% 미만이다.

① ㄱ, ㄴ
② ㄱ, ㄷ
③ ㄴ, ㄹ
④ ㄱ, ㄷ, ㄹ

19 다음은 6개 기관(가 ~ 바)에서 제시한 2021년 경제 전망을 나타낸 자료이다. 이를 바탕으로 자료의 A ~ F에 해당하는 기관을 바르게 짝지은 것은?

〈기관별 2021년 경제 전망〉

(단위 : %)

기관	경제 성장률	민간소비 증가율	설비투자 증가율	소비자물가 상승률	실업률
A	4.5	4.1	6.5	3.5	3.5
B	4.2	4.1	8.5	3.2	3.6
C	4.1	3.8	7.6	3.2	3.7
D	4.1	3.9	5.2	3.1	3.7
E	3.8	3.6	5.1	2.8	3.5
F	5.0	4.0	7.0	3.0	3.4

〈보고서〉

'가' 기관과 '나' 기관은 2021년 실업률을 동일하게 전망하였으나, '가' 기관이 '나' 기관보다 소비자물가 상승률을 높게 전망하였다. 한편, '마' 기관은 '나' 기관보다 민간소비 증가율이 0.5%p 더 높을 것으로 전망하였으며, '다' 기관은 경제 성장률을 6개 기관 중 가장 높게 전망하였다. 설비투자 증가율을 7% 이상으로 전망한 기관은 '다', '라', '마' 3개 기관이었다.

	A	B	C	D	E	F
①	가	라	마	나	바	다
②	가	마	다	라	나	바
③	가	마	라	바	나	다
④	다	라	나	가	바	마

20 다음은 A국에 출원된 의약품 특허출원에 관한 자료이다. 이를 바탕으로 작성된 보고서의 내용으로 옳은 것을 모두 고르면?

〈표 1〉 의약품별 특허출원 현황

(단위 : 건)

연도 구분	2018년	2019년	2020년
완제의약품	7,137	4,394	2,999
원료의약품	1,757	797	500
기타 의약품	2,236	1,517	1,220
계	11,130	6,708	4,719

〈표 2〉 의약품별 특허출원 중 다국적기업 출원 현황

(단위 : 건)

연도 구분	2018년	2019년	2020년
완제의약품	404	284	200
원료의약품	274	149	103
기타 의약품	215	170	141
계	893	603	444

〈표 3〉 완제의약품 특허출원 중 다이어트제 출원 현황

(단위 : 건)

연도 구분	2018년	2019년	2020년
출원 건수	53	32	22

〈보고서〉

⊙ 2018년부터 2020년까지 의약품의 특허출원은 매년 감소하였다. 그러나 기타 의약품이 전체 의약품 특허출원에서 차지하는 비중은 매년 증가하여 ⓒ 2020년 전체 의약품 특허출원의 30% 이상이 기타 의약품 특허출원이었다. 다국적기업의 의약품 특허출원 현황을 보면, 원료의약품에서 다국적기업 특허출원이 차지하는 비중이 다른 의약품에 비해 매년 높아 ⓒ 2020년 원료의약품 특허출원의 20% 이상이 다국적기업 특허출원이었다. 한편, ⓔ 2020년 다국적기업에서 출원한 완제의약품 특허출원 중 다이어트제 특허출원은 11%였다.

① ㉠, ㉡

② ㉠, ㉢

③ ㉡, ㉣

④ ㉠, ㉢, ㉣

21 아래의 표는 국민연금공단 직원들의 이번 주 추가근무 일정이다. 하루에 3명 이상 추가근무를 할 수 없고, 직원들은 각자 일주일에 6시간을 초과하여 추가근무를 할 수 없다. 다음 중 추가근무 일정을 수정해야 하는 사람은?

x

〈일주일 추가근무 일정〉

성명	추가근무 일정	성명	추가근무 일정
유진실	금요일 3시간	민윤기	월요일 2시간
김은선	월요일 6시간	김남준	일요일 4시간, 화요일 3시간
이영희	토요일 4시간	전정국	토요일 6시간
최유화	목요일 1시간	정호석	화요일 4시간, 금요일 1시간
김석진	화요일 5시간	김태형	수요일 6시간
박지민	수요일 3시간, 일요일 2시간	박시혁	목요일 1시간

① 김은선
② 김석진
③ 박지민
④ 김남준

x

22 월요일부터 금요일까지 진료를 하는 의사는 다음 〈조건〉에 따라 진료일을 정한다. 의사가 목요일에 진료를 하지 않았다면, 월요일 ~ 금요일 중 진료한 총 일수는?

> **조건**
> • 월요일에 진료를 하면 수요일에는 진료를 하지 않는다.
> • 월요일에 진료를 하지 않으면 화요일이나 목요일에 진료를 한다.
> • 화요일에 진료를 하면 금요일에는 진료를 하지 않는다.
> • 수요일에 진료를 하지 않으면 목요일 또는 금요일에 진료를 한다.

① 없음
② 1일
③ 2일
④ 3일

y

z

※ 국민연금공단은 사내 장기자랑을 위해 조를 편성하기로 하였다. 다음 자료를 참고하여 이어지는 질문에 답하시오.
[23~24]

〈조 편성 조건〉

- 2명씩 총 5개 조를 편성한다.
- 같은 팀끼리 같은 조가 될 수 없다.
- 남녀 조는 하나이다.
- 20대는 20대끼리, 30대는 30대끼리 조를 편성한다.
- 조원 간 나이 차는 5세 이내로 제한한다.

〈국민연금공단 직원 명단 및 나이〉

(단위 : 세)

	이름	전현무	김기안	이시언	방성훈	김충재
남	나이	39	27	36	29	24
	소속	안전관리팀	기술팀	인사팀	기획팀	총무팀
	이름	한혜진	박나래	안화사	정려원	김사랑
여	나이	35	30	23	32	37
	소속	인사팀	기술팀	총무팀	안전관리팀	기획팀

23 다음 중 조원이 될 수 있는 사람끼리 연결한 것으로 옳은 것은?

① 김충재, 김기안
② 안화사, 김충재
③ 김사랑, 정려원
④ 이시언, 방성훈

24 세대 간 화합을 위해 다음과 같이 〈조건〉을 변경하기로 하였다. 다음 중 조원이 될 수 있는 사람끼리 바르게 연결한 것은?

> **조건**
> - 2명씩 조를 편성한다.
> - 가장 나이 차가 많이 나는 조합부터 조를 편성한다(가장 나이가 어린 사람과 가장 나이가 많은 사람이 한 조가 된다).

① 정려원, 김사랑
② 전현무, 김충재
③ 한혜진, 방성훈
④ 김기안, 박나래

25 A ~ C 세 명이 가지고 있는 동전에 대한 다음의 정보를 참고할 때, 반드시 참인 것을 고르면?

> (가) 세 명의 동전은 모두 20개이다.
> (나) A는 적어도 어느 한 사람보다 많은 동전을 가지고 있다.
> (다) C의 동전을 모두 모으면 600원이다.
> (라) 두 명은 같은 개수의 동전을 가지고 있다.
> (마) 동전은 10원, 50원, 100원, 500원 중 하나이다.

① A에게 모든 종류의 동전이 있다면 A는 최소 690원을 가지고 있다.
② A는 최대 8,500원을 가지고 있다.
③ B와 C가 같은 개수의 동전을 가진다면 각각 4개 이상의 동전을 가진다.
④ B는 반드시 100원짜리를 가지고 있다.

26 다음 글과 상황을 근거로 판단할 때, 출장을 함께 갈 수 있는 직원들의 조합으로 옳은 것은?

> A은행 B지점에서는 3월 11일 회계감사 관련 서류 제출을 위해 본점으로 출장을 가야 한다. 오전 08시 정각 출발이 확정되어 있으며, 출발 후 B지점에 복귀하기까지 총 8시간이 소요된다. 단, 비가 오는 경우 1시간이 추가로 소요된다.
> • 출장인원 중 한 명이 직접 운전해야 하며, '운전면허 1종 보통' 소지자만 운전할 수 있다.
> • 출장시간에 사내 업무가 겹치는 경우에는 출장을 갈 수 없다.
> • 출장인원 중 부상자가 포함되어 있는 경우, 서류 박스 운반 지연으로 인해 30분이 추가로 소요된다.
> • 차장은 책임자로서 출장인원에 적어도 한 명 포함되어야 한다.
> • 주어진 조건 외에는 고려하지 않는다.

〈상황〉

• 3월 11일은 하루 종일 비가 온다.
• 3월 11일 당직 근무는 17시 10분에 시작한다.

직원	직급	운전면허	건강상태	출장 당일 사내 업무
갑	차장	1종 보통	부상	없음
을	차장	2종 보통	건강	17시 15분 계약업체 면담
병	과장	없음	건강	17시 35분 고객 상담
정	과장	1종 보통	건강	당직 근무
무	대리	2종 보통	건강	없음

① 갑, 을, 병
② 갑, 병, 정
③ 을, 병, 무
④ 을, 정, 무

27 다음 글과 상황을 근거로 판단할 때, A복지관에 채용될 2명의 후보자는?

A복지관은 청소년업무 담당자 2명을 채용하고자 한다. 청소년업무 담당자들은 심리상담, 위기청소년지원, 진학지도, 지역안전망구축 등 4가지 업무를 수행해야 한다. 채용되는 2명은 서로 다른 업무를 맡아 4가지 업무를 빠짐없이 분담해야 한다. 4가지 업무에 관련된 직무역량으로는 의사소통역량, 대인관계역량, 문제해결역량, 정보수집역량, 자원관리역량 등 5가지가 있다. 각 업무를 수행하기 위해서는 반드시 해당 업무에 필요한 직무역량을 모두 갖춰야 한다. 아래는 이를 표로 정리한 것이다.

업무	필요 직무역량
심리상담	의사소통역량, 대인관계역량
위기청소년지원	의사소통역량, 문제해결역량
진학지도	문제해결역량, 정보수집역량
지역안전망구축	대인관계역량, 자원관리역량

〈상황〉

- A복지관의 채용후보자는 4명(갑, 을, 병, 정)이며, 각 채용후보자는 5가지 직무역량 중 3가지씩을 갖추고 있다.
- 자원관리역량은 병을 제외한 모든 채용후보자가 갖추고 있다.
- 정이 진학지도업무를 제외한 모든 업무를 수행하려면, 의사소통역량만 추가로 갖추면 된다.
- 갑은 심리상담업무를 수행할 수 있고, 을과 병은 진학지도업무를 수행할 수 있다.
- 대인관계역량을 갖춘 채용후보자는 2명이다.

① 갑, 을　　　　　　　　　　② 갑, 병

③ 을, 병　　　　　　　　　　④ 을, 정

28 다음 글을 근거로 판단할 때, 〈보기〉에서 옳은 것을 모두 고르면?

현대적 의미의 시력 검사법은 1909년 이탈리아의 나폴리에서 개최된 국제안과학회에서 란돌트 고리를 이용한 검사법을 국제 기준으로 결정하면서 탄생하였다. 란돌트 고리란 시력 검사표에서 흔히 볼 수 있는 C자형 고리를 말한다. 란돌트 고리를 이용한 시력 검사에서는 5m 거리에서 직경이 7.5mm인 원형 고리에 있는 1.5mm 벌어진 틈을 식별할 수 있는지 없는지를 판단한다. 5m 거리의 1.5mm이면 각도로 따져서 약 $1'$(1분)에 해당한다. $1°$(1도)의 1/60이 $1'$이고, $1'$의 1/60이 $1''$(1초)이다.

이 시력 검사법에서는 구분 가능한 최소 각도가 $1'$일 때를 1.0의 시력으로 본다. 시력은 구분 가능한 최소 각도와 반비례한다. 예를 들어 구분할 수 있는 최소 각도가 $1'$의 2배인 $2'$이라면 시력은 1.0의 1/2배인 0.5이다. 만약 이 최소 각도가 $0.5'$이라면, 즉 $1'$의 1/2배라면 시력은 1.0의 2배인 2.00이다. 마찬가지로 최소 각도가 $1'$의 4배인 $4'$이라면 시력은 1.0의 1/4배인 0.25이다. 일반적으로 시력 검사표에는 2.0까지 나와 있지만 실제로는 이보다 시력이 좋은 사람도 있다. 천문학자 A는 $5''$까지의 차이도 구분할 수 있었던 것으로 알려져 있다.

> **보기**
>
> ㄱ. 구분할 수 있는 최소 각도가 $10'$인 사람의 시력은 0.1이다.
> ㄴ. 천문학자 A의 시력은 12인 것으로 추정된다.
> ㄷ. 구분할 수 있는 최소 각도가 $1.25'$인 갑은 구분할 수 있는 최소 각도가 $0.1'$인 을보다 시력이 더 좋다.

① ㄱ
② ㄱ, ㄴ
③ ㄴ, ㄷ
④ ㄱ, ㄷ

다음 통역경비 산정기준과 상황을 근거로 판단할 때, A사가 甲시에서 개최한 설명회에 쓴 총 통역경비는?

〈통역경비 산정기준〉

통역경비는 통역료와 출장비(교통비, 이동보상비)의 합으로 산정한다.

• 통역료(통역사 1인당)

구분	기본요금 (3시간 까지)	추가요금 (3시간 초과)
영어, 아랍어, 독일어	500,000원	100,000원/시간
베트남어, 인도네시아어	600,000원	150,000원/시간

• 출장비(통역사 1인당)
 - 교통비는 왕복으로 실비 지급
 - 이동보상비는 이동 시간당 10,000원 지급

〈상황〉

A사는 2021년 3월 9일 甲시에서 설명회를 개최하였다. 통역은 영어와 인도네시아어로 진행되었고, 영어 통역사 2명과 인도네시아어 통역사 2명이 통역하였다. 설명회에서 통역사 1인당 영어 통역은 4시간, 인도네시아어 통역은 2시간 진행되었다. 甲시까지는 편도로 2시간이 소요되며, 개인당 교통비는 왕복으로 100,000원이 들었다.

① 2,440,000원 ② 2,760,000원
③ 2,880,000원 ④ 2,960,000원

30 다음 중 공공도서관 시설 및 도서관 자료 구비 기준과 상황을 근거로 판단할 때, 〈보기〉에서 옳은 설명을 모두 고르면?

〈공공도서관 시설 및 도서관 자료 구비 기준〉

봉사대상 인구(명)	시설		도서관 자료	
	건물면적(m²)	열람석(석)	기본장서(권)	연간증서(권)
10만 이상 ~ 30만 미만	1,650 이상	350 이상	30,000 이상	3,000 이상
30만 이상 ~ 50만 미만	3,300 이상	800 이상	90,000 이상	9,000 이상
50만 이상	4,950 이상	1,200 이상	150,000 이상	15,000 이상

1. 봉사대상 인구란 도서관이 설치되는 해당 시의 인구를 말한다. 연간증서(年間增書)는 설립 다음 해부터 매년 추가로 늘려야 하는 장서로서 기본장서에 포함된다.
2. 전체 열람석의 10% 이상을 노인과 장애인 열람석으로 할당하여야 한다.
3. 공공도서관은 기본장서 외에 다음 각 목에서 정하는 자료를 갖추어야 한다.
   가. 봉사대상 인구 1천 명당 1종 이상의 연속간행물
   나. 봉사대상 인구 1천 명당 10종 이상의 시청각자료

〈상황〉

○○부는 신도시인 A시에 2024년 상반기 개관을 목표로 공공도서관 건설을 추진 중이다. A시의 예상 인구 추계는 다음과 같다.

구분	2022년	2025년	2030년	2040년
예상 인구(명)	13만	15만	30만	50만

※ A시 도서관은 예정대로 개관한다.
※ 2022년 인구는 실제 인구이며, 인구는 해마다 증가한다고 가정한다.

보기

ㄱ. A시 도서관 개관 시 확보해야 할 최소 기본장서는 30,000권이다.
ㄴ. A시의 예상 인구 추계자료와 같이 인구가 증가한다면, 2025년에는 노인 및 장애인 열람석을 2024년에 비해 35석 추가로 더 확보해야 한다.
ㄷ. A시의 예상 인구 추계자료와 같이 인구가 증가하고, 2025년 ~ 2030년에 매년 같은 수로 인구가 늘어난다면, 2028년에는 최소 240종 이상의 연속간행물과 2,400종 이상의 시청각자료를 보유해야 한다.
ㄹ. 2030년 실제 인구가 예상 인구의 80% 수준에 불과하다면, 개관 이후 2030년 말까지 추가로 보유해야 하는 총 연간증서는 최소 18,000권이다.

① ㄱ, ㄴ
② ㄱ, ㄷ
③ ㄴ, ㄹ
④ ㄱ, ㄷ, ㄹ

31 국민연금공단에 근무하는 B대리는 방대한 양의 자료를 한눈에 파악할 수 있게 데이터를 요약하라는 상사의 지시를 받았다. 이러한 상황에 대응하기 위해 이용해야 할 엑셀의 기능으로 가장 적절한 것은?

① 매크로 기능을 이용한다.
② 조건부 서식 기능을 이용한다.
③ 피벗 테이블 기능을 이용한다.
④ 유효성 검사 기능을 이용한다.

32 국민연금공단에서는 출근 시스템 단말기에 직원들이 카드로 출근 체크를 하면 엑셀 워크시트에 실제 출근시간 (B4:B10) 데이터가 자동으로 전송되어 입력된다. 총무부에서 근무하는 귀하는 데이터에 따라 직원들의 근태상황을 체크하려고 할 때, [C8] 셀에 입력할 함수식은?(단, 9시까지는 출근으로 인정한다)

〈출근시간 워크시트〉

	A	B	C	D
1			날짜	2021. 07. 01.
2		〈직원별 출근 현황〉		
3	이름	체크시간	근태상황	비고
4	이청용	7:55		
5	이하이	8:15		
6	구자철	8:38		
7	박지민	8:59		
8	손흥민	9:00		
9	박지성	9:01		
10	홍정호	9:07		

① =IF(B8>=TIME(9,1,0), "지각", "출근")
② =IF(B8>=TIME(9,1,0), "출근", "지각")
③ =IF(HOUR(B8)>=9, "지각", "출근")
④ =IF(HOUR(B8)>9, "출근", "지각")

※ 다음은 엑셀 워크시트를 이용한 K사원의 2021년 구입예정 물품에 대한 자료이다. 이를 참고하여 이어지는 질문에 답하시오. [33~35]

<2021년 구입예정 물품>

	A	B	C	D	E
1					
2					
3					
4		구분	단가	수량	금액
5		대용량 하드	1,000,000	100	100,000,000
6		대형 프린트	1,500,000	210	(A)
7		본체	1,350,000	130	175,500,000
8		노트북	2,000,000	40	80,000,000
9		Total		(B)	(C)

33 다음 중 [E6] 셀의 금액 (A)를 산출하기 위한 방법으로 옳지 않은 것은?

① [E6] 셀에 수식 「=C6×D6」을 입력한다.
② [C6] 셀과 [D6] 셀의 값을 곱한다.
③ [E6] 셀에 수식 「=C6*D6」을 입력한다.
④ [E6] 셀에 수식 「=1,500,000*210」을 입력한다.

34 [E6] 셀에 (A) 값이 입력되어 있을 때, [E9] 셀의 (C) 값을 4개 부서에서 공평하게 분담하고자 하는 경우, 올바른 금액 산출방식은?

① [E9] 셀에 수식 「=E9/D9」를 입력한다.
② [E9] 셀에 함수식 「=SUM(E5:E8)/D9」를 입력한다.
③ [E5] 셀부터 [E8] 셀까지 드래그 하여 우측 하단의 상태표시줄에서 평균값을 확인한다.
④ [E9] 셀에 수식 「=(E5+E6+E7+E8)/D9」를 입력한다.

35 다음 중 [D9] 셀인 (B)에 품목들의 수량 합계를 구하기 위한 방법으로 옳지 않은 것은?

① SUM 함수를 활용한다.
② 자동합계 기능을 활용한다.
③ 기호 +와 =을 활용한다.
④ 〈Ctrl〉+〈Alt〉 기능을 활용한다.

36 다음 중 정보의 가공 및 활용에 대한 설명으로 옳지 않은 것은?

① 정보는 원형태 그대로 혹은 가공하여 활용할 수 있다.

② 수집된 정보를 가공하여 다른 형태로 재표현하는 방법도 가능하다.

③ 정적정보의 경우, 이용한 이후에도 장래활용을 위해 정리하여 보존한다.

④ 비디오테이프에 저장된 영상정보는 동적정보에 해당된다.

37 엑셀 워크시트의 [머리글 / 바닥글] 설정에 대한 설명으로 옳지 않은 것은?

① '페이지 레이아웃' 보기 상태에서는 워크시트 페이지 위쪽이나 아래쪽을 클릭하여 [머리글 / 바닥글]을 추가할 수 있다.

② 첫 페이지, 홀수 페이지, 짝수 페이지의 [머리글 / 바닥글] 내용을 다르게 지정할 수 있다.

③ [머리글 / 바닥글]에 그림을 삽입하고, 그림 서식을 지정할 수 있다.

④ '페이지 나누기 미리보기' 상태에서는 미리 정의된 머리글이나 바닥글을 선택하여 쉽게 추가할 수 있다.

38 다음 〈보기〉의 정보 검색 연산자 기호와 연산자, 검색조건이 연결된 것 중에서 옳지 않은 것을 모두 고르면?

연번	기호	연산자	검색조건
ㄱ	*, &	AND	두 단어가 모두 포함된 문서를 검색
ㄴ	-, !	OR	두 단어가 모두 포함되거나, 두 단어 중 하나만 포함된 문서를 검색
ㄷ	l	NOT	'-' 기호나 '!' 기호 다음에 오는 단어는 포함하지 않는 문서를 검색
ㄹ	~, near	인접검색	앞/뒤의 단어가 가깝게 인접해 있는 문서를 검색

① ㄱ, ㄴ   ② ㄱ, ㄷ

③ ㄴ, ㄷ   ④ ㄴ, ㄹ

39 다음 중 정보관리에 대한 설명으로 옳지 않은 것은?

> ㉠ 목록을 이용하여 정보를 관리하는 경우, 중요한 항목을 찾아 정리하는 과정으로 이루어진다.
> ㉡ 정보 내에 포함된 키워드 등 세부요소를 찾고자 하는 경우, 목록을 이용한 정보관리가 효율적이다.
> ㉢ 색인을 이용해 정보를 관리하는 경우, 색인은 색인어와 위치정보로 구성된다.

① ㉠
② ㉡
③ ㉠, ㉡
④ ㉡, ㉢

40 다음은 자동차 관련 부품을 개발하고 있는 A사의 내부회의 내용이다. 밑줄 친 내용 중 정보의 특성을 고려할 때 바르게 들어간 것을 모두 고른 것은?

> • 김 팀장 : 이번 A프로젝트는 기한이 9월 11일까지입니다.
> • 최 대리 : T사에서 차량 외부차양 개발에 대한 안을 요청했습니다. 외부차양이 내부차양에 비해 실용적인지 자료가 필요합니다.
> • 김 팀장 : 시간이 없네. 효율적으로 찾아봐야 하니 박 주임은 1차 자료보다는 ㉠ 2차 자료를 찾아보도록 해요.
> • 박 주임 : 네, 그럼 성능 비교에 대한 ㉡ 논문을 찾아보겠습니다.
> • 김 팀장 : 김 대리는 B프로젝트를 맡았으니, 기온에 따른 냉방 효과를 예측할 수 있는 ㉢ 인포메이션 (Information)을 만들어보도록 해요.
> • 김 대리 : 네, 알겠습니다.

① ㉠
② ㉡
③ ㉠, ㉢
④ ㉡, ㉢

41 다음 사례에서 볼 수 있는 조직의 특성으로 적절한 것은?

> 국민연금공단의 사내 봉사 동아리에 소속된 70여명의 임직원이 연탄 나르기 봉사 활동을 펼쳤다. 이날 임직원들은 지역 주민들이 보다 따뜻하게 겨울을 날 수 있도록 연탄 3,000장과 담요를 직접 전달했다. 사내 봉사 동아리에 소속된 김 대리는 "매년 진행하는 연말 연탄 나눔 봉사활동을 통해 지역사회에 도움의 손길을 전할 수 있어 기쁘다."며, "오늘의 작은 손길이 큰 불씨가 되어 많은 분들이 따뜻한 겨울을 보내길 바란다."고 말했다.

① 인간관계에 따라 형성된 자발적인 조직
② 이윤을 목적으로 하는 조직
③ 규모와 기능 그리고 규정이 조직화되어 있는 조직
④ 조직 구성원들의 행동을 통제할 장치가 마련되어 있는 조직

42 다음 중 조직 갈등의 순기능으로 옳지 않은 것은?

① 새로운 사고를 할 수 있다.
② 다른 업무에 대한 이해를 어렵게 한다.
③ 조직의 침체를 예방해 주기도 한다.
④ 항상 부정적인 결과만을 초래하는 것은 아니다.

43 귀하는 6개월간의 인턴 기간을 마치고 정규직 채용 면접에 참가했다. 면접 당일, 면접관이 인턴을 하는 동안 우리 조직에 대해서 알게 된 것을 말해보라는 질문을 던졌다. 다음 중 귀하가 면접관에게 말할 항목으로 적절하지 않은 것은?

① 조직의 구조　　　　　　　　　　② 주요 업무 내용
③ 사무실의 구조　　　　　　　　　　④ 업무 환경

44 ○○부서의 A부장은 직원들의 업무 효율성이 많이 떨어졌다는 생각이 들어 각자의 의견을 들어 보고자 회의를 열었다. 다음 회의에서 나온 의견으로 적절하지 않은 것은?

① B대리 : 요즘 업무 외적인 통화에 시간을 낭비하는 경우가 많은 것 같습니다. 확실한 목표업무량을 세우고 목표 량 달성 후 퇴근을 하는 시스템을 운영하면 개인 활동으로 낭비되는 시간이 줄어 생산성이 높아지지 않을까요?
② C주임 : 여유로운 일정이 주원인이라고 생각합니다. 1인당 최대 작업량을 잡아 업무를 진행하면 업무 효율성이 극대화될 것입니다.
③ D대리 : 계획을 짜면 업무를 체계적으로 진행할 수 있다는 의미에서 C주임의 말에 동의하지만, 갑자기 발생할 수 있는 일에 대해 대비해야 한다고 생각합니다. 어느 정도 여유 있게 계획을 짜는 게 좋지 않을까요?
④ E사원 : 목표량 설정 이외에도 업무 진행과정에서 체크리스트를 사용해 기록하고 전체적인 상황을 파악할 수 있게 하면 효율이 높아질 것입니다.

45 다음 중 조직에 대한 설명으로 옳지 않은 것은?

① 어떤 기능을 수행하도록 협동해나가는 체계이다.
② 생산조직, 정치조직 등이 있다.
③ 조직은 공식조직과 비공식조직으로 구분된다.
④ 병원은 영리조직에 속한다.

46 다음 밑줄 친 ㉠, ㉡에 대한 설명으로 옳은 것은?

> 조직구조는 조직마다 다양하게 이루어지며, 조직목표의 효과적 달성에 영향을 미친다. 조직구조에 대한 많은 연구를 통해 조직구조에 영향을 미치는 요인으로는 조직의 전략, 규모, 기술, 환경 등이 있음을 확인할 수 있으며, 이에 따라 ㉠ 기계적 조직 혹은 ㉡ 유기적 조직으로 설계된다.

① ㉠은 의사결정 권한이 조직의 하부구성원들에게 많이 위임되어 있다.
② ㉡은 상하간의 의사소통이 공식적인 경로를 통해 이루어진다.
③ 안정적이고 확실한 환경에서는 ㉠이, 급변하는 환경에서는 ㉡이 적합하다.
④ ㉡은 구성원들의 업무가 분명하게 정의된다.

47 다음 맥킨지의 3S 기법 중 Situation에 해당하는 내용은?

① 죄송하지만 저도 현재 업무가 많아 그 부탁은 들어드리기 힘들 것 같습니다.
② 그 일을 도와드릴 수 있는 다른 사람을 추천해드리겠습니다.
③ 다음 달에는 가능할 것 같은데 괜찮으신가요?
④ 힘드시지 않으세요? 저도 겪어봐서 그 마음 잘 알고 있습니다.

48 다음 〈보기〉 중 문화충격에 대한 설명으로 옳은 것을 모두 고른 것은?

> **보기**
> ㄱ. 문화충격은 한 문화권에 속한 사람이 해당 문화 내에서 경험하는 문화적 충격을 의미한다.
> ㄴ. 문화충격은 한 개인이 체화되지 않은 문화를 접하며 이질감을 경험하게 되어 겪는 심리적 부적응 상태를 의미한다.
> ㄷ. 문화충격에 대비하기 위해서는 타 문화와 자신이 속한 문화의 차이점을 명확히 인지하고 보수적 태도를 고수하는 것이 좋다.

① ㄴ
② ㄷ
③ ㄱ, ㄴ
④ ㄱ, ㄷ

49 다음은 조직의 문화를 기준을 통해 4가지 문화로 구분한 것이다. (가) ~ (라)에 대한 설명으로 옳지 않은 것은?

	유연성, 자율성 강조 (Flexibility & Discretion)		
내부지향성, 통합 강조 (Internal Focus & Integration)	(가)	(나)	외부지향성, 차별 강조 (External Focus & Differentiation)
	(다)	(라)	
	안정, 통제 강조 (Stability & Control)		

① (가)는 조직구성원 간 인화단결, 협동, 팀워크, 공유가치, 사기, 의사결정과정에 참여 등을 중요시한다.

② (나)는 규칙과 법을 준수하고, 관행과 안정, 문서와 형식, 명확한 책임소재 등을 강조하는 관리적 문화의 특징을 가진다.

③ (다)는 조직내부의 통합과 안정성을 확보하고, 현상유지 차원에서 계층화되는 조직문화이다.

④ (라)는 실적을 중시하고, 직무에 몰입하며, 미래를 위한 계획을 수립하는 것을 강조한다.

50 다음 중 영희의 하루일과를 통해 알 수 있는 사실로 옳은 것은?

영희는 아침 9시까지 학교에 가서 오후 3시에 하교한다.
하교 후에는 용돈을 벌기 위해 엄마가 운영하는 편의점에서 아르바이트를 2시간 동안 한다.
아르바이트를 마친 후에 NCS 공부를 하기 위해 스터디를 3시간 동안 한다.

① 비공식적이면서 소규모조직에서 2시간 있었다.

② 하루 중 공식조직에서 9시간 있었다.

③ 비영리조직이면서 대규모조직에서 6시간 있었다.

④ 영리조직에서 3시간 있었다.

※ 다음은 2020년 K공단 하반기 신입사원 채용공고이다. 공고문을 참고하여 이어지는 질문에 답하시오. [51~52]

〈2020년 K공단 신입사원 채용공고〉

• 채용인원 및 선발분야 : 총 ○○○명(기능직 ○○○명, 행정직 ○○○명)
• 지원자격

구분	주요내용
학력	– 기능직 : 해당 분야 전공자 또는 관련 자격 소지자 – 행정직 : 학력 및 전공 제한 없음
자격	– 기능직의 경우 관련 자격증 소지 여부 확인 – 외국어 능력 성적 보유자에 한해 성적표 제출
연령	– 만 18세 이상(채용공고일 2020. 10. 23. 기준)
병역	– 병역법에 명시한 병역기피 사실이 없는 자 (단, 현재 군복무 중인 경우 채용예정일 이전 전역 예정자 지원가능)
기타	– 2019년 하반기 신입사원 채용부터 지역별 지원 제한 폐지

• 채용전형 순서 : 서류전형 – 필기전형 – 면접전형 – 건강검진 – 최종합격
• 채용예정일 : 2020년 11월 15일

51 K공단 채용 Q&A 게시판에 다음과 같은 질문이 올라왔다. 다음 중 질문에 대한 답변으로 옳은 것은?

안녕하세요.
이번 K공단 채용공고를 확인하고 지원하려고 하는데 지원 자격과 관련하여 여쭤보려고 합니다. 대학을 졸업하고 현재 군인 신분인 제가 이번 채용에 지원할 수 있는지 확인하고 싶어서요. 답변 부탁드립니다.

① 죄송하지만 이번 채용에서는 대학 졸업예정자만을 대상으로 하고 있습니다.
② 채용예정일 이전 전역 예정자라면 지원 가능합니다.
③ 기능직의 경우 필요한 자격증을 보유하고 있다면 누구든지 지원 가능합니다.
④ 지역별로 지원 제한이 있으므로 확인하시고 지원하시기 바랍니다.

52 다음 중 K공단에 지원할 수 없는 사람은?

① 최종학력이 고등학교 졸업인 A
② 관련 학과를 전공하고 기능직에 지원한 B
③ 2020년 11월 10일 기준으로 만 18세가 된 C
④ 현재 군인 신분으로 2020년 11월 5일 전역 예정인 D

53 다음은 SWOT 분석에 관한 설명이다. 자료를 참고하여 주어진 분석결과에 따른 가장 적절한 전략은?

SWOT는 Strength(강점), Weakness(약점), Opportunity(기회), Threat(위협)의 머리글자를 따서 만든 단어로, 경영 전략을 세우는 방법론이다. SWOT로 도출된 조직의 내·외부 환경을 분석하고, 이 결과를 통해 대응전략을 구상하는 분석방법론이다.

'SO(강점 – 기회)전략'은 기회를 활용하기 위해 강점을 사용하는 전략이고, 'WO(약점 – 기회)전략'은 약점을 보완 또는 극복하여 시장의 기회를 활용하는 전략이다. 'ST(강점 – 위협)전략'은 위협을 피하기 위해 강점을 활용하는 방법이며, 'WT(약점 – 위협)전략'은 위협요인을 피하기 위해 약점을 보완하는 전략이다.

내부 외부	강점(Strength)	약점(Weakness)
기회(Opportunity)	SO(강점 – 기회)전략	WO(약점 – 기회)전략
위협(Threat)	ST(강점 – 위협)전략	WT(약점 – 위협)전략

〈유기농 수제버거 전문점 S사의 환경 분석 결과〉

SWOT	환경 분석
강점(Strength)	• 주변 외식업 상권 내 독창적 아이템 • 커스터마이징 고객 주문 서비스 • 주문 즉시 조리 시작
약점(Weakness)	• 높은 재료 단가로 인한 비싼 상품 가격 • 대기업 버거 회사에 비해 긴 조리 과정
기회(Opportunity)	• 웰빙을 추구하는 소비 행태 확산 • 치즈 제품을 선호하는 여성들의 니즈 반영
위협(Threat)	• 제품 특성상 테이크아웃 및 배달 서비스 불가

① SO전략 : 주변 상권의 프랜차이즈 샌드위치 전문업체의 제품을 벤치마킹해 샌드위치도 함께 판매한다.
② WO전략 : 유기농 채소와 유기농이 아닌 채소를 함께 사용하여 단가를 낮추고 가격을 내린다.
③ ST전략 : 테이크아웃이 가능하도록 버거의 사이즈를 조금 줄이고 사이드 메뉴를 서비스로 제공한다.
④ WT전략 : 조리 과정을 단축시키기 위해 커스터마이징 형식의 고객 주문 서비스 방식을 없애고, 미리 조리해놓은 버거를 배달 제품으로 판매한다.

※ 다음 글을 읽고, 이어지는 물음에 답하시오. [54~55]

○○국의 항공기 식별코드는 '(현재상태부호)(특수임무부호)(기본임무부호)(항공기종류부호) ─ (설계번호)(개량형부호)'와 같이 최대 6개 부분(앞부분 4개, 뒷부분 2개)으로 구성된다.

항공기종류부호는 특수 항공기에만 붙이는 부호로, G는 글라이더, H는 헬리콥터, Q는 무인항공기, S는 우주선, V는 수직단거리이착륙기에 붙인다. 항공기종류부호가 생략된 항공기는 일반 비행기이다.

모든 항공기 식별코드는 기본임무부호나 특수임무부호 중 적어도 하나를 꼭 포함하고 있다. 기본임무부호는 항공기가 기본적으로 수행하는 임무를 나타내는 부호이다. A는 지상공격기, B는 폭격기, C는 수송기, E는 전자전기, F는 전투기, K는 공중급유기, L은 레이저탑재항공기, O는 관측기, P는 해상초계기, R은 정찰기, T는 훈련기, U는 다목적기에 붙인다.

특수임무부호는 항공기가 개량을 거쳐 기본임무와 다른 임무를 수행할 때 붙이는 부호이다. 부호에 사용되는 알파벳과 그 의미는 기본임무부호와 동일하다. 항공기가 기본임무와 특수임무를 모두 수행할 수 있을 때에는 두 부호를 모두 표시하며, 개량으로 인하여 더 이상 기본임무를 수행하지 못하게 된 경우에는 특수임무부호만을 표시한다.

현재상태부호는 현재 정상적으로 사용되고 있지 않은 항공기에만 붙이는 부호이다. G는 영구보존처리된 항공기, J와 N은 테스트를 위해 사용되고 있는 항공기에 붙이는 부호이다. J는 테스트 종료 후 정상적으로 사용될 항공기에 붙이는 부호이며, N은 개량을 많이 거쳤기 때문에 이후에도 정상적으로 사용될 계획이 없는 항공기에 붙이는 부호이다.

설계번호는 항공기가 특정그룹 내에서 몇 번째로 설계되었는지를 나타낸다. 1 ~ 100번은 일반 비행기, 101 ~ 200번은 글라이더 및 헬리콥터, 201 ~ 250번은 무인항공기, 251 ~ 300번은 우주선 및 수직단거리이착륙기에 붙인다. 예를 들어 107번은 글라이더와 헬리콥터 중 7번째로 설계된 항공기라는 뜻이다.

개량형부호는 한 모델의 항공기가 몇 차례 개량되었는지를 보여주는 부호이다. 개량하지 않은 최초의 모델은 항상 A를 부여받으며, 이후에는 개량될 때마다 알파벳 순서대로 부호가 붙게 된다.

54 글을 근거로 판단할 때, 〈보기〉의 항공기 식별코드 중 앞부분 코드로 구성 가능한 것을 모두 고르면?

> **보기**
> ㄱ. KK   ㄴ. GBCV
> ㄷ. CAH   ㄹ. R

① ㄱ   ② ㄱ, ㄴ

③ ㄴ, ㄷ   ④ ㄴ, ㄷ, ㄹ

55 글을 근거로 판단할 때, '현재 정상적으로 사용 중인 개량하지 않은 일반 비행기'의 식별코드 형식으로 옳은 것은?

① (기본임무부호) ─ (설계번호)

② (기본임무부호) ─ (개량형부호)

③ (기본임무부호) ─ (설계번호)(개량형부호)

④ (현재상태부호)(특수임무부호) ─ (설계번호)(개량형부호)

56 다음 중 성예절을 지키기 위한 자세로 적절하지 않은 것은?

① 여성의 직업참가율이 비약적으로 높아졌기 때문에 남성이 대등한 동반자 관계로 동등한 역할과 능력 발휘를 한다는 인식을 가질 필요가 있다.

② 직장 내에서 여성이 남성과 동등한 지위를 보장받기 위해서 그만한 책임과 역할을 다해야 하며, 조직은 그에 상응하는 여건을 조성해야 한다.

③ 우리 사회에는 뿌리 깊은 남성 위주의 가부장적 문화와 성역할에 대한 과거의 잘못된 인식이 아직도 남아 있기 때문에 남녀 공존의 직장문화를 정착하는 데 남다른 노력을 기울여야 한다.

④ 성희롱 문제는 개인적인 일이기 때문에 당사자들끼리 해결해야 한다.

57 다음 중 기업 간 거래 관계에서 요구되는 윤리적 기초에 관한 설명으로 적절하지 않은 것은?

① 힘이 강한 소매상이 힘이 약한 납품업체에 구매가격 인하를 요구하는 것은 거래의 평등성을 위배하는 행위이다.

② 이해할 만한 거래상대방의 설명 등 쌍방 간 의사소통이 원활하면 분배 공정성이 달성된다.

③ 약속의 성실한 이행은 거래를 지속시키며, 갈등을 해소하는 토대가 된다.

④ 의무의 도덕성이란 불가조항을 일일이 열거하는 것을 말한다.

58 다음 직장에서 에티켓을 지키지 않는 회사원 김 과장의 사례를 읽고, 그에게 필요한 예절이 무엇인지 모두 고른 것은?

> 전략기획부의 김 과장은 사적인 전화를 사무실에서 아무렇지도 않게 한다. 큰 목소리로 통화하며 마치 옆 동료가 들으라는 듯 전화기를 잡고 내려놓지를 않는다. 또한, 김 과장은 스스로 사교성이 뛰어나다고 착각한다. 반말을 섞어 말하는 것이 친근함의 표현이라 믿는 듯하다. 김 과장에게 회사의 사무실 비품은 개인 물품이 된 지 오래다. 그리고 음식을 먹을 때 지나치게 집착을 한다. 김 과장과 회식하는 날은 항상 기분 좋게 끝난 적이 없다.

① 전화예절, 언어예절, 식사예절

② 전화예절, 복장예절, 인사예절

③ 전화예절, 언어예절, 승강기예절

④ 전화예절, 언어예절, 식사예절, 이메일예절

59 (가)의 입장에서 (나)의 문제점을 해결하기 위해 제시할 수 있는 자세를 〈보기〉에서 모두 고른 것은?

> (가) 모든 사회구성원이 공정하게 대우받는 정의로운 공동체를 만들기 위해서는 부패 행위를 방지해야 한다. 우리 조상들은 전통적으로 청렴 의식을 중요하게 여겨, 청렴 의식을 강조하는 전통 윤리를 지켜왔다.
>
> (나) 부패 인식 지수는 공무원과 정치인이 얼마나 부패해 있는지에 대한 정도를 비교하여 국가별로 순위를 매긴 것이다. 100점 만점을 기준으로 점수가 높을수록 청렴하다. 2014년 조사한 결과 우리나라의 부패 인식 지수는 55로 조사대상국 175개국 중 43위를 기록했다.

> **보기**
> ㉠ 공동체와 국가의 공사(公事)를 넘어서 개인의 일을 우선하는 정신을 기른다.
> ㉡ 공직자들은 개인적 이익과 출세만을 추구하지 않고 바른 마음과 정성을 가진다.
> ㉢ 부당한 방법으로 공익을 추구하려 하지 않고 개인의 이익을 가장 중요하게 여긴다.
> ㉣ 공직자들은 청빈한 생활 태도를 유지하면서 국가의 일에 충심을 다하려는 정신을 지닌다.

① ㉠, ㉡
② ㉠, ㉢
③ ㉡, ㉢
④ ㉡, ㉣

60 다음 중 직장에서 근면한 생활을 하는 직원을 모두 고르면?

> • A사원 : 저는 이제 더 이상 일을 배울 필요가 없을 만큼 업무에 익숙해졌어요. 실수 없이 완벽하게 업무를 해결할 수 있어요.
> • B사원 : 저는 요즘 매일 운동을 하고 있어요. 일에 지장이 가지 않도록 건강관리에 힘쓰고 있습니다.
> • C대리 : 나도 오늘 할 일을 내일로 미루지 않으려고 노력 중이야. 그래서 업무 시간에는 개인적인 일을 하지 않아.
> • D대리 : 나는 업무 시간에 잡담을 하지 않아. 대신 사적인 대화는 사내 메신저를 활용하는 편이야.

① A사원, B사원
② A사원, C대리
③ B사원, C대리
④ B사원, D대리

제2회
실전모의고사

취약영역 분석

번호	O/×	영역	번호	O/×	영역	번호	O/×	영역
1			21			41		
2			22			42		
3			23			43		
4			24			44		
5		의사소통능력	25		문제해결능력	45		조직이해능력
6			26			46		
7			27			47		
8			28			48		
9			29			49		
10			30			50		
11			31			51		
12			32			52		
13			33			53		문제해결능력
14			34			54		
15		수리능력	35		정보능력	55		
16			36			56		
17			37			57		
18			38			58		직업윤리
19			39			59		
20			40			60		

평가 문항	60문항	맞힌 개수	문항	시작시간	:
평가 시간	60분	취약 영역		종료시간	:

FINAL

제**2**회

실전모의고사

모바일
OMR
답안분석
서비스

🕐 응시시간 : 60분 📋 문항 수 : 60문항

정답 및 해설 p.43

01 다음 중 밑줄 친 부분의 맞춤법 수정방안으로 적절하지 않은 것은?

> 옛것을 <u>본받는</u> 사람은 옛 자취에 <u>얽메이는</u> 것이 문제다. 새것을 만드는 사람은 이치에 <u>합당지</u> 않은 것이 걱정이다. 진실로 능히 옛것을 <u>변화할줄</u> 알고, 새것을 만들면서 법도에 맞을 수만 있다면 지금 글도 옛글만큼 훌륭하게 쓸 수 있을 것이다.

① 본받는 → 본 받는
③ 합당지 → 합당치
② 얽메이는 → 얽매이는
④ 변화할줄 → 변화할 줄

02 다음 중 (가) ~ (라) 문단을 논리적으로 배열한 것은?

> (가) 초연결 사회란 사람, 사물, 공간 등 모든 것들이 인터넷으로 서로 연결돼, 모든 것에 대한 정보가 생성 및 수집되고 공유·활용되는 것을 말한다. 즉, 모든 사물과 공간에 새로운 생명이 부여되고 이들의 소통으로 새로운 사회가 열리고 있는 것이다.
>
> (나) 최근 '초연결 사회(Hyper Connected Society)'란 말을 주위에서 심심치 않게 들을 수 있다. 인터넷을 통해 사람 간의 연결은 물론 사람과 사물, 심지어 사물 간의 연결 등 말 그대로 '연결의 영역 초월'이 이뤄지고 있다.
>
> (다) 나아가 초연결 사회는 단지 기존의 인터넷과 모바일 발전의 맥락이 아닌 우리가 살아가는 방식 전체, 즉 사회의 관점에서 미래사회의 새로운 패러다임으로 큰 변화를 가져올 전망이다.
>
> (라) 초연결 사회에서는 인간 대 인간은 물론, 기기와 사물 같은 무생물 객체끼리도 네트워크를 바탕으로 상호 유기적인 소통이 가능해진다. 컴퓨터, 스마트폰으로 소통하던 과거와 달리 초연결 네트워크로 긴밀히 연결되어 오프라인과 온라인이 융합되고, 이를 통해 새로운 성장과 가치 창출의 기회가 증가할 것이다.

① (가) – (나) – (다) – (라)
③ (나) – (가) – (다) – (라)
② (가) – (나) – (라) – (다)
④ (나) – (가) – (라) – (다)

03 다음 글에 대한 비판으로 가장 적절한 것은?

"향후 은행 서비스(Banking)는 필요하지만 은행(Bank)은 필요 없을 것이다." 최근 4차 산업혁명으로 대변되는 빅데이터, 사물인터넷, AI, 블록체인 등 신기술이 금융업을 강타하면서 빌 게이츠의 20년 전 예언이 화두로 부상했다. 모든 분야에서 초연결화, 초지능화가 진행되고 있는 4차 산업혁명이 데이터 주도 경제를 열어가면서 데이터에 기반을 둔 금융업에도 변화의 물결이 밀려들고 있다. 이미 전통적인 은행, 증권, 보험, 카드업 등 전 분야에서 금융기술 기업인 소위 '핀테크(Fintech)'가 출현하면서 금융서비스의 가치 사슬이 해체되기 시작한 것이다. 이전에는 상상조차 하지 못했던 IT 등 이종 업종의 금융업 진출도 활발하게 이루어지면서 전통 금융회사들을 위협하고 있다.

빅데이터, 사물인터넷, 인공지능, 블록체인 등 새로운 기술로 무장한 4차 산업혁명으로 인해 온라인 플랫폼을 통한 크라우드 펀딩 등 P2P 금융의 출현, 로보어드바이저에 의한 저렴한 자산관리 서비스의 등장, 블록체인 기술기반의 송금 등 다양한 가치 거래의 탈중계화가 진행되면서 금융 중계, 재산 관리, 위험 관리, 지급 결제 등 금융의 본질적인 요소들이 변화하고 있는 것은 아닌지 의구심이 일어나고 있는 것이다. 혹자는 이들 변화의 종점에 금융의 정체성(Identity) 상실이 기다리고 있다며 금융업 종사자의 입장에서 보면 우울한 전망마저 내놓고 있다. 금융도 디지털카메라의 등장으로 사라진 필름회사 코닥과 같은 비운을 피하기 어렵다며 금융의 종말(The Demise of Banking), 은행의 해체(Unbundling the Banks), 탈중계화, 플랫폼 혁명(Platform Revolution) 등 다양한 화두가 미디어의 전면에 등장하고 있다.

① 가치 거래의 탈중계화는 금융 거래의 보안성에 심각한 위협 요인으로 작용할 것이다.
② 금융 발전의 미래를 위해 금융업에 있어 인공지능의 도입을 막아야 한다.
③ 기술 발전은 금융업에 있어 효율성 향상이라는 제한적인 틀에서 크게 벗어나지 못했다.
④ 로보어드바이저에 의한 자산관리서비스는 범죄에 악용될 위험이 크다.

04 다음 중 빈칸에 들어갈 내용으로 가장 적절한 것은?

태양은 지구의 생명체가 살아가는 데 필요한 빛과 열을 공급해 준다. 이런 막대한 에너지를 태양은 어떻게 계속 내놓을 수 있을까?

16세기 이전까지는 태양을 포함한 별들이 지구상의 물질을 이루는 네 가지 원소와 다른, 불변의 '제5원소'로 이루어졌다고 생각했다. 하지만 밝기가 변하는 신성(新星)이 별 가운데 하나라는 사실이 알려지면서 별이 불변이라는 통념은 무너지게 되었다. 또한, 태양의 흑점 활동이 관측되면서 태양 역시 불덩어리일지도 모른다고 생각하기 시작했다. 그 후 5,500℃로 가열된 물체에서 노랗게 보이는 빛이 나오는 것을 알게 되면서 유사한 빛을 내는 태양의 온도도 비슷할 것이라고 추측하게 되었다.

19세기에는 에너지 보존법칙이 확립되면서 새로운 에너지 공급이 없다면 태양의 온도가 점차 낮아져야 한다는 결론을 내렸다. 그렇다면 과거에는 태양의 온도가 훨씬 높았어야 했고, 지구의 바다가 펄펄 끓어야 했을 것이다. 하지만 실제로는 그렇지 않았고, 사람들은 태양의 온도를 일정하게 유지해 주는 에너지원이 무엇인지에 대해 생각하게 되었다.

20세기 초 방사능이 발견되면서 사람들은 방사능 물질의 붕괴에서 나오는 핵분열 에너지가 태양의 에너지원이라고 생각하였다. 그러나 태양빛의 스펙트럼을 분석한 결과 태양에는 우라늄 등의 방사능 물질 대신 수소와 헬륨이 있다는 것을 알게 되었다. 즉, 방사능 물질의 붕괴에서 나오는 핵분열 에너지가 태양의 에너지원이 아니었던 것이다.

현재 태양의 에너지원은 수소 원자핵 네 개가 헬륨 원자핵 하나로 융합하는 과정의 질량 결손으로 인해 생기는 핵융합 에너지로 알려져 있다. 태양은 엄청난 양의 수소 기체가 중력에 의해 뭉쳐진 것으로, 그 중심으로 갈수록 밀도와 압력, 온도가 증가한다. 태양에서의 핵융합은 1,000만℃ 이상의 온도를 유지하는 중심부에서만 일어난다. 높은 온도에서만 원자핵들은 높은 운동 에너지를 가지게 되며, 그 결과로 원자핵들 사이의 반발력을 극복하고 융합되기에 충분히 가까운 거리로 근접할 수 있기 때문이다. 태양빛이 핵융합을 통해 나온다는 사실은 태양으로부터 온 중성미자가 관측됨으로써 더 확실해졌다.

중심부의 온도가 올라가 핵융합 에너지가 늘어나면 그 에너지로 인한 압력으로 수소를 밖으로 밀어내어 중심부의 밀도와 온도를 낮추게 된다. 이렇게 온도가 낮아지면 방출되는 핵융합 에너지가 줄어들며, 그 결과 압력이 낮아져서 수소가 중심부로 들어오게 되어 중심부의 밀도와 온도를 다시 높인다. 이렇듯 태양 내부에서 중력과 핵융합 반응의 평형 상태가 유지되기 때문에 ＿＿＿＿＿＿＿＿＿＿＿＿＿＿＿＿＿＿＿＿ 태양은 이미 50억 년간 빛을 냈고, 앞으로도 50억 년 이상 더 빛날 것이다.

① 태양의 핵융합 에너지가 폭발적으로 증가할 수 있게 된다.
② 태양 외부의 밝기가 내부 상태에 따라 변할 수 있게 된다.
③ 태양이 오랫동안 안정적으로 빛을 낼 수 있게 된다.
④ 태양이 일정한 크기를 유지할 수 있었다.

05 다음 글을 근거로 판단할 때, 甲의 관찰 결과로 옳은 것은?

> 꿀벌의 통신방법은 甲의 관찰에 의해 밝혀졌다. 그에 따르면 꿀벌이 어디에선가 꿀을 발견하면 벌집에 돌아와서 다른 벌들에게 그 사실을 알리는데, 이때 춤을 통하여 꿀이 있는 방향과 거리 및 꿀의 품질을 비교적 정확하게 알려 준다.
>
> 꿀벌의 말에도 '방언'이 있어 지역에 따라 춤을 추는 방식이 다르다. 유럽 꿀벌의 경우 눕힌 8자형(○○) 모양의 춤을 벌집의 벽을 향하여 춘다. 이때 꿀이 발견된 장소의 방향은 ○○자 모양의 가운데 교차점에서의 꿀벌의 움직임과 관련돼 있다. 예컨대 꿀의 방향이 태양과 같은 방향이면 아래에서 위로 교차점을 통과(○○)하고, 태양과 반대 방향이면 위에서 아래로 교차점을 통과(○○)한다.
>
> 벌집에서 꿀이 발견된 장소까지의 거리는 단위 시간당 춤의 횟수로 나타낸다. 예를 들어 유럽 꿀벌이 약 15초 안에 열 번 돌면 100m 가량, 여섯 번 돌면 500m 가량, 네 번 돌면 1.5km 정도를 나타내며, 멀게는 11km 정도의 거리까지 정확하게 교신할 수 있다. 또 같은 ○○자 모양의 춤을 활기차게 출수록 꿀의 품질이 더 좋은 것임을 말해 준다.
>
> 甲은 여러 가지 실험을 통해서 위와 같은 유럽 꿀벌의 통신방법이 우연적인 것이 아니고 일관성 있는 것임을 알아냈다. 예를 들면 벌 한 마리에게 벌집에서 2km 지점에 있는 설탕물을 맛보게 하고 벌집으로 돌려보낸 뒤 설탕물을 다른 곳으로 옮겼는데, 그래도 이 정보를 수신한 벌들은 원래 설탕물이 있던 지점 근방으로 날아와 설탕물을 찾으려 했다. 또 같은 방향이지만 원지점보다 가까운 1.2km 거리에 설탕물을 옮겨 놓아도 벌들은 그곳을 그냥 지나쳐 버렸다.

① 유럽 꿀벌이 고품질의 꿀을 발견하면 ○○자와 다른 모양의 춤을 춘다.

② 유럽 꿀벌이 춤으로 전달하는 정보는 꿀이 있는 방향과 거리 및 꿀의 양이다.

③ 유럽 꿀벌이 단위 시간당 춤을 추는 횟수가 적을수록 꿀이 있는 장소까지의 거리는 멀다.

④ 유럽 꿀벌이 ○○자 모양의 춤을 출 때, 꿀이 있는 방향이 태양과 반대 방향이면 교차점을 아래에서 위로 통과한다.

다음 중 빈칸에 들어갈 문장을 〈보기〉에서 골라 순서대로 맞게 나열한 것은?

근대와 현대가 이어지는 지점에서, 많은 사상가들은 지식과 이해가 인간의 삶에 미치는 영향, 그리고 그것이 형성되는 과정들을 포착하려고 노력했다. 그러한 입장들은 여러 가지가 있겠지만, 그중 세 가지 정도를 소개하고자 한다. 첫 번째 입장은 다음과 같이 말한다. 진보적 사유라는 가장 포괄적인 의미에서, 계몽은 예로부터 공포를 몰아내고 인간을 주인으로 세운다는 목표를 추구해왔다. 그러나 완전히 계몽된 지구에는 재앙만이 승리를 구가하고 있다. 인간은 더 이상 알지 못하는 것이 없다고 느낄 때 무서울 것이 없다고 생각한다. 이러한 생각이 신화와 계몽주의의 성격을 규정한다. 신화가 죽은 것을 산 것과 동일시한다면, 계몽은 산 것을 죽은 것과 동일시한다. 계몽주의는 신화적 삶이 더욱 더 철저하게 이루어진 것이다. 계몽주의의 최종적 산물인 실증주의의 순수한 내재성은 보편적 금기에 불과하다. _____(가)_____

두 번째 입장은 다음과 같이 말한다. 인간의 이해라는 것은 인간 현존재의 사실성, 즉 우리가 처해 있는 역사적 상황과 문화적 전통의 근원적인 제약 속에 있는 현존재가 부단히 미래의 가능성에로 기획하여 나아가는 자기 이해이다. 따라서 이해는 탈역사적, 비역사적인 것을, 즉 주관 내의 의식적이고 심리적인 과정 또는 이를 벗어나 객관적으로 존재하는 것을 파악하는 사건이 아니다. _____(나)_____ 인간은 시간 속에 놓여 있는 존재로서, 그의 이해 역시 전승된 역사와 결별하여 어떤 대상을 순수하게 객관적으로 인식하는 것이 아니라 전통과 권위의 영향 속에서 이루어진다. 따라서 선(先)판단은 이해에 긍정적인 기능을 한다.

세 번째 입장은 다음과 같이 말한다. 우리는 권력의 관계가 중단된 곳에서만 지식이 있을 수 있다는, 그리고 지식은 권력의 명령, 요구, 관심의 밖에서만 발전될 수 있다는 전통적인 생각을 포기해야 한다. 그리고 아마도 권력이 사람을 미치도록 만든다고 하여, _____(다)_____ 오히려 권력은 지식을 생산한다는 것을 인정해야 한다. 권력과 지식은 서로를 필요로 하는 관계에 놓여 있다. 결과적으로 인식하는 주체, 인식해야 할 대상, 그리고 인식의 양식들은 모두 '권력, 즉 지식'에 근본적으로 그만큼 연루되어 있다. 따라서 권력에 유용하거나 반항적인 지식을 생산하는 것도 인식 주체의 자발적 활동의 산물이 아니다. 인식의 가능한 영역과 형태를 결정하는 것은 그 주체를 관통하고, 그 주체가 구성되는 투쟁과 과정, 그리고 권력 및 지식이다.

보기

㉠ 이해는 어디까지나 시간과 역사 속에서 가능하며, 진리라는 것도 이미 역사적 진리이다.

㉡ 바로 이 권력을 포기할 경우에만 학자가 될 수 있다는 이와 같은 믿음도 포기해야 한다.

㉢ 내가 알지 못하는 무언가가 바깥에 있다고 하는 것은 바로 공포의 원인이 되기 때문에, 내가 관계하지 못하는 무언가가 바깥에 머물러 있는 상태를 허용할 수 없다.

	(가)	(나)	(다)
①	㉢	㉡	㉠
②	㉢	㉠	㉡
③	㉡	㉠	㉢
④	㉡	㉢	㉠

07 다음 글의 내용을 읽고, 바르게 이해한 것으로 옳은 것은?

> 휴대전화기를 새 것으로 바꾸기 위해 대리점에 간 소비자가 있다. 대리점에 가면서 휴대전화기 가격으로 30만 원을 예상했다. 그런데 마음에 드는 것을 선택하니 가격이 25만 원이라고 하였다. 소비자는 흔쾌히 구입을 결정했다. 그러면서 뜻밖의 이익이 생겼음에 좋아할지도 모른다. 처음 예상했던 휴대전화기의 가격과 실제 지불한 금액의 차이, 즉 5만 원의 이익을 얻었다고 보는 것이다. 경제학에서는 이것을 '소비자잉여(消費者剩餘)'라고 부른다. 어떤 상품에 대해 소비자가 최대한 지불해도 좋다고 생각하는 가격에서 실제로 지불한 가격을 뺀 차액이 소비자잉여인 셈이다. 결국 낮은 가격으로 상품을 구입하면 할수록 소비자잉여는 커질 수밖에 없다.
>
> 휴대전화기를 구입하고 나니, 대리점 직원은 휴대전화의 요금제를 바꾸라고 권유했다. 현재 이용하고 있는 휴대전화 서비스보다 기본요금이 조금 더 비싼 대신 분당 이용료가 싼 요금제로 바꾸는 것이 더 이익이라는 설명도 덧붙였다. 소비자는 지금까지 휴대전화의 요금이 기본요금과 분당 이용료로 나누어져 있는 것을 당연하게 생각해 왔다. 그런데 곰곰이 생각해 보니, 이건 정말 특이한 가격 체계였다. 다른 제품이나 서비스는 보통 한 번만 값을 지불하면 되는데, 왜 휴대전화 요금은 기본요금과 분당 이용료의 이원 체제로 이루어져 있는 것일까?
>
> 휴대전화 회사는 기본요금과 분당 이용료의 이원 체제 전략, 즉 '이부가격제(二部價格制)'를 채택하고 있다. 이부가격제는 소비자가 어떤 상품을 사려고 할 때, 우선적으로 그 권리에 상응하는 가치를 값으로 지불하고, 실제 상품을 구입할 때, 그 사용량에 비례하여 또 값을 지불해야 하는 체제를 말한다. 이부가격제를 적용하면 휴대전화 회사는 소비자의 통화량과 관계없이 기본 이윤을 확보할 수 있다.
>
> 이부가격제를 적용하는 또 다른 예로 놀이공원을 들 수 있다. 이전에는 놀이공원에 갈 때 저렴한 입장료를 지불했고, 놀이기구를 이용할 때마다 표를 구입했다. 그렇기 때문에 놀이기구를 골라서 이용하여 사용료를 절약할 수 있었고, 구경만 하고 사용료를 지불하지 않는 것도 가능했다. 그러나 요즘의 놀이공원은 입장료를 이전보다 엄청나게 비싸게 하고 놀이기구의 사용료를 상대적으로 낮게 했다. 게다가 '빅3'니 '빅5'니 하는 묶음표를 만들어 놀이기구 이용자로 하여금 가격의 부담이 적은 것처럼 느끼게 만들었다. 결국, 놀이공원의 가격 전략은 사용료를 낮추고, 입장료를 높게 받는 이부가격제로 굳어지고 있는 것이다. 여기서 놀이공원의 입장료는 상품을 살 수 있는 권리를 얻기 위해 지불해야 하는 금액에 해당한다. 그리고 입장료를 내고 들어간 사람들이 놀이기구를 이용할 때마다 내는 요금은 상품의 가격에 해당하는 부분이다. 우리가 모르는 가운데 기업의 이윤 극대화를 위한 모색은 계속되고 있다.

① 놀이공원의 '빅3'나 '빅5' 등의 묶음표는 이용자를 위한 가격제이다.
② 소비자잉여의 크기는 구입한 상품에 대한 소비자의 만족감과 반비례한다.
③ 이부가격제는 이윤 극대화를 위해 기업이 채택할 수 있는 가격 제도이다.
④ 휴대전화 요금제는 기본요금과 분당 이용료가 비쌀수록 소비자에게 유리하다.

※ 다음 글을 읽고 물음에 답하시오. [8~9]

갑 : 사람이 운전하지 않고 자동차 스스로 운전을 하는 세상이 조만간 현실이 될 거야. 운전 실수로 수많은 사람이 목숨을 잃는 비극은 이제 종말을 맞게 될까?

을 : 기술이 가능하다는 것과 그 기술이 상용화되는 것은 별개의 문제지. 현재까지 자동차 운전이란 인간이 하는 자발적인 행위라고 할 수 있고, 바로 그 때문에 교통사고에서 실수로 사고를 낸 사람에게 그 사고에 대한 책임을 물을 수 있는 것 아니겠어? 자율주행 자동차가 사고를 낸다고 할 때 그 책임을 누구에게 물을 수 있지?

갑 : 모든 기계가 그렇듯 오작동이 있을 수 있지. 만약 오작동으로 인해서 사고가 났는데 그 사고가 제조사의 잘못된 설계 때문이라면 제조사가 그 사고에 대한 책임을 지는 것이 당연하잖아. 자율주행 자동차에 대해서도 똑같이 생각하면 되지 않을까?

을 : 그런데 문제는 자율주행 자동차를 설계하는 과정에서 어떤 것을 잘못이라고 볼 것인지 하는 거야. ㉠ 이런 상황을 생각해 봐. 달리고 있는 자율주행 자동차 앞에 갑자기 아이 두 명이 뛰어들었는데 거리가 너무 가까워서 자동차가 아이들 앞에 멈출 수는 없어. 자동차가 직진을 하면 교통 법규는 준수하겠지만 아이들은 목숨을 잃게 되지. 아이들 목숨을 구하기 위해서 교통 법규를 무시하고 왼쪽으로 가면, 자동차는 마주 오는 오토바이와 충돌하여 오토바이에 탄 사람 한 명을 죽게 만들어. 오른쪽으로 가면 교통 법규는 준수하겠지만 정차 중인 트럭과 충돌하여 자율주행 자동차 안에 타고 있는 탑승자 모두 죽게 된다고 해. 자동차가 취할 수 있는 다른 선택은 없고 각 경우에서 언급된 인명 피해 말고 다른 인명 피해는 없다고 할 때, 어떤 결정을 하도록 설계하는 것이 옳다고 할 수 있을까?

갑 : 그건 어느 쪽이 옳다고 단정할 수 없는 문제이기 때문에 오히려 쉬운 문제라고 할 수 있지. 그런 상황에서 최선의 선택은 없으므로 어느 쪽으로 설계하더라도 괜찮다는 거야. 예를 들어, ㉡ 다음 규칙을 어떤 우선순위로 적용할 것인지를 합의하기만 하면 되는 거지. 규칙 1, 자율주행 자동차에 탄 탑승자를 보호하라. 규칙 2, 인명 피해를 최소화하라. 규칙 3, 교통 법규를 준수하라. '규칙 1-2-3'의 우선순위를 따르게 한다면, 규칙 1을 가장 먼저 지키고, 그 다음 규칙 2, 그 다음 규칙 3을 지키는 것이지. 어떤 순위가 더 윤리적으로 옳은지에 대해 사회적으로 합의만 된다면 그에 맞춰 설계한 자율주행 자동차를 받아들일 수 있을 거야.

병 : 지금 당장 도로를 다니는 자동차가 모두 자율주행을 한다면, 훨씬 사고가 줄어들겠지. 자동차끼리 서로 정보를 주고받을 테니 자동차 사고가 일어나더라도 인명 피해를 크게 줄일 수 있을 거야. 하지만 문제는 교통 환경이 그런 완전 자율주행 상태로 가기 전에 사람들이 직접 운전하는 자동차와 자율주행 자동차가 도로에 뒤섞여 있는 상태를 먼저 맞게 된다는 거야. 이런 상황에서 발생할 수 있는 문제를 해결하도록 자율주행 자동차를 설계하는 일은 자율주행 자동차만 도로를 누비는 환경에 적합한 자율주행 자동차를 설계하는 일보다 훨씬 어렵지. 쉬운 문제를 만나기 전에 어려운 문제를 만나게 되는, 이른바 '문지방' 문제가 있는 거야. 그런데 ㉢ 자율주행 자동차를 대하는 사람들의 이율배반적 태도는 이 문지방 문제를 해결하는 데 더 많은 시간이 걸리게 만들어. 이 때문에 완전 자율주행 상태를 실현하기는 매우 어렵다고 봐야지.

08 윗글의 ㉠에서 ㉡을 고려하여 만들어진 자율주행 자동차가 오른쪽으로 방향을 바꿔 트럭과 충돌하는 사건이 일어났다면, 이 사건이 일어날 수 있는 경우에 해당하는 것은?

① 자율주행 자동차에는 1명이 탑승하고 있었고, 우선순위는 규칙 3-1-2이다.
② 자율주행 자동차에는 2명이 탑승하고 있었고, 우선순위는 규칙 3-2-1이다.
③ 자율주행 자동차에는 1명이 탑승하고 있었고, 우선순위는 규칙 2-3-1이다.
④ 자율주행 자동차에는 2명이 탑승하고 있었고, 우선순위는 규칙 2-3-1이다.

09 다음 사실이 ㉢을 강화할 때, 빈칸에 들어갈 물음으로 가장 적절한 것은?

> 광범위한 설문 조사 결과 대다수 사람들은 가급적 가까운 미래에 인명 피해를 최소화하도록 설계된 자율주행 자동차가 도로에 많아지는 것을 선호하는 것으로 나타났다. 하지만 '(   )'
> 라는 질문을 받으면, 대다수의 사람들은 '아니다'라고 대답했다.

① 자동차 대부분이 자율주행을 한다고 해도 여전히 직접 운전하길 선호하는가?
② 자율주행 자동차가 낸 교통사고에 대한 책임은 그 자동차에 탑승한 사람에게 있는가?
③ 자동차 탑승자의 인명을 희생하더라도 보다 많은 사람의 목숨을 구하도록 설계된 자동차를 살 의향이 있는가?
④ 인명 피해를 최소화하도록 설계된 자율주행 자동차보다 탑승자의 인명을 최우선으로 지키도록 설계된 자율주행 자동차를 선호하는가?

10 다음 로가닉(Rawganic)에 대한 신문기사를 읽고, 이해한 내용으로 적절하지 않은 것은?

오늘날 한국 사회는 건강에 대한 관심과 열풍이 그 어느 때보다 증가하고 있다. 이미 우리 사회에서 유기농, 친환경, 웰빙과 같은 단어는 이미 친숙해진 지 오래다. 제품마다 웰빙이라는 단어를 부여해야만 매출이 상승했던 웰빙 시대를 지나서 사람들은 천연 재료를 추구하는 오가닉(Organic) 시대를 접하였으며, 나아가 오늘날에는 오가닉을 넘어 로가닉(Rawganic)을 추구하기 시작한 것이다.

로가닉이란, '천연상태의 날 것'을 의미하는 Raw와 '천연 그대로의 유기농'을 의미하는 Organic의 합성어이다. 즉, 자연에서 재배한 식자재를 가공하지 않고 천연 그대로 사용하는 것을 말하는 것이다. 로가닉은 '천연상태의 날 것'을 유지한다는 점에서 기존의 오가닉과 차이를 가진다. 재료 본연의 맛과 향을 잃지 않는 방식으로 제조되는 것이다. 이러한 로가닉은 오늘날 우리의 식품업계에 직접적으로 영향을 주고 있다. 화학조미료 사용을 줄이고 식자재 본연의 맛과 풍미를 살린 '로가닉 조리법'을 활용한 외식 프랜차이즈 브랜드가 꾸준히 인기를 끌고 있음을 확인할 수 있는 것이다.

로가닉은 세 가지의 핵심적인 가치 요소가 포함되어야 한다. 첫째는 날 것 상태인 천연 그대로의 성분을 사용하는 것이고, 둘째는 희소성이며, 셋째는 매력적이고 재미있는 스토리를 가지고 있어야 한다는 것이다.

예를 들면, ○○한우 브랜드는 당일 직송된 암소만을 엄선하여 사용함으로써 로가닉의 사고를 지닌 소비자들의 입맛을 사로잡고 있다. 품질이 우수한 식재료의 본연의 맛에서 가장 좋은 요리가 탄생한다는 로가닉 조리법을 통해 화제가 된 것이다. 또한, 코펜하겐에 위치한 △△레스토랑은 '채집음식'을 추구함으로써 세계 최고의 레스토랑으로 선정되었다. 채집음식이란 재배한 식물이 아닌 야생에서 자란 음식재료를 활용하여 만든 음식을 의미한다.

다음으로 로가닉의 가치 요소인 희소성은 루왁 커피를 예로 들 수 있다. 루왁 커피는 사향 고양이인 루왁이 커피 열매를 먹고 배설한 배설물을 채집하여 만들어진 커피로, 까다로운 채집과정과 인공의 힘으로 불가능한 생산과정을 거침으로써 높은 희소가치를 지닌 상품으로 각광받고 있는 것이다.

마지막으로 로가닉은 매력적이고 재미있는 스토리텔링이 되어야 한다. 로가닉 제품의 채집과정과 효능, 상품 탄생 배경 등과 같은 구체적이고 흥미 있는 스토리로 소비자들의 공감을 불러일으켜야 한다. 소비자들이 이러한 스토리텔링에 만족한다면 로가닉 제품의 높은 가격은 더 이상 매출 상승의 장애 요인이 되지 않을 것이다.

로가닉은 이처럼 세 가지 핵심적인 가치 요소들을 충족함으로써 한층 더 고급스러워진 소비자들의 욕구를 채워주고 있다.

① 로가닉의 희소성은 어려운 채집과정과 생산과정을 통해 나타난다.
② 직접 재배한 식물로 만들어진 채집음식은 로가닉으로 볼 수 있다.
③ 로가닉은 천연상태의 날 것을 그대로 사용한다는 점에서 오가닉과 다르다.
④ 로가닉 제품의 높은 가격은 스토리텔링을 통해 보완할 수 있다.

11 1년에 개체 수가 20%씩 증가하는 생물이 있다. 이 생물이 너무 많아지면 환경이 파괴되기 때문에 천적을 증식시켜서 매년 1,000마리씩의 개체를 줄이려고 한다. 처음에 x마리였던 이 생물은 2년 후에는 몇 마리가 되는가?

① $\left(\dfrac{16}{9}x - 2,000\right)$마리

② $\left(\dfrac{25}{16}x - 2,100\right)$마리

③ $\left(\dfrac{36}{25}x - 2,200\right)$마리

④ $\left(\dfrac{49}{25}x - 2,300\right)$마리

12 종욱이는 25,000원짜리 피자 두 판과 8,000원짜리 샐러드 세 개를 주문했다. 통신사 멤버십 혜택으로 피자는 15%, 샐러드는 25% 할인받을 수 있고, 깜짝 할인으로 할인된 전체 금액의 10%를 추가 할인받았다고 한다. 총 할인된 금액은?

① 12,150원

② 13,500원

③ 18,600원

④ 19,550원

13 김 과장은 월급의 $\dfrac{1}{4}$은 저금하고, 나머지의 $\dfrac{1}{4}$은 모임회비, $\dfrac{2}{3}$는 월세로 내며, 그 나머지의 $\dfrac{1}{2}$은 부모님께 드린다고 한다. 그리고 남은 나머지를 생활비로 쓴다면, 생활비는 월급의 얼마인가?

① $\dfrac{1}{32}$

② $\dfrac{1}{16}$

③ $\dfrac{1}{12}$

④ $\dfrac{1}{8}$

14 올해 아버지의 나이는 은서 나이의 2배이고, 지은이 나이의 7배이다. 은서와 지은이의 나이 차이가 15살이라면, 아버지의 나이는?

① 38세

② 39세

③ 40세

④ 42세

15 S아트센터에서 뮤지컬 Y가 공연 중이다. 뮤지컬 입장권은 어른과 어린이 두 종류로 발행 중이고, 어른은 한 명당 9,000원, 어린이는 한 명당 3,000원이다. 뮤지컬 공연을 통해 올린 총수입은 330만 원이고, 아트센터에는 550개의 좌석이 마련되어 있는데 빈 좌석이 1개 이상 있었다. 이때, Y뮤지컬을 관람한 어른은 최소 몇 명인가?

① 276명   ② 280명
③ 284명   ④ 288명

16 A ～ C 세 명의 친구가 가위바위보를 할 때, 세 번 안에 승자와 패자가 가려질 확률은?

① $\dfrac{1}{2}$ ② $\dfrac{1}{3}$

③ $\dfrac{1}{21}$ ④ $\dfrac{26}{27}$

17 1, 1, 1, 2, 2, 3을 가지고 여섯 자리 수를 만들 때, 가능한 모든 경우의 수는?

① 30가지   ② 60가지
③ 120가지   ④ 240가지

18 한 송이에 500원인 빨간 장미와 한 송이에 700원인 노란 장미로 꽃다발을 만들려고 한다. 총 30송이의 꽃으로 꽃다발을 만들고 16,000원을 지불하였을 때, 빨간 장미는 몇 송이를 구입했겠는가?

① 15송이   ② 20송이
③ 23송이   ④ 25송이

19 다음은 항목별 상위 7개 동의 자산규모를 나타낸 자료이다. 이에 대한 설명으로 옳은 것은?

〈항목별 상위 7개 동의 자산규모〉

구분\순위	총자산(조 원)		부동산자산(조 원)		예금자산(조 원)		가구당 총자산(억 원)	
	동명	규모	동명	규모	동명	규모	동명	규모
1	여의도동	24.9	대치동	17.7	여의도동	9.6	을지로동	51.2
2	대치동	23.0	서초동	16.8	태평로동	7.0	여의도동	26.7
3	서초동	22.6	압구정동	14.3	을지로동	4.5	압구정동	12.8
4	반포동	15.6	목동	13.7	서초동	4.3	도곡동	9.2
5	목동	15.5	신정동	13.6	역삼동	3.9	잠원동	8.7
6	도곡동	15.0	반포동	12.5	대치동	3.1	이촌동	7.4
7	압구정동	14.4	도곡동	12.3	반포동	2.5	서초동	6.4

※ (총자산)=(부동산자산)+(예금자산)+(증권자산)
※ (가구 수)=(총자산)÷(가구당 총자산)

① 압구정동의 가구 수는 여의도동의 가구 수보다 적다.
② 이촌동의 가구 수는 2만 가구 이상이다.
③ 대치동의 증권자산은 서초동의 증권자산보다 많다.
④ 여의도동의 증권자산은 최소 4조 원 이상이다.

20 다음은 전통사찰 지정·등록 현황에 관한 자료이다. 이에 대한 설명으로 옳은 것은?

〈연도별 전통사찰 지정·등록 현황〉

(단위 : 개소)

구분	2012년	2013년	2014년	2015년	2016년	2017년	2018년	2019년	2020년
지정·등록	17	15	12	7	4	4	2	1	2

① 전통사찰로 지정·등록되는 수는 계속 감소하고 있다.
② 2012~2016년 전통사찰 지정·등록 수의 평균은 11개소이다.
③ 2014년과 2018년에 지정·등록된 전통사찰 수의 전년 대비 감소폭은 같다.
④ 제시된 자료를 통해 2020년 전통사찰 총 등록현황을 파악할 수 있다.

21 신제품의 설문조사를 위하여 A ~ F를 2인 1조로 조직하여 파견을 보내려 한다. 다음과 같은 〈조건〉에 따라 2인 1조를 조직할 때, 한 조가 될 수 있는 두 사람은?

> **조건**
> • A는 C나 D와 함께 갈 수 없다.
> • B는 반드시 D 아니면 F와 함께 가야 한다.
> • C는 반드시 E 아니면 F와 함께 가야 한다.
> • A가 C와 함께 갈 수 없다면, A는 반드시 F와 함께 가야 한다.

① A, E
③ B, F
② B, D
④ C, D

22 A씨가 근무하는 ○○공단은 출근 시 카드 또는 비밀번호를 입력하여야 한다. 어느 날 A씨는 카드를 집에 두고 출근을 하여 비밀번호로 근무지에 출입하고자 한다. 그러나 비밀번호가 잘 기억이 나지 않아 당혹스럽다. 네 자리 숫자의 비밀번호에 대해서 다음과 같은 〈조건〉이 주어진다면, A씨가 이해한 내용으로 옳지 않은 것은?

> **조건**
> • 비밀번호를 구성하고 있는 각 숫자는 소수가 아니다.
> • 6과 8 중에서 단 하나만이 비밀번호에 들어간다.
> • 비밀번호는 짝수로 시작한다.
> • 비밀번호의 각 숫자는 큰 수부터 차례로 나열되어 있다.
> • 같은 숫자는 두 번 이상 들어가지 않는다.

① 비밀번호는 짝수이다.
② 비밀번호의 앞에서 두 번째 숫자는 4이다.
③ 단서를 모두 만족하는 비밀번호는 모두 세 가지이다.
④ 비밀번호는 1을 포함하지만 9는 포함하지 않는다.

23 P회사의 마케팅 부서 직원 A ~ H가 원탁에 앉아서 회의를 하려고 한다. 다음 중 항상 참인 것은?(단, 서로 이웃해 있는 직원 간의 사이는 모두 동일하다)

> • A와 C는 가장 멀리 떨어져 있다.
> • B와 F는 서로 마주보고 있다.
> • H는 B 옆에 앉지 않는다.
> • A 옆에는 G가 앉는다.
> • D는 E 옆에 앉는다.

① 가능한 경우의 수는 네 가지이다.
② A와 B 사이에는 항상 누군가 앉아 있다.
③ C 옆에는 항상 E가 있다.
④ E와 G는 항상 마주 본다.

※ A극장의 직원은 A ~ F 6명으로, 매일 오전과 오후 2회로 나누어 각 근무 시간에 2명의 직원이 근무하고 있다. 직원은 1주에 4회 이상 근무를 해야 하며, 7회 이상은 근무할 수 없고, 인사 담당자는 근무 계획을 작성할 때, 다음 〈조건〉을 충족해야 한다. 이를 참고하여 이어지는 질문에 답하시오. [24~25]

> **조건**
> • A는 오전에 근무하지 않는다.
> • B는 수요일에 근무한다.
> • C은 수요일을 제외하고는 매일 1회 근무한다.
> • D는 토요일과 일요일을 제외한 날의 오전에만 근무할 수 있다.
> • E은 월요일부터 금요일까지는 근무하지 않는다.
> • F는 C와 함께 근무해야 한다.

24 다음 중 F가 근무할 수 있는 요일을 모두 고르면?

① 월요일, 화요일, 수요일, 목요일
② 월요일, 화요일, 목요일, 금요일
③ 목요일, 금요일, 토요일, 일요일
④ 화요일, 목요일, 금요일, 일요일

25 다음 중 근무 계획에 대한 내용으로 옳지 않은 것은?

① C와 F는 평일 중 하루는 오전에 함께 근무한다.
② D는 수요일 오전에 근무한다.
③ E는 주말 오전에는 C와, 오후에는 A와 근무한다.
④ B는 평일에 매일 한 번씩만 근무한다.

※ 서울에 사는 A ~ E 5명의 고향은 각각 대전, 대구, 부산, 광주, 춘천 중 한 곳으로 설날을 맞아 열차 1, 2, 3을 타고 고향에 내려가고자 한다. 열차와 탑승 정보가 다음과 같을 때, 이어지는 질문에 답하시오. **[26~28]**

- 열차 2는 대전, 춘천을 경유하여 부산까지 가는 열차이다.
- A의 고향은 부산이다.
- E는 어떤 열차를 타도 고향에 갈 수 있다.
- 열차 1에는 D를 포함한 세 사람이 탄다.
- C와 D가 함께 탈 수 있는 열차는 없다.
- B가 탈 수 있는 열차는 열차 2뿐이다.
- 열차 2와 열차 3이 지나는 지역은 대전을 제외하고 중복되지 않는다.

26   다음 중 E의 고향은 어디인가?

① 대전   ② 대구
③ 부산   ④ 춘천

27   다음 중 열차 2를 탈 수 있는 사람을 모두 고르면?

① A, B, E   ② A, C, E
③ A, D, E   ④ B, C, E

28   열차 1이 광주를 경유한다고 할 때, 열차 3에 타는 사람과 목적지는 어디인가?

① A - 부산   ② C - 대구
③ D - 대전   ④ D - 대구

29 K공사는 맞춤형 산업용수 공급 사업을 통해 기업의 요구에 맞는 수질의 산업용수를 생산, 공급하고 있다. 다음 자료를 통해 알 수 있는 내용은?

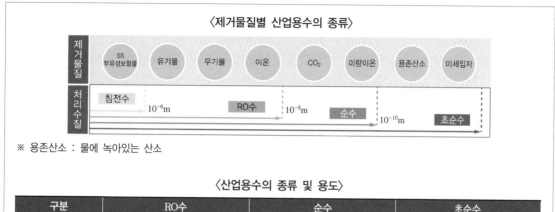

〈제거물질별 산업용수의 종류〉

※ 용존산소 : 물에 녹아있는 산소

〈산업용수의 종류 및 용도〉

구분	RO수	순수	초순수
비저항	$0.1M\Omega cm$ 미만	$0.1M\Omega cm$ 이상	$10M\Omega cm$ 이상
공정	다중여과탑, 활성탄흡착, RO막	이온교환, CO_2 탈기	용존산소 탈기, 한외여과
사용용도	제철, 석유화학	발전, 자동차, 목재펄프	반도체, 디스플레이, 제약

※ 비저항 : 단위면적, 단위길이당 전기저항의 비율

① RO수를 생산하기 위해서 다중여과탑, 한외여과 공정이 필요하다.

② 정밀한 작업이 필요한 반도체 회사에는 용존산소 탈기, 한외여과 공정을 거쳐 생산된 초순수를 공급한다.

③ 이온교환, CO_2 탈기 공정을 통해 제거물질 순서 중 무기물과 이온까지 제거해 순수를 생산한다.

④ 침전수는 10^{-8}m크기의 물질까지 제거한다.

30 다음 중 자신이 한 진술들이 동시에 참일 수 있는 사람을 모두 고르면?

나나 : 역사 안에서 일어나는 모든 일에는 선과 악이 없어. 하지만 개인이 선할 가능성은 여전히 남아 있지. 자연의 힘으로 벌어지는 모든 일에는 선과 악이 없고, 역사란 자연의 힘만으로 전개되는 것이야. 개인이 노력한다고 해서 역사가 달라지지도 않아. 만일 개인이 노력한다고 해서 역사가 달라지지 않고 역사 안에서 일어나는 모든 일에 선과 악이 없다면, 개인은 역사 바깥에 나갈 때에만 선할 수 있어. 물론 개인은 역사 바깥에 나가지도 못하고, 자연의 힘을 벗어날 수도 없지.

모모 : 개인은 역사 바깥에 나가지도 못하고, 자연의 힘을 벗어날 수도 없어. 자연의 힘으로 벌어지는 모든 일에는 선과 악이 없다는 것도 참이야. 하지만 역사 안에서 일어나는 일 가운데는 선과 악이 있는 일도 있어. 왜냐하면 역사 안에서 일어나는 모든 일이 자연의 힘만으로 벌어지는 것은 아니니까. 역사 안에서 일어나는 일 중에는 지성과 사랑의 힘에 의해 일어나는 일도 있어. 지성과 사랑의 힘에 의해 일어나는 일에는 선과 악이 있지.

수수 : 역사 중에는 물론 지성의 역사와 사랑의 역사도 있지. 하지만 그것을 포함한 모든 역사는 오직 자연의 힘만으로 벌어지지. 지성과 사랑의 역사도 진화의 역사일 뿐이고, 진화의 역사는 오직 자연의 힘만으로 벌어지기 때문이야. 자연의 힘만으로 벌어지는 모든 일에는 선과 악이 없지만, 진화의 역사에서 오직 자연의 힘만으로 인간 지성과 사랑이 출현한 일에는 선이 있음이 분명해.

① 모모
② 수수
③ 나나, 모모
④ 나나, 수수

31 다음 워크시트에서 현재를 기준으로 재직기간이 8년 이상인 재직자의 수를 알아보려고 한다. 재직연수를 출력해 주는 함수식을 [D2] 셀에 입력하고, [D8] 셀까지 드래그한 후 [F2] 셀에 앞서 출력한 재직연수를 이용하여 조건에 맞는 재직자 수를 출력하는 함수식을 입력하려 할 때, 각 셀에 입력할 함수식은?

	A	B	C	D	E	F
1	재직자	부서	입사일	재직연수		8년 이상 재직자 수
2	K씨	인사팀	2011-12-21			
3	O씨	회계팀	2009-05-01			
4	G씨	개발팀	2010-10-25			
5	J씨	경영팀	2005-05-05			
6	M씨	마케팅팀	2009-11-02			
7	L씨	디자인팀	2012-01-05			
8	C씨	물류팀	2013-05-07			
9						

	[D2] 셀	[F2] 셀
①	=DATEDIF(C2,TODAY(),"Y")	=COUNTIF(D2:D8,">=8")
②	=DATEDIF(C2,TODAY(),Y)	=COUNTIF(D2:D8,>=8)
③	=DATEDIF($C$2,NOW(),"Y")	=COUNTIF(D2:D8,>=8)
④	=DATEDIF($C$2,TODAY(),Y)	=COUNTIF(D2:D8,"<=8")

32 A물산에 근무하는 B사원은 제품 판매 결과보고서를 작성할 때, 자주 사용하는 여러 개의 명령어를 묶어 하나의 키 입력 동작으로 만들어서 빠르게 완성하였다. 그리고 판매 결과를 여러 유통업자에게 알리기 위해 같은 내용의 안내문을 미리 수집해 두었던 주소록을 활용하여 쉽게 작성하였다. 이러한 사례에서 사용한 워드프로세서(한글 2010)의 기능으로 옳은 것을 〈보기〉에서 모두 고르면?

> **보기**
>
> ㄱ. 매크로　　　　　　　　　ㄴ. 글맵시
> ㄷ. 메일 머지　　　　　　　　ㄹ. 하이퍼링크

① ㄱ, ㄴ　　　　　　　　　　　② ㄱ, ㄷ
③ ㄴ, ㄷ　　　　　　　　　　　④ ㄴ, ㄹ

33 레지스터(Register) 내로 새로운 자료(data)를 읽어 들이면 어떤 변화가 발생하는가?

① 그 레지스터가 누산기이거나 명령레지스터일 때만 자료를 읽어 들일 수 있다.
② 레지스터의 이전 내용이 지워진다.
③ 그 레지스터가 누산기일 때만 새 자료가 읽어진다.
④ 현존하는 내용에 아무런 영향도 없다.

34 다음 중 빈칸에 들어갈 용어로 옳은 것은?

> 기업이 경쟁우위를 확보하기 위하여 구축, 이용하는 정시시스템. 기존의 정보시스템이 기업 내 업무의 합리화나 효율화에 역점을 두었던 것에 반하여, 기업이 경쟁에서 승리하여 살아남기 위한 필수적인 시스템이라는 뜻에서 ＿＿＿＿＿＿＿＿＿＿＿＿＿＿이라고 한다. 그 요건으로는 경쟁 우위의 확보, 신규 사업의 창출이나 상권의 확대, 업계 구조의 변혁 등을 들 수 있다. 실례로는 금융 기관의 대규모 온라인시스템, 항공 회사의 좌석예약시스템, 슈퍼마켓(체인점) 등에서의 판매시점관리(POS)를 들 수 있다. 최근에는 대외지향적인 전략시스템뿐만 아니라 기업 구조의 재구축을 위한 업무 재설계(BPR)와 같이 경영 전략을 수립하여 그에 맞는 정보시스템을 재구축하는 접근 방식을 채용하고 있다.

① 비지니스 프로세스 관리(BPM; Business Process Management)
② 전사적 자원관리(ERP; Enterprise Resource Planning)
③ 경영정보시스템(MIS; Management Information System)
④ 전략정보시스템(SIS; Strategic Information System)

35 다음 워크시트에서 [틀 고정] 기능을 통해 A열과 1행을 고정하고자 할 때, 어느 셀을 클릭하여 틀 고정을 해야 하는가?

◢	A	B	C
1	코드번호	성명	취미
2	A001	이몽룡	컴퓨터
3	A002	홍길동	축구
4	A003	성춘향	미술
5	A004	변학도	컴퓨터
6	A005	임꺽정	농구

① [A1] 셀　　　　　　　　　　② [A2] 셀

③ [B1] 셀　　　　　　　　　　④ [B2] 셀

36 다음 대화를 참고할 때, 빈칸에 들어갈 용어로 가장 적절한 것은?

> 수인 : 요즘은 금융기업이 아닌데도, ○○페이 형식으로 결제서비스를 제공하는 곳이 많더라.
>
> 희재 : 맞아! 나도 얼마 전에 온라인 구매를 위해 결제창으로 넘어갔는데, 페이에 가입해서 결제하면 혜택을 제공한 다고 하여 가입해서 페이를 통해 결제했어.
>
> 수인 : 이렇게 모바일 기술이나 IT에 결제, 송금과 같은 금융서비스를 결합된 새로운 서비스를 (　　　)라고 부른 대. 들어본 적 있니?

① P2P　　　　　　　　　　② O2O

③ 핀테크　　　　　　　　　　④ IoT

37 국민연금공단 인사팀에 근무하는 L주임은 다음과 같이 하반기 공채 지원자들의 PT면접 점수를 입력한 후 면접 결과를 정리하고자 한다. 이를 위해 [F3] 셀에 〈보기〉와 같은 함수식을 입력하고, 채우기 핸들을 이용하여 [F6] 셀까지 드래그했을 때, [F3] ~ [F6] 셀에 나타나는 결괏값으로 올바른 것은?

◢	A	B	C	D	E	F
1						(단위 : 점)
2	이름	발표내용	발표시간	억양	자료준비	결과
3	조재영	85	92	75	80	
4	박슬기	93	83	82	90	
5	김현진	92	95	86	91	
6	최승호	95	93	92	90	

보기

=IF(AVERAGE(B3:E3)>=90,"합격","불합격")

	[F3]	[F4]	[F5]	[F6]
①	불합격	불합격	합격	합격
②	합격	합격	불합격	불합격
③	합격	불합격	합격	불합격
④	불합격	합격	불합격	합격

38 다음은 정보화 사회에서 필수적으로 해야 할 일을 설명한 글이다. 이 글의 사례로 옳지 않은 것은?

첫째, 정보검색이다. 인터넷에는 수많은 사이트가 있으며, 여기서 내가 원하는 정보를 찾는 것을 정보검색, 즉 소위 말하는 인터넷 서핑이라 할 수 있다. 현재 인터넷에는 수많은 사이트가 있으며, 그 많은 사이트에서 내가 원하는 정보를 찾기란 그렇게 만만치 않다. 지금은 다행히도 검색방법이 발전하여 문장검색용 검색엔진과 자연어 검색방법도 나와 네티즌들로부터 대환영을 받고 있다. 이처럼 검색이 그만큼 쉬워졌다는 것이다. 이러한 발전에 맞추어 정보화 사회에서는 궁극적으로 타인의 힘을 빌리지 않고 내가 원하는 정보는 무엇이든지 다 찾을 수가 있도록 되어야 한다. 즉, 당신은 자신이 가고 싶은 곳의 정보라든지 궁금한 사항을 스스로 해결할 정도는 되어야 한다는 것이다.
둘째, 정보관리이다. 인터넷에서 어렵게 검색하여 찾아낸 결과를 관리하지 못하여 머리 속에만 입력하고, 컴퓨터를 끄고 나면 잊어버리는 것은 정보관리를 못하는 것이다. 자기가 검색한 내용에 대하여 파일로 만들어 보관하든, 프린터로 출력하여 인쇄물로 보관하든, 언제든지 필요할 때 다시 볼 수 있을 정도가 되어야 하는 것이다.
셋째, 정보전파이다. 이것은 정보관리를 못한 사람은 어렵다. 오로지 입을 이용해서만 전파가 가능하기 때문이다. 요즘은 전자우편과 SNS를 이용해서 정보를 전달하기 때문에 정보전파가 매우 쉽다. 참으로 편리한 세상이 아닐 수 없다. 인터넷만 이용하면 편안히 서울에 앉아서 미국에도 논문을 보낼 수 있는 것이다.

① 내일 축구에서 승리하는 국가를 맞추기 위해 선발 선수들의 특징을 파악해야겠어.
② 라면을 맛있게 조리할 수 있는 나만의 비법을 SNS에 올려야지.
③ 다음 주 제주도 여행을 위해서 다음 주 날씨를 요일별로 잘 파악해서 기억해둬야지.
④ 내가 가진 금액에 맞는 의자를 사기 위해 가격 비교 사이트를 이용해야겠다.

※ 다음은 A ~ D제품의 연령별 선호도와 매장별 제품 만족도에 대한 자료이다. 이를 참고하여 이어지는 질문에 답하시오. [39~40]

〈연령별 선호 제품(설문조사)〉

(단위 : %)

구분	20대	30대	40대	50대 이상
A제품	25	35	25	15
B제품	45	30	15	10
C제품	20	35	20	25
D제품	10	20	30	40

〈제품 만족도(오프라인 매장 평가 취합)〉

(단위 : 점)

구분	갑 매장	을 매장	병 매장	정 매장
A제품	4	4	2	4
B제품	4	4	3	3
C제품	2	3	5	3
D제품	3	4	3	4

※ 점수 등급 : 1점(매우 불만족) – 3점(보통) – 5점(매우 만족)

39 다음 중 위의 자료만으로 처리할 수 없는 업무는?

① 연령별 제품 마케팅 전략 수립
② 제품별 만족도 분석
③ 구입처별 주력 판매 고객 설정
④ 연령별 선물용 제품 추천

40 W회사는 사내 명절 선물을 결정하려고 한다. 명절 선물에 대한 직원 만족도를 높이기 위해 위 자료에서 추가적으로 수집해야 하는 정보로 적절하지 않은 것은?

① 매장별 할인 판매 현황
② 임직원 제품 선호도
③ 사내 연령 분포
④ 기지급 명절 선물 목록

41 귀하는 A중소기획의 영업팀에 채용돼 오늘부터 본격적인 업무를 시작하게 되었다. 영업팀 팀장은 첫 출근한 귀하를 자리로 불러 "다른 팀장들에게 인사하기 전에, 인사기록카드를 작성해서 관련 팀에 제출하도록 하세요. 그리고 우리 팀 비품 신청 건이 어떻게 처리되고 있는지도 좀 부탁해요."라고 지시했다. 팀장의 지시를 모두 처리하기 위한 귀하의 행동으로 올바른 것은?

① 비서실에 가서 인사기록카드를 제출하고, 영업팀 비품 신청 상황을 묻는다.
② 인사팀에 가서 인사기록카드를 제출하고, 영업팀 비품 신청 상황을 묻는다.
③ 기획팀에 가서 인사기록카드를 제출하고, 영업팀 비품 신청 상황을 묻는다.
④ 인사팀에 가서 인사기록카드를 제출하고, 총무팀에 가서 영업팀 비품 신청 상황을 묻는다.

※ 다음은 K공단의 주요 사업별 연락처이다. 자료를 참고하여 이어지는 질문에 답하시오. **[42~43]**

〈주요 사업별 연락처〉

주요 사업	담당부서	연락처
고객지원	고객지원팀	044-410-7001
감사, 부패방지 및 지도점검	감사실	044-410-7011
국제협력, 경영평가, 예산기획, 규정, 이사회	전략기획팀	044-410-7023
인재개발, 성과평가, 교육, 인사, ODA 사업	인재개발팀	044-410-7031
복무노무, 회계관리, 계약 및 시설	경영지원팀	044-410-7048
품질 평가관리, 품질평가 관련민원	평가관리팀	044-410-7062
가공품 유통 전반(실태조사, 유통정보), 컨설팅	유통정보팀	044-410-7072
대국민 교육, 기관 마케팅, 홍보관리, CS, 브랜드인증	고객홍보팀	044-410-7082
이력관리, 역학조사지원	이력관리팀	044-410-7102
유전자분석, 동일성검사	유전자분석팀	044-410-7111
연구사업 관리, 기준개발 및 보완, 시장조사	연구개발팀	044-410-7133
정부 3.0, 홈페이지 운영, 대외자료제공, 정보보호	정보사업팀	044-410-7000

42 다음 중 K공단의 주요 사업별 연락처를 본 채용 지원자의 반응으로 적절하지 않은 것은?

① 국민연금공단은 1개의 실과 11개의 팀으로 이루어져 있구나.
② 예산기획과 경영평가는 같은 팀에서 종합적으로 관리하는구나.
③ 평가업무라 하더라도 평가 특성에 따라 담당하는 팀이 달라지는구나.
④ 홈페이지 운영은 고객홍보팀에서 마케팅과 함께 하는구나.

43 다음 민원을 해결하기 위해 연결해야 할 부서를 적절히 안내해준 것은?

민원인 : 얼마 전 신제품 품질 평가 등급 신청을 했습니다. 신제품 품질에 대한 등급에 대해 이의가 있습니다. 관련
 건으로 담당자분과 통화하고 싶습니다.
상담원 : 불편을 드려서 죄송합니다. (   ) 연결해드리겠습니다. 잠시만 기다려 주십시오.

① 지도점검 업무를 담당하고 있는 감사실로
② 연구사업을 관리하고 있는 연구개발팀으로
③ 품질평가를 관리하는 평가관리팀으로
④ 기관의 홈페이지 운영을 전담하고 있는 정보사업팀으로

44 다음 중 조직 경영자의 역할로 적절하지 않은 것은?

① 대외적으로 조직을 대표한다.

② 대외적 협상을 주도한다.

③ 조직 내에서 발생하는 분쟁을 조정한다.

④ 외부 변화에 대한 정보를 수용한다.

45 다음 중 경영전략 추진과정을 올바르게 나열한 것은?

① 경영전략 도출 → 환경분석 → 전략목표 설정 → 경영전략 실행 → 평가 및 피드백

② 경영전략 도출 → 경영전략 실행 → 전략목표 설정 → 환경분석 → 평가 및 피드백

③ 전략목표 설정 → 환경분석 → 경영전략 도출 → 경영전략 실행 → 평가 및 피드백

④ 전략목표 설정 → 경영전략 도출 → 경영전략 실행 → 환경분석 → 평가 및 피드백

46 다음 중 S사원에게 해줄 수 있는 조언으로 가장 적절한 것은?

> S사원은 팀장으로부터 업무성과를 높이기 위한 방안을 보고하라는 지시를 받았고, 다음날 팀장에게 보고서를 제출
> 하였다. 보고서를 본 팀장은 S사원에게 다음과 같이 말했다.
> "S씨, 보고서에 있는 방법은 우리 회사에서는 적용할 수가 없습니다. 노사규정상 근무시간을 늘릴 수 없게 되어있어
> 요. 근무시간을 늘려서 업무성과를 높이자는 건 바람직한 해결책이 아니군요."

① 자신의 능력 범위 안에서 가능한 목표를 설정해야 한다.

② 조직의 구조, 문화, 규칙 등의 체제요소를 고려해야 한다.

③ 조직의 목표 달성을 위해서는 조직 응집력이 중요하다.

④ 새로운 자원을 발굴하고, 도전하는 것을 중시해야 한다.

47 다음은 개인화 마케팅에 대한 내용이다. 이 글을 읽고 개인화 마케팅의 사례로 적절하지 않은 것은?

> 소비자들의 요구가 점차 다양해지고, 복잡해짐에 따라 개인별로 맞춤형 제품과 서비스를 제공하며 '개인화 마케팅'을 펼치는 기업이 늘어나고 있다. 개인화 마케팅이란 각 소비자의 이름, 관심사, 구매이력 등의 데이터를 기반으로 특정 고객에 대한 개인화 서비스를 제공하는 활동을 의미한다. 이러한 개인화 마케팅은 개별적 커뮤니케이션 실현을 통한 효율성 증대 및 기업 이윤 창출을 목적으로 하고 있다.
>
> 이러한 개인화 마케팅은 기업들의 지속적인 투자를 통해 다양한 방식으로 계속되고 있다. 빠르게 변화하고 있는 마케팅 시장에서 개인화된 서비스 제공을 통해 소비자 만족도를 끌어낼 수 있다는 점은 충분히 매력적일 수 있기 때문이다.

① 고객들의 사연을 받아 지하철역 에스컬레이터 벽면에 광고판을 만든 A배달업체는 고객들로 하여금 자신의 사연이 뽑히지 않았는지 관심을 두게 함으로써 광고 효과를 톡톡히 보고 있다.

② 최근 B전시관은 시각적인 시원한 민트색 벽지와 그에 어울리는 시원한 음향, 상쾌한 민트 향기, 민트맛 사탕을 나눠주며 민트에 대한 다섯 가지 감각을 이용한 미술관 전시로 화제가 되었다.

③ C위생용품회사는 자사의 인기 상품에 대한 단종으로 사과의 뜻을 담은 뮤직비디오를 제작했다. 고객들은 뮤직비디오를 보기 전에 자신의 이름을 입력하면, 뮤직비디오에 자신의 이름이 노출되어 자신이 직접 사과를 받는 듯한 효과를 느낄 수 있다.

④ 참치캔을 생산하는 D사는 최근 소외계층에게 힘이 되는 응원 메시지를 댓글로 받아 77명을 추첨하여 댓글 작성자의 이름으로 소외계층들에게 참치캔을 전달하는 이벤트를 진행하였다.

48 국민연금공단에 근무 중인 B차장은 새로운 사업을 실행하기에 앞서 설문조사를 하려고 한다. 아래의 방법을 이용하려고 할 때, 설문조사 순서를 올바르게 나열한 것은?

> 델파이 기법은 전문가들의 의견을 종합하기 위해 고안된 기법으로 불확실한 상황을 예측하고자 할 경우 사용하는 인문사회과학 분석기법 중 하나이다. 설문지로만 이루어지기 때문에 전문가들의 익명성이 보장되고, 반복적인 설문을 통해 얻은 반응을 수집·요약해 특정 주제에 대한 전문가 집단의 합의를 도출하는 방식으로 진행된다.

① 설문지 제작 – 발송 – 회수 – 검토 후 결론 도출 – 결론 통보

② 설문지 제작 – 1차 대면 토론 – 중간 분석 – 2차 대면 토론 – 합의 도출

③ 설문지 제작 – 발송 – 회수 – 중간 분석 – 대면 토론 – 합의 도출

④ 설문지 제작 – 발송 – 회수 – 중간 분석 – 재발송 – 회수 – 합의 도출

※ 다음은 조직의 유형을 나타낸 것이다. 이어지는 질문에 답하시오. [49~50]

〈조직의 유형〉

49 다음 중 조직의 유형에 대해 이해한 내용으로 옳지 않은 것은?

① 기업과 같이 이윤을 목적으로 하는 조직은 영리조직이다.
② 조직 규모를 기준으로 보면, 가족 소유의 상점은 소규모조직, 대기업은 대규모조직의 사례로 볼 수 있다.
③ 공식조직 내에서 인간관계를 지향하면서 비공식조직이 새롭게 생성되기도 한다.
④ 비공식조직은 조직의 구조, 기능, 규정 등이 조직화되어 있다.

50 다음 중 밑줄 친 비영리조직의 사례로 보기 어려운 것은?

① 정부조직
② 병원
③ 대학
④ 대기업

※ A기금 인사팀 팀원 6명이 회식을 하기 위해 이탈리안 레스토랑에 갔다. 주문한 결과를 바탕으로 이어지는 질문에 답하시오. [51~52]

- 인사팀은 토마토 파스타 2개, 크림 파스타 1개, 토마토 리소토 1개, 크림 리소토 2개, 콜라 2잔, 사이다 2잔, 주스 2잔을 주문했다.
- 인사팀은 K팀장, L과장, M대리, S대리, H사원, J사원으로 구성되어 있는데, 같은 직급끼리는 같은 소스가 들어가는 요리를 주문하지 않았고, 같은 음료도 주문하지 않았다.
- 각자 좋아하는 요리가 있으면 그 요리를 주문하고, 싫어하는 요리나 재료가 있으면 주문하지 않았다.
- K팀장은 토마토 파스타를 좋아하고, S대리는 크림 리소토를 좋아한다.
- L과장과 H사원은 파스타면을 싫어한다.
- 대리들 중에 콜라를 주문한 사람은 없다.
- 크림 파스타를 주문한 사람은 사이다도 주문했다.
- 토마토 파스타와 토마토 리소토는 주스와 궁합이 맞지 않는다고 하여 함께 주문하지 않았다.

51 다음 중 레스토랑에서 주문한 결과로 옳지 않은 것은?

① 사원 중 한 사람은 주스를 주문했다.
② L과장은 크림 리소토를 주문했다.
③ K팀장은 콜라를 주문했다.
④ 토마토 리소토를 주문한 사람은 콜라를 주문했다.

52 다음 중 같은 요리와 음료를 주문한 사람으로 알맞게 짝지어진 것은?

① J사원, S대리
② H사원, L과장
③ S대리, L과장
④ M대리, H사원

※ 다음은 A기금 사업추진팀의 인사평가결과표이다. 자료를 참고하여 이어지는 질문에 답하시오. **[53~54]**

〈사업추진팀 인사평가 항목별 등급〉

성명	업무등급	소통등급	자격등급
유수연	A	B	B
최혜수	D	C	B
이명희	C	A	B
한승엽	A	A	D
이효연	B	B	C
김은혜	A	D	D
박성진	A	A	A
김민영	D	D	D
박명수	D	A	B
김신애	C	D	D

※ 등급의 환산점수는 A : 100점, B : 90점, C : 80점, D : 70점으로 환산하여 총점으로 구한다.

53 A기금에서는 인사평가 결과를 바탕으로 상여금을 지급한다. 인사평가 결과와 다음의 상여금 지급규정을 참고하였을 때, 다음 중 가장 많은 상여금을 받을 수 있는 사람은?

〈상여금 지급규정〉

- 인사평가 총점이 팀 내 상위 50% 이내에 드는 경우 100만 원을 지급한다.
- 인사평가 총점이 팀 내 상위 30% 이내에 드는 경우 50만 원을 추가로 지급한다.
- 상위 50% 미만은 20만 원을 지급한다.
- 동순위자 발생 시 A등급의 빈도가 높은 순서대로 순위를 정한다.

① 이명희 ② 한승엽
③ 이효연 ④.박명수

54 인사평가 결과에서 오류가 발견되어 박명수의 소통등급과 자격등급이 C로 정정되었다면, 박명수를 제외한 순위변동이 있는 사람은 몇 명인가?

① 없음 ② 1명
③ 2명 ④ 3명

55 환경부의 인사실무 담당자는 환경정책과 관련된 특별위원회를 구성하면서 외부 환경 전문가를 위촉하려 한다. 현재 거론되고 있는 외부 전문가는 A ~ F이다. 이 여섯 명의 외부 인사에 대해서 담당자는 다음의 〈조건〉을 충족하는 선택을 해야 한다. 만약 B가 위촉되지 않는다면, 몇 명이 위촉되는가?

> **조건**
>
> 1. 만약 A가 위촉되면, B와 C도 위촉되어야 한다.
> 2. 만약 A가 위촉되지 않는다면, D가 위촉되어야 한다.
> 3. 만약 B가 위촉되지 않는다면, C나 E가 위촉되어야 한다.
> 4. 만약 C와 E가 위촉되면, D는 위촉되지 않는다.
> 5. 만약 D나 E가 위촉되면, F도 위촉되어야 한다.

① 1명 ② 2명
③ 3명 ④ 4명

56 다음 중 경청하는 태도에 대한 내용으로 적절하지 않은 것은?

> 김 사원 : 직원교육시간이요, 조금 귀찮기는 하지만 다양한 주제에 대해서 들을 수 있어서 좋은 것 같아요.
> 한 사원 : 그렇죠? 이번 주 강의도 전 꽤 마음에 들더라고요. 그러고 보면, 어떻게 하면 말을 잘 할지는 생각해볼 수 있지만 잘 듣는 방법에는 소홀하기 쉬운 것 같아요.
> 김 사원 : 맞아요. 잘 듣는 것이 대화에서 큰 의미를 가지는데도 그렇죠. 오늘 강의에서 들은 내용대로 노력하면 상대방이 전달하는 메시지를 제대로 이해하는 데 문제가 없을 것 같아요.

① 상대방의 이야기를 들으면서 동시에 그 내용을 머릿속으로 정리한다.
② 상대방의 이야기를 들을 때 상대가 다음에 무슨 말을 할지 예상해본다.
③ 선입견이 개입되면 안 되기 때문에 나의 경험은 이야기와 연결 짓지 않는다.
④ 이야기를 듣기만 하는 것이 아니라 대화 내용에 대해 적극적으로 질문한다.

57 다음 사례와 이에 대한 성희롱의 근거가 연결된 내용 중에서 옳지 않은 것은?

> (A) A사원은 평소 농담을 잘 하는 성격이다. 농담의 주 내용은 대부분 성적인 농담이라 신입사원 G는 옆에서 듣고
> 있기에 불편하고 기분이 나쁘다. 하지만 신입사원이기 때문에 불쾌함을 말하지 못하고 늘 참는다.
> (B) B부장은 커피 심부름을 잘 시키기로 유명하다. 남자 동기와 함께 있을 때도 굳이 여사원을 지목하며 커피 심부
> 름을 시키는 B부장은 "커피는 여자가 타야 맛있지~"라는 말을 입에 달고 산다.
> (C) 평소 패션에 관심이 많은 C대리가 새 옷을 입고 온 신입사원 D를 한번 훑어 본 뒤 몸매가 좋아서 그런지 옷이
> 잘 어울린다고 말하였다. 신입사원 D는 칭찬에 기분이 좋으면서도 한편으로는 민망함을 느꼈다.
> (D) F부장은 회식자리에서 E사원에게 "요새 운동을 다녀서 그런지 몸이 좋아졌네, 애인 있어?"라고 말하며 E사원
> 이 애인이 없다고 대답하자 그 몸매에 애인이 없는 게 말이 되냐며 애인을 숨겨 놓은 게 아니냐고 계속 질문을
> 해 E사원을 당황스럽게 하였다.

① (A) : 농담이라고 해도 상대방이 성적 수치심을 느낀다면 성희롱에 해당한다.
② (B) : 업무 이외에 심부름을 자주 시키면 기분이 나쁠 수 있으니 성희롱에 해당한다.
③ (C) : 외모에 대한 가벼운 평가나 발언도 수치심을 유발할 수 있다.
④ (D) : 사생활에 대한 지나친 관심과 외모에 대한 발언은 수치심을 유발해 언어적 성희롱에 해당한다.

58 다음 중 경청을 위한 방법으로 옳지 않은 것은?

① 대화 내용에 대해 질문할 것을 생각해본다.
② 대화 중 시간 간격이 있으면 상대가 무엇을 말할 지 추측해본다.
③ 상대방의 메시지를 나와 관련지어 생각해본다.
④ 상대의 말을 들을 때는 말에만 집중해야 하므로 그 내용을 요약하지 않는다.

59 아래의 글은 P기업 사원들의 대화 내용이다. 다음 중 빈칸에 들어갈 말로 적절하지 않은 것은?

> 김 사원 : ○○ 씨, 무슨 일 있어요? 표정이 안 좋네요.
> 윤 사원 : 이 부장님께서 부탁하신 일이 있는데 아무래도 안 될 것 같아서요. 말씀을 어떻게 드려야 할지 난감하
> 네요.
> 김 사원 : 하긴, 이유가 충분해도 거절 자체를 말하기가 어렵죠. _____ 좋을
> 것 같아요.

① 거절하는 이유를 설명하기 전에 사과를 먼저 하는 것이
② 거절에 따른 대안을 제시하는 것이
③ 거절을 결정할 때는 시간을 충분히 두고 신중해야 하는 것이
④ 왜 거절하는지 분명한 이유를 밝히는 것이

60 다음 중 경청하는 방법에 대해 옳지 않은 것은?

① 상대방의 메시지를 자신의 삶과 관련시켜 본다.
② 표정, 몸짓 등 말하는 사람의 모든 것에 집중한다.
③ 들은 내용을 요약하는 것은 앞으로의 내용을 예측하는 데도 도움이 된다.
④ 대화 중 상대방이 무엇을 말할 것인가 추측하는 것은 선입견을 갖게 할 가능성이 높기 때문에 지양한다.

PART 3

채용 가이드

CHAPTER 01 블라인드 채용 소개

| 01 | 블라인드 채용

1. 블라인드 채용이란?

채용 과정에서 편견이 개입되어 불합리한 차별을 야기할 수 있는 출신지, 가족관계, 학력, 외모 등의 편견요인은 제외하고, 직무능력만을 평가하여 인재를 채용하는 방식입니다.

2. 블라인드 채용의 필요성

- 채용의 공정성에 대한 사회적 요구
  - 누구에게나 직무능력만으로 경쟁할 수 있는 균등한 고용기회를 제공해야 하나 아직도 채용의 공정성에 대한 불신이 존재
  - 채용상 차별금지에 대한 법적 요건이 권고적 성격에서 처벌을 동반한 의무적 성격으로 강화되는 추세
  - 시민의식과 지원자의 권리의식 성숙으로 차별에 대한 법적 대응 가능성 증가
- 우수 인재 채용을 통한 기업의 경쟁력 강화 필요
  - 직무능력과 무관한 학벌, 외모 위주의 선발로 우수인재 선발기회 상실 및 기업경쟁력 약화
  - 채용 과정에서 차별 없이 직무능력중심으로 선발한 우수인재 확보 필요
- 공정한 채용을 통한 사회적 비용 감소 필요
  - 편견에 의한 차별적 채용은 우수인재 선발을 저해하고 외모·학벌 지상주의 등의 심화로 불필요한 사회적 비용 증가
  - 채용에서의 공정성을 높여 사회의 신뢰수준 제고

3. 블라인드 채용의 특징

편견 요인을 요구하지 않는 대신 직무능력을 평가합니다.

※ 직무능력중심 채용이란?
기업의 역량 기반 채용, NCS 기반 능력중심 채용과 같이 직무수행에 필요한 능력과 역량을 평가하여 선발하는 채용방식을 통칭합니다.

4. 블라인드 채용의 평가요소

직무수행에 필요한 지식, 기술, 태도 등을 과학적인 선발기법을 통해 평가합니다.

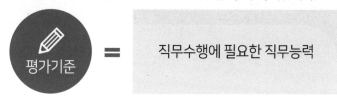

※ 과학적 선발기법이란?

직무분석을 통해 도출된 평가요소를 서류, 필기, 면접 등을 통해 체계적으로 평가하는 방법으로 입사지원서, 자기소개서, 직무수행능력 평가, 구조화 면접 등이 해당됩니다.

5. 블라인드 채용 주요 도입 내용

- 입사지원서에 인적사항 요구 금지
  - 인적사항에는 출신지역, 가족관계, 결혼여부, 재산, 취미 및 특기, 종교, 생년월일(연령), 성별, 신장 및 체중, 사진, 전공, 학교명, 학점, 외국어 점수, 추천인 등이 해당
  - 채용 직무를 수행하는 데 있어 반드시 필요하다고 인정될 경우는 제외

    예 특수경비직 채용 시 : 시력, 건강한 신체 요구

    　　연구직 채용 시 : 논문, 학위 요구 등
- 블라인드 면접 실시
  - 면접관에게 응시자의 출신지역, 가족관계, 학교명 등 인적사항 정보 제공 금지
  - 면접관은 응시자의 인적사항에 대한 질문 금지

6. 블라인드 채용 도입의 효과성

- 구성원의 다양성과 창의성이 높아져 기업 경쟁력 강화
  - 편견을 없애고 직무능력 중심으로 선발하므로 다양한 직원 구성 가능
  - 다양한 생각과 의견을 통하여 기업의 창의성이 높아져 기업경쟁력 강화
- 직무에 적합한 인재선발을 통한 이직률 감소 및 만족도 제고
  - 사전에 지원자들에게 구체적이고 상세한 직무요건을 제시함으로써 허수 지원이 낮아지고, 직무에 적합한 지원자 모집 가능
  - 직무에 적합한 인재가 선발되어 직무이해도가 높아져 업무효율 증대 및 만족도 제고
- 채용의 공정성과 기업이미지 제고
  - 블라인드 채용은 사회적 편견을 줄인 선발 방법으로 기업에 대한 사회적 인식 제고
  - 채용과정에서 불합리한 차별을 받지 않고 실력에 의해 공정하게 평가를 받을 것이라는 믿음을 제공하고, 지원자들은 평등한 기회와 공정한 선발과정 경험

서류전형 가이드

| 01 | 채용공고문

1. 채용공고문의 변화

기존 채용공고문	변화된 채용공고문
• 취업준비생에게 불충분하고 불친절한 측면 존재 • 모집분야에 대한 명확한 직무관련 정보 및 평가기준 부재 • 해당분야에 지원하기 위한 취업준비생의 무분별한 스펙 쌓기 현상 발생	• NCS 직무분석에 기반한 채용공고를 토대로 채용전형 진행 • 지원자가 입사 후 수행하게 될 업무에 대한 자세한 정보 공지 • 직무수행내용, 직무수행 시 필요한 능력, 관련된 자격, 직업기초능력 제시 • 지원자가 해당 직무에 필요한 스펙만을 준비할 수 있도록 안내
• 모집 부문 및 응시자격 • 지원서 접수 • 전형절차 • 채용조건 및 처우 • 기타사항	• 채용절차 • 채용유형별 선발분야 및 예정인원 • 전형방법 • 선발분야별 직무기술서 • 우대사항

2. 지원 유의사항 및 지원요건 확인

채용 직무에 따른 세부사항을 공고문에 명시하여 지원자에게 적격한 지원 기회를 부여함과 동시에 채용과정에서의 공정성과 신뢰성을 확보합니다.

구성	내용	확인사항
모집분야 및 규모	고용형태(인턴 계약직 등), 모집분야, 인원, 근무지역 등	채용직무가 여러 개일 경우 본인이 해당되는 직무의 채용규모 확인
응시자격	기본 자격사항, 지원조건	지원을 위한 최소자격요건을 확인하여 불필요한 지원을 예방
우대조건	법정·특별·자격증 가점	본인의 가점 여부를 검토하여 가점 획득을 위한 사항을 사실대로 기재
근무조건 및 보수	고용형태 및 고용기간, 보수, 근무지	본인이 생각하는 기대수준에 부합하는지 확인하여 불필요한 지원을 예방
시험방법	서류·필기·면접전형 등의 활용 방안	전형방법 및 세부 평가기법 등을 확인하여 지원전략 준비
전형일정	접수기간, 각 전형 단계별 심사 및 합격자 발표일 등	본인의 지원 스케줄을 검토하여 차질이 없도록 준비
제출서류	입사지원서(경력·경험기술서 등), 각종 증명서 및 자격증 사본 등	지원요건 부합 여부 및 자격 증빙서류 사전에 준비
유의사항	임용취소 등의 규정	임용취소 관련 법적 또는 기관 내부 규정을 검토하여 해당여부 확인

| 02 | 직무기술서

직무기술서란 직무수행의 내용과 필요한 능력, 관련 자격, 직업기초능력 등을 상세히 기재한 것으로 입사 후 수행하게 될 업무에 대한 정보가 수록되어 있는 자료입니다.

1. 채용분야

설명

NCS 직무분류 체계에 따라 직무에 대한「대분류 – 중분류 – 소분류 – 세분류」체계를 확인할 수 있습니다.
채용직무에 대한 모든 직무기술서를 첨부하게 되며 실제 수행 업무를 기준으로 세부적인 분류정보를 제공합니다.

채용분야	분류체계			
사무행정	대분류	중분류	소분류	세분류
분류코드	02. 경영·회계·사무	03. 재무·회계	01. 재무	01. 예산
				02. 자금
			02. 회계	01. 회계감사
				02. 세무

2. 능력단위

설명

직무분류 체계의 세분류 하위능력단위 중 실질적으로 수행할 업무의 능력만 구체적으로 파악할 수 있습니다.

능력단위	(예산)	03. 연간종합예산수립 04. 추정재무제표 작성 05. 확정예산 운영 06. 예산실적 관리	
	(자금)	04. 자금운용	
	(회계감사)	02. 자금관리 04. 결산관리 05. 회계정보시스템 운용 06. 재무분석 07. 회계감사	
	(세무)	02. 결산관리 05. 부가가치세 신고 07. 법인세 신고	

3. 직무수행내용

설명

세분류 영역의 기본정의를 통해 직무수행내용을 확인할 수 있습니다. 입사 후 수행할 직무내용을 구체적으로 확인할 수 있으며, 이를 통해 입사서류 작성부터 면접까지 직무에 대한 명확한 이해를 바탕으로 자신의 희망직무인지 아닌지, 해당 직무가 자신이 알고 있던 직무가 맞는지 확인할 수 있습니다.

직무수행내용	(예산) 일정기간 예상되는 수익과 비용을 편성, 집행하며 통제하는 일
	(자금) 자금의 계획 수립, 조달, 운용을 하고 발생 가능한 위험 관리 및 성과평가
	(회계감사) 기업 및 조직 내·외부에 있는 의사결정자들이 효율적인 의사결정을 할 수 있도록 유용한 정보를 제공, 제공된 회계정보의 적정성을 파악하는 일
	(세무) 세무는 기업의 활동을 위하여 주어진 세법범위 내에서 조세부담을 최소화시키는 조세전략을 포함하고 정확한 과세소득과 과세표준 및 세액을 산출하여 과세당국에 신고·납부하는 일

4. 직무기술서 예시

태도	(예산) 정확성, 분석적 태도, 논리적 태도, 타 부서와의 협조적 태도, 설득력
	(자금) 분석적 사고력
	(회계 감사) 합리적 태도, 전략적 사고, 정확성, 적극적 협업 태도, 법률준수 태도, 분석적 태도, 신속성, 책임감, 정확한 판단력
	(세무) 규정 준수 의지, 수리적 정확성, 주의 깊은 태도
우대 자격증	공인회계사, 세무사, 컴퓨터활용능력, 변호사, 워드프로세서, 전산회계운용사, 사회조사분석사, 재경관리사, 회계관리 등
직업기초능력	의사소통능력, 문제해결능력, 자원관리능력, 대인관계능력, 정보능력, 조직이해능력

5. 직무기술서 내용별 확인사항

항목	확인사항
모집부문	해당 채용에서 선발하는 부문(분야)명 확인 예 사무행정, 전산, 전기
분류체계	지원하려는 분야의 세부직무군 확인
주요기능 및 역할	지원하려는 기업의 전사적인 기능과 역할, 산업군 확인
능력단위	지원분야의 직무수행에 관련되는 세부업무사항 확인
직무수행내용	지원분야의 직무군에 대한 상세사항 확인
전형방법	지원하려는 기업의 신입사원 선발전형 절차 확인
일반요건	교육사항을 제외한 지원 요건 확인(자격요건, 특수한 경우 연령)
교육요건	교육사항에 대한 지원요건 확인(대졸 / 초대졸 / 고졸 / 전공 요건)
필요지식	지원분야의 업무수행을 위해 요구되는 지식 관련 세부항목 확인
필요기술	지원분야의 업무수행을 위해 요구되는 기술 관련 세부항목 확인
직무수행태도	지원분야의 업무수행을 위해 요구되는 태도 관련 세부항목 확인
직업기초능력	지원분야 또는 지원기업의 조직원으로서 근무하기 위해 필요한 일반적인 능력사항 확인

| 03 | 입사지원서

1. 입사지원서의 변화

기존지원서		능력중심 채용 입사지원서
직무와 관련 없는 학점, 개인신상, 어학점수, 자격, 수상경력 등을 나열하도록 구성	VS	해당 직무수행에 꼭 필요한 정보들을 제시할 수 있도록 구성

기존지원서
직무기술서
직무수행내용
요구지식 / 기술
관련 자격증
사전직무경험

능력중심 채용 입사지원서	
인적사항	성명, 연락처, 지원분야 등 작성(평가 미반영)
교육사항	직무지식과 관련된 학교교육 및 직업교육 작성
자격사항	직무관련 국가공인 또는 민간자격 작성
경력 및 경험사항	조직에 소속되어 일정한 임금을 받거나(경력) 임금 없이(경험) 직무와 관련된 활동 내용 작성

2. 교육사항

- 지원분야 직무와 관련된 학교 교육이나 직업교육 혹은 기타교육 등 직무에 대한 지원자의 학습 여부를 평가하기 위한 항목입니다.
- 지원하고자 하는 직무의 학교 전공교육 이외에 직업교육, 기타교육 등을 기입할 수 있기 때문에 전공 제한 없이 직업교육과 기타교육을 이수하여 지원이 가능하도록 기회를 제공합니다.

(기타교육 : 학교 이외의 기관에서 개인이 이수한 교육과정 중 지원직무와 관련이 있다고 생각되는 교육내용)

구분	교육과정(과목)명	교육내용	과업(능력단위)

3. 자격사항

- 채용공고 및 직무기술서에 제시되어 있는 자격 현황을 토대로 지원자가 해당 직무를 수행하는 데 필요한 능력을 가지고 있는지를 평가하기 위한 항목입니다.
- 채용공고 및 직무기술서에 기재된 직무관련 필수 또는 우대자격 항목을 확인하여 본인이 보유하고 있는 자격사항을 기재합니다.

자격유형	자격증명	발급기관	취득일자	자격증번호

4. 경력 및 경험사항

- 직무와 관련된 경력이나 경험 여부를 표현하도록 하여 직무와 관련한 능력을 갖추었는지를 평가하기 위한 항목입니다.
- 해당 기업에서 직무를 수행함에 있어 필요한 사항만을 기록하게 되어 있기 때문에 직무와 무관한 스펙을 갖추지 않아도 됩니다.
- 경력 : 금전적 보수를 받고 일정기간 동안 일했던 경우
- 경험 : 금전적 보수를 받지 않고 수행한 활동

※ 기업에 따라 경력 / 경험 관련 증빙자료 요구 가능

구분	조직명	직위 / 역할	활동기간(년 / 월)	주요과업 / 활동내용

TIP

입사지원서 작성 방법

○ 경력 및 경험사항 작성
- 직무기술서에 제시된 지식, 기술, 태도와 지원자의 교육사항, 경력(경험)사항, 자격사항과 연계하여 개인의 직무역량에 대해 스스로 판단 가능

○ 인적사항 최소화
- 개인의 인적사항, 학교명, 가족관계 등을 노출하지 않도록 유의

부적절한 입사지원서 작성 사례
- 학교 이메일을 기입하여 학교명 노출
- 거주지 주소에 학교 기숙사 주소를 기입하여 학교명 노출
- 자기소개서에 부모님이 재직 중인 기업명, 직위, 직업을 기입하여 가족관계 노출
- 자기소개서에 석·박사 과정에 대한 이야기를 언급하여 학력 노출
- 동아리 활동에 대한 내용을 학교명과 더불어 언급하여 학교명 노출

| 04 | 자기소개서

1. 자기소개서의 변화

- 기존의 자기소개서는 지원자의 일대기나 관심 분야, 성격의 장·단점 등 개괄적인 사항을 묻는 질문으로 구성되어 지원자가 자신의 직무능력을 제대로 표출하지 못합니다.
- 능력중심 채용의 자기소개서는 직무기술서에 제시된 직업기초능력(또는 직무수행능력)에 대한 지원자의 과거 경험을 기술하게 함으로써 평가 타당도의 확보가 가능합니다.

1. 우리 회사와 해당 지원 직무분야에 지원한 동기에 대해 기술해 주세요.

2. 자신이 경험한 다양한 사회활동에 관해 기술해 주세요.

3. 지원 직무에 대한 전문성을 키우기 위해 받은 교육과 경험 및 경력사항에 대해 기술해 주세요.

4. 인사업무 또는 팀 과제 수행 중 발생한 갈등을 원만하게 해결해 본 경험이 있습니까? 당시 상황에 대한 설명과 갈등의 대상이 되었던 상대방을 설득한 과정 및 방법을 하단에 기술해 주세요.

5. 과거에 있었던 일 중 가장 어려웠었던(힘들었었던) 상황을 고르고, 어떤 방법으로 그 상황을 해결했는지를 하단에 기술해 주세요.

자기소개서 작성 방법

① 자기소개서 문항이 묻고 있는 평가 역량 추측하기

예시

• 팀 활동을 하면서 갈등 상황 시 상대방의 니즈나 의도를 명확히 파악하고 해결하여 목표 달성에 기여했던 경험에 대해서 작성해 주시기 바랍니다.

• 다른 사람이 생각해내지 못했던 문제점을 찾고 이를 해결한 경험에 대해 작성해 주시기 바랍니다.

② 해당 역량을 보여줄 수 있는 소재 찾기(시간×역량 매트릭스)

예시

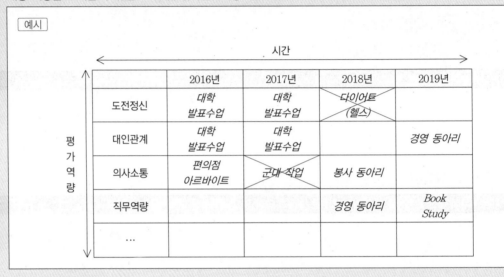

		2016년	2017년	2018년	2019년
평가역량	도전정신	대학 발표수업	대학 발표수업	~~다이어트 (헬스)~~	
	대인관계	대학 발표수업	대학 발표수업		경영 동아리
	의사소통	편의점 아르바이트	~~군대 작업~~	봉사 동아리	
	직무역량			경영 동아리	Book Study
	…				

③ 자기소개서 작성 Skill 익히기

• 두괄식으로 작성하기
• 구체적 사례를 사용하기
• '나'를 중심으로 작성하기
• 직무역량 강조하기
• 경험 사례의 차별성 강조하기

인성검사 소개 및 모의테스트

| 01 | 인성검사 유형

인성검사는 지원자의 성격특성을 객관적으로 파악하고 그것이 각 기업에서 필요로 하는 인재상과 가치에 부합하는가를 평가하기 위한 검사입니다. 인성검사는 KPDI(한국인재개발진흥원), K-SAD(한국사회적성개발원), KIRBS(한국행동과학연구소), SHR(에스에이치알) 등의 전문기관을 통해 각 기업의 특성에 맞는 검사를 선택하여 실시합니다. 대표적인 인성검사의 유형에는 크게 다음과 같은 세 가지가 있으며, 채용 대행업체에 따라 달라집니다.

1. KPDI 검사

조직적응성과 직무적합성을 알아보기 위한 검사로, 인성검사, 인성역량검사, 인적성검사, 직종별 인적성검사 등의 다양한 검사 도구를 구현합니다. KPDI 인성검사는 성격을 파악하고 정신건강 상태 등을 측정하고, 직무검사는 해당 직무를 수행하기 위해 기본적으로 갖추어야 할 인지적 능력을 측정합니다. 역량검사는 특정 직무 역할을 효과적으로 수행하는 데 직접적으로 관련 있는 개인의 행동, 지식, 스킬, 가치관 등을 측정합니다.

2. KAD(Korea Aptitude Development) 검사

K-SAD(한국사회적성개발원)에서 실시하는 적성검사 프로그램입니다. 개인의 성향, 지적 능력, 기호, 관심, 흥미도를 종합적으로 분석하여 적성에 맞는 업무가 무엇인가 파악하고, 직무수행에 있어서 요구되는 기초능력과 실무능력을 분석합니다.

3. SHR 직무적성검사

직무수행에 필요한 종합적인 사고 능력을 다양한 적성검사(Paper and Pencil Test)로 평가합니다. SHR의 모든 직무능력검사는 표준화 검사입니다. 표준화 검사는 표본집단의 점수를 기초로 규준이 만들어진 검사이므로 개인의 점수를 규준에 맞추어 해석·비교하는 것이 가능합니다. S(Standardized Tests), H(Hundreds of Version), R(Reliable Norm Data)을 특징으로 하며, 직군·직급별 특성과 선발 수준에 맞추어 검사를 적용할 수 있습니다.

| 02 | 인성검사와 면접

인성검사는 특히 면접질문과 관련성이 높습니다. 면접관은 지원자의 인성검사 결과를 토대로 질문을 하기 때문입니다. 일관적이고 이상적인 답변을 하는 것이 가장 좋지만, 실제 시험은 매우 복잡하여 전문가라 해도 일정 성격을 유지하면서 답변을 하는 것이 힘듭니다. 또한, 인성검사에는 라이 스케일(Lie Scale) 설문이 전체 설문 속에 교묘하게 섞여 들어가 있으므로 겉치레적인 답을 하게 되면 회답태도의 허위성이 그대로 드러나게 됩니다. 예를 들어 '거짓말을 한 적이 한 번도 없다.'에 '예'로 답하고, '때로는 거짓말을 하기도 한다.'에 '예'라고 답하여 라이 스케일의 득점이 올라가게 되면 모든 회답의 신빙성이 사라지고 '자신을 돋보이게 하려는 사람'이라는 평가를 받을 수 있으므로 주의해야 합니다. 따라서 모의테스트를 통해 인성검사의 유형과 실제 시험 시 어떻게 문제를 풀어야 하는지 연습해 보고 체크한 부분 중 자신의 단점과 연결되는 부분은 면접에서 질문이 들어왔을 때 어떻게 대처해야 하는지 생각해 보는 것이 좋습니다.

| 03 | 유의사항

1. 기업의 인재상을 파악하라!

인성검사를 통해 개인의 성격 특성을 파악하고 그것이 기업의 인재상과 가치에 부합하는지를 평가하는 시험이기 때문에 해당 기업의 인재상을 먼저 파악하고 시험에 임하는 것이 좋습니다. 모의테스트에서 인재상에 맞는 가상의 인물을 설정하고 문제에 답해 보는 것도 많은 도움이 됩니다.

2. 일관성 있는 대답을 하라!

짧은 시간 안에 다양한 질문에 답을 해야 하는데, 그 안에는 중복되는 질문이 여러 번 나옵니다. 이때 앞서 자신이 체크했던 대답을 잘 기억해뒀다가 일관성 있는 답을 하는 것이 중요합니다.

3. 모든 문항에 대답하라!

많은 문제를 짧은 시간 안에 풀려다 보니 다 못 푸는 경우도 종종 생깁니다. 하지만 대답을 누락하거나 끝까지 다 못했을 경우 좋지 않은 결과를 가져올 수도 있으니 최대한 주어진 시간 안에 모든 문항에 답할 수 있도록 해야 합니다.

| 04 | KPDI 모의테스트

※ 모의테스트는 질문 및 답변 유형 연습을 위한 것으로 실제 시험과 다를 수 있습니다.

번호	내용	예	아니오
001	나는 솔직한 편이다.	☐	☐
002	나는 리드하는 것을 좋아한다.	☐	☐
003	법을 어겨서 말썽이 된 적이 한 번도 없다.	☐	☐
004	거짓말을 한 번도 한 적이 없다.	☐	☐
005	나는 눈치가 빠르다.	☐	☐
006	나는 일을 주도하기보다는 뒤에서 지원하는 것을 선호한다.	☐	☐
007	앞일은 알 수 없기 때문에 계획은 필요하지 않다.	☐	☐
008	거짓말도 때로는 방편이라고 생각한다.	☐	☐
009	사람이 많은 술자리를 좋아한다.	☐	☐
010	걱정이 지나치게 많다.	☐	☐
011	일을 시작하기 전 재고하는 경향이 있다.	☐	☐
012	불의를 참지 못한다.	☐	☐
013	처음 만나는 사람과도 이야기를 잘 한다.	☐	☐
014	때로는 변화가 두렵다.	☐	☐
015	나는 모든 사람에게 친절하다.	☐	☐
016	힘든 일이 있을 때 술은 위로가 되지 않는다.	☐	☐
017	결정을 빨리 내리지 못해 손해를 본 경험이 있다.	☐	☐
018	기회를 잡을 준비가 되어 있다.	☐	☐
019	때로는 내가 정말 쓸모없는 사람이라고 느낀다.	☐	☐
020	누군가 나를 챙겨주는 것이 좋다.	☐	☐
021	자주 가슴이 답답하다.	☐	☐
022	나는 내가 자랑스럽다.	☐	☐
023	경험이 중요하다고 생각한다.	☐	☐
024	전자기기를 분해하고 다시 조립하는 것을 좋아한다.	☐	☐
025	감시받고 있다는 느낌이 든다.	☐	☐

026	난처한 상황에 놓이면 그 순간을 피하고 싶다.	☐	☐
027	세상엔 믿을 사람이 없다.	☐	☐
028	잘못을 빨리 인정하는 편이다.	☐	☐
029	지도를 보고 길을 잘 찾아간다.	☐	☐
030	귓속말을 하는 사람을 보면 날 비난하고 있는 것 같다.	☐	☐
031	막무가내라는 말을 들을 때가 있다.	☐	☐
032	장래의 일을 생각하면 불안하다.	☐	☐
033	결과보다 과정이 중요하다고 생각한다.	☐	☐
034	운동은 그다지 할 필요가 없다고 생각한다.	☐	☐
035	새로운 일을 시작할 때 좀처럼 한 발을 떼지 못한다.	☐	☐
036	기분 상하는 일이 있더라도 참는 편이다.	☐	☐
037	업무능력은 성과로 평가받아야 한다고 생각한다.	☐	☐
038	머리가 맑지 못하고 무거운 느낌이 든다.	☐	☐
039	가끔 이상한 소리가 들린다.	☐	☐
040	타인이 내게 자주 고민상담을 하는 편이다.	☐	☐

| 05 | SHR 모의테스트

※ 모의테스트는 질문 및 답변 유형 연습을 위한 것으로 실제 시험과 다를 수 있습니다.

※ 이 성격검사의 각 문항에는 서로 다른 행동을 나타내는 네 개의 문장이 제시되어 있습니다. 이 문장들을 비교하여, 자신의 평소 행동과 가장 가까운 문장을 'ㄱ'열에 표기하고, 가장 먼 문장을 'ㅁ'열에 표기하십시오.

01 나는 _____

	ㄱ	ㅁ
A. 실용적인 해결책을 찾는다.	☐	☐
B. 다른 사람을 돕는 것을 좋아한다.	☐	☐
C. 세부 사항을 잘 챙긴다.	☐	☐
D. 상대의 주장에서 허점을 잘 찾는다.	☐	☐

02 나는 _____

	ㄱ	ㅁ
A. 매사에 적극적으로 임한다.	☐	☐
B. 즉흥적인 편이다.	☐	☐
C. 관찰력이 있다.	☐	☐
D. 임기응변에 강하다.	☐	☐

03 나는 _____

	ㄱ	ㅁ
A. 무서운 영화를 잘 본다.	☐	☐
B. 조용한 곳이 좋다.	☐	☐
C. 가끔 울고 싶다.	☐	☐
D. 집중력이 좋다.	☐	☐

04 나는 _____

	ㄱ	ㅁ
A. 기계를 조립하는 것을 좋아한다.	☐	☐
B. 집단에서 리드하는 역할을 맡는다.	☐	☐
C. 호기심이 많다.	☐	☐
D. 음악을 듣는 것을 좋아한다.	☐	☐

05 나는 _____

	ㄱ	ㅁ
A. 타인을 늘 배려한다.	☐	☐
B. 감수성이 예민하다.	☐	☐
C. 즐겨하는 운동이 있다.	☐	☐
D. 일을 시작하기 전에 계획을 세운다.	☐	☐

06 나는 _____

	ㄱ	ㅁ
A. 타인에게 설명하는 것을 좋아한다.	☐	☐
B. 여행을 좋아한다.	☐	☐
C. 정적인 것이 좋다.	☐	☐
D. 남을 돕는 것에 보람을 느낀다.	☐	☐

07 나는 _____

	ㄱ	ㅁ
A. 기계를 능숙하게 다룬다.	☐	☐
B. 밤에 잠이 잘 오지 않는다.	☐	☐
C. 한 번 간 길을 잘 기억한다.	☐	☐
D. 불의를 보면 참을 수 없다.	☐	☐

08 나는 _____

	ㄱ	ㅁ
A. 종일 말을 하지 않을 때가 있다.	☐	☐
B. 사람이 많은 곳을 좋아한다.	☐	☐
C. 술을 좋아한다.	☐	☐
D. 휴양지에서 편하게 쉬고 싶다.	☐	☐

09 나는 _____

	ㄱ	ㅁ
A. 뉴스보다는 드라마를 좋아한다.	☐	☐
B. 길을 잘 찾는다.	☐	☐
C. 주말엔 집에서 쉬는 것이 좋다.	☐	☐
D. 아침에 일어나는 것이 힘들다.	☐	☐

PART 3 채용 가이드

10 나는 _____

	ㄱ	ㅁ
A. 이성적이다.	☐	☐
B. 할 일을 종종 미룬다.	☐	☐
C. 어른을 대하는 게 힘들다.	☐	☐
D. 불을 보면 매혹을 느낀다.	☐	☐

11 나는 _____

	ㄱ	ㅁ
A. 상상력이 풍부하다.	☐	☐
B. 예의 바르다는 소리를 자주 듣는다.	☐	☐
C. 사람들 앞에 서면 긴장한다.	☐	☐
D. 친구를 자주 만난다.	☐	☐

12 나는 _____

	ㄱ	ㅁ
A. 나만의 스트레스 해소 방법이 있다.	☐	☐
B. 친구가 많다.	☐	☐
C. 책을 자주 읽는다.	☐	☐
D. 활동적이다.	☐	☐

CHAPTER 04 면접전형 가이드

| 01 | 면접유형 파악

1. 면접전형의 변화

기존 면접전형에서는 일상적이고 단편적인 대화나 지원자의 첫인상 및 면접관의 주관적인 판단 등에 의해서 입사 결정 여부를 판단하는 경우가 많았습니다. 이러한 면접전형은 면접 내용의 일관성이 결여되거나 직무 관련 타당성이 부족하였고, 면접에 대한 신뢰도에 영향을 주었습니다.

기존 면접(전통적 면접)		능력중심 채용 면접(구조화 면접)
• 일상적이고 단편적인 대화		• 일관성
• 인상, 외모 등 외부 요소의 영향		– 직무관련 역량에 초점을 둔 구체적 질문 목록
• 주관적인 판단에 의존한 총점 부여		– 지원자별 동일 질문 적용
⇩	VS	• 구조화
		– 면접 진행 및 평가 절차를 일정한 체계에 의해 구성
• 면접 내용의 일관성 결여		• 표준화
• 직무관련 타당성 부족		– 평가 타당도 제고를 위한 평가 Matrix 구성
• 주관적인 채점으로 신뢰도 저하		– 척도에 따라 항목별 채점, 개인 간 비교
		• 신뢰성
		– 면접진행 매뉴얼에 따라 면접위원 교육 및 실습

2. 능력중심 채용의 면접 유형

① 경험 면접
- 목적 : 선발하고자 하는 직무 능력이 필요한 과거 경험을 질문합니다.
- 평가요소 : 직업기초능력과 인성 및 태도적 요소를 평가합니다.

② 상황 면접
- 목적 : 특정 상황을 제시하고 지원자의 행동을 관찰함으로써 실제 상황의 행동을 예상합니다.
- 평가요소 : 직업기초능력과 인성 및 태도적 요소를 평가합니다.

③ 발표 면접
- 목적 : 특정 주제와 관련된 지원자의 발표와 질의응답을 통해 지원자 역량을 평가합니다.
- 평가요소 : 직무수행능력과 인지적 역량(문제해결능력)을 평가합니다.

④ 토론 면접
- 목적 : 토의과제에 대한 의견수렴 과정에서 지원자의 역량과 상호작용능력을 평가합니다.
- 평가요소 : 직무수행능력과 팀워크를 평가합니다.

| 02 | 면접유형별 준비 방법

1. 경험 면접

① 경험 면접의 특징

- 주로 직업기초능력에 관련된 지원자의 과거 경험을 심층 질문하여 검증하는 면접입니다.

> - 능력요소, 정의, 심사 기준
>   - 평가하고자 하는 능력요소, 정의, 심사기준을 확인하여 면접위원이 해당 능력요소 관련 질문을 제시합니다.
> - Opening Question
>   - 능력요소에 관련된 과거 경험을 유도하기 위한 시작 질문을 합니다.
> - Follow-up Question
>   - 지원자의 경험 수준을 구체적으로 검증하기 위한 질문입니다.
>   - 경험 수준 검증을 위한 상황(Situation), 임무(Task), 역할 및 노력(Action), 결과(Result) 등으로 질문을 구분합니다.

경험 면접의 형태

[면접관 1] [면접관 2] [면접관 3]   [면접관 1] [면접관 2] [면접관 3]

[지원자]   [지원자 1] [지원자 2] [지원자 3]

〈일대다 면접〉   〈다대다 면접〉

- 직무능력과 관련된 과거 경험을 평가하기 위해 심층 질문을 하며, 이 질문은 지원자의 답변에 대하여 '꼬리에 꼬리를 무는 형식'으로 진행됩니다.

② 경험 면접의 구조

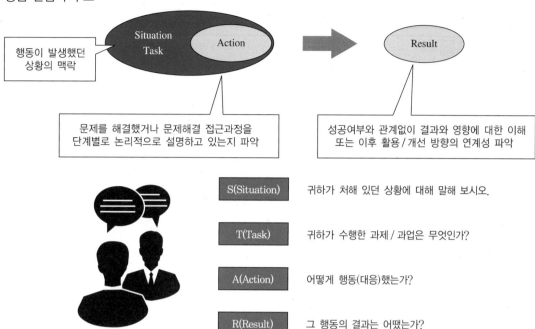

행동이 발생했던 상황의 맥락

문제를 해결했거나 문제해결 접근과정을 단계별로 논리적으로 설명하고 있는지 파악

성공여부와 관계없이 결과와 영향에 대한 이해 또는 이후 활용 / 개선 방향의 연계성 파악

S(Situation)   귀하가 처해 있던 상황에 대해 말해 보시오.

T(Task)   귀하가 수행한 과제 / 과업은 무엇인가?

A(Action)   어떻게 행동(대응)했는가?

R(Result)   그 행동의 결과는 어땠는가?

(　　　　)에 관한 과거 경험에 대하여 말해 보시오.

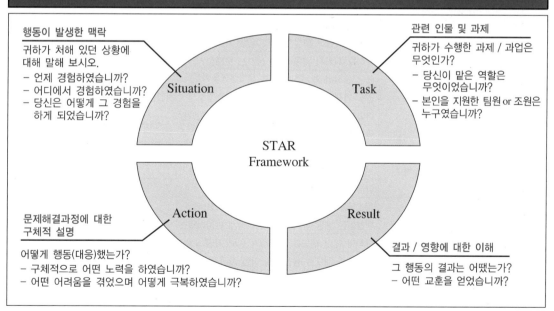

행동이 발생한 맥락
귀하가 처해 있던 상황에 대해 말해 보시오.
– 언제 경험하였습니까?
– 어디에서 경험하였습니까?
– 당신은 어떻게 그 경험을 하게 되었습니까?

Situation

관련 인물 및 과제
귀하가 수행한 과제 / 과업은 무엇인가?
– 당신이 맡은 역할은 무엇이었습니까?
– 본인을 지원한 팀원 or 조원은 누구였습니까?

Task

STAR
Framework

문제해결과정에 대한 구체적 설명
어떻게 행동(대응)했는가?
– 구체적으로 어떤 노력을 하였습니까?
– 어떤 어려움을 겪었으며 어떻게 극복하였습니까?

Action

Result

결과 / 영향에 대한 이해
그 행동의 결과는 어땠는가?
– 어떤 교훈을 얻었습니까?

③ 경험 면접 질문 예시(직업윤리)

시작 질문	
1	남들이 신경 쓰지 않는 부분까지 고려하여 절차대로 업무(연구)를 수행하여 성과를 낸 경험을 구체적으로 말해 보시오.
2	조직의 원칙과 절차를 철저히 준수하며 업무(연구)를 수행한 것 중 성과를 향상시킨 경험에 대해 구체적으로 말해 보시오.
3	세부적인 절차와 규칙에 주의를 기울여 실수 없이 업무(연구)를 마무리한 경험을 구체적으로 말해 보시오.
4	조직의 규칙이나 원칙을 고려하여 성실하게 일했던 경험을 구체적으로 말해 보시오.
5	타인의 실수를 바로잡고 원칙과 절차대로 수행하여 성공적으로 업무를 마무리하였던 경험에 대해 말해 보시오.

후속 질문		
상황 (Situation)	상황	구체적으로 언제, 어디에서 경험한 일인가?
		어떤 상황이었는가?
	조직	어떤 조직에 속해 있었는가?
		그 조직의 특성은 무엇이었는가?
		몇 명으로 구성된 조직이었는가?
	기간	해당 조직에서 얼마나 일했는가?
		해당 업무는 몇 개월 동안 지속되었는가?
	조직규칙	조직의 원칙이나 규칙은 무엇이었는가?
임무 (Task)	과제	과제의 목표는 무엇이었는가?
		과제에 적용되는 조직의 원칙은 무엇이었는가?
		그 규칙을 지켜야 하는 이유는 무엇이었는가?
	역할	당신이 조직에서 맡은 역할은 무엇이었는가?
		과제에서 맡은 역할은 무엇이었는가?
	문제의식	규칙을 지키지 않을 경우 생기는 문제점 / 불편함은 무엇인가?
		해당 규칙이 왜 중요하다고 생각하였는가?
역할 및 노력 (Action)	행동	업무 과정의 어떤 장면에서 규칙을 철저히 준수하였는가?
		어떻게 규정을 적용시켜 업무를 수행하였는가?
		규정은 준수하는 데 어려움은 없었는가?
	노력	그 규칙을 지키기 위해 스스로 어떤 노력을 기울였는가?
		본인의 생각이나 태도에 어떤 변화가 있었는가?
		다른 사람들은 어떤 노력을 기울였는가?
	동료관계	동료들은 규칙을 철저히 준수하고 있었는가?
		팀원들은 해당 규칙에 대해 어떻게 반응하였는가?
		규칙에 대한 태도를 개선하기 위해 어떤 노력을 하였는가?
		팀원들의 태도는 당신에게 어떤 자극을 주었는가?
	업무추진	주어진 업무를 추진하는 데 규칙이 방해되진 않았는가?
		업무수행 과정에서 규정을 어떻게 적용하였는가?
		업무 시 규정을 준수해야 한다고 생각한 이유는 무엇인가?

결과 (Result)	평가	규칙을 어느 정도나 준수하였는가?
		그렇게 준수할 수 있었던 이유는 무엇이었는가?
		업무의 성과는 어느 정도였는가?
		성과에 만족하였는가?
		비슷한 상황이 온다면 어떻게 할 것인가?
	피드백	주변 사람들로부터 어떤 평가를 받았는가?
		그러한 평가에 만족하는가?
		다른 사람에게 본인의 행동이 영향을 주었다고 생각하는가?
	교훈	업무수행 과정에서 중요한 점은 무엇이라고 생각하는가?
		이 경험을 통해 느낀 바는 무엇인가?

2. 상황 면접

① 상황 면접의 특징

직무 관련 상황을 가정하여 제시하고 이에 대한 대응능력을 직무관련성 측면에서 평가하는 면접입니다.

- 상황 면접 과제의 구성은 크게 2가지로 구분
  - 상황 제시(Description) / 문제 제시(Question or Problem)
- 현장의 실제 업무 상황을 반영하여 과제를 제시하므로 직무분석이나 직무전문가 워크숍 등을 거쳐 현장성을 높임
- 문제는 상황에 대한 기본적인 이해 능력(이론적 지식)과 함께 실질적 대응이나 변수 고려능력(실천적 능력) 등을 고르게 질문해야 함

상황 면접의 형태

[면접관 1]　[면접관 2]

[연기자 1]　[연기자 2]　　　　　　[면접관 1]　[면접관 2]

[지원자]　　　　　　[지원자 1]　[지원자 2]　[지원자 3]

〈시뮬레이션〉　　　　　　〈문답형〉

② 상황 면접 예시

	인천공항 여객터미널 내에는 다양한 용도의 시설(사무실, 통신실, 식당, 전산실, 창고 면세점 등)이 설치되어 있습니다.	실제 업무 상황에 기반함
상황 제시	금년에 소방배관의 누수가 잦아 메인 배관을 교체하는 공사를 추진하고 있으며, 당신은 이번 공사의 담당자입니다.	배경 정보
	주간에는 공항 운영이 이루어져 주로 야간에만 배관 교체 공사를 수행하던 중, 시공하는 기능공의 실수로 배관 연결 부위를 잘못 건드려 고압배관의 소화수가 누출되는 사고가 발생하였으며, 이로 인해 인근 시설물에 누수에 의한 피해가 발생하였습니다.	구체적인 문제 상황
문제 제시	일반적인 소방배관의 배관연결(이음)방식과 배관의 이탈(누수)이 발생하는 원인에 대해 설명해 보시오.	문제 상황 해결을 위한 기본 지식 문항
	담당자로서 본 사고를 현장에서 긴급히 처리하는 프로세스를 제시하고, 보수완료 후 사후적 조치가 필요한 부분 및 재발방지 방안에 대해 설명해 보시오.	문제 상황 해결을 위한 추가 대응 문항

3. 발표 면접

① 발표 면접의 특징

- 직무관련 주제에 대한 지원자의 생각을 정리하여 의견을 제시하고, 발표 및 질의응답을 통해 지원자의 직무능력을 평가하는 면접입니다.
- 발표 주제는 직무와 관련된 자료로 제공되며, 일정 시간 후 지원자가 보유한 지식 및 방안에 대한 발표 및 후속 질문을 통해 직무적합성을 평가합니다.

> - 주요 평가요소
>   - 설득적 말하기 / 발표능력 / 문제해결능력 / 직무관련 전문성
> - 이미 언론을 통해 공론화된 시사 이슈보다는 해당 직무분야에 관련된 주제가 발표면접의 과제로 선정되는 경우가 최근 들어 늘어나고 있음
> - 짧은 시간 동안 주어진 과제를 빠른 속도로 분석하여 발표문을 작성하고 제한된 시간 안에 면접관에게 효과적인 발표를 진행하는 것이 핵심

발표 면접의 형태

[면접관 1]　[면접관 2]　　　　　　[면접관 1]　　[면접관 2]

[지원자]　　　　　　　[지원자 1]　[지원자 2]　[지원자 3]

〈개별과제 발표〉　　　　　　　〈팀 과제 발표〉

※ 면접관에게 시각적 효과를 사용하여 메시지를 전달하는 쌍방향 커뮤니케이션 방식
※ 심층면접을 보완하기 위한 방안으로 최근 많은 기업에서 적극 도입하는 추세

② 발표 면접 예시

1. 지시문

> 당신은 현재 A사에서 직원들의 성과평가를 담당하고 있는 팀원이다. 인사팀은 지난주부터 사내 조직문화관련 인터뷰를 하던 도중 성과평가제도에 관련된 개선 니즈가 제일 많다는 것을 알게 되었다. 이에 팀장님은 인터뷰 결과를 종합하려 성과평가제도 개선 아이디어를 A4용지에 정리하여 신속 보고할 것을 지시하셨다. 당신에게 남은 시간은 1시간이다. 자료를 준비하는 대로 당신은 팀원들이 모인 회의실에서 5분 간 발표할 것이며, 이후 질의응답을 진행할 것이다.

2. 배경자료

> <성과평가제도 개선에 대한 인터뷰>
>
> 최근 A사는 회사 사세의 급성장으로 인해 작년보다 매출이 두 배 성장하였고, 직원 수 또한 두 배로 증가하였다. 회사의 성장은 임금, 복지에 대한 상승 등 긍정적인 영향을 주었으나 업무의 불균형 및 성과보상의 불평등 문제가 발생하였다. 또한 수시로 입사하는 신입직원과 경력직원, 퇴사하는 직원들까지 인원들의 잦은 변동으로 인해 평가해야 할 대상이 변경되어 현재의 성과평가제도로는 공정한 평가가 어려운 상황이다.
>
> [생산부서 김상호]
> 우리 팀은 지난 1년 동안 생산량이 급증했기 때문에 수십 명의 신규인력이 급하게 채용되었습니다. 이 때문에 저희 팀장님은 신규 입사자들의 이름조차 기억 못 할 때가 많이 있습니다. 성과평가를 제대로 하고 있는지 의문이 듭니다.
>
> [마케팅 부서 김흥민]
> 개인의 성과평가의 취지는 충분히 이해합니다. 그러나 현재 평가는 실적기반이나 정성적인 평가가 많이 포함되어 있어 객관성과 공정성에는 의문이 드는 것이 사실입니다. 이러한 상황에서 평가 제도를 재수립하지 않고, 인센티브에 계속 반영한다면, 평가제도에 대한 반감이 커질 것이 분명합니다.
>
> [교육부서 홍경민]
> 현재 교육부서는 인사팀과 밀접하게 일하고 있습니다. 그럼에도 인사팀에서 실시하는 성과평가제도에 대한 이해가 부족한 것 같습니다.
>
> [기획부서 김경호 차장]
> 저는 저의 평가자 중 하나가 연구부서의 팀장님인데, 일 년에 몇 번 같이 일하지 않는데 어떻게 저를 평가할 수 있을까요? 특히 연구팀은 저희가 예산을 배정하는데, 저에게는 좋지만…

4. 토론 면접

① 토론 면접의 특징
- 다수의 지원자가 조를 편성해 과제에 대한 토론(토의)을 통해 결론을 도출해가는 면접입니다.
- 의사소통능력, 팀워크, 종합인성 등의 평가에 용이합니다.

1. 주요 평가요소
   - 설득적 말하기, 경청능력, 팀워크, 종합인성
2. 의견 대립이 명확한 주제 또는 채용분야의 직무 관련 주요 현안을 주제로 과제 구성
3. 제한된 시간 내 토론을 진행해야 하므로 적극적으로 자신 있게 토론에 임하고 본인의 의견을 개진할 수 있어야 함

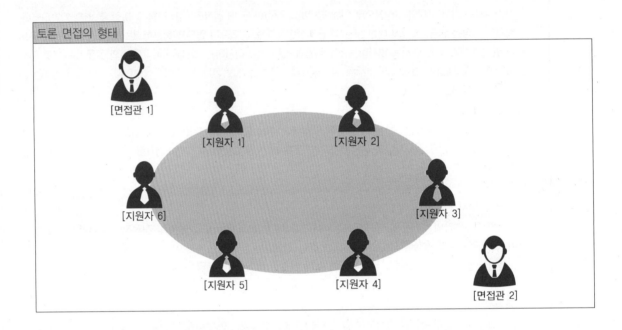

토론 면접의 형태

② 토론 면접 예시

고객 불만 고충처리

1. 들어가며

최근 우리 상품에 대한 고객 불만의 증가로 고객고충처리 TF가 만들어졌고 당신은 여기에 지원해 배치받았다. 당신의 업무는 불만을 가진 고객을 만나서 애로사항을 듣고 처리해 주는 일이다. 주된 업무로는 고객의 니즈를 파악해 방향성을 제시해 주고 그 해결책을 마련하는 일이다. 하지만 경우에 따라서 고객의 주관적인 의견으로 인해 제대로 된 방향으로 의사결정을 하지 못할 때가 있다. 이럴 경우 설득이나 논쟁을 해서라도 의견을 관철시키는 것이 좋을지 아니면 고객의 의견대로 진행하는 것이 좋을지 결정해야 할 때가 있다. 만약 당신이라면 이러한 상황에서 어떤 결정을 내릴 것인지 여부를 자유롭게 토론해 보시오.

2. 1분 자유 발언 시 준비사항

• 당신은 의견을 자유롭게 개진할 수 있으며 이에 따른 불이익은 없습니다.

• 토론의 방향성을 이해하고, 내용의 장점과 단점이 무엇인지 문제를 명확히 말해야 합니다.

• 합리적인 근거에 기초하여 개선방안을 명확히 제시해야 합니다.

• 제시한 방안을 실행 시 예상되는 긍정적·부정적 영향요인도 동시에 고려할 필요가 있습니다.

3. 토론 시 유의사항

• 토론 주제문과 제공해드린 메모지, 볼펜만 가지고 토론장에 입장할 수 있습니다.

• 사회자의 지정 또는 발표자가 손을 들어 발언권을 획득할 수 있으며, 사회자의 통제에 따릅니다.

• 토론회가 시작되면, 팀의 의견과 논거를 정리하여 1분간의 자유발언을 할 수 있습니다. 순서는 사회자가 지정합니다. 이후에는 자유롭게 상대방에게 질문하거나 답변을 하실 수 있습니다.

• 핸드폰, 서적 등 외부 매체는 사용하실 수 없습니다.

• 논제에 벗어나는 발언이나 지나치게 공격적인 발언을 할 경우, 위에서 제시한 유의사항을 지키지 않을 경우 불이익을 받을 수 있습니다.

| 03 | 면접 Role Play

1. 면접 Role Play 편성

- 교육생끼리 조를 편성하여 면접관과 지원자 역할을 교대로 진행합니다.
- 지원자 입장과 면접관 입장을 모두 경험해 보면서 면접에 대한 적응력을 높일 수 있습니다.

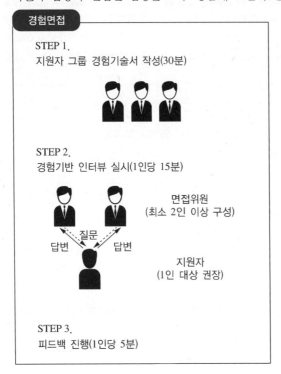

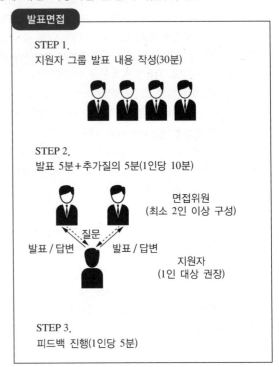

TIP

면접 준비하기

1. 면접 유형 확인 필수
   - 기업마다 면접 유형이 상이하기 때문에 해당 기업의 면접 유형을 확인하는 것이 좋음
   - 일반적으로 실무진 면접, 임원면접 2차례를 거쳐 면접을 실시하는 기업이 많고 실무진 면접과 임원 면접에서 평가 요소가 다르기 때문에 유형에 맞는 준비방법이 필요
2. 후속 질문에 대한 사전 점검
   - 블라인드 채용 면접에서는 주요 질문과 함께 후속 질문을 통해 지원자의 직무능력을 판단
   → STAR 기법을 통한 후속 질문을 미리 대비하는 것이 필요

국민연금공단 면접 기출질문

※ 해당 면접 기출질문은 국민연금공단 6급 갑(대졸) 채용 면접 질문을 포함하고 있습니다.

1. 2021년 상반기 기출질문

기출 엿보기

- 현재 지사의 키오스크 배치가 활성화되면서 노령층들이 사용을 어려워하고 있다. 어떻게 할 것인가?
- 본인이 중요하게 생각하는 가치관이 무엇인가? 그 가치관이 조직에서 경시되는 상황이라면, 어떻게 할 것인가?
- 극심한 스트레스를 받는 상황에서 어떻게 이를 풀어나갈 것인가?
- 살면서 가장 열정적으로 살았던 순간은 언제인가? 그리고 그 이유는?
- 혼자서 일하는 것과 함께 일하는 것 중 어떤 것을 더욱 선호하는가?
- 국민연금공단에서는 노인분들이 많이 방문을 하게 될 것이고 그들과 의사소통이 어려울 수 있다. 이러한 노인들을 어떻게 대할 것인가?
- 좋은 리더란 무엇이라고 생각하는가? 그리고 그 이유는?
- 국민연금에 대한 사람들의 인식을 개선할 수 있는 방안에 대해 말해 보시오.
- 팀과 협업하여 문제를 해결한 경험이 있는가? 있다면 그 경험에 대해 말해 보시오.
- 성과연봉제에 대해 어떻게 생각하는가?
- 어떤 유형의 리더가 되고 싶은지 말해 보시오.
- 예산이 많이 남았다고 가정하였을 때, 어떤 사업을 도입하는 것이 고객들에게 도움이 될 수 있는가?

2. 2020년 기출질문

기출 엿보기

- 6시에 업무를 마감했는데 장애인이 힘들게 지사에 방문했다. 다른 부서와 협업해야 하는데 본인도 신입사원이고 다른 부서에도 신입사원밖에 없다. 어떻게 응대하겠는가?
- 자료를 취합해서 보고서를 만들어야 하는데 10개의 부서 중에 3개의 부서만 자료를 제출했다. 기한까지 1시간이 남았는데 어떻게 할 것인가?
- 설문조사를 통해서 직원들의 만족도를 조사하는데 참여율이 떨어진다. 어떻게 참여율을 높일 것인가?
- 민원을 응대해 본 경험이 있는가? 있다면 어려운 점은 무엇이었는가?
- 사기업과 공기업 민원인의 차이점을 말해 보시오.
- 안전지침은 세부적이고 꼼꼼하게 처리해야 하는데, 업무가 많은 상황에서 어떻게 처리하는 것이 효율적인가?
- 노후준비 서비스 매뉴얼을 최신화하려고 하는데 전임자는 해내지 못했고, 상사도 정년을 앞두고 있어서 하지 않으려고 할 때, 어떻게 해야 하는가?

- 상사가 비효율적인 절차를 고집하고, 선임은 효율적인 절차를 안내할 때, 어떤 것을 따르고 그 이유는 무엇인지 말해 보시오.
- 기존의 것을 개선했던 경험을 말해 보시오.
- 국민연금공단의 주요 고객은 누구라고 생각하는가? 그리고 주요 고객을 어떻게 만족시킬 것인가 말해 보시오.

3. 2019년 기출질문

기출 엿보기

- 노령연금과 기초연금의 차이점을 설명해 보시오.
- 국민연금의 주 수요층은 누구라고 생각하는지 말해 보시오.
- 국민연금공단에 대한 신뢰도 향상 방안을 제시해 보시오.
- 국민연금공단에서 '협력'을 중요하게 생각하는 이유는 무엇이겠는가?
- 우리나라의 현재 출산율에 대한 귀하의 견해를 제시해 보시오.
- 국민연금에 대한 귀하의 견해를 제시해 보시오.
- 공공기관에서 인턴을 했던 경험이 있는가?
- 친한 동기가 지방발령이 난다는 사실을 당사자만 모를 때, 귀하는 동기에게 이 사실을 말해줄 것인가?
- 상사와 갈등이 있을 시 어떻게 대처하겠는가?
- 리더십이란 무엇이라고 생각하는가? 본인의 리더십 수준은 어떠한가?
- 리더십을 발휘하여 소통한 경험을 말해 보시오.
- 거듭되는 설명에도 이해를 하지 못하는 고객이 있다면 어떻게 하겠는가?
- 업무 중 민원이 들어왔을 때 어떻게 대처하겠는가?
- 공감과 소통을 위한 자신의 방법을 경험을 들어 말해 보시오.
- 야근에 대한 귀하의 생각을 말해 보시오.
- 귀하의 좌우명을 말해 보시오.
- 업무에 활용 가능한 귀하의 장점을 말해 보시오.
- 퇴근 10분 전에 상사가 업무를 지시한다면 어떻게 하겠는가?
- 창의력을 발휘한 경험이 있는가?
- 연금의 종류를 설명해 보시오.
- 고객 만족을 위해 가장 필요한 것은 무엇인가?
- 악성 민원은 어떻게 응대해야 하는가?
- 협력을 하는 과정에서 갈등을 겪은 적이 있는가?
- 책임을 가지고 일을 완수한 경험은?
- 배차 담당자가 되었을 때 시스템 고장으로 동시에 두 팀이 예약되었다. 예약시간 5분 전에 이 사실을 알았을 때 어떻게 대처할 것인가?
- 민원 업무가 많아 야근을 계속해야하는 상황이라면 어떻게 할 것인가?
- 급한 일이 있는데 상사가 추가적으로 업무를 준다면?
- 연금에 대한 부정적 인식을 타파할 수 있겠는가?

4. 2018년 기출질문

기출 엿보기

- 자신의 장·단점을 말해 보시오.
- 최근 다른 사람에게 감사하다는 말을 들은 적이 있는가?
- 업무적인 갈등 외에 인간적인 마찰을 겪은 적이 있는가?
- 셀프 리더십 시대에서 개인으로서 조직 내에서 본인의 리더십을 발휘했던 경험이 있다면 말해 보시오.
- 조직의 프로세스를 개선해본 경험이 있는가?
- 국민연금공단과 관련해서 어떠한 경험을 했는지 말해 보시오.
- 국민연금공단에서 어떠한 업무를 하고 싶은가?
- 국민연금공단의 최근 이슈에 대하여 자신의 생각을 말해 보시오.
- 건강보험과 국민연금의 차이점을 설명해 보시오.
- 기금이 고갈될 것이라는 예측에 대비하여 적금방식에서 부과방식으로 바꾸려고 할 때, 귀하가 담당자라면 현재와 고갈될 시점 중 언제가 적절하다고 생각하는가?
- 상사가 부당한 지시를 내린다면 어떻게 할 것인가?
- 상사와 의견이 다를 때 어떻게 대처할 것인가?
- 귀하가 고객센터 담당자일 때, 악성 민원을 어떻게 해결하겠는가?
- 새로운 업무방법과 기존의 방법 중 어떠한 것을 선택할 것인가?
- 상사가 자신의 실수로 물품의 수량을 잘못 기입하였다. 이때, 귀하에게 몰래 폐기처분을 지시한다면 어떻게 하겠는가?
- 오늘 마감하는 업무서류에 민원인의 서명이 반드시 필요하다. 이때, 민원인의 서명을 받을 수 없는 상황이라면 어떻게 대처하겠는가?
- 직장에서는 시간을 꼭 준수해야 하는 상황이 있다. 귀하가 담당하는 3년 기한의 프로젝트 마무리 과정에서 치명적인 실수를 발견했다면 어떻게 하겠는가?
- 아무나 열람할 수 없는 보안 서류가 상사의 책상 위에 올려져 있다. 이때, 상사가 자리를 비운 상황이라면 귀하는 어떻게 할 것인가?
- 프로젝트 진행 중 완료된 내용에 대하여 새로운 아이디어가 떠올랐을 때 어떻게 하겠는가?
- 기존에 계속 사용하던 엑셀 수식과 양식이 있는데 귀하가 일을 하면서 더 좋은 방법을 알게 되었을 때, 이를 도입하기 위해 어떠한 방법을 활용하겠는가?

5. 2017년 기출질문

- 팀장과 팀원 중 무엇을 할 것인가?
- 지역축제에 국민연금공단의 홍보부스가 생겼는데 어떻게 홍보를 할 것인가?
- 출근이 9시까지인데 9시 15분에 일어났다. 어떻게 대처할 것인가?
- 본인이 남들보다 뛰어난 부분이 있다면 무엇인가?
- 본인이 서류 안내를 잘못하는 바람에 이미 집에 돌아간 민원인이 한 가지 서류를 빼먹은 것을 알게 되었다. 어떻게 할 것인가?
- 신뢰를 얻었거나 준 경험이 있는가? 무엇이 신뢰를 얻게 한 것 같은가?
- 연수원을 가게 되면 팀 활동이 많은데 각자 역할 분담을 해야 한다. 서로 어색한 상태에서 어떻게 할 것인가?
- 1분 동안 자기소개를 하시오.
- 악성 민원인이 방문했을 경우 어떻게 하겠는가?
- 근무시간 이후에 방문한 고객을 어떻게 하겠는가?
- 국민연금공단은 전국에 지사가 있다. 다른 지역으로 발령이 난다면 어떻게 적응하겠는가?
- 국민연금공단이 진행 중인 사업에 대해 설명해 보시오.
- 대기고객이 많은데 현재 고객의 상담이 길어질 경우 어떻게 하겠는가?
- 고객의 불만에 대한 응대를 어떻게 하겠는가?
- 본인이 생각하는 비연고지 배치의 단점과 극복방안을 말해보시오.
- 사회보장시스템 측면에서 국민연금을 분석해 보시오.
- 국민연금에 대한 만족도를 높이는 방안에는 무엇이 있는가?
- 창의적으로 문제를 해결한 경험을 말해 보시오.
- 원칙을 어길 수 밖에 없었던 경험을 말해 보시오.
- 노후준비서비스영역에 대해 설명해 보시오.
- 규정을 해석하는 것이 사람마다 다르다. 본인의 생각과 과장님의 생각에 의견차가 있고 내 생각에는 규정에 어긋나는 업무처리라고 생각된다. 어떻게 할 것인가?
- 현재 우리나라의 노인빈곤율은 몇 %인가?
- 조직 내 여러 가지 갈등상황이 있다. 본인만의 극복 방법은 무엇인가?
- 비연고지 근무 시 외로움과 낯선 환경을 제외한 본인의 어려움을 말해 보시오.
- 목표를 설정해서 도전을 했던 경험이 있는가?
- 힘든 일을 극복하는 본인만의 방법을 말해 보시오.
- 팀 내 업무가 많은데 또 업무가 주어지면 상사나 동료를 어떻게 설득할 것인가?

6. 2016년 기출질문

- 성과연봉제 도입에 대해 어떻게 생각하며 이를 국민연금공단에 적용하려면 어떻게 해야 하는가?
- 상사가 금품수수 하는 것을 목격했을 때 어떻게 할 것인가?
- 업무상 전화 응대할 일이 많은데 같은 팀 직원이 전화를 받지 않을 때 어떻게 할 것인가?
- 원하지 않는 지사에서 배치받을 경우 어떻게 할 것인가?
- 비연고지 근무에 대한 단점과 극복방안에 대해 말해 보시오.
- 고객이 상품권 10만 원을 주고 갔다. 돌려주려고 했지만 고객의 연락처를 모른다면 어떻게 하겠는가?
- 성과연봉제와 연공서열제 중 어떤 것이 더 좋다고 생각하는가? 또한 연공서열제의 폐해 원인은 무엇이라고 생각하는지 말해 보시오.
- 연금을 받아야 하는 상황인데 계속해서 신청을 하고 있지 않은 사람이 있다면 어떻게 해결할 것인가?
- 상사가 어떤 일의 해결방안에 대해 제안했는데 본인의 생각과 다르다면 어떻게 할 것인가?

7. 2015년 기출질문

- 리더란 무엇이라 생각하는지 한 단어로 정의해 보시오.
- 본인은 어떤 유형의 리더였는가?
- 본인이 리더였을 때, 아래 사람들과의 갈등과 마찰을 어떻게 해결하였는가?
- 본인이 리더를 해서 성과를 냈던 경험과 그 경험에서 본인의 기여도를 말해 보시오.
- 용장, 지장, 덕장 중에 본인이 가장 바람직하다고 생각하는 리더는 무엇인지 경험과 관련지어 말해 보시오.
- 연장자가 리더를 하는 것에 대해 어떻게 생각하는가?
- 회사에서 산으로 야유회를 가게 되었는데 먼저 정상에 오른 팀에게 상을 주기로 했다. 산을 오르던 중 자신의 팀에서 부상자가 발생했을 경우, 본인이 팀의 리더라면 어떻게 할 것인가?
- 본인이 팀장인데, 사원 중에 업무 성과는 좋지만 팀 내 분위기를 해치는 사람이 있다면 어떻게 할 것인가?
- 국민연금 가입자의 종류와 임의가입자에 대해 말해 보시오.
- 국민연금 보험료 책정 공식, 기준소득월액에 대해 말해 보시오.
- 국민연금 최소 가입기간을 알고 있는가?
- 국민연금 관련 최근 이슈에 대한 생각을 말해 보시오.
- 기초연금과 국민연금의 차이에 대해서 말해 보시오.
- 주변에 국민연금 가입자가 있는가?
- 국민연금에 대한 평소 생각은 어땠는가?

- 홈페이지 개선점에는 무엇이 있는가?
- 고객의 악성 민원을 상대할 일이 많을텐데 어떠한 자세로 응대할 것인가?
- 인턴 활동을 하면서 가장 기억에 남는 일은 무엇인가?
- 조직에서 중요한 것을 한 마디로 표현해 보시오.
- 본인의 가치관을 말하고 그것을 국민연금공단에서 어떻게 발휘할 것인지 말해 보시오.
- 지금 노령화사회를 넘어 노령사회로 가고 있는데, 이러한 환경을 국가적 차원과 개인적 차원에서 어떻게 대응해야 하는지 말해 보시오.

8. 국민연금공단 키워드 & 예상 면접 질문

Keyword

- 국민연금제도 : 노령에 달하거나 퇴직하거나 뜻하지 않은 사고·질병의 경우에 대비하여 미리 의무적으로 보험료를 납부하고, 국가가 책임을 지고 평생 동안 일정액의 연금을 지급함으로써 안정된 생활을 보장하는 제도
- 일자리 안정자금 : 최저임금 인상으로 인한 소상공인 및 영세 중소기업의 경영 부담을 덜어주고자 사업주에게 인건비를 지원해주는 사업
- 국민제안 이벤트(Do Dream) : 국민 중심의 제도운영과 서비스 향상을 위해 국민이 직접 참여하는 연금제도, 서비스 및 기관운영 분야. 업무활용도가 높은 아이디어는 추후 실제 공단 업무에 적극 반영하여 제도 발전을 위해 활용할 계획

예상 면접 질문

- 자신의 전공 분야와 업무에 대한 관련성에 대해 설명해 보시오.
- 국민연금공단의 문제점과 이를 극복하기 위한 방법을 말해 보시오.
- 최근 코로나 바이러스로 인해 입원·격리 중인 근로자에게 유급휴가를 제공한 사업주에 대한 유급휴가비용지원제도를 지원하고 있다. 이와 같은 사업에 대한 생각을 말해 보시오.

NCS 직업기초능력평가 답안카드

번호	①	②	③	④	번호	①	②	③	④	번호	①	②	③	④
1	①	②	③	④	21	①	②	③	④	41	①	②	③	④
2	①	②	③	④	22	①	②	③	④	42	①	②	③	④
3	①	②	③	④	23	①	②	③	④	43	①	②	③	④
4	①	②	③	④	24	①	②	③	④	44	①	②	③	④
5	①	②	③	④	25	①	②	③	④	45	①	②	③	④
6	①	②	③	④	26	①	②	③	④	46	①	②	③	④
7	①	②	③	④	27	①	②	③	④	47	①	②	③	④
8	①	②	③	④	28	①	②	③	④	48	①	②	③	④
9	①	②	③	④	29	①	②	③	④	49	①	②	③	④
10	①	②	③	④	30	①	②	③	④	50	①	②	③	④
11	①	②	③	④	31	①	②	③	④	51	①	②	③	④
12	①	②	③	④	32	①	②	③	④	52	①	②	③	④
13	①	②	③	④	33	①	②	③	④	53	①	②	③	④
14	①	②	③	④	34	①	②	③	④	54	①	②	③	④
15	①	②	③	④	35	①	②	③	④	55	①	②	③	④
16	①	②	③	④	36	①	②	③	④	56	①	②	③	④
17	①	②	③	④	37	①	②	③	④	57	①	②	③	④
18	①	②	③	④	38	①	②	③	④	58	①	②	③	④
19	①	②	③	④	39	①	②	③	④	59	①	②	③	④
20	①	②	③	④	40	①	②	③	④	60	①	②	③	④

〈절취선〉

※ 본 답안지는 마킹연습용 모의 답안지입니다.

NCS 직업기초능력평가 답안카드

	①	②	③	④			①	②	③	④			①	②	③	④
1	①	②	③	④	21	①	②	③	④	41	①	②	③	④
2	①	②	③	④	22	①	②	③	④	42	①	②	③	④
3	①	②	③	④	23	①	②	③	④	43	①	②	③	④
4	①	②	③	④	24	①	②	③	④	44	①	②	③	④
5	①	②	③	④	25	①	②	③	④	45	①	②	③	④
6	①	②	③	④	26	①	②	③	④	46	①	②	③	④
7	①	②	③	④	27	①	②	③	④	47	①	②	③	④
8	①	②	③	④	28	①	②	③	④	48	①	②	③	④
9	①	②	③	④	29	①	②	③	④	49	①	②	③	④
10	①	②	③	④	30	①	②	③	④	50	①	②	③	④
11	①	②	③	④	31	①	②	③	④	51	①	②	③	④
12	①	②	③	④	32	①	②	③	④	52	①	②	③	④
13	①	②	③	④	33	①	②	③	④	53	①	②	③	④
14	①	②	③	④	34	①	②	③	④	54	①	②	③	④
15	①	②	③	④	35	①	②	③	④	55	①	②	③	④
16	①	②	③	④	36	①	②	③	④	56	①	②	③	④
17	①	②	③	④	37	①	②	③	④	57	①	②	③	④
18	①	②	③	④	38	①	②	③	④	58	①	②	③	④
19	①	②	③	④	39	①	②	③	④	59	①	②	③	④
20	①	②	③	④	40	①	②	③	④	60	①	②	③	④

성 명

지원 분야

문제지 형별기재란

형 ( ) Ⓐ Ⓑ

수 험 번 호

⓪ ① ② ③ ④ ⑤ ⑥ ⑦ ⑧ ⑨

감독위원 확인

(인)

NCS 직업기초능력평가 답안카드

번호	답란	번호	답란	번호	답란
1	① ② ③ ④	21	① ② ③ ④	41	① ② ③ ④
2	① ② ③ ④	22	① ② ③ ④	42	① ② ③ ④
3	① ② ③ ④	23	① ② ③ ④	43	① ② ③ ④
4	① ② ③ ④	24	① ② ③ ④	44	① ② ③ ④
5	① ② ③ ④	25	① ② ③ ④	45	① ② ③ ④
6	① ② ③ ④	26	① ② ③ ④	46	① ② ③ ④
7	① ② ③ ④	27	① ② ③ ④	47	① ② ③ ④
8	① ② ③ ④	28	① ② ③ ④	48	① ② ③ ④
9	① ② ③ ④	29	① ② ③ ④	49	① ② ③ ④
10	① ② ③ ④	30	① ② ③ ④	50	① ② ③ ④
11	① ② ③ ④	31	① ② ③ ④	51	① ② ③ ④
12	① ② ③ ④	32	① ② ③ ④	52	① ② ③ ④
13	① ② ③ ④	33	① ② ③ ④	53	① ② ③ ④
14	① ② ③ ④	34	① ② ③ ④	54	① ② ③ ④
15	① ② ③ ④	35	① ② ③ ④	55	① ② ③ ④
16	① ② ③ ④	36	① ② ③ ④	56	① ② ③ ④
17	① ② ③ ④	37	① ② ③ ④	57	① ② ③ ④
18	① ② ③ ④	38	① ② ③ ④	58	① ② ③ ④
19	① ② ③ ④	39	① ② ③ ④	59	① ② ③ ④
20	① ② ③ ④	40	① ② ③ ④	60	① ② ③ ④

※ 본 답안지는 마킹연습용 모의 답안지입니다.

NCS 직업기초능력평가 답안카드

1	① ② ③ ④	21	① ② ③ ④	41	① ② ③ ④
2	① ② ③ ④	22	① ② ③ ④	42	① ② ③ ④
3	① ② ③ ④	23	① ② ③ ④	43	① ② ③ ④
4	① ② ③ ④	24	① ② ③ ④	44	① ② ③ ④
5	① ② ③ ④	25	① ② ③ ④	45	① ② ③ ④
6	① ② ③ ④	26	① ② ③ ④	46	① ② ③ ④
7	① ② ③ ④	27	① ② ③ ④	47	① ② ③ ④
8	① ② ③ ④	28	① ② ③ ④	48	① ② ③ ④
9	① ② ③ ④	29	① ② ③ ④	49	① ② ③ ④
10	① ② ③ ④	30	① ② ③ ④	50	① ② ③ ④
11	① ② ③ ④	31	① ② ③ ④	51	① ② ③ ④
12	① ② ③ ④	32	① ② ③ ④	52	① ② ③ ④
13	① ② ③ ④	33	① ② ③ ④	53	① ② ③ ④
14	① ② ③ ④	34	① ② ③ ④	54	① ② ③ ④
15	① ② ③ ④	35	① ② ③ ④	55	① ② ③ ④
16	① ② ③ ④	36	① ② ③ ④	56	① ② ③ ④
17	① ② ③ ④	37	① ② ③ ④	57	① ② ③ ④
18	① ② ③ ④	38	① ② ③ ④	58	① ② ③ ④
19	① ② ③ ④	39	① ② ③ ④	59	① ② ③ ④
20	① ② ③ ④	40	① ② ③ ④	60	① ② ③ ④

※ 본 답안지는 마킹연습용 모의 답안지입니다.

성 명

지원 분야

문제지 형별기재란
Ⓐ Ⓑ
( )형

수 험 번 호
⓪ ① ② ③ ④ ⑤ ⑥ ⑦ ⑧ ⑨
⓪ ① ② ③ ④ ⑤ ⑥ ⑦ ⑧ ⑨
⓪ ① ② ③ ④ ⑤ ⑥ ⑦ ⑧ ⑨
⓪ ① ② ③ ④ ⑤ ⑥ ⑦ ⑧ ⑨
⓪ ① ② ③ ④ ⑤ ⑥ ⑦ ⑧ ⑨
⓪ ① ② ③ ④ ⑤ ⑥ ⑦ ⑧ ⑨
⓪ ① ② ③ ④ ⑤ ⑥ ⑦ ⑧ ⑨

감독위원 확인
인

혼공하는 취린이들을 위해 준비했어~!

대기업&공기업 취업 온라인 스터디 카페

취업을 준비하거나 이직을 준비하는
분들을 위해 만들어진 취업 정보
종합커뮤니티 카페

취업 달성 프로젝트!

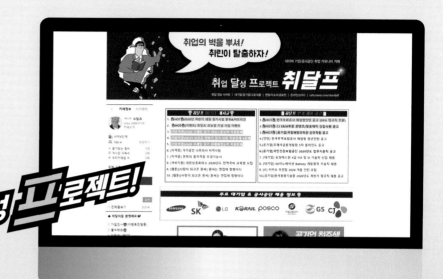

 NAVER 카페

취달프를 검색하세요!   🔍

01 채용정보
대기업 채용정보
공기업 채용정보
고졸·초대졸 채용정보
최신 채용 뉴스 및 정보

02 무료 온라인 스터디
대기업 스터디
공기업 NCS 스터디
강의 동영상 제공
열정참여자 특별 혜택

03 꿀정보 대잔치
대기업 필수 정보
공기업 필수 정보
자소서 및 면접 꿀팁

04 무료 자료 제공
생생 취업 자료
최신 시사상식
1일 1한자성어

※ 도서 학습 관련 문의는 '도서 학습문의' 게시판에 남겨주세요.
※ 도서의 정오사항은 '신속처리 정오표' 게시판에 업데이트 됩니다.

취달프 카페 가입 이벤트
★ 가입인사 시 추첨을 통해 시대고시 취업 관련 도서 1권 제공 ★

※추첨은 매달 진행됩니다.

(주)시대고시기획

공기업 취업을 위한 NCS
직업기초능력평가 시리즈

NCS 모듈부터 실전까지 "기본서" 시리즈

공기업 취업의 기초부터 차근차근! 취업의 문을 여는 **Master Key!**

NCS 영역별 체계적 학습 "합격노트" 시리즈

암기용
셀로판지로
다회독!

각 영역별 핵심이론부터 모의고사까지! 단계별 학습을 통한 **Only Way!**

2021 최신판 합격의 공식 시대에듀

All NEW 100% 전면개정

NCS
국민연금공단 6급

시간선택제 / 고졸채용

+ 무료NCS특강

시간선택제 / 고졸채용 직업기초능력평가 완벽 대비!

NCS 기출예상문제 + 실전모의고사 5회

정답 및 해설

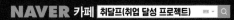
NAVER 카페 취달프(취업 달성 프로젝트)

(주)시대고시기획

Add+ 2021년
상반기 주요 공기업 NCS
기출복원문제 정답 및 해설

 도서 관련 최신 정보 및 정오사항이 있는지
우측 QR을 통해 확인해 보세요!

01	02	03	04	05	06	07	08	09	10
②	①	④	④	①	④	②	①	③	④
11	12	13	14	15	16	17	18	19	20
③	②	④	③	③	④	④	⑤	⑤	④
21	22	23	24	25	26	27	28	29	30
④	④	⑤	④	①	③	①	①	②	②
31	32	33	34	35	36	37	38	39	40
②	③	④	③	①	②	④	③	⑤	④
41	42	43	44	45	46	47	48	49	50
④	④	②	②	①	②	④	④	④	②
51	52	53	54	55					
④	①	⑤	②	②					

01
정답 ②

컴퓨터 시스템의 구성요소
- CPU : 일련의 기계어 명령어를 실행하는 하드웨어의 구성요소
- 보조저장장치 : 2차 기억장치, 디스크나 CD-ROM과 같이 영구 저장 능력을 가진 기억장치
- 입출력장치 : 각 장치마다 별도의 제어기가 있어, CPU로부터 명령을 받아 장치의 동작을 제어하고 데이터를 이동시키는 일을 수행
- 주기억장치 : 프로그램이 실행될 때 보조기억장치로부터 프로그램이나 자료를 이동시켜 실행시킬 수 있는 기억장치

02
정답 ①

슈퍼컴퓨터는 개발되어 있는 컴퓨터 중 가장 성능이 우수한 것을 말하기도 하며, 보통 대규모 연산을 고속으로 지속적으로 처리하기 위해 사용한다.

오답분석
④ 에니악 : 최초의 진공관 컴퓨터

03
정답 ④

Tar(Tape Archive)는 유닉스 파일 시스템을 자기 테이프에 압축하고, 복원시킬 수 있는 프로그램이다.

오답분석
① Bmp : 윈도우 환경에서 비트맵 데이터를 표현하기 위해 만들어진 그래픽 파일로, 그래픽 파일 포맷 중에서 가장 단순한 구조
② Jpg : 가장 많이 사용되고 있는 확장자로, 웹, 모바일뿐만 아니라 일반 카메라에서도 사용
③ Gif : 움직이는 애니메이션 이미지. 용량이 낮고 호환성이 좋지만, 256가지의 색까지만 지원하기 때문에 섬세한 색상을 나타내기는 어려움

04
정답 ④

분산처리 시스템은 네트워크를 통해 분산되어 있는 것들을 동시에 처리하는 것으로 분산 시스템에 구성 요소를 추가하거나 삭제할 수 있다.

05
정답 ①

입출력 인터페이스(Input-Output Interface) : CPU와 입출력 장치 간의 데이터 전송을 연결

오답분석
- 시리얼 인터페이스 : 데이터를 1비트 단위로 송신하는 데이터 전송 방식
- 패러럴 인터페이스 : 데이터를 동시에 복수 비트 단위로 송신하는 데이터 전송 방식

06
정답 ④

원콜 서비스를 이용하기 위해서는 사전 등록된 신용카드가 있어야 결제가 가능하다.

오답분석
① 상이등급이 있는 국가유공자만 이용가능하다.
② 원콜 서비스를 이용하면 전화로 맞춤형 우대예약 서비스를 이용할 수 있다.
③ 신분증 외 유공자증을 대신 지참하여도 신청이 가능하다.
⑤ 휴대폰을 이용한 승차권 발권을 원하지 않는 경우, 전화 예약을 통해 역창구 발권을 받을 수 있으므로 선택권이 존재한다.

07

ㄱ. 전화를 통한 예약의 경우, 승차권 예약은 ARS가 아닌, 상담원을 통해 이루어진다.
ㄷ. 예약된 승차권의 본인 외 사용은 무임승차로 간주되며, 양도가 가능한지는 자료에서 확인할 수 없다.

오답분석

ㄴ. 경우에 따라 승차권 대용문자 혹은 승차권 대용문자+스마트폰 티켓으로 복수의 방식으로 발급받을 수 있다.
ㄹ. 반기별 예약 부도 실적이 3회 이상인 경우 다음 산정일까지 우대서비스가 제한된다.

08

정답 ①

일반적인 의미와 다른 나라의 사례를 통해 대체의학의 정의를 설명하고, 또한 크게 세 가지 유형으로 대체의학의 종류를 분류하고 있기 때문에 제목으로는 '대체의학의 의미와 종류'가 가장 적절하다.

오답분석

② 대체의학의 문제점은 언급되지 않았다.
③ 대체의학으로 인한 부작용 사례는 언급되지 않았다.
④ 대체의학이 무엇인지 설명하고 있지 개선방향에 대해 언급하지 않았다.
⑤ 대체의학의 종류에 대해 설명하고 있지만 연구 현황과 미래를 언급하지 않았다.

09

정답 ③

올더스 헉슬리에 대한 내용이다. 올더스 헉슬리는 오히려 사람들이 너무 많은 정보를 접하는 상황에 대해 두려워했지만 조지 오웰은 정보가 통제당하는 상황을 두려워했다.

오답분석

① 조지 오웰은 서적이 금지당하고 정보가 통제 당하는 등 자유를 억압받는 상황을 두려워했다.
② 올더스 헉슬리는 스스로가 압제를 받아들인다고 생각했다.
④ 올더스 헉슬리는 즐길 거리 등을 통해 사람들을 통제할 수 있다고 보았다.
⑤ 조지 오웰은 우리가 증오하는 것이, 올더스 헉슬리는 우리가 좋아하는 것이 자신을 파멸시킬 상황을 두려워했다.

10

정답 ④

4×6 사이즈는 x개, 5×7 사이즈는 y개, 8×10 사이즈는 z개를 인화했다고 하면 $150x + 300y + 1,000z = 21,000$이다. 모든 사이즈를 최소 1장씩 인화하였으므로 $x+1 = x'$, $y+1 = y'$, $z+1 = z'$라고 하면 $150x' + 300y' + 1,000z' = 19,550$원이다. 십 원 단위는 300원과 1,000원으로 나올 수 없는 금액이므로 4×6 사이즈 1장을 더 구매한 것으로 보고, 나머지 금액을 300원과 1,000원으로 구매할 수 있는지 확인한다. 19,400원에서 백 원 단위는 1,000원으로 구매할 수 없으므

로 300원으로 구매해야 한다. 5×7 사이즈인 $300 \times 8 = 2,400$원을 제외하면 $19,400 - 2,400 = 17,000$원이 남는데 나머지는 1,000원으로 구매할 수 있으나, 5×7 사이즈를 최대로 구매해야 하므로 300의 배수인 $300 \times 50 = 15,000$원을 추가로 구매한다. 나머지 2,000원은 8×10 사이즈로 구매한다.
따라서 5×7 사이즈는 최대 $1 + 8 + 50 = 59$장을 구매할 수 있다.

11

정답 ③

ㄴ. 1대당 차의 가격은 $\dfrac{(수출액)}{(수출 대수)}$(단위 : 만 달러)로 계산할 수 있다.

• A사 : $\dfrac{1,630,000}{532} ≒ 3,064$만 달러

• B사 : $\dfrac{1,530,000}{904} ≒ 1,692$만 달러

• C사 : $\dfrac{3,220,000}{153} ≒ 21,046$만 달러

• D사 : $\dfrac{2,530,000}{963} ≒ 2,627$만 달러

• E사 : $\dfrac{2,620,000}{2,201} ≒ 1,190$만 달러

따라서 2020년 1분기에 가장 고가의 차를 수출한 회사는 C사이다.
ㄷ. C사의 자동차 수출 대수는 계속 감소하다가 2020년 3분기에 증가하였다.

오답분석

ㄱ. 2019년 3분기 전체 자동차 수출액은 1,200백만 달러로 2020년 3분기 전체 자동차 수출액인 1,335백만 달러보다 적다.
ㄹ. E사의 자동차 수출액은 2019년 3분기 이후 계속 증가하였다.

12

정답 ②

• ㉠ : $532 + 904 + 153 + 963 + 2,201 = 4,753$
• ㉡ : $2 \times (342 + 452) = 1,588$
• ㉢ : $2,201 + (2,365 \times 2) + 2,707 = 9,638$
따라서 ㉠+㉡+㉢$= 4,753 + 1,588 + 9,638 = 15,979$

13

정답 ④

오전 8시에 좌회전 신호가 켜졌으므로 다음 좌회전 신호가 켜질 때까지 20초$+100$초$+70$초$=190$초가 걸린다. 1시간 후인 오전 9시 정각의 신호를 물었으므로 오전 8시부터 $60 \times 60 = 3,600$초 후이다. $3,600$초$=190 \times 18 + 1800$이므로 좌회전, 직진, 정지 신호가 순서대로 18번 반복되고 180초 후에는 정지 신호가 켜져 있을 것이다.
180초(남은 시간)-20초(좌회전 신호)-100(직진 신호)$=60$초(정지 신호 100초 켜져 있는 중)

14

정답 ③

주어진 조건을 고려하면 1순위인 B를 하루 중 가장 이른 식후 시간대인 아침 식후에 복용해야 한다. 2순위이며 B와 혼용 불가능한 C는 점심 식전에 복용하며, 3순위인 A는 혼용 불가능 약을 피해 저녁 식후에 복용해야 한다. 4순위인 E는 남은 시간 중 가장 빠른 식후인 점심 식후에 복용을 시작하며, 5순위인 D는 가장 빠른 시간인 아침 식전에 복용한다.

식사	시간	1일 차	2일 차	3일 차	4일 차	5일 차
아침	식전	D	D	D	D	D
	식후	B	B	B	B	
점심	식전	C	C	C		
	식후	E	E	E	E	
저녁	식전					
	식후	A	A	A	A	

따라서 모든 약의 복용이 완료되는 시점은 5일 차 아침이다.

15

정답 ②

ㄱ. 혼용이 불가능한 약들을 서로 피해 복용하더라도 하루에 A ~ E를 모두 복용할 수 있다.
ㄷ. 최단 시일 내에 모든 약을 복용하기 위해서는 A는 혼용이 불가능한 약들을 피해 저녁에만 복용하여야 한다.

오답분석

ㄴ. D는 아침에만 복용한다.
ㄹ. A와 C를 동시에 복용하는 날은 총 3일이다.

16

정답 ②

디지털 고지 안내문 발송서비스가 시행되면 환급금 조회뿐 아니라 신청까지 모바일을 통해 가능하게 된다.

오답분석

① 디지털 전자문서를 통해 모바일 환경에서 손쉽게 고지서를 확인할 수 있게 되었다.
③ 고지·안내문에 담긴 개인정보와 민감정보는 공단 모바일(The 건강보험)로 연동하여 확인하도록 하여 이용자의 개인정보를 안전하게 보호할 수 있도록 추진한다.
④ 사업은 5년 동안 단계별로 고지·안내방식 전환 및 발송을 진행될 예정이다.

17

정답 ④

ㄷ. 온라인은 복지로 홈페이지, 오프라인은 읍면동 주민센터에서 보조금 신청서를 작성 후 제출하면 되며, 카드사의 홈페이지에서는 보조금 신청서 작성이 불가능하다.
ㄹ. 제시된 은행 지점 및 읍면동 주민센터 외에도 해당되는 카드사를 방문하여도 카드를 발급받을 수 있다.

오답분석

ㄱ. 어린이집 보육료 및 유치원 학비는 신청자가 별도로 인증하지 않아도 보조금 신청 절차에서 인증된다.
ㄴ. 온라인과 오프라인 신청 모두 연회비가 무료임이 명시되어 있다.

18

정답 ⑤

성인이 되어도 35 ~ 65%가 증상이 그대로 남는 경우가 많기 때문에 적극적인 치료를 필요로 한다.

오답분석

① ADHD 발병률은 평균적으로 5%에 이른다.
② 납과 같은 중금속의 노출은 ADHD 발병 원인 중 하나이다.
③ ADHD는 통제, 집중, 정보처리 등을 담당하는 전전두엽 기능이 저하된 소견을 보인다.
④ 적어도 학교와 집과 같이 두 군데 이상의 상황에서 증상이 뚜렷하게 보여야 한다.

19

정답 ⑤

• C : 내연기관차는 무게가 무겁기 때문에 가벼운 경차보다 연비가 떨어지는 모습을 보인다.
• E : 충·방전을 많이 하면 전지 용량이 감소하기 때문에 이를 개선하려는 연구가 이뤄지고 있다.

오답분석

• A : 가볍다는 특성이 리튬의 장점은 맞지만 양이온 중에서 가장 이동속도가 빠른 물질은 리튬이 아닌 수소이다.
• B : 리튬이온은 충전 과정을 통해 전지의 음극에 모이게 된다. 음극에서 양극으로 이동하는 것은 방전에 해당한다.
• D : 1kWh당 6.1km를 주행할 수 있으므로, 20kWh로 달리면 122km를 주행할 수 있다.

20

정답 ③

리튬과 리튬이온전지를 예시와 함께 설명하고, 테슬라 모델3 스탠더드 버전이라는 예시를 통해 전기 에너지 개념을 설명하고 있다.

21

정답 ④

(가) 탐색형 문제는 현재의 상황을 개선하거나 효율을 높이기 위한 것이다. 눈에 보이지 않는 문제로, 이를 방치하면 뒤에 큰 손실이 따르거나 결국 해결할 수 없는 문제로 확대되기도 한다.
(나) 발생형 문제는 우리 눈앞에 발생되어 당장 걱정하고 해결하기 위해 고민하는 것이다. 눈에 보이는 이미 일어난 문제로, 어떤 기준을 일탈함으로써 생기는 일탈 문제와 기준에 미달하여 생기는 미달문제로 대변되며 원상복귀가 필요하다.
(다) 설정형 문제는 미래상황에 대응하는 장래 경영전략의 문제로, '앞으로 어떻게 할 것인가.'에 대한 문제이다. 지금까지 해오던 것과 관계없이 미래 지향적으로 새로운 과제 또는 목표를 설정함에 따라 일어나는 문제로, 목표 지향적 문제이기도 하다.

22
〔정답〕 ④

물품의 분실이란 실질적으로 분실하여 다시 구입해야 하는 경제적 손실을 의미하는 것으로 A씨의 경우 물건이 집에 어딘가 있지만 찾지 못하는 경우에 해당한다. 따라서 분실로 보기는 어렵다.

[오답분석]
① A씨는 물품을 정리하였다기보다 창고에 쌓아두었으므로 이는 정리하지 않고 보관한 경우로 볼 수 있다.
② A씨는 물건을 아무렇게나 보관하였기 때문에 그 보관 장소를 파악하지 못해 다시 그 물건이 필요하게 된 상황임에도 찾는 데 어려움을 겪었다.
③ A씨는 커피머신을 제대로 보관하지 않았기 때문에 그로 인해 물품이 훼손되는 경우가 발생하였다.
⑤ A씨는 지금 당장 필요하지 않음에도 구입을 했으므로 이는 목적 없는 구매에 해당한다.

23
〔정답〕 ⑤

진정성 있는 태도는 신뢰 관계 형성에 매우 중요한데, 이를 가장 잘 보여줄 수 있는 행동이 진정성 있는 사과이다. 하지만 진정성 있는 사과도 반복적이라면 불성실한 사과와 마찬가지로 느껴지기 때문에 오히려 신뢰를 인출하는 행위가 된다.

[오답분석]
① 대인관계란 이해와 양보를 기반으로 이루어지기 때문에 상대방의 입장에서 양보하고 배려하는 노력은 타인의 마음속에 신뢰를 저축할 수 있는 가장 중요한 방법이 될 것이다.
② 사람들은 매우 상처받기 쉽고 민감한 존재로, 비록 외적으로 대단히 거칠고 냉담하게 보일지라도 내적으로는 민감한 느낌과 감정을 갖고 있기 마련이다. 따라서 대부분의 인간관계에서의 커다란 손실은 사소한 것으로부터 비롯되기 때문에 이를 예방하기 위해 사소한 일에 대해 관심을 기울여야 할 것이다.
③ 책임을 지고 약속을 지키는 것은 중요한 신뢰를 쌓는 중요한 행위이며 약속을 어기는 것은 신뢰를 무너뜨리는 중대한 행위에 해당한다. 또한, 언행일치 역시 그 사람에게 있어 정직 그 이상의 의미를 갖도록 하게 한다.
④ 상대방에 대한 칭찬과 감사의 표시는 상호 신뢰관계를 형성하고 사람의 마음을 움직이게 하는 중요한 감정 행위로, 사람들은 작은 칭찬과 배려, 감사하는 마음에 감동하곤 한다.

24
〔정답〕 ③

제시된 상황에 해당하는 고객은 제품의 기능에 대해 믿지 못하고 있으므로, 의심형에 해당한다. 따라서 의심형에 해당하는 고객에게는 분명한 증거나 근거를 제시해 고객이 확신을 갖도록 유도하는 대처가 필요하다.

[오답분석]
①·② 이 방법은 트집을 잡는 유형의 고객에게 적합한 방법으로, 이 외에도 '손님의 말씀이 맞습니다. 역시 손님께서 정확하십니다.' 하고 고객의 지적이 옳음을 표시한 후 '저도 그렇게 생각하고 있습니다만 ….'하고 설득하는 것도 좋다.
④·⑤ 이 방법은 거만한 유형의 고객에게 적합한 방법으로, 이들에게는 정중하게 대하는 것이 가장 좋은 방법이다.

25
〔정답〕 ①

시스템적인 관점에서 인식하는 능력은 기술적 능력에 대한 것으로, 기술경영자의 역할이라기보다는 기술관리자의 역할에 해당하는 내용이다.

기술경영자의 역할
• 기술을 효과적으로 평가할 수 있는 능력
• 조직 내의 기술 이용을 수행할 수 있는 능력
• 새로운 제품개발 시간을 단축할 수 있는 능력
• 기술을 기업의 전반적인 전략 목표에 통합시키는 능력
• 빠르고 효과적으로 새로운 기술을 습득하고 기존의 기술에서 탈피하는 능력
• 기술 이전을 효과적으로 할 수 있는 능력
• 크고 복잡하고 서로 다른 분야에 걸쳐 있는 프로젝트를 수행할 수 있는 능력
• 기술 전문 인력을 운용할 수 있는 능력

26
〔정답〕 ③

업무수행시트인 (가)는 간트 차트, (나)는 워크플로 시트, (다)는 체크리스트에 해당한다. 각 시트의 특징은 다음과 같다.
(가) 간트 차트 : 단계별로 업무의 시작부터 끝까지의 걸리는 시간을 바 형식으로 나타낸 것으로 소요되는 시간과 각 업무활동 사이의 관계를 알 수 있고, 전체 일정 역시 한눈에 파악할 수 있다.
(나) 워크플로 시트 : 도형과 선으로 일의 흐름을 표시한 것으로, 각 시트에 사용하는 도형을 달리하여 주된 작업과 부차적인 작업, 혼자 처리할 수 있는 일과 다른 사람의 협조를 필요로 하는 일, 주의해야 할 일, 컴퓨터와 같은 도구를 사용해서 할 일 등을 구분해 표시할 수 있다. 여기에 각 활동별로 소요되는 시간을 함께 표시한다면 더 효과적으로 해당 시트를 사용할 수 있다.
(다) 체크리스트 : 앞선 2개의 시트에 비해 시간 흐름을 표현하는 데에는 한계가 있지만, 업무를 세부적인 활동들로 나누고 각 활동들에 대해 효과적으로 수행했는지를 스스로 점검해 볼 수 있어 효과적이다.
따라서 ③의 경우 도형을 같게 표시하는 것이 아닌 도형을 달리 표시함으로써 각 업무의 특징을 효과적으로 파악할 수 있도록 한 것이다.

27 정답 ①

- ⊙ • 운영 : 조직이나 기구, 사업체 따위를 운용하고 경영함
  - 운용 : 무엇을 움직이게 하거나 부리어 씀
- ⓒ • 개발 : 토지나 천연자원 따위를 유용하게 만듦
  - 계발 : 슬기나 재능, 사상 따위를 일깨워 줌

따라서 ⊙에 들어갈 단어는 '운영', ⓒ에 들어갈 단어는 '개발'이 적절하다.

28 정답 ①

제시문에서 설명하는 논리적 오류는 허수아비 공격의 오류이다. 허수아비의 공격의 오류는 상대가 의도하지 않은 것을 강조하거나 허점을 비판하여 자신의 주장을 내세우는 것으로 상대방의 주장과는 상관없는 별개의 논리를 만들어 공격하는 오류이다.

오답분석

② 피장파장의 오류 : 다른 사람의 잘못을 들어 자기의 잘못을 정당화하려고 하는 오류이다.
③ 애매성의 오류 : 논증에 사용된 개념이 여러 가지로 해석될 수 있을 때, 상황에 맞지 않은 의미로 해석하는 오류이다.
④ 성급한 일반화의 오류 : 적절한 증거가 부족했음에도 불구하고 성급하게 결론을 내리는 오류이다.

29 정답 ②

오답분석

ㄴ. 자신에게 직접적인 도움을 줄 수 있는 사람들을 관리하는 것은 개인차원에서의 인적자원관리, 즉 인맥관리이다.

효율적이고 합리적인 인사관리 원칙
- 적재적소 배치의 원리 : 해당 직무 수행에 가장 적합한 인재를 배치해야 한다.
- 공정 보상의 원칙 : 근로자의 인권을 존중하고, 공헌도에 따라 노동의 대가를 공정하게 지급해야 한다.
- 공정 인사의 원칙 : 직무 배당, 승진, 상벌, 근무 성적의 평가, 임금 등을 공정하게 처리해야 한다.
- 종업원 안정의 원칙 : 직장에서 신분이 보장되고, 계속해서 근무할 수 있다는 믿음을 가지게 하여 근로자가 안정된 회사 생활을 할 수 있도록 해야 한다.
- 창의력 계발의 원칙 : 근로자가 창의력을 발휘할 수 있도록 새로운 제안, 건의 등의 기회를 마련하고, 적절한 보상을 하여 인센티브를 제공해야 한다.
- 단결의 원칙 : 직장 내에서 구성원들이 소외감을 갖지 않도록 배려하고, 서로 유대감을 가지고 협동, 단결하는 체제를 이루도록 해야 한다.

30 정답 ②

ㄴ. 기술적 전문성이 있는 멤버, 대인관계에 능숙한 멤버, 문제해결능력이 뛰어난 멤버 등 다양한 멤버를 모두 섞어서 구성하는 것이 특정 분야에 특화된 멤버로만 구성하는 것보다 성과를 높일 수 있다.
ㄹ. 의미가 있는 비전을 갖게 하는 것과 구체적인 목표를 설정해 주면 성과를 높일 수 있다.

오답분석

ㄱ. 팀제의 성과를 높이기 위해서는 구성원의 수는 10명 전후로 적게 하는 것이 좋다.
ㄷ. 조직 내 상명하복 문화가 강하거나 기존의 보상체계가 개개인의 퍼포먼스에 기반해서 오랫동안 유지되어 온 경우에는 팀제 도입이 실패할 수 있다. 개인적 보상뿐만 아니라 그룹의 퍼포먼스에 대해서도 별도의 보상체계를 마련하는 것이 성과를 올리는 데 중요하다.

31 정답 ②

영리성을 기준으로 영리조직은 기업과 같이 이윤을 목적으로 하는 조직이며, 비영리조직은 정부, 대학 등 공익을 추구하는 조직이다. 따라서 영리조직은 ㄷ, ㅂ이고 비영리조직은 ㄱ, ㄴ, ㄹ, ㅁ, ㅅ이다.

32 정답 ③

애자일 조직(Agile Organization)에 대한 설명이다. 애자일 조직은 급변하는 환경에서 유연하고 민첩하게 대응하기 위한 방식의 조직으로, 기존 기계적 구조의 한계를 계기로 등장하였다. 애자일 조직은 부서 간 경계를 허물고, 필요에 맞게 소규모 팀을 구성해 업무를 수행하는 조직문화를 뜻한다.

오답분석

① 관리자형 리더는 기계적 구조에 적합하다.
② 외부 변화에 빠르게 대처할 수 있는 장점이 있다.
④ 소규모 팀을 구성해 업무를 수행한다.

33 정답 ④

C주임은 출장으로 인해 참석하지 못하며, B사원과 D주임 중 한 명만 참석이 가능하다. 또한, 주임 이상만 참여 가능하므로 A사원과 B사원은 참석하지 못한다. 이때, 가능한 모든 인원이 참석해야 하므로 참석하지 못할 이유가 없는 팀원은 전부 참여해야 한다. 따라서 참석할 사람은 D주임, E대리, F팀장이다.

34

정답 ③

주어진 조건에 따라 각 여행지의 항목별 점수를 계산하면 다음과 같다.

여행지	접근점수	입지점수	숙소점수	날씨점수	최종점수
A	15	15	15	20	65
B	20	12	15	15	62
C	30	12	20	5	67
D	15	15	15	5	50

따라서 최종점수가 가장 높은 C를 선택할 것이다.

35

정답 ①

변경된 조건에 따라 각 여행지의 항목별 점수를 계산하면 다음과 같다.

여행지	접근점수	입지점수	숙소점수	날씨점수	최종점수
A	27	15	18	20	80
B	27	12	18	15	72
C	30	12	20	5	67
D	21	15	18	5	59

따라서 최종점수가 가장 높은 A를 선택할 것이다.

36

정답 ②

제시된 단어는 반의관계이다. 따라서 조절과 낭비, 절제와 낭비, 태만과 근면, 나태와 근면이 서로 관련이 있다.
• 조절 : 균형이 맞게 바로잡음 또는 적당하게 맞추어 나감
• 낭비 : 시간이나 재물 따위를 헛되이 헤프게 씀
• 절제 : 정도에 넘지 아니하도록 알맞게 조절하여 제한함
• 태만 : 열심히 하려는 마음이 없고 게으름
• 근면 : 부지런히 일하며 힘씀
• 나태 : 행동, 성격 따위가 느리고 게으름

37

정답 ④

지금까지의 주택금융시장의 구조적 개선은 LTV 상한을 적용하여 주택가격 충격의 영향을 줄이는 방향으로 진행됐다.

오답분석

① 2000 ~ 2003년간의 폭발적인 증가세를 경험한 이후 조정기를 거친 후에도 증가세를 보였지만, 그 이전에도 증가세였는지는 알 수 없다.
② 금융자산과 부채의 상관관계도 지속적으로 증가하는 것은, 유동성 충격에 대한 가계의 대응 능력이 강화되었음을 보여 준다.
③ 주택가격 상승과 주택담보대출 증가는 상호 작용을 통해 서로를 강화하는 방향으로 작용하였고, 이 과정에서 가계소비의 빠른 증가세가 실현되었다.

38

정답 ③

완전히 파괴된 건물 12만 1,992호, 반파된 건물 28만 2,920호로 40만 건이 넘는다.

오답분석

① 진도 9.0으로, 일본에서 관측된 지진 중 가장 규모가 큰 지진이었으며, 세계 지진 중에서는 네 번째이다.
② 인명 피해에는 부상자까지 포함한다. 그러나 부상자에 대한 정보는 나와 있지 않으므로 정확한 인명 피해를 파악할 수 없다.
④ 원자로 4기 중 정기점검 중이던 4호기를 제외한 1 ~ 3호기에서 용융이 발생했다.

39

정답 ⑤

한글 맞춤법에 따르면 한자음 '랴, 려, 례, 료, 류, 리'가 단어의 첫머리에 올 적에는 두음법칙에 따라 '야, 예, 이, 오, 우'로 적고, 단어의 첫머리 '이, 오'의 경우에는 본음대로 적는다. 다만, 모음이나 'ㄴ' 받침 뒤에 이어지는 '렬, 률'은 '열, 율'로 적는다. 따라서 장애률이 아닌 장애율이 올바른 표현이다.

오답분석

㉠ 특화 : 한 나라의 산업 구조나 수출 구성에서 특정 산업이나 상품이 상대적으로 큰 비중을 차지함. 또는 그런 상태
㉡ 포용 : 남을 너그럽게 감싸 주거나 받아들임
㉢ 달성 : 목적한 것을 이룸
㉣ 더불어 : 거기에다 더하여

40

정답 ④

업무용 명함은 악수를 한 이후 교환하며, 아랫사람이나 손님이 먼저 꺼내 오른손으로 상대방에게 주고, 받는 사람은 두 손으로 받는 것이 예의이다.

오답분석

㉠ 악수는 오른손으로 한다.
㉡ 우리나라에서는 악수할 때 가볍게 절을 한다.
㉢ 업무용 명함은 손님이 먼저 꺼낸다.
㉤ 명함은 한 번 보고난 후 탁자 위에 보이게 놓거나 명함지갑에 넣는다.

41

정답 ④

쉼을 활용하는 경우
• 이야기가 전이(轉移)될 때
• 양해, 동조, 반문의 경우
• 생략, 암시, 반성의 경우
• 여운을 남길 때

42 정답 ④

차별화 전략은 조직이 생산품이나 서비스를 차별화하여 고객에게 가치가 있고 독특하게 인식되도록 하는 전략으로 픽사는 창의적인 발상을 통해 애니메이션을 차별화하고 고객에게 가치가 있고 독특하게 인식되도록 하였다.

오답분석

① 원원 전략 : 한 기업과 경쟁기업 모두 이익을 얻고자 하는 경영전략이다.
② 관리 전략 : 관리조직, 정보시스템이나 인재양성 같은 관리 측면에서 경쟁상의 우위에 서려고 하는 전략이다.
③ 원가우위 전략 : 원가절감을 통해 해당 산업에서 우위를 점하는 전략이다.
⑤ 집중화 전략 : 특정 시장이나 고객에게 한정된 전략으로, 원가우위나 차별화 전략이 산업 전체를 대상으로 하는 것과 달리 특정 산업을 대상으로 한다.

43 정답 ②

SMART 법칙은 목표 설정 후 그 목표를 성공적으로 달성하기 위해 꼭 필요한 필수 요건을 S, M, A, R, T라는 5개 철자에 따라 제시한 것으로, M(Measurable)은 측정이 가능하도록 수치화 및 객관화시키는 것이다.

오답분석

① S(Specific) : 구체적으로 목표를 세우기
③ A(Action-oriented) : 행동 지향적으로 목표 세우기
④ R(Realistic) : 현실성 있게 목표 세우기
⑤ T(Time Limited) : 시간적 제약이 있게 목표 세우기

44 정답 ②

벤치마킹은 특정 분야에서 뛰어난 업체나 상품, 기술, 경영 방식 등을 배워 합법적으로 응용하는 것으로 비교 대상에 따라 내부 · 경쟁적 · 비경쟁적 · 글로벌 벤치마킹으로 분류되고, 수행 방식에 따라 직접적 · 간접적 벤치마킹으로 분류된다. 스타벅스코리아의 사례는 같은 기업 내의 다른 지역, 타 부서, 국가 간의 유사한 활용을 비교 대상으로 한 내부 벤치마킹이다.

오답분석

① 글로벌 벤치마킹 : 프로세스에 있어 최고로 우수한 성과를 보유한 동일 업종의 비경쟁적 기업을 대상으로 하는 벤치마킹이다.
③ 비경쟁적 벤치마킹 : 제품, 서비스 및 프로세스의 단위 분야에 있어 가장 우수한 실무를 보이는 비경쟁적 기업 내의 유사 분야를 대상으로 하는 벤치마킹이다.
④ 경쟁적 벤치마킹 : 동일 업종에서 고객을 직접적으로 공유하는 경쟁기업을 대상으로 하는 벤치마킹이다.
⑤ 직접적 벤치마킹 : 벤치마킹 대상을 직접 방문하여 자료를 입수하고 조사하는 벤치마킹이다.

45 정답 ①

ㄱ. 성희롱은 성추행이나 성폭행과 달리 형사처벌 대상에 해당되지는 않는다.
ㄴ. 성희롱 여부 판단의 법적 기준은 피해자의 성적 수치심을 느꼈는지 여부이다.

46 정답 ②

주어진 경우에서 K사원은 '$p \rightarrow q$일 때, $\sim p \rightarrow \sim q$'라고 판단하여 논리적 동치가 아닌 '명제의 이'를 '명제와 논리적 동치'인 것으로 오해하는 오류를 범하고 있다. 〈보기〉에서는 B대리가 이러한 논리적 오류를 범하고 있다.

오답분석

• A사원 : 논리의 역을 본명제와 동치로 판단하는 오류를 범하고 있다.
• C주임 : 명제의 대우와 본명제가 논리적으로 동치인 것을 이야기하고 있으므로, 논리적 오류를 범하지 않았다.
• D대리 : 이온음료를 마시고 있다는 것은 커피류를 마시고 있지 않았다는 것을 의미한다. 따라서 고기를 먹지 않았다는 것을 후건으로 한다면 명제의 대우로서 참이지만, 후건은 부정하였으므로 논리적으로 무관한 것을 유관하게 보는 오류를 범하였다.

47 정답 ④

㉠에 들어갈 단계는 처리 확인과 사과이다. 불만처리 후 고객에게 처리 결과에 만족하는지 여부를 확인하여야 한다. 마지막 단계인 ㉡은 고객 불만사례를 회사 및 전 직원에게 공유하여 동일문제 발생을 방지하는 피드백 단계이다.

48 정답 ④

스스로 쓰레기를 압축하고 화재를 감지하기도 하는 것은 사물인터넷(IoT)에 해당한다.

오답분석

① 텐서플로 : 데이터 플로 그래프를 활용해 수치 계산을 하여, 머신러닝 등에 활용하기 위해 개발된 오픈소스 소프트웨어이다.
② 빅데이터 : 디지털 환경에서 생성되는 데이터로 그 규모가 방대하고, 생성 주기도 짧고, 형태도 수치 데이터뿐 아니라 문자와 영상 데이터를 포함하는 대규모 데이터이다.
③ 머신러닝 : 경험적 데이터를 기반으로 학습을 하고 예측을 수행하고 스스로의 성능을 향상시키는 시스템과 이를 위한 알고리즘을 연구하고 구축하는 기술이다.
⑤ 기계독해 : 인공지능(AI) 알고리즘이 스스로 문제를 분석하고 질문에 최적화된 답안을 찾아내는 기술이다.

49
정답 ④

ㄷ. 받은 명함은 즉시 넣지 않고, 명함에 관해 한두 마디 대화를 건네는 것이 바람직하다.
ㅅ. 윗사람으로부터 명함을 받는 경우에는 오른손으로 받고 왼손으로 가볍게 받치도록 한다.

50
정답 ②

ㄱ. 지식에 관한 설명이다. 지혜란 지식의 축적과 아이디어가 결합된 창의적인 산물이다. 근본 원리에 대한 깊은 이해를 바탕으로 도출된 창의적인 아이디어이다.
ㄹ. 제시된 사례는 정보가 아닌 지혜의 사례이다. 정보에 해당하는 것은 A가게의 물건 가격보다 B가게의 물건 가격이 더 저렴하다는 내용까지이다.

오답분석

ㄴ. 데이터는 순수한 수치, 기호를 의미한다.
ㄷ. 지식은 정보를 토대로 한 행동예측 결과물이다.

51
정답 ④

교언영색(巧言令色)은 교묘한 말과 얼굴빛이란 뜻으로 아첨꾼을 이르는 말이다.

오답분석

① 유비무환(有備無患) : 미리 준비되어 있으면 걱정이 없음을 뜻하는 말이다.
② 경이원지(敬而遠之) : 겉으로는 공경하지만 속으로는 멀리함을 뜻하는 말이다.
③ 만년지계(萬年之計) : 아주 먼 훗날까지를 미리 내다본 계획을 뜻하는 말이다.
⑤ 단기지계(斷機之戒) : 학문을 그만두면 쓸모없이 됨을 뜻하는 말이다.

52
정답 ①

'수소경제 육성 및 안전관리에 관한 법률'은 2020년 2월에 공포됐다.

오답분석

② 1983년 우리나라 최초의 천연가스회사로 출발했다.
③ 지난 수년간의 천연가스 설비 건설, 운영, 공급 경험을 기반으로 국민에게 경제적이고 안정적인 수소 공급 서비스를 제공하기 위해 힘쓸 예정이다.
④ 한국가스공사는 천연가스 산업의 불모지였던 우리나라에 최초로 LNG를 도입하였다.
⑤ 2018년 12월, 한국가스공사법 개정을 통해 수소 에너지의 생산과 공급 관련 사업을 추가하였다.

53
정답 ⑤

집단면역에 기대한 정책이 필연적으로 더 많은 감염의 확산과 사망자를 초래한다는 것을 인정하고 있다.

오답분석

① 2012년까지만 해도 확진자를 진료하는 환경에서만 레벨D 보호구를 권고할 뿐이고, 지역사회에서는 사회적 거리두기나 마스크까지도 필요하지 않다고 생각했었다.
② 코로나19는 재생산지수는 3 ~ 5 수준으로 메르스보다 높은 수준으로 나타난다.
③ 코로나19는 무증상기에도 전파 가능성이 있다.
④ 집단면역에 무게를 둔 방역정책 이야기가 나오고 있으나, 적극적인 개입 없이 개인위생과 고위험군 통제만으로 통제될 수 있을 것이라는 주장을 한 것은 아니다.

54
정답 ②

시작과 반대되는 의미의 단어가 들어가야 하기 때문에 한때 매우 성하던 현상이나 일이 끝나거나 없어진다는 뜻에서 '종식'이 들어가는 것이 적절하다.

오답분석

① 확산(擴散) : 흩어져 널리 퍼짐
③ 전파(傳播) : 전하여 널리 퍼뜨림
④ 감염(感染) : 병원체인 미생물이 동물이나 식물의 몸 안에 들어가 증식하는 일
⑤ 개입(介入) : 자신과 직접적인 관계가 없는 일에 끼어듦

55
정답 ②

ㄱ. LNG 구매력이 우수하다는 강점을 이용해 북아시아 가스관 사업이라는 기회를 활용하는 것은 SO전략에 해당된다.
ㄷ. 수소 자원 개발이 고도화되고 있는 기회를 이용하여 높은 공급단가라는 약점을 보완하는 것은 WO전략에 해당된다.

오답분석

ㄴ. 북아시아 가스관 사업은 강점이 아닌 기회에 해당되므로 ST전략에 해당된다고 볼 수 없다.
ㄹ. 높은 LNG 확보 능력이라는 강점을 이용해 높은 가스 공급단가라는 약점을 보완하려는 것은 WT전략에 해당된다고 볼 수 없다.

PART 1

직업기초능력평가
정답 및 해설

01	02	03	04	05	06	07	08	09	10
④	④	②	①	④	①	④	④	④	④
11	12	13	14	15	16	17	18	19	20
④	②	③	④	③	④	④	②	④	③

01

정답 ④

- (가) : ©은 빈칸 앞의 '음원의 위치가 정중앙이 아니라 어느 한쪽으로 치우쳐 있으면, 소리가 두 귀 중에서 어느 한쪽에 먼저 도달한다.'는 내용을 보충 설명한다. 따라서 빈칸에는 ©이 적절하다.
- (나) : 빈칸 앞의 내용에서는 '소리의 크기를 통해 음원의 위치를 알 수 있다.'고 하였는데, 빈칸 뒤에서는 '소리가 저주파로만 구성되어 있는 경우 소리의 크기 차이를 이용한 위치 추적은 효과적이지 않다.'고 하였다. 따라서 빈칸에는 저주파에서는 소리의 크기 차이가 일어나지 않는다는 내용의 ⓒ이 적절함을 알 수 있다.
- (다) : 빈칸 앞의 내용에서 '머리와 귓바퀴의 굴곡'이 '고막에 도달하기 전'의 소리를 변형시키는 필터 역할을 한다고 하였으므로 빈칸에는 이러한 굴곡으로 인해 두 고막에 도달하는 소리의 음색 차이가 생긴다는 내용의 ⊙이 적절함을 알 수 있다.

02

정답 ④

성과 이름은 붙여쓰고 이에 덧붙는 호칭어, 관직명 등은 띄어써야 하므로 '김민관 씨'가 올바른 표기이다. 따라서 ④는 신입사원 A에 대한 상사 B의 조언으로 적절하지 않다.

03

정답 ②

첫 번째 문장에서는 신비적 경험이 살아갈 수 있는 힘으로 밝혀진다면 그가 다른 방식으로 살아야 한다고 주장할 근거는 어디에도 없다고 하였으며, 이어지는 내용은 신비적 경험이 신비주의자들에게 살아갈 힘이 된다는 근거를 제시하고 있다. 따라서 빈칸에 들어갈 내용으로는 '신비주의자들의 삶의 방식이 수정되어야 할 불합리한 것이라고 주장할 수는 없다.'가 가장 적절하다.

04

정답 ①

(가) 문단의 마지막 문장에서 곰돌이 인형이 말하는 사람에게 주의를 기울여 준다고 했으므로 그 다음 내용은 그 이유를 설명하는 〈보기〉가 와야 한다.

05

정답 ④

제시된 문단에서는 마그네틱 카드의 개발 및 원리에 대해 소개하고, 그 원리를 바탕으로 자석 접촉 시 데이터가 손상되는 단점과 이를 보완한 것이 IC 카드라고 설명하였다. 이때, (나) 문단에서는 데이터 손상의 방지 및 여러 기능의 추가가 가능한 점을 설명하고 있으며, (가)·(다) 문단에서는 메모리 및 프로세서 기능이 추가되었음을 설명하고 있다. 따라서 (나) – (가) – (다) 순서로 나열해야 한다.

06

정답 ①

마지막 문단을 통해 유산의 위험이 있다면 안정기까지 최대한 주의를 해야 함을 알 수 있다.

07

정답 ④

제시된 글에 따르면 '밝은 별이 반드시 어두운 별보다 가까이 있는 것은 아니다.'라고 했으므로 일치하지 않는다.

오답분석

① 별의 거리는 밝기의 절대등급과 겉보기등급의 비교를 통해 확정된다고 하였으므로 절대등급과 겉보기등급은 다를 수 있다.
② 보통 별의 밝기는 거리의 제곱에 반비례해서 어두워진다고 하였으므로 별이 항상 같은 밝기를 가지고 있는 것은 아니다.
③ 삼각 측량법은 공전 궤도 반경을 알고 있기 때문에 거리를 측정할 수 있다고 했다.

08
정답 ④

밑줄 친 단어의 앞부분에서는 각 단계에 따른 '프레임'의 각기 다른 정의를 제시한다. 그러나 마지막 문장에서는 정의는 서로 다르지만 일치하는 점이 있음을 설명하고 있다. 그렇기 때문에 '정의는 서로 다르지만'이라는 뜻을 나타낼 수 있는 '어떻게 정의되든 간에'가 들어가야 한다.

09
정답 ④

제시문은 컴퓨터가 둘 이상의 프로그램을 동시에 실행할 때 사용하는 CPU 스케줄링을 설명하고 있는데, 첫 번째 문단에 따르면 운영 체제는 CPU에서 실행이 종료된 프로그램을 작업큐에서 지운다.

10
정답 ④

세 번째 문단에 따르면 CPU의 실행 시간을 여러 개의 짧은 구간으로 나누고 각각의 구간마다 하나의 프로그램이 실행되는데, 구간 시간은 각각의 구간에서 프로그램이 실행되는 시간을 뜻하며, 구간 시간의 길이는 일정하다. ④의 진술처럼 '구간 실행 횟수가 늘어나려면' 어떤 하나의 프로그램의 총 실행 시간이 구간 시간보다 길어야 한다. 그러므로 구간 시간이 늘어나도 구간 실행 횟수가 증가하는 것은 아니다.
즉, 구간 시간이 늘어도 프로그램의 총 실행 시간이 늘지 않으면 구간 실행 횟수는 증가하지 않는다.

11
정답 ④

제시문은 자동화와 같은 과학기술이 풍요를 생산하는 문명의 이기로 비춰지는 것을 고정관념이라고 정의하고 있다. 반면, 구구단이 실생활에 도움을 준다고 믿는 것은 자동화나 과학기술처럼 의도하지 않은 결과를 가져온다고 볼 수 없으므로 고정관념의 사례로 적절하지 않다.

오답분석
① 행복과 물질은 반드시 비례하지 않지만, 비례한다고 믿는 경우이다.
② 값싼 물건보다 고가의 물건이 반드시 좋다고 할 수 없다.
③ 경제 상황에 따라 저축보다 소비가 미덕이 되는 경우도 있다.

12
정답 ②

제시문은 시장집중률의 정의와 측정 방법, 그 의의에 대해 이야기하고 있다.

13
정답 ③

(가)는 한(恨)이 체념적 정서의 부정적 측면과 '밝음'이나 '간절한 소망'과 연결된 긍정적인 측면을 내포하고 있음을 설명하고 있으나, 부정적인 측면을 지양할 것을 강조하고 있지는 않다.

14
정답 ④

지시사항은 비고란에 기재하라고 하였으므로 따로 지시사항 칸을 둘 필요가 없다.

15
정답 ③

노화로 인한 신체장애는 어쩔 수 없는 현상으로, 이를 해결하기 위해서는 헛된 자존심으로 부추기는 것이 아닌 노인들에 대한 사회적 배려와 같은 인식이 필요하다는 내용으로 이어져야 한다.

16
정답 ④

시대착오란 '시대의 추세(趨勢)를 따르지 아니하는 착오'를 의미한다. ④는 상황에 따른 적절한 대응으로 볼 수 있으며, 시대착오와는 거리가 멀다.

오답분석
① 출신 고교를 확인하는 학연에 얽매이는 모습을 보여줌으로써 시대착오의 모습을 보여주고 있다.
② 승진을 통해 지위가 높아지면 고급차를 타야 한다는 시대착오의 모습을 보여주고 있다.
③ 두발 규제를 학생들의 효율적인 생활지도의 방법으로 보는 시대착오의 모습을 보여주고 있다.

17
정답 ④

㉠ 고객 데이터 수치는 시트 제목을 '하반기 고객 데이터 수치'라고 적고 함수를 사용해 평균을 내야 하기 때문에 스프레드 시트가 적절하다.
㉣ 고객 마케팅 관련 설명문은 줄글로 자간과 본문 서체를 설정해 작성하라고 하였으니 워드가 적절하다.
㉤ 마케팅 사례를 다양한 효과를 사용해 발표해야 한다고 했으니 PPT가 적절하다.

오답분석
㉡ · ㉢ 마케팅 설명문은 따로 워드로 저장해서 달라고 요청하였으므로 옳지 않다.

18

첫 번째 문단에 따르면 범죄는 취잿감으로 찾아내기가 쉽고 편의에 따라 기사화할 수 있을 뿐만 아니라 범죄 보도를 통해 시청자의 관심을 끌 수 있기 때문에 언론이 범죄를 보도의 주요 소재로 삼지만, 지나친 범죄 보도는 범죄자나 범죄 피의자의 초상권을 침해하여 법적・윤리적 문제를 일으킨다. 따라서 마지막 문단의 내용처럼 범죄 보도가 초래하는 법적・윤리적 논란은 언론계 전체의 신뢰도에 치명적인 손상을 가져올 수도 있다. 이러한 현상을 비유하기에 가장 적절한 표현은 '부메랑'이다. 부메랑은 그것을 던진 사람 자신에게 되돌아와 상처를 입힐 수도 있기 때문이다.

오답분석

① '시금석(試金石)'은 귀금속의 순도를 판정하는 데 쓰는 검은색의 현무암이나 규질의 암석(층샛돌)을 뜻하며, 가치・능력・역량 등을 알아볼 수 있는 기준이 되는 기회나 사물을 비유적으로 이르는 말로도 쓰인다.
③ '아킬레스건(Achilles腱)'은 치명적인 약점을 비유하는 말이다.
④ '악어의 눈물'은 일반적으로 강자가 약자에게 보이는 '거짓 눈물'을 비유하는 말이다.

19

㉠의 앞을 보면 에밀레종이 세계의 보배라 여겨지고 있지만, ㉠의 뒤에서는 에밀레종이 갖는 음향공학 차원의 가치는 간과되고 있다고 하였으므로 ㉠에는 역접의 접속어인 '그러나'가 적절하다. 다음으로 ㉡의 앞에서는 한국 범종과 중국 범종의 유사점을 이야기하고 있으나, ㉡의 뒤에서는 중국 범종과의 차이점을 이야기하고 있으므로 ㉡에는 역접의 접속어인 '하지만'이 적절하다. ㉢의 뒤 역시 중국 범종과의 차이점을 추가적으로 이야기하고 있으므로 ㉢에는 '거기에다 더'의 의미를 지닌 '또한'이 적절하다.

20

• 오랜동안 → 오랫동안
• 발명 → 발견

01	02	03	04	05	06	07	08	09	10	11	12	13	14	15	16	17	18	19	20
②	③	③	②	②	①	③	④	①	③	②	④	③	③	④	③	③	④	④	④

01

정답 ②

K씨의 집과 휴가지 사이의 거리를 $x$km라고 하면, 갈 때와 돌아올 때의 시간차이가 1시간 20분이므로 $\dfrac{x}{80} - \dfrac{x}{120} = \dfrac{80}{60}$ → $3x - 2x = 320$

∴ $x = 320$

02

정답 ③

글쓰기반에 등록하는 사건을 A, 캘리그라피반에 등록하는 사건을 B라고 하면, $P(A \cup B) = P(A) + P(B) - P(A \cap B) = \dfrac{2}{3} + \dfrac{7}{10} - \dfrac{13}{20} = \dfrac{40 + 42 - 39}{60}$

$= \dfrac{43}{60}$ 이다. 따라서 모두 등록하지 않은 회원은 전체의 $1 - \dfrac{43}{60} = \dfrac{17}{60}$ 이다.

03

정답 ③

전체 쓰레기의 양을 xg이라 하면 젖은 쓰레기의 양은 $\dfrac{1}{3}x$g이므로 젖지 않은 쓰레기의 양은 $x - \dfrac{1}{3}x = \dfrac{2}{3}x$g이다. 포인트를 지급할 때 젖은 쓰레기의 양은 50%를 감량해 적용하므로 $2\left(\dfrac{1}{2} \times \dfrac{1}{3}x + \dfrac{2}{3}x\right) = 950$ → $\dfrac{1}{3}x + \dfrac{4}{3}x = 950$ → $\dfrac{5}{3}x = 950$ → $x = 570$

따라서 젖지 않은 쓰레기의 양은 $\dfrac{2}{3}x = \dfrac{2}{3} \times 570 = 380$g이다.

04

정답 ②

M1의 오류 인쇄물은 2,500장이고 M2는 1,600장이다. $\dfrac{2,500}{2,500 + 1,600} \times 100 = 61\%$이므로 M1에서 나온 오류 인쇄물일 확률은 61%이다.

05

정답 ②

일반 열차가 쉬지 않고 부산에 도착하는 데 걸리는 시간은 400÷160=2.5h, 즉 2시간 30분이다. 중간에 4개 역에서 10분씩 정차하므로 총 40분의 지연이 발생한다. 그러므로 A씨가 부산에 도착하는 시각은 오전 10시+2시간 30분+40분=오후 1시 10분이다. 반면, 급행열차가 쉬지 않고 부산에 도착하는 데 걸리는 시간은 400÷200=2h, 즉 2시간이다. 따라서 B씨가 급행열차를 타고 A씨와 동시에 부산에 도착하려면 오후 1시 10분−2시간 =오전 11시 10분에 급행열차를 타야 한다.

06
정답 ①

2018년 휴대폰 / 스마트폰 성인 사용자 수는 47×0.128≒6명으로, 2019년 태블릿 PC 성인 사용자 수인 112×0.027≒3명보다 많다.

오답분석

② 개인휴대단말기 학생 사용자 수는 2019년 1,304×0.023≒30명, 2020년 1,473×0.002≒3명으로 전년 대비 감소하였다.

③ 2020년 전자책 전용단말기 사용자 수는 (338×0.005)+(1,473×0.004)≒2+6=8명이다. 따라서 20명 미만이다.

④ 2019년 컴퓨터 사용자 수는 성인의 경우 112×0.67≒75명으로, 학생 1,304×0.432≒563명의 20%인 113명 미만이다.

07
정답 ③

소나무재선충병에 대한 방제는 2016년과 2017년 사이에 42−27=15건 증가하였고, 2019년과 2020년 사이에 61−40=21건이 증가하는 등 조사기간 내 두 차례의 큰 변동이 있었다.

오답분석

① 기타병해충에 대한 방제 현황은 2020년을 제외하고 매해 첫 번째로 큰 비율을 차지한다.

② 매해 솔잎혹파리가 차지하는 방제 비율은 다음과 같다.

- 2016년 : $\frac{16}{117}×100≒14\%$
- 2017년 : $\frac{13}{135}×100≒10\%$
- 2018년 : $\frac{12}{129}×100≒9\%$
- 2019년 : $\frac{9}{116}×100≒8\%$
- 2020년 : $\frac{6}{130}×100≒5\%$

따라서 솔잎혹파리가 차지하는 방제 비율은 2016～2017년을 제외하고 매해 10% 미만이다.

④ 2018년과 2020년에 소나무재선충병은 각각 전년도에 비해 증가하였으나, 기타병해충은 감소하였으므로 동일한 증감 추이를 보이지 않는다.

08
정답 ④

오답분석

ⓒ 독일과 스웨덴을 제외한 나머지 국가들의 연도별 시간당 임금과 단위노동 비용의 증감 추세는 모두 다르다.

09
정답 ①

2019년 3개 기관의 전반적 만족도의 합은 6.9+6.7+7.6=21.2이고, 2020년 3개 기관의 임금과 수입 만족도의 합은 5.1+4.8+4.8=14.7이다.

따라서 2019년 3개 기관의 전반적 만족도의 합은 2020년 3개 기관의 임금과 수입 만족도의 합의 $\frac{21.2}{14.7}≒1.4$배이다.

10
정답 ③

2020년에 기업, 공공연구기관의 임금과 수입 만족도는 전년 대비 증가하였으나, 대학의 임금과 수입 만족도는 감소했으므로 옳지 않은 설명이다.

오답분석

① 2019년, 2020년 현 직장에 대한 전반적 만족도는 대학 유형에서 가장 높은 것을 확인할 수 있다.

② 2020년 근무시간 만족도에서는 공공연구기관과 대학의 만족도가 6.2로 동일한 것을 확인할 수 있다.

④ 사내분위기 측면에서 2019년과 2020년 공공연구기관의 만족도는 5.8로 동일한 것을 확인할 수 있다.

11
정답 ②

과학 분야를 선호하는 남학생 비율은 10%, 여학생은 4%이다. 따라서 과학 분야를 선호하는 총 학생 수는 (470×0.1)+(450×0.04)=65명이다.

12

기타를 제외한 도서 선호 분야 중 비율이 가장 낮은 분야는 남학생은 예술 분야 1%, 여학생은 철학 분야 2%이다. 따라서 두 분야의 총 학생 수의 10배는 $(500 \times 0.01 + 450 \times 0.02) \times 10 = 140$명이다.

13

역사 분야의 남학생 비율은 13%로, 여학생 비율의 2배인 $8 \times 2 = 16\%$ 미만이다.

오답분석

① 여학생은 철학 분야보다 예술 분야를 더 선호한다.
② 과학 분야는 남학생 비율이 여학생 비율보다 높다.
④ 동화 분야의 여학생 비율은 12%로, 남학생 비율의 2배인 $7 \times 2 = 14\%$ 미만이다.

14

인구성장률 그래프의 경사가 완만할수록 인구 수 변동이 적다.

오답분석

① 인구성장률은 1970년 이후 계속 감소하고 있다.
② 총인구가 감소하려면 인구성장률 그래프가 (-)값을 가져야 하는데, 2011년과 2015년에는 (+)값을 갖는다.
④ 그래프를 통해 1990년 인구가 더 적다는 것을 알 수 있다.

15

2020년 제조업용 로봇 생산액의 2018년 대비 성장률은 $\dfrac{7,016 - 6,272}{6,272} \times 100 = 11.9\%$이다.

16

ㄴ. 2020년 산업부문의 최종에너지 소비량은 전체 최종에너지 소비량 $\dfrac{115,155}{193,832} \times 100 = 59.4\%$이므로 옳은 설명이다.

ㄷ. 2018 ~ 2020년 동안 석유제품 소비량 대비 전력 소비량의 비율은 다음과 같다.

- 2018년 : $\dfrac{18.2}{53.3} \times 100 = 34.1\%$

- 2019년 : $\dfrac{18.6}{54.0} \times 100 = 34.4\%$

- 2020년 : $\dfrac{19.1}{51.9} \times 100 = 36.8\%$

따라서 2018 ~ 2020년 동안 석유제품 소비량 대비 전력 소비량의 비율은 매년 증가한다.

오답분석

ㄱ. 주어진 자료는 유형별 최종에너지 소비량 비중을 나타낸 자료로, 연도별 전력 소비량은 비교할 수 없다.
ㄹ. 산업부문과 가정·상업부문의 유연탄 소비량 대비 무연탄 소비량의 비율을 구하면 다음과 같다.

- 산업부문 : $\dfrac{4,750}{15,317} \times 100 = 31.0\%$

- 가정·상업부문 : $\dfrac{901}{4,636} \times 100 = 19.4\%$

따라서 산업부문에서는 25% 이상이다.

17

정답 ③

상품별 고객 만족도 1점당 비용을 구하면 다음과 같다.
- 차량용 방향제 : $7,000 \div 5 = 1,400$원
- 식용유 세트 : $10,000 \div 4 = 2,500$원
- 유리용기 세트 : $6,000 \div 6 = 1,000$원
- 32GB USB : $5,000 \div 4 = 1,250$원
- 머그컵 세트 : $10,000 \div 5 = 2,000$원
- 육아 관련 도서 : $8,800 \div 4 = 2,200$원
- 핸드폰 충전기 : $7,500 \div 3 = 2,500$원

할당받은 예산을 고려하여 고객 만족도 1점당 비용이 가장 낮은 상품부터 구매비용을 구하면 다음과 같다.
- 유리용기 세트 : $6,000 \times 200 = 1,200,000$원 → 남은 예산 : $5,000,000 - 1,200,000 = 3,800,000$원
- 32GB USB : $5,000 \times 180 = 900,000$원 → 남은 예산 : $3,800,000 - 900,000 = 2,900,000$원
- 차량용 방향제 : $7,000 \times 300 = 2,100,000$원 → 남은 예산 : $2,900,000 - 2,100,000 = 800,000$원
- 머그컵 세트 : $10,000 \times 80 = 800,000$원 → 남은 예산 : $800,000 - 800,000 = 0$원

즉, 확보 가능한 상품의 개수는 $200 + 180 + 300 + 80 = 760$개이다.
따라서 사은품을 나누어 줄 수 있는 고객의 수는 $760 \div 2 = 380$명이다.

18

정답 ④

영국은 2016년에는 두 번째, 2017년에는 네 번째, 2018년에는 세 번째, 2019년에는 첫 번째, 2020년에는 두 번째로 물가가 높다.

19

정답 ④

전국에서 자전거전용도로의 비율은 $\frac{2,843}{21,176} \times 100 \fallingdotseq 13.4\%$이다.

오답분석

① 제주특별자치도의 자전거도로는 전국에서 여섯 번째로 길다.
② 광주광역시 자전거전용도로의 전국 대비 비율은 $\frac{109}{2,843} \times 100 \fallingdotseq 3.8\%$이며, 자전거보행자겸용도로의 비율은 $\frac{484}{16,331} \times 100 \fallingdotseq 3.0\%$로 자전거전용도로의 비율이 더 높다.
③ 경상남도의 자전거보행자겸용도로는 전국에서 $\frac{1,186}{16,331} \times 100 \fallingdotseq 7.3\%$의 비율을 가진다.

20

정답 ④

- (A)의 2005년 12월 대비 2020년 12월 증감률 : 0%
- (B)의 2005년 12월 대비 2020년 12월 증감률 : $\frac{1,337 - 28}{28} \times 100 = 4,675\%$
- (C)의 2005년 12월 대비 2020년 12월 증감률 : $\frac{16,377 - 10,855}{10,855} \times 100 \fallingdotseq 50.87\%$
- (D)의 2005년 12월 대비 2020년 12월 증감률 : $\frac{28,883 - 21,342}{21,342} \times 100 \fallingdotseq 35.33\%$
- (E)의 2005년 12월 대비 2020년 12월 증감률 : $\frac{1,474 - 677}{677} \times 100 \fallingdotseq 117.73\%$

증감률이 0인 (A)가 상급종합병원, 증감률이 가장 큰 (B)가 요양병원이다. 남겨진 (C) ~ (E) 간의 증감률을 비교했을 때 (E)>(C)>(D)이므로 (C)가 내과의원, (D)가 치과의원, (E)가 신경과의원임을 알 수 있다.

01	02	03	04	05	06	07	08	09	10
④	①	④	④	④	③	③	④	④	③
11	12	13	14	15	16	17	18	19	20
②	④	①	①	①	④	④	③	④	④

01

정답 ④

• 세 번째 조건에 따라 빨간색 모자를 쓴 사람은 5명, 파란색 모자를 쓴 사람은 7명이다.
• 첫 번째 조건에 따라 파란색 하의를 입은 사람은 5명, 빨간색 하의를 입은 사람은 7명이다.
• 두 번째 조건에 따라 파란색 상의와 하의를 입은 사람의 수를 x라 하면, 빨간색 상의와 하의를 입은 사람의 수는 $(6-x)$이다. 또한, 파란색 상의와 빨간색 하의를 입은 사람의 수는 $7-(6-x)=(x+1)$이고, 빨간색 상의와 파란색 하의를 입은 사람의 수는 $(5-x)$이다.
• 네 번째 조건에 따라 $x+(x+1)=7$이고 $x=3$이다.
따라서 하의만 빨간색인 사람은 4명이다.

02

정답 ①

첫 번째 조건에서 원탁 의자에 임의로 번호를 적고 회의 참석자들을 앉혀 본다.

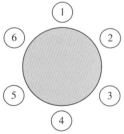

네 번째 조건에서 A와 B 사이에 2명이 앉으므로 임의로 1번 자리에 A가 앉으면 4번 자리에 B가 앉는다. 그리고 B자리 바로 왼쪽에 F가 앉기 때문에 F는 5번 자리에 앉는다. 만약 6번 자리에 C 또는 E가 앉게 되면 2번과 3번 자리에 D와 E 또는 D와 C가 나란히 앉게 되어 세 번째 조건에 부합하지 않는다. 따라서 6번 자리에 D가 앉아야 하고 두 번째 조건에서 C가 A 옆자리에 앉아야 하므로 2번 자리에 C가, 나머지 3번 자리에는 E가 앉게 된다.

따라서 나란히 앉게 되는 참석자들은 선택지 중 A와 D이다.

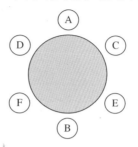

03

정답 ④

판단의 준거가 되는 명제와 그에 대한 대우를 만들어보면 다음과 같다.
Ⅰ [명제] A가 채택되면 B도 채택된다.
　[대우] B가 채택되지 않으면 A도 채택되지 않는다.
Ⅱ [명제] A가 채택되지 않으면 D와 E 역시 채택되지 않는다.
　[대우] D나 E가 채택되면 A가 채택된다.
Ⅲ [명제] B가 채택된다면, C가 채택되거나 A는 채택되지 않는다.
　[대우] C가 채택되지 않고 A가 채택되면 B는 채택되지 않는다.
Ⅳ [명제] D가 채택되지 않는다면, A는 채택되지만 C는 채택되지 않는다.
　[대우] A가 채택되지 않거나 C가 채택되면 D가 채택된다.
위와 같은 판단 명제를 종합하면 'A업체'가 모든 사안과 연결되는 것을 알 수 있다.
A가 채택되는 경우와 되지 않는 경우를 보면
1) A가 채택되는 경우 : A·B·C·D는 확실히 채택되고, E는 불분명함
2) A가 채택되지 않는 경우 : 모순이 생기므로 제외함 (∵ Ⅳ에서 A가 채택되지 않으면 D가 채택된다고 했는데 이것은 Ⅱ에서 A가 채택되지 않으면 D 역시 채택되지 않는다고 한 명제와 모순된다)
따라서 A가 채택되어야 하고 이 경우 A·B·C·D는 확실히 채택된다.

04
정답 ④

〈조건〉을 정리하면 다음과 같은 순서로 위치함을 알 수 있다.

건물	1번째	2번째	3번째	4번째	5번째	6번째	7번째	8번째	9번째	10번째
가게	초밥가게	×	카페	×	편의점	약국	옷가게	신발가게	×	×

① 카페와 옷가게 사이에 3개의 건물이 있다.
② 초밥가게와 약국 사이에 4개의 건물이 있다.
③ 편의점은 5번째 건물에 있다.

05
정답 ④

5명이 주문한 음료는 아메리카노 3잔, 카페라테 1잔, 생과일주스 1잔이다. 아메리카노 1잔의 가격을 a, 카페라테 1잔의 가격을 b라고 할 때, 이를 식으로 나타내면 다음과 같다.
$3a+b+5,300=21,300 \rightarrow 3a+b=16,000 \cdots \bigcirc$
$a+b=8,400 \cdots \bigcirc$
$\bigcirc$과 $\bigcirc$을 연립하여 풀면, $a=3,800$, $b=4,600$이므로 아메리카노 한 잔의 가격은 3,800원, 카페라테 한 잔의 가격은 4,600원이다.

06
정답 ③

마케팅 부장은 연구소 소장과 기획팀 부장 사이에서 의사결정에 서로 공감할 수 있도록 도와주는 일을 하고 있다. 즉, 상대의 입장에서 공감을 하며 서로 타협점을 좁혀 생산적인 결과를 도출할 수 있도록 퍼실리테이션(Facilitation) 방법을 취하고 있다.

① 소프트 어프로치 : 대부분의 기업에서 볼 수 있는 전형적인 스타일이다. 조직 구성원들은 같은 문화적 토양으로 가지고 이심전심으로 서로를 이해하는 상황을 가정하면, 직접적인 표현보다 무언가를 시사하거나 암시를 통한 의사전달로 문제를 해결하는 방법이다.
② 하드 어프로치 : 다른 문화적 토양을 가지고 있는 구성원을 가정하고, 서로의 생각을 직설적으로 주장하며 논쟁이나 협상을 하는 방법으로, 사실과 원칙에 근거한 토론이다.
④ 비판적 사고 : 어떤 주제나 주장 등에 대해 적극적으로 분석하고 종합하며 평가하는 능동적인 사고로, 어떤 논증, 추론, 증거, 가치를 표현한 사례를 타당한 것으로 받아들일 것인지 결정을 내릴 때 요구되는 사고력이다.

07
정답 ③

기존 커피믹스가 잘 팔리고 있어 새로운 것에 도전하지 않는 것으로 보인다. 또한, 기존에 가지고 있는 커피를 기준으로 틀에 갇혀 블랙커피 커피믹스는 만들기 어렵다는 부정적인 시선으로 보고 있기 때문에 '발상의 전환'이 필요하다.

① 전략적 사고 : 지금 당면하고 있는 문제와 해결방법에만 국한되어 있지 말고 상위 시스템 및 다른 문제와 관련이 있는지 생각해 봐야 한다.
② 분석적 사고 : 전체를 각각의 요소로 나누어 그 요소의 의미를 도출한 다음 우선순위를 부여하고 구체적인 문제해결방법을 실행하는 것이다.
④ 내·외부자원의 효과적 활용 : 문제해결 시 기술·재료·방법·사람 등 필요한 자원 확보 계획을 수립하고, 내·외부자원을 활용하는 것을 말한다.

08
정답 ④

행사장 방문객은 시계 반대 방향으로 돌면서 전시관을 관람한다. 400명의 방문객이 출입하여 제1전시관에 100명이 관람한다면 나머지 300명은 관람하지 않고 지나치게 된다. 따라서 A지역에서 홍보판촉물을 나눠 줄 수 있는 대상자가 300명이 된다. 그리고 B지역은 A지역을 걸쳐서 오는 300명과 제1전시관을 관람하고 나온 100명의 인원이 합쳐지는 장소이므로 총 400명을 대상으로 홍보판촉물을 나눠 줄 수 있다. 이러한 개념으로 모든 지역을 고려해보면 각 전시관과의 출입구가 합류되는 B, D, F지역에서 가장 많은 사람들에게 홍보판촉물을 나눠 줄 수 있다.

09
정답 ④

(가)는 전문화, (나)는 단순화, (다)는 표준화이다. 음료수의 생산 과정을 줄인 것은 작업 절차를 간소하게 한 것이므로 단순화, 휴대전화와 충전 장치의 연결 방식을 한 가지 형식으로 통일한 것은 표준화, 자동차 바퀴의 조립작업을 한 사람에서 두 사람으로 분업화한 것은 전문화에 해당한다.

10
정답 ③

SO전략은 강점을 살려 기회를 포착하는 전략이므로 TV프로그램에 출연하여 좋은 품질의 재료만 사용한다는 점을 홍보하는 것이 적절하다.

11
정답 ②

해외감염병에 해당하는 중동호흡기증후군 환자가 국내에 유입되었고 타 지역으로의 전파가 확인되었다는 말은 없으므로, 주의(Yellow) 단계에 해당한다.

12
정답 ④

A씨의 생활을 살펴보면 출퇴근길에 자가용을 사용하고 있다. 그리고 주유비에 대해서 부담을 가지고 있다. 그리고 곧 겨울이 올 것을 대비해 차량 점검을 할 예정이다. 이러한 사항을 고려해 볼 때 A씨는 자동차와 관련된 혜택을 받을 수 있는 카드인 D카드를 선택하는 것이 가장 적합하다고 볼 수 있다.

13 　　　　　　　　　　　　　　정답 ①

A ~ E 중 살아남은 A, B, C에서 2명은 늑대 인간이며, 남은 1명은 드라큘라이다. 또한, D, E의 캐릭터는 서로 같지 않으므로 D와 E는 각각 늑대 인간 또는 드라큘라를 선택하였다. 따라서 이 팀의 3명은 늑대 인간 캐릭터를, 2명은 드라큘라 캐릭터를 선택하였다.

오답분석

② B는 드라큘라일 수도 늑대 인간일 수도 있다.
③ C는 늑대 인간일 수도 드라큘라일 수도 있다.
④ 늑대 인간의 수가 드라큘라의 수보다 많다.

14 　　　　　　　　　　　　　　정답 ①

첫 번째·두 번째 조건에 의해 갑은 병을 때리고, 무는 때리지 않는 것을 알 수 있다. 또한, 병을 때리므로 네 번째 조건에 의해 정은 때리지 않는 것을 알 수 있다. 그리고 세 번째 조건에 의해 을을 때리는 것을 알 수 있다. 그러므로 을과 병을 때리는 것을 알 수 있다.

15 　　　　　　　　　　　　　　정답 ①

• A : 초콜릿을 잘 먹는 사람은 단 것을 잘 먹기 때문에 단 것을 잘 먹지 않는 사람은 초콜릿을 잘 먹지 않는다(대우는 성립한다).
• B : 짠 것을 잘 먹는 사람은 매운 것을 잘 먹기 때문에 떡볶이를 잘 먹는다. 하지만 떡볶이를 잘 먹는다고 해서 짠 것을 잘 먹는지는 알 수 없다.

16 　　　　　　　　　　　　　　정답 ④

논리적 사고를 구성하는 다섯 가지 요소
• 상대 논리의 구조화 : 자신의 논리로만 생각하면 독선에 빠지기 쉬우므로 상대의 논리를 구조화하여 약점을 찾고, 자신의 생각을 재구축하는 것이 필요하다.
• 구체적인 생각 : 상대가 말하는 것을 잘 알 수 없을 때에는 구체적으로 생각해 보아야 한다.
• 생각하는 습관 : 논리적 사고에 있어서 가장 기본이 되는 것으로, 특정한 문제에 대해서만 생각하는 것이 아니라 일상적인 대화, 신문의 사설 등 어디서 어떤 것을 접하든지 늘 생각하는 습관을 들여야 한다.
• 타인에 대한 이해 : 상대의 주장에 반론을 제시할 때에는 상대 주장의 전부를 부정하지 않는 것이 좋으며, 동시에 상대의 인격을 부정해서는 안 된다.
• 설득 : 자신이 함께 일을 진행하는 상대와 의논하기도 하고 설득해 나가는 가운데 자신이 깨닫지 못했던 새로운 가치를 발견할 수 있다.

17 　　　　　　　　　　　　　　정답 ④

오답분석

① 첫 번째 명제와 두 번째 명제로 알 수 있다.
② 세 번째 명제의 대우와 첫 번째 명제를 통해 추론할 수 있다.
③ 첫 번째 명제와 네 번째 명제로 추론할 수 있다.

18 　　　　　　　　　　　　　　정답 ③

C, D, F지점의 사례만 고려하면, F지점에서 마카롱과 쿠키를 함께 먹었을 때 알레르기가 발생하지 않았으므로 마카롱은 알레르기 발생 원인이 될 수 없으며, 빵 또는 케이크가 알레르기 발생 원인이 될 수 있다. 따라서 ③은 반드시 거짓이 된다.

오답분석

① A, B, D지점의 사례만 고려한 경우 : 빵과 마카롱을 함께 먹은 경우에는 알레르기가 발생하지 않았으므로 케이크가 알레르기 발생 원인이 된다.
② A, C, E지점의 사례만 고려한 경우 : 케이크와 쿠키를 함께 먹은 경우에는 알레르기가 발생하지 않았으므로 빵이 알레르기 발생 원인이 된다.
④ B, D, F지점의 사례만 고려한 경우 : 빵과 마카롱 또는 마카롱과 쿠키를 함께 먹은 경우에 알레르기가 발생하지 않았으므로 케이크가 알레르기 발생 원인이 된다.

19 　　　　　　　　　　　　　　정답 ④

무주택 기간, 부양가족 수, 입주자 저축 가입기간을 통해 점수를 구하면 다음과 같다. 이때, 무주택 기간은 365일로 나누어 계산하고, 입주자 저축 가입기간은 12개월로 나누어 계산한다.
① $8+25+8=41$점
② $16+15+7=38$점
③ $12+15+13=40$점
④ $18+20+9=47$점
따라서 ④의 청약가점이 가장 높다.

20 　　　　　　　　　　　　　　정답 ④

• 락커룸 I를 경력선수 2명 중 한 명이 사용하는 경우 $_2C_1=2$가지
• 왼쪽 락커룸 A, B, C에 신입선수 2명이 배정되는 경우 $_3P_2=3\times2=6$가지
• 중간 락커룸 D, E, F에는 신입선수 1명이 배정되는 경우 $_3P_1=3$가지
• 나머지 4명이 남은 락커룸을 쓰는 방법 $4!=4\times3\times2\times1=24$가지
따라서 락커룸을 배정받을 수 있는 경우의 수는 $2\times6\times3\times24=864$가지이다.

01	02	03	04	05	06	07	08	09	10
①	④	②	③	③	②	①	④	③	②
11	12	13	14	15	16	17	18	19	20
④	③	②	②	①	②	④	③	④	②

01

정답 ①

민츠버그의 경영자 역할에는 대인적 역할, 정보적 역할, 의사결정적 역할이 있으며, 대인적 역할에는 외형적 대표자로서의 역할, 리더로서의 역할, 연락자로서의 역할이 있다.

02

정답 ④

조직 내 집단이 의사결정을 하는 과정에서 의견이 불일치하는 경우 의사결정을 내리는 데 많은 시간이 소요된다.

집단의사결정의 장·단점
- 장점
  - 한 사람이 가진 지식보다 집단이 가지고 있는 지식과 정보가 더 많아 효과적인 결정을 할 수 있다.
  - 각자 다른 시각으로 문제를 바라봄에 따라 다양한 견해를 가지고 접근할 수 있다.
  - 결정된 사항에 대해 의사결정에 참여한 사람들이 해결책을 수월하게 수용하고, 의사소통의 기회도 향상된다.
- 단점
  - 의견이 불일치하는 경우 의사결정을 내리는 데 시간이 많이 소요된다.
  - 특정 구성원에 의해 의사결정이 독점될 가능성이 있다.

03

정답 ②

ㄱ. 조직 내부 문제에 대한 진단은 설문조사, 지표 분석 등 공식적으로 이루어지기도 하지만, 임의적 내부 의견수렴 등을 통해 비공식적으로 이루어지기도 한다.
ㄹ. 조직 문제 대안들 중 선택된 방안은 실시 전에 조직 의사결정자의 승인을 거친다.

오답분석

ㄴ. 조직 문제에 대한 대안은 새로운 대안 개발 외에도 기존 대안 중 선택하는 방법도 있다. 따라서 반드시 새로운 대안 설계가 가장 바람직한 것은 아니다.
ㄷ. 조직의 의사결정은 급진적이고 혁신적인 변화보다는 기존 결정에서 점진적으로 수정해나가는 방식으로 이루어지는 경향이 있다.

04

정답 ③

'기축통화'는 국제간의 결제나 금융거래에서 기본이 되는 화폐로 미국 예일대학의 로버트 트리핀 교수가 처음 사용한 용어이다. 대표적인 기축통화로는 미국 달러화가 있으며, 유럽에서는 유로화가 통용되고 있다.

오답분석

① 나스닥, 자스닥, 코스닥 등은 각 국가에서 운영하는 전자 주식 장외시장이다.
② MSCI 지수(Morgan Stanley Capital International index)는 미국의 모건스탠리캐피털사가 작성해 발표하는 세계 주가지수이다. 글로벌펀드의 투자기준이 되는 지표이자 주요 기준으로 사용되고 있다.
④ 이머징마켓은 개발도상국 가운데 경제성장률이 높고 빠른 속도로 산업화가 진행되는 국가의 시장으로 한국, 브라질, 폴란드 등 여러 국가들이 속해있다.

05

정답 ③

이 사원에게 현재 가장 긴급한 업무는 미팅 장소를 변경해야 하는 것이다. 미리 안내했던 장소를 사용할 수 없으므로 11시에 사용 가능한 다른 회의실을 예약해야 한다. 그 후 바로 거래처 직원에게 미팅 장소가 변경된 점을 안내해야 하므로 ⓒ이 ⓒ보다 먼저 이루어져야 한다. 거래처 직원과의 11시 미팅 이후에는 오후 2시에 예정된 김 팀장과의 면담이 이루어져야 한다. 김 팀장과의 면담 시간은 미룰 수 없으므로 이미 예정되었던 시간에 맞춰 면담을 진행한 후 부서장이 요청한 문서 작업 업무를 처리하는 것이 적절하다. 따라서 이 사원은 ⓒ → ⓒ → ⓐ → ② → ⓜ의 순서로 업무를 처리해야 한다.

06 정답 ②

각종 위원회 위원 위촉에 관한 전결규정은 없다. 따라서 정답은 ②가 된다. 단, 대표이사의 부재중에 부득이하게 위촉을 해야 하는 경우가 발생했다면 차하위자(전무)가 대결을 할 수는 있다.

07 정답 ①

Mintzberg의 경영자의 역할 분류에 따르면, 경영자는 다음과 같이 대인적 역할, 정보적 역할, 의사결정적 역할을 수행한다.

대인적 역할	조직의 대표자, 조직의 리더, 상징자, 지도자
정보적 역할	외부환경 모니터, 변화전달, 정보전달자
의사결정적 역할	문제 조정, 대회적 협상 주도, 분쟁조정자, 자원 배분자, 협상가

따라서 외부환경 모니터링은 정보적 역할에 해당된다.

오답분석
② 경영자는 조직이 나아갈 방향을 제시하고, 조직의 성과에 책임을 지는 사람이다.
③ 경영자는 조직의 의사결정자라 하더라도 구성원들에게 목표를 전달하고 애로사항을 수렴하는 등 구성원들과 의사소통을 하여야 한다.
④ 조직의 규모가 커지게 되면 한 명의 경영자가 조직의 모든 경영활동을 수행하는 데 한계가 있으므로, 운영효율화를 위해 수직적 체계에 따라 최고경영자, 중간경영자 및 하부경영자로 구분되게 된다. 최고경영자는 조직의 최상위층으로 조직의 혁신기능과 의사결정기능을 조직 전체의 수준에서 담당하게 된다. 중간경영자는 재무관리, 생산관리, 인사관리 등과 같이 경영부문별로 최고경영층이 설정한 경영목표, 전략, 정책을 집행하기 위한 제반활동을 수행하게 된다. 하위경영자는 현장에서 실제로 작업을 하는 근로자를 직접 지휘, 감독하는 경영층을 의미한다.

08 정답 ④

• 최 주임 : 경영은 조직의 목적달성을 위한 전략, 관리, 운영활동으로서, 기업뿐만 아니라 모든 조직이 경영의 대상에 해당된다.
• 박 대리 : 경영은 크게 경영목적, 자금, 인적자원, 경영전략 4가지로 구성되어 있다고 볼 수 있다.
• 정 주임 : 기업환경이 급변하는 만큼, 환경에 적응하기 위한 경영전략의 중요성이 커지고 있다.

오답분석
• 김 사원 : 현대 사회에서는 기업의 대외환경이 기업경영에 미치는 영향력이 커지고 있는 만큼, 실질적으로 경영은 관리에 전략적 의사결정을 더하여 보다 큰 의미가 되고 있다.

09 정답 ③

개발문화는 조직의 발전과 성장을 중시하며, 이를 위해 조직구성원들의 자율적 행동과 재량권 보장을 중시한다.

조직문화 유형의 특징

조직문화 유형	주요특징
집단문화	관계지향적인 문화이며, 조직구성원 간 인간애 또는 인간미를 중시하는 문화로서 조직내부의 통합과 유연한 인간관계를 강조한다. 따라서 조직구성원 간 인화단결, 협동, 팀워크, 공유가치, 사기, 의사결정 과정에 참여 등을 중요시하며, 개인의 능력개발에 대한 관심이 높고 조직구성원에 대한 인간적 배려와 가족적인 분위기를 만들어내는 특징을 가진다.
개발문화	높은 유연성과 개성을 강조하며 외부환경에 대한 변화지향성과 신축적 대응성을 기반으로 조직구성원의 도전의식, 모험성, 창의성, 혁신성, 자원획득 등을 중시하며 조직의 성장과 발전에 관심이 높은 조직문화를 의미한다. 따라서 조직구성원의 업무수행에 대한 자율성과 자유재량권 부여 여부가 핵심요인이다.
합리문화	과업지향적인 문화로, 결과지향적인 조직으로서의 업무의 완수를 강조한다. 조직의 목표를 명확하게 설정하여 합리적으로 달성하고, 주어진 과업을 효과적이고 효율적으로 수행하기 위하여 실적을 중시하고, 직무에 몰입하며, 미래를 위한 계획을 수립하는 것을 강조한다. 합리문화는 조직구성원 간의 경쟁을 유도하는 문화이기 때문에 때로는 지나친 성과를 강조하게 되어 조직에 대한 조직구성원들의 방어적인 태도와 개인주의적인 성향을 드러내는 경향을 보인다.
계층문화	조직내부의 통합과 안정성을 확보하고 현상유지차원에서 계층화되고 서열화된 조직구조를 중요시하는 조직문화이다. 즉, 위계질서에 의한 명령과 통제, 업무처리 시 규칙과 법을 준수하고, 관행과 안정, 문서와 형식, 보고와 정보관리, 명확한 책임소재 등을 강조하는 관리적 문화의 특징을 나타내고 있다.

10

정답 ②

ㄴ. '스타일'이란 구성원들을 이끌어 나가는 전반적인 조직관리 스타일을 가리키는 것으로, 조직 구성원들의 행동이나 사고를 특정 방향으로 이끌어 가는 원칙이나 기준은 '공유가치'이다.

오답분석

ㄱ. 미국 선진 기업의 성공 사례를 연구한 Peters와 Waterman의 저서 『In Search of Excellence』에서는 7S 모형이 제시되어 있는데, 여기에 제시된 조직문화 구성요소는 공유가치, 스타일, 구성원, 제도·절차, 조직구조, 전략, 기술이다.

ㄷ. 7S 모형에서 '조직구조'는 조직의 전략을 수행하는 데 필요한 틀로서 구성원의 역할과 그들 간의 상호관계를 지배하는 공식요소를 가리킨다.

ㄹ. 7S 모형에서 '전략'은 조직의 장기적인 목적과 계획 그리고 이를 달성하기 위한 장기적인 행동지침을 가리킨다.

11

정답 ④

밑줄 친 마케팅 기법은 '한정 판매 마케팅 기법'으로, 한정판 제품의 공급을 통해 의도적으로 공급의 가격탄력성을 0에 가깝게 조정한 것이다. 이 기법은 판매 기업의 입장에서는 이윤 증대를 위한 경영 혁신이지만 소비자의 합리적 소비를 저해할 수 있다.

12

정답 ③

집단에서 일련의 과정을 거쳐 의사가 결정되었다고 해서 최선의 결과라고 단정지을 수는 없다.

13

정답 ②

경영활동을 구성하는 요소는 경영목적, 인적자원, 자금, 경영전략이다. (나)의 경우와 같이 봉사활동을 수행하는 일은 목적과 인력, 자금 등이 필요한 일이지만, 정해진 목표를 달성하기 위한 조직의 관리, 전략, 운영활동이라고 볼 수 없으므로 경영활동이 아니다.

14

정답 ②

싱가포르는 중국계(74.1%), 말레이계(13.4%), 인도계(9.2%), 기타(3.3%)의 다민족 국가로 그에 맞는 비즈니스 에티켓을 지켜야 한다. 말레이계, 인도계 등은 이성끼리 악수를 하지 않는 편이며, 싱가포르 현지인은 시간관념이 매우 철저하므로 약속 시간을 엄수하고 일을 진행하기 전 먼저 약속을 잡는 것이 바람직하다.

15

정답 ①

①은 스톡옵션제도에 대한 설명으로 자본참가 유형에 해당된다.

오답분석

② 스캔론플랜에 대한 설명으로 성과참가 유형에 해당된다.

③ 럭커플랜에 대한 설명으로 성과참가 유형에 해당된다.

④ 노사협의제도에 대한 설명으로 의사결정참가 유형에 해당된다.

16

정답 ②

공식적 목표와 실제적 목표가 다를 수 있으며 다수의 조직목표를 추구할 수 있다.

17

정답 ④

④는 알레르기와 관련된 내용이기 때문에 고객에게 꼭 안내해야 한다. 제품 자체에 들어 있는 것에는 알레르기가 없더라도 같은 제조시설을 사용한 다른 식품에 알레르기가 있으면 그 제품을 피해야 하기 때문이다.

18

정답 ③

시간 순서대로 나열해 보면 '회의실 예약 – PPT 작성 – 메일 전송 – 수정사항 반영 – B주임에게 조언 구하기 – 브로슈어에 최종본 입력 – D대리에게 파일 전달 – 인쇄소 방문' 순서다.

19

정답 ④

〈보기〉는 조직에 대한 설명으로, 사람들은 조직에 속하거나 다른 조직에서 생산한 상품이나 서비스를 이용하고, 다른 조직과 함께 일을 하면서 관계를 맺는다.

20

정답 ②

의식적으로 구성된 상호작용과 조정을 행하는 집합체이다.

01	02	03	04	05	06	07	08	09	10
④	③	③	②	④	④	①	①	④	②
11	12	13	14	15	16	17	18	19	20
③	①	③	④	③	②	②	①	①	②

01

정답 ④

레지스터
- 컴퓨터 기억장치 중 속도가 가장 빠르다(레지스터＞캐시＞주기억＞보조기억).
- 레지스터는 중앙처리장치(CPU) 안에 들어있다.
- CPU의 속도향상이 목적이다.
- 연산장치에 속하는 레지스터 → 누산기, 가산기, 보수기 등
- 제어장치에 속하는 레지스터 → 프로그램 카운터(PC), 명령 레지스터, 명령해독기 등

02

정답 ③

백업은 원본이 손상되거나 잃어버릴 경우를 대비해 복사본을 만드는 과정으로 바이러스 감염과는 상관이 없다.

03

정답 ③

디지털 컴퓨터와 아날로그 컴퓨터의 비교

구분	디지털 컴퓨터	아날로그 컴퓨터
입력형태	숫자, 문자	전류, 전압, 온도
출력형태	숫자, 문자	곡선, 그래프
연산형식	산술, 논리 연산	미적분 연산
구성회로	논리 회로	증폭 회로
연산속도	느림	빠름
정밀도	필요 한도까지	제한적임
기억기능	기억이 용이하며 반영구적	기억에 제약이 있음
사용분야	범용	특수 목적용

04

정답 ②

바이오스란 컴퓨터에서 전원을 켜면 맨 처음 컴퓨터의 제어를 맡아 가장 기본적인 기능을 처리해 주는 프로그램으로, 모든 소프트웨어는 바이오스를 기반으로 움직인다.

오답분석
① ROM(Read Only Memory)
③ RAM(Random Access Memory)
④ 스풀링(Spooling)

05

정답 ④

LAN카드 정보는 네트워크 어댑터에서 확인할 수 있다.

06

정답 ④

오답분석
① 꼬리표(Tag)가 붙은 화상(이미지) 파일 형식
② 인터넷 표준 그래픽 형식으로 8비트 컬러를 사용하여 2^8 가지 색을 표현, 애니메이션 표현이 가능함
③ GIF를 대체하여 인터넷에서 이미지를 표현하기 위해 제정한 그래픽 형식, 애니메이션은 표현이 불가능함

07

정답 ①

오른쪽 워크시트를 보면 데이터는 '김'과 '철수'로 구분이 되어 있다. 왼쪽 워크시트의 데이터는 '김'과 '철수' 사이에 기호나 탭, 공백 등이 없으므로 각 필드의 너비(열 구분선)를 지정하여 나눈 것이다.

08

정답 ①

구글에서 특정 확장자만 검색하고 싶을 때는 '검색어＋filefype:파일확장자' 또는 'filefype:파일확장자＋검색어'와 같은 형태로 입력하면 해당 파일만 찾을 수 있다.

09 정답 ④

Windows 바탕화면에서 왼쪽 아래에 위치하고 있는 '시작 단추 → 모든 프로그램'을 누르면 다양한 아이콘이 보인다. 그 중에서 보조프로그램 폴더에 가면 그림판이 있다. 여기서 보이는 그림판은 '바로가기'라는 단축아이콘이므로 삭제되었다고 하더라도 응용프로그램 전체가 삭제되는 것은 아니다. 따라서 그림판 응용프로그램이 설치된 위치에 가면 실행파일을 다시 찾을 수 있다. 이는 선택지에 제시된 다른 조치방법과 비교했을 때 가장 간편한 방법으로 볼 수 있다.

10 정답 ②

본인의 컴퓨터가 32bit 운영체제인지 64bit 운영체제인지 확인하려면 [시작] 단추 - [컴퓨터]의 바로 가기 메뉴 - [속성]으로 들어가서 확인하거나 [시작] 단추 - [제어판] - [시스템]을 통해 확인할 수 있다.

11 정답 ③

AVI는 마이크로소프트(Microsoft)사에서 Windows 개발과 함께 만든 Windows 표준 동영상 형식으로 여러 가지 동영상 압축 코덱(Codec)을 담을 수 있는 그릇과 같은 컨테이너 포맷이다.

12 정답 ①

선택한 파일 / 폴더의 이름을 변경하는 기능은 〈F2〉이다.

13 정답 ③

오른쪽에 조건부 서식을 살펴보면 중복되지 않는 고유한 값에 서식이 지정되도록 설정되어 있다. 따라서 서식이 적용되는 값은 성명, 워드1급, 컴활1급, 김홍인, 최석우, 김지혜, 홍윤진, 전민경, 이애리, 한미리로 총 10개의 셀에 서식이 적용된다.

14 정답 ④

오답분석

① 〈Home〉 : 커서를 행의 맨 처음으로 이동시킨다.
② 〈End〉 : 커서를 행의 맨 마지막으로 이동시킨다.
③ 〈Back Space〉 : 커서 앞의 문자를 하나씩 삭제한다.

15 정답 ③

유효성 검사에서 제한 대상을 목록으로 설정을 했을 경우, 드롭다운 목록의 너비는 데이터 유효성 설정이 있는 셀의 너비에 의해 결정된다.

16 정답 ②

거품형 차트에 대한 설명이며, 방사형 차트는 많은 데이터 계열의 집합적인 값을 나타낼 때 사용된다.

17 정답 ②

「=INDEX(범위, 행, 열)」는 해당하는 범위 안에서 지정한 행, 열의 위치에 있는 값을 출력한다.
따라서 [B2:D9]의 범위에서 2행 3열에 있는 값 23,200,000이 적절하다.

18 정답 ①

「=MID(데이터를 참조할 셀 번호, 왼쪽을 기준으로 시작할 기준 텍스트, 기준점을 시작으로 가져올 자릿수)」로 표시되기 때문에 「=MID(B2,5,2)」가 올바르다.

19 정답 ①

RIGHT 함수는 자릿수를 지정한 만큼 문자를 추출을 해주는 함수로, 지정한 자릿수만큼 오른쪽에서부터 문자를 추출을 한다. 그러므로 ①이 적절하다.

20 정답 ②

차트 작성 순서
1단계 : 차트 종류 설정
2단계 : 차트 범위와 계열 설정
3단계 : 차트의 각종 옵션(제목, 범례, 레이블 등) 설정
4단계 : 작성된 차트의 위치 설정

01	02	03	04	05	06	07	08	09	10
①	③	②	②	②	①	②	②	④	③

01
정답 ①

악수는 오른손으로 하는 것이 원칙이다.

02
정답 ③

되도록 출근 직후나 퇴근 직전, 점심시간 전후 등 바쁜 시간은 피한다.

03
정답 ②

(A) 경제적 책임 : 사회적으로 필요한 상품과 서비스를 생산·판매하여 이윤과 고용을 창출해야 하는 책임이다.
(B) 법적 책임 : 국가와 사회가 규정한 법에 의거하여 경영·경제 활동을 해야 하는 책임이다.
(C) 윤리적 책임 : 사회의 윤리의식에 합치되도록 경영·경제 활동을 해야 하는 책임이다.
(D) 자선적 책임 : 경제·경영 활동과는 직접 관련이 없는 기부·문화활동 등을 자발적으로 해야 하는 책임이다.

04
정답 ②

오답분석
① 관련 없는 팀원들 앞에서 좋지 않은 이야기를 할 필요는 없다.
③ 당사자인 B사원과 이야기해 사실관계를 파악하는 것이 우선이다.
④ B사원에 대해 좋지 않은 이야기를 퍼트리는 것은 적절하지 않다.

05
정답 ②

오답분석
ⓒ 우리 사회는 민주주의와 시장경제를 지향하고 있지만, 그것이 제대로 정착될 만한 사회적·정신적 토대를 갖추지 못하고 있다.

06
정답 ①

직업윤리 덕목은 다음과 같다.
• 소명의식 : 나에게 주어진 일이라 생각함. 반드시 해야 하는 일
• 천직의식 : 태어나면서 나에게 주어진 재능
• 직분의식 : 자아실현을 통해 사회와 기업이 성장할 수 있다는 자부심
• 책임의식 : 책무를 충실히 수행하고 책임을 다하는 태도
• 전문가의식 : 자신의 일이 누구나 할 수 있는 것이 아니라 해당 분야의 지식과 교육을 바탕으로 성실히 수행해야만 가능한 것이라고 믿고 수행하는 태도
• 봉사의식 : 직업 활동을 통해 다른 이들에 대하여 봉사하는 정신을 갖추고 실천하는 태도
따라서 책임의식과 전문가의식에 어긋난 행동이다.

07
정답 ②

더글러스는 소음방지 장치를 약속할 수 없다고 하면서 이스턴 항공사와 계약을 못해 매출로 인한 단기적 이익 및 주변의 부러움을 포기하였지만, 직업윤리를 선택함으로써 명예로움과 양심을 얻었다.

08
정답 ②

비즈니스상 소개를 할 때는 직장 내에서의 서열과 나이를 고려한다. 이때 성별은 고려의 대상이 아니다.

09
정답 ④

민원인에게 잘못된 정보를 알려주면 안 되기 때문에 담당자가 직접 대답할 수 있도록 해야 한다. 현재 담당자가 자리를 비운 상태이기 때문에 필요한 내용을 메모하고 담당자에게 전달해서 처리하는 것이 옳은 행동이다.

10
정답 ③

업무시간을 지키는 것이 중요하다.

PART 2

실전모의고사
정답 및 해설

01	02	03	04	05	06	07	08	09	10	11	12	13	14	15	16	17	18	19	20
②	④	②	④	①	④	③	④	①	④	④	②	③	③	①	②	①	①	③	②
21	22	23	24	25	26	27	28	29	30	31	32	33	34	35	36	37	38	39	40
④	③	③	③	①	④	②	②	④	④	③	①	①	③	④	④	④	③	②	①
41	42	43	44	45	46	47	48	49	50	51	52	53	54	55	56	57	58	59	60
①	②	③	②	④	③	④	①	②	③	②	③	③	④	③	④	②	①	④	③

01

정답 ②

제시문에 따르면 인터넷 뉴스를 유료화하면 인터넷 뉴스를 보는 사람의 수는 줄어들 것이므로 '상품의 가격이 상승할수록 소비자의 수요가 증가한다.' 는 주장은 적절하지 않다.

02

정답 ④

뉴스의 품질이 떨어지는 원인이 근본적으로 독자에게 있다거나, 그 해결 방안이 종이 신문 구독이라는 반응은 제시문의 내용을 바르게 이해했다고 보기 어렵다.

03

정답 ②

문서의 마지막에 반드시 '끝'을 붙여야 하는 문서는 공문서이다.

04

정답 ④

한자음 '녀'가 단어 첫머리에 올 때는 두음 법칙에 따라 '여'로 적으나, 의존 명사의 경우는 '녀' 음을 인정한다. 해를 세는 단위의 '년'은 의존 명사이므로 '연'은 '년'으로 적어야 한다.

[오답분석]

① 이사장의 말을 직접 인용하고 있으므로 '라고'의 쓰임은 적절하다.
② '말'이 표현을 하는 도구의 의미로 사용되었으므로 '로써'의 쓰임은 적절하다.
③ 'ㅇ' 받침으로 끝나는 말 뒤에 쓰였으므로 '률'의 쓰임은 적절하다.

05

정답 ①

제시문은 CCTV가 인공지능(AI)과 융합되면 기대할 수 있는 효과들(범인 추적, 자연재해 예측)에 대해 말하고 있다. 따라서 글의 제목으로 AI와 융합한 CCTV의 진화가 적절하다.

06
정답 ④

(가) 발신주의(發信主義) : 성립한 문서가 상대방에게 발신된 때 효력이 발생한다.
(나) 요지주의(了知主義) : 상대방이 문서의 내용을 알게 되었을 때 효력이 발생한다.
(다) 도달주의(到達主義) : 문서가 상대방에게 도달해야 효력이 발생한다.
(라) 표백주의(表白主義) : 결재로써 문서의 작성이 끝났을 때 효력이 발생한다.

07
정답 ③

제시문은 사람들이 커뮤니케이션에서 메시지를 전할 때 어떠한 의도로 메시지를 전하는지 유형별로 구분지어 설명하는 글이다.
- (가) : 표현적 메시지 구성논리는 표현자의 생각의 표현을 가장 중시하는 유형이다. 따라서 송신자의 생각이나 감정을 전달하는 수단이라는 ⓒ이 적절하다.
- (나) : 인습적 메시지 구성논리는 대화의 맥락, 역할, 관계 등을 고려한 커뮤니케이션의 적절함에 관심을 갖는 유형이다. 따라서 주어진 상황에서 올바른 것을 말하려는 ⓒ이 적절하다.
- (다) : 수사적 메시지 구성논리는 커뮤니케이션의 내용에 주목하여 서로 간에 이익이 되는 상황에 초점을 두는 유형이다. 따라서 복수의 목표를 타협한다는 ⊙이 적절하다.

08
정답 ④

보고서의 올바른 작성법
- 업무 진행 과정에서 쓰는 보고서인 경우, 진행 과정에 대한 핵심 내용을 구체적으로 제시함
- 내용의 중복을 피하고, 핵심 사항만을 산뜻하고 간결하게 작성함
- 복잡한 내용일 때는 도표나 그림을 활용함
- 개인의 능력을 평가하는 기본 요소이므로 제출하기 전에 반드시 최종 점검함
- 참고자료는 정확하게 제시함
- 내용에 대한 예상 질문을 사전에 추출해 보고 그에 대한 답을 미리 준비함

오답분석

마지막에 반드시 '끝.'자로 마무리 하는 문서의 종류는 공문서이다.

09
정답 ①

두 개 이상의 항목에서 상의 평가를 받은 후보자는 을순(2), 병만(2) 2명이므로 적절한 기준이다.
각 표창 후보자의 평가결과를 정리하면 다음과 같다.

구분	대민봉사	업무역량	성실성	청렴도	총점
갑돌	3	3	3	1	10
을순	2	3	1	3	9
병만	1	3	3	2	9
정애	2	2	2	3	9

갑돌은 총점에서 제일 앞서므로 반드시 선발되지만, 나머지 3명은 모두 9점으로 동일하므로 동점자 처리기준에 의해 선발여부가 결정된다. 최종적으로 3명이 선발되었다고 하였으므로 3명 중 2명이 선발될 수 있는 기준을 판단해야 한다.

오답분석

ㄴ. 3명 중 청렴도에서 하의 평가를 받은 후보자가 한 명도 없으므로 적절하지 않은 기준이다.
ㄷ. 3명 중 하의 평가를 받은 항목이 있는 후보자를 제외하면 정애 한명만 남게 되므로 적절하지 않은 기준이다.

10

바로 다음 문장의 저임금 구조의 고착화로 농장주와 농장 노동자 간의 소득 격차가 갈수록 벌어졌다는 내용을 통해 '중간 계급으로의 수렴'이 아닌 '계급의 양극화'가 들어가야 함을 알 수 있다.

오답분석
① 전통적인 자급자족 형태의 농업과 대비되는 상업적 농업의 특징을 설명하고 있으므로 수정할 필요가 없다.
② 앞의 문장에서 언급한 지주와 소작인 간의 인간적이었던 관계와 의미상 통하는 내용이 들어와야 하므로 수정할 필요가 없다.
③ 대량 판매 시장을 위해 변화되는 양상을 설명하고 있으므로 수정할 필요가 없다.

11

정답 ④

500mL 물과 2L 음료수의 개수를 각각 x개, y개라 하면, $x+y=330$이고, 이때 2L 음료수는 5명당 1개가 지급되므로 $y=\frac{1}{5}x$이다.

$$\frac{6}{5}x=330 \rightarrow 6x=1{,}650 \rightarrow x=275$$

500mL 물은 1인당 1개 지급하므로 직원의 인원수와 같다. 따라서 야유회에 참가한 직원은 총 275명이다.

12

정답 ②

5돈 순금 두꺼비를 제작하는 데 필요한 순금은 $5\times3.75=18.75$g이고, 2등, 3등의 순금 열쇠를 제작하는 데 필요한 순금은 각각 10g이므로 부상 제작에 필요한 순금은 $18.75+10+10=38.75$g이다. 따라서 38.75g=0.03875kg이다.

13

정답 ③

일주일은 7일이므로, $30\div7=4\cdots2$
즉, 수요일에서 2일 후인 금요일이 된다.

14

정답 ③

성과평가 방법 및 기획팀의 성과평가 결과에 따라 기획팀에 지급되는 성과급은 다음과 같다.

(단위 : 점)

구분	1/4분기	2/4분기	3/4분기	4/4분기
유용성	8	8	10	8
안전성	8	6	8	8
서비스 만족도	6	8	10	8
성과평가 점수	7.6	7.2	9.2	8.0
성과평가 등급	C	C	A	B
성과급(만 원)	80	80	100+10(가산금)	90

따라서 기획팀에 지급될 1년 성과급의 총 금액은 $80+80+110+90=360$만 원이다.

15

정답 ①

성과평가 등급이 A이면 직전분기 차감액의 50%를 가산하여 지급한다. 마케팅팀은 3/4분기에 평가등급이 A였으므로 가산금 없이 100만 원을 지급받고, B등급 전략팀은 5만 원, C등급 영업팀은 10만 원이 가산되어 성과급을 지급받는다.
따라서 4/4분기의 성과급 지급액은 100(마케팅팀)+[100+5](전략팀)+[100+10](영업팀)=315만 원이다.

32 • NCS 국민연금공단 6급 시간선택제/고졸채용

16

정답 ②

ㄱ. 습도가 70%일 때 연간소비전력량이 가장 적은 제습기는 A(790kwh)임을 알 수 있으므로 옳은 내용이다.

ㄷ. 습도가 40%일 때 제습기 E의 연간소비전력량은 660kwh이고, 습도가 50%일 때 제습기 B의 연간소비전력량은 640kwh이므로 옳은 내용이다.

오답분석

ㄴ. 제습기 D와 E를 비교하면, 60%일 때 D(810kwh)가 E(800kwh)보다 소비전력량이 더 많은 반면, 70%일 때에는 E(920kwh)가 D(880kwh)보다 더 많아 순서가 다르게 되므로 옳지 않은 내용이다.

ㄹ. 제습기 E의 경우 습도가 40%일 때의 연간전력소비량은 660kwh이어서 이의 1.5배는 990kwh로 계산되는 반면 습도가 80%일 때의 연간전력소비량은 970kwh이므로 전자가 후자보다 크다. 따라서 옳지 않은 내용이다.

17

정답 ①

선택지를 먼저 보면 유전체기술이 A 또는 B로 짝지어져 있어, 이 중 세 번째 조건에 부합하는 것을 찾으면 A의 한국 점유율은 $\frac{1,880}{27,252} \times 100 ≒ 6.9\%$로 미국 점유율과 $47.6-6.9=40.7\%$p 차이가 나고, B의 한국 점유율은 $\frac{7,518}{170,855} \times 100 ≒ 4.4\%$로 미국 점유율과 $45.6-4.4=41.2\%$p 차이가 난다. 따라서 B가 유전체기술이 된다.

첫 번째 조건에서 미국보다 한국의 점유율이 높은 분야는 발효식품개발기술과 환경생물공학기술로 A, B는 해당이 안 되고, C, D가 해당된다.
두 번째 조건에서도 동식물세포배양기술의 미국 점유율은 생물농약 개발기술의 미국 점유율인 42.8보다 높다고 했으므로 이에 부합하는 것은 A와 B며, B는 유전체기술이므로 A가 동식물세포배양기술임을 알 수 있다.
마지막 조건을 알아보면 C의 한국 점유율은 $\frac{4,295}{20,849} \times 100 ≒ 20.6\%$, D의 한국 점유율은 $\frac{7,127}{26,495} \times 100 ≒ 26.9\%$로 D가 환경생물공학기술이고, C가 발효식품개발기술이 된다.

18

정답 ①

ㄱ. 해당국가의 영향력지수는 1번 공식에서 도출하면 $\frac{(해당국가의\ 기술력지수)}{(해당국가의\ 특허등록건수)}$이다. 캐나다의 영향력지수는 $\frac{30.8}{22}=1.4$로 미국 영향력지수인 $\frac{600}{500}=1.2$보다 크다.

ㄴ. 해당국가의 특허피인용건수를 구하기 위해 2번 공식에서 '해당국가의 피인용비=(해당국가의 영향력지수)×(전세계 피인용비)'임을 알 수 있고, 이 식을 3번 공식에 대입하면 '해당국가의 특허피인용건수=(해당국가의 영향력지수)×(전세계 피인용비)×(해당국가의 특허등록건수)'가 된다. 그리고 1번 공식에서 해당국가의 영향력지수와 특허등록건수의 곱은 기술력지수가 되어 '해당국가의 특허피인용건수=(해당국가의 기술력지수)×(전세계 피인용비)'이므로 특허피인용건수는 기술력지수의 10배와 같다. 따라서 국가들의 기술력지수의 차이로 비교하면 프랑스와 태국은 $3.9-1.4=2.5$이고, 프랑스와 핀란드의 차이는 $6.3-3.9=2.4$로 프랑스와 태국의 기술력지수 차이가 더 크므로 특허피인용건수 차이도 더 크다.

오답분석

ㄷ. 한국의 특허피인용건수는 기술력지수가 미국, 일본, 독일, 캐나다, 네덜란드 다음으로 높으므로 특허피인용건수도 여섯 번째로 많다.

ㄹ. 네덜란드의 특허등록건수는 $\frac{(기술력지수)}{(영향력지수)}=\frac{24}{0.8}=30$건이고, 한국의 특허등록건수의 50%는 $59 \times 0.5 = 29.5$건이다. 따라서 네덜란드의 특허등록건수는 한국의 특허등록건수의 50% 이상이다.

19

정답 ③

가장 먼저 '가'와 '나'에 대해 언급된 부분을 보면 실업률이 같은 쌍이 2개나 존재하고 있어 경우의 수를 따져야 한다. 따라서 그 다음 조건을 먼저 살펴보도록 하자.

ⅰ) '마' 기관이 '나' 기관보다 민간소비증가율이 0.5%p 더 높다고 하였는데 제시된 자료에서 민간소비증가율의 차이가 0.5%p인 것은 'E'와 'A or B'이다. 따라서 'E'가 '나'임을 먼저 확정할 수 있다.

ⅱ) 다음으로, 첫 번째 조건으로 돌아가서 '가'와 '나'가 실업률이 동일하다고 하였으므로 'E(나)'의 실업률(3.5%)과 동일한 실업률을 전망한 기관은 'A'뿐임을 알 수 있으며 결국 'A'가 '가'임을 확정할 수 있다.

ⅲ) 이제 ⅰ)에서 미확정이었던 'A'가 '가'로 확정되었으므로 남은 'B'가 '마'임을 알 수 있다.

ⅳ) 다음으로 '다' 기관이 경제 성장률을 가장 높게 전망하였다고 하였으므로 'F'를 '다'로 연결 지을 수 있다.

ⅴ) 마지막 조건에서 설비투자증가율을 7% 이상으로 전망한 기관이 '다', '라', '마' 3개라고 하였는데 이미 '다'는 F와, '마'는 'B'와 연결된 상태이므로 남은 '라'는 'C'로 확정지을 수 있다.

ⅵ) 남은 것은 어느 조건에서도 언급하지 않았던 'D'인데 남아있는 기관이 '바'뿐이므로 D는 '바'로 연결 지을 수 있다.

20

정답 ②

㉠ 〈표 1〉에 의하면 의약품의 특허출원은 2018년부터 2020년까지 매년 감소하고 있으므로 옳은 내용이다.
㉢ 2020년 원료의약품 특허출원 건수가 500건이고 이의 20%가 100건인데 다국적기업이 출원한 것은 103건으로 이보다 많다. 따라서 옳은 내용이다.

오답분석

㉡ 2020년 전체 의약품 특허출원의 30%는 약 1,400건인데 반해 기타 의약품 출원은 1,220건에 불과하므로 옳지 않은 내용이다.
㉣ 〈표 2〉를 통해서는 다국적기업이 출원한 원료의약품 특허출원이 몇 건인지를 알 수 있지만 이 중 다이어트제가 얼마나 되는지는 알 수 없다. 〈표 3〉은 다국적기업에 국한된 것이 아닌 전체 기업을 대상으로 한 집계결과이다.

21

정답 ④

이번 주 추가근무 일정을 요일별로 정리하면 다음과 같다.

구분	월	화	수	목	금	토	일
추가 근무자	김은선, 민윤기	김석진, 김남준, 정호석	박지민, 김태형	최유화, 박시혁	유진실, 정호석	이영희, 전정국	박지민, 김남준

하루에 2명까지 추가근무를 할 수 있는데 일에 3명이 추가근무를 하므로, 화요일 추가근무자 중 한 명이 추가근무 일정을 수정해야 한다. 그중 김남준은 일주일 추가근무시간이 7시간으로 6시간을 초과하였다. 따라서 김남준의 추가근무 일정을 수정하는 것이 적절하다.

22

정답 ③

ⅰ) 월요일에 진료를 하는 경우 첫 번째 명제에 의해, 수요일에 진료를 하지 않는다. 그러면 네 번째 명제에 의해, 금요일에 진료를 한다. 또한 세 번째 명제의 대우에 의해, 화요일에 진료를 하지 않는다. 따라서 월요일, 금요일에 진료를 한다.

ⅱ) 월요일에 진료를 하지 않는 경우 두 번째 명제에 의해, 화요일에 진료를 한다. 그러면 세 번째 명제에 의해, 금요일에 진료를 하지 않는다. 또한 네 번째 명제의 대우에 의해, 수요일에 진료를 한다. 따라서 화요일, 수요일에 진료를 한다.

23

정답 ③

같은 조가 될 수 있는 20대는 김기안, 안화사, 방성훈, 김충재이다. 안화사는 김충재와 같은 총무팀이므로 같은 조가 될 수 없고, 김기안과 방성훈 중 나이 차가 5세 이하인 김기안과 같은 조가 되므로, 방성훈과 김충재가 같은 조가 된다. 30대는 전현무, 이시언, 박나래, 김사랑, 한혜진, 정려원이다. 20대 조에서 남녀 조가 나왔기 때문에 나머지는 모두 동성 조가 되어야하므로 전현무와 이시언이 같은 조가 되고, 나머지(정려원, 한혜진, 박나래, 김사랑)끼리 조를 구성해야 한다. 이때, 박나래와 김사랑은 나이가 7세 차이로 같은 조가 될 수 없다. 즉, 가능한 조 편성은 다음과 같다.

- 경우 1

안화사, 김기안	김충재, 방성훈	전현무, 이시언	박나래, 정려원	김사랑, 한혜진

- 경우 2

안화사, 김기안	김충재, 방성훈	전현무, 이시언	박나래, 한혜진	김사랑, 정려원

24 　　　　　　　　　　　　　　　　　　　　　　　　　　　　　　　　　　　　정답 ③

나이가 많은 순서대로 나열하면 '전현무 > 김사랑 > 이시언 > 한혜진 > 정려원 > 박나래 > 방성훈 > 김기안 > 김충재 > 안화사' 순서이다. 따라서 맨 앞과 맨 뒤에서 차례대로 짝을 지어 조를 만들면 전현무(39) – 안화사(23), 김사랑(37) – 김충재(24), 이시언(36) – 김기안(27), 한혜진(35) – 방성훈(29), 정려원(32) – 박나래(30)가 된다.

25 　　　　　　　　　　　　　　　　　　　　　　　　　　　　　　　　　　　　정답 ①

A는 (가), (나), (라)에 따라 최소 7개의 동전을 가진다. 따라서 모든 종류의 동전이 있을 때의 최소 금액은 $(10 \times 4) + (50 \times 1) + (100 \times 1) + (500 \times 1) =$ 690원이다.

오답분석

② C는 600원이 있고, 500원과 100원의 구성으로 최소 2개를 가진다. 따라서 A는 최대 16개의 동전을 가질 수 있다. 그러므로 A가 가질 수 있는 최대 금액은 8,000원이다.

③ C가 500원짜리 동전을 포함해서 600원을 가지면 최소 동전 2개가 필요하다.

④ 가지고 있지 않을 수도 있다.

26 　　　　　　　　　　　　　　　　　　　　　　　　　　　　　　　　　　　　정답 ④

을, 정, 무 : 정이 운전을 하고, 을이 차장이고, 부상 중인 사람이 없기 때문에 17:00에 도착하므로 정의 당직 근무에도 문제가 없다.

오답분석

① 갑, 을, 병 : 갑이 부상인 상태이므로 B지점에 17시 30분에 도착하는데, 을이 17시 15분에 계약업체 면담이 진행될 예정이므로 가능하지 않은 조합이다.

② 갑, 병, 정 : 갑이 부상인 상태이므로 B지점에 17시 30분에 도착하는데, 정이 17시 10분부터 당직 근무가 예정되어 있으므로 가능하지 않은 조합이다.

③ 을, 병, 무 : 1종 보통 운전면허를 소지하고 있는 사람이 없으므로 가능하지 않은 조합이다.

27 　　　　　　　　　　　　　　　　　　　　　　　　　　　　　　　　　　　　정답 ②

주어진 상황에 따라 갑 ~ 정이 갖춘 직무역량을 정리하면 다음과 같다.

구분	의사소통역량	대인관계역량	문제해결역량	정보수집역량	자원관리역량
갑	○	○	×	×	○
을	×	×	○	○	○
병	○	×	○	○	×
정	×	○	○	×	○

이를 바탕으로 갑 ~ 정이 수행 가능한 업무는 다음과 같다.

- 갑 : 심리상담, 지역안전망구축
- 을 : 진학지도

- 병 : 위기청소년지원, 진학지도
- 정 : 지역안전망구축

따라서 서로 다른 업무를 맡으면서 4가지 업무를 분담할 수 있는 후보자는 갑과 병뿐이므로 A복지관에 채용될 후보자는 갑, 병이다.

28

ㄱ. 시력은 구분 가능한 최소 각도와 반비례한다. 즉, 구분 가능한 최소 각도가 $1'$일 때의 시력이 1.0이고, $2'$일 때의 시력이 $0.5\left(=\dfrac{1}{2}\right)$이므로 구분 가능한 최소 각도가 $10'$이라면 시력은 $0.1\left(=\dfrac{1}{2}\right)$이다.

ㄴ. 시력은 구분 가능한 최소 각도와 반비례하여 구분 가능한 최소 각도가 $0.5\left(=\dfrac{1}{2}\right)'$일 때의 시력이 2.0이므로, $5''\left[=\left(\dfrac{5}{60}\right)'=\left(\dfrac{1}{12}\right)'\right]$까지의 차이를 구분할 수 있는 천문학자 A의 시력은 12로 추정할 수 있다.

오답분석

ㄷ. 시력은 구분 가능한 최소 각도와 반비례하므로 구분 가능한 최소 각도가 작을수록 시력이 더 높다. 따라서 구분 가능 최소 각도가 $1.25'$인 갑보다 $0.1'$인 을의 시력이 더 좋다.

29

통역경비 산정기준에 따라 통역경비를 구하면 다음과 같다.
- 통역사 1인당 통역료
  - 영어 : 500,000(기본요금)+100,000(1시간 추가요금)=600,000원
  - 인도네시아어 : 600,000원(기본요금)
- 통역사 1인당 출장비 : 100,000(교통비)+40,000(왕복 4시간의 이동보상비)=140,000원

영어 통역사 2명, 인도네시아 통역사 2명이 통역하였으므로 A사가 甲시에서 개최한 설명회에 쓴 총 통역경비는 $(600,000\times2)+(600,000\times2)+(140,000\times4)=2,960,000$원이다.

30

ㄱ. A시의 2022년 인구는 13만 명이고, 2025년 예상인구는 15만 명인데 각주에서 인구는 해마다 증가한다고 하였으므로 A시 도서관이 실제 개관하게 될 2024년 상반기 A시의 인구는 13만 명 이상 ~ 15만 명 미만의 범위 내에 있음을 알 수 있다. 그런데 봉사대상 인구가 10만 이상 ~ 30만 미만인 경우 기존장서는 30,000권 이상이라고 하였으므로 옳은 내용이다.

ㄷ. A시의 인구가 2025년 ~ 2030년에 매년 같은 수로 늘어난다면 2028년 A시의 인구는 24만 명이 된다. 그리고 공공도서관은 봉사대상 인구 1천 명당 1종 이상의 연속간행물, 10종 이상의 시청각자료를 보유해야 한다고 하였으므로 각각 최소 240종 이상, 2,400종 이상을 보유해야 한다.

ㄹ. 2030년 실제 인구가 예상 인구의 80% 수준인 24만 명이라면, 이때의 연간증서는 3,000권 이상이 된다. 따라서 6년 동안 매년 3,000권 이상씩 추가로 보유해야 하므로 총 연간증서는 최소 18,000권이다.

오답분석

ㄴ. 봉사대상 인구가 10만 명 이상 ~ 30만 명 미만이라면 열람석은 350석 이상이어야 하고, 이 중 10% 이상을 노인과 장애인 열람석으로 할당하여야 한다. 그런데 2024년 개관 시와 2025년 모두 인구가 이 범위 내에 존재하므로 열람석은 350석 이상만 충족하면 되며 추가로 열람석을 확보해야 할 필요는 없다.

31

피벗 테이블은 대화형 테이블의 일종으로 데이터의 나열 형태에 따라서 집계나 카운트 등의 계산을 하는 기능을 가지고 있어 방대한 양의 자료를 요약해서 한눈에 파악할 수 있는 형태로 만드는 데 적절하다.

32

②·③·④ 9시 정각에 출근한 손흥민이 지각으로 출력된다.

33

수식 「=C6×D6」은 사용할 수 없는 형식이다.

34

[E5:E8] 셀을 범위로 선택할 경우 우측 하단의 상태표시줄에서 평균·개수·합계를 확인할 수 있다.

35

〈Ctrl〉+〈Alt〉는 기능을 가지고 있는 단축키가 아니다.

① SUM 함수는 합계를 구하는 함수이다.
② 자동합계 기능을 활용하여 품목들의 수량 합계를 구할 수 있다.
③ 각 셀의 입력된 값들과 기호 +, =을 활용하여 품목들의 수량 합계를 구할 수 있다.

36

저장매체에 저장된 자료는 시간이 지나도 언제든지 동일한 형태로 재생이 가능하므로 정적정보에 해당된다.

① 정보는 원래 형태 그대로 활용하거나, 분석, 정리 등 가공하여 활용할 수 있다.
② 정보를 가공하는 것뿐 아니라, 일정한 형태로 재표현하는 것도 가능하다.
③ 시의성이 사라지면 정보의 가치가 떨어지는 동적정보와 달리 정적정보의 경우, 이용 후에도 장래에 활용을 하기 위해 정리하여 보존하는 것이 좋다.

37

워크시트의 화면 하단에서는 통합문서를 '기본', '페이지 레이아웃', '페이지 나누기 미리보기' 3가지 형태로 볼 수 있다. 머리글이나 바닥글을 쉽게 추가할 수 있는 형태는 '페이지 레이아웃'이며, '페이지 나누기 미리보기'에서는 파란색 실선을 이용해서 페이지를 손쉽게 나눌 수 있다.

38

연번	기호	연산자	검색조건
ㄱ	*, &	AND	두 단어가 모두 포함된 문서를 검색
ㄴ	l	OR	두 단어가 모두 포함되거나, 두 단어 중 하나만 포함된 문서를 검색
ㄷ	-, !	NOT	'−' 기호나 '!' 기호 다음에 오는 단어는 포함하지 않는 문서를 검색
ㄹ	~, near	인접검색	앞/뒤의 단어가 가깝게 인접해 있는 문서를 검색

39

㉡ 정보 내에 포함되어 있는 키워드나 단락과 같은 세부적인 요소나 정보의 주제, 사용했던 용도로 정보를 찾고자 할 때는 목록을 가지고서 쉽게 찾을 수가 없다. 이런 문제를 해결하기 위해 주요 키워드나 주제어를 가지고 소장하고 있는 정보원을 관리하는 방식이 색인을 이용한 정보관리이다. 목록은 한 정보원에 하나만 만드는 것이지만 색인은 여러 개를 추출하여 한 정보원에 여러 색인어를 부여할 수 있다.

오답분석

㉠ 정보목록은 정보에서 중요한 항목을 찾아 기술한 후 정리하면서 만들어진다. 한번 '정보목록'을 만들기 시작한 다음 한글이나 워드, 엑셀 같은 프로그램을 이용해서 목록파일을 저장해 놓으면, 후에 다른 정보를 찾았을 때 기존 목록에 추가하는 작업이 간단해 진다.

㉢ 색인은 정보를 찾을 때 쓸 수 있는 키워드인 색인어와 색인어의 출처인 위치정보로 구성된다.

40

㉠ 1차 자료보다는 1차 자료를 가공한 2차 자료가 활용할 때 효율성이 더 높다.

오답분석

정보원은 1차 자료와 2차 자료로 구분된다. 1차 자료는 원래의 연구 성과가 기록된 자료를 의미한다. 2차 자료는 1차 자료를 효과적으로 찾아보기 위한 자료 혹은 1차 자료에 포함되어 있는 정보를 압축·정리해서 읽기 쉬운 형태로 제공하는 자료를 의미한다. 1차 자료로는 단행본, 학술지와 학술지 논문, 학술회의 자료, 연구보고서, 학위논문, 특허 정보, 표준 및 규격 자료, 레터, 출판 전 배포 자료, 신문, 잡지, 웹 정보 자원 등이 있다. 2차 자료로는 사전, 백과사전, 편람, 연감, 서지 데이터베이스 등이 있다.

㉡ 논문은 2차 자료가 아니라 1차 자료에 해당된다.

㉢ 인포메이션(Information)은 객관적인 단순 정보에 해당되며, 이를 분석 및 가공하여 특정 기능을 하도록 한 것은 인텔리전스(Intelligence)에 해당된다. 회의 내용과 같이 예측 기능을 하는 정보는 인텔리전스에 해당된다.

41

사내 봉사 동아리이기 때문에 공식이 아닌 비공식 조직에 해당한다. 비공식 조직의 특징에는 인간관계에 따라 형성된 자발적인 조직, 내면적·비가시적, 비제도적, 감정적, 사적 목적 추구, 부분적 질서를 위해 활동 등이 있다.

42

조직 갈등의 순기능
• 새로운 사고를 할 수 있음
• 다른 업무에 대한 이해를 증진시켜 줌
• 조직의 침체를 예방함
• 긍정적인 결과를 내기도 함

43

면접관의 질문 의도는 단순히 사무실의 구조나 회사 위치 등 눈에 보이는 정보를 묻는 것이 아니라, 실질적으로 회사를 운영하는 내부 조직에 관련된 사항을 알고 있는지를 묻는 것이다. 그러므로 ③번 사무실의 구조는 질문의 답변 내용으로 적절치 않다.

44

C주임은 최대 작업량을 잡아 업무를 진행하면 능률이 오를 것이라는 오해를 하고 있다. 하지만 이럴 경우 시간에 쫓기게 되어 오히려 능률이 떨어질 가능성이 있다. 실현 가능한 목표를 잡고 우선순위를 세워 진행하는 것이 옳다.

45

조직은 영리성을 기준으로 영리조직과 비영리조직으로 구분할 수 있는데, 영리조직은 기업과 같이 이윤을 목적으로 하는 조직이며, 비영리조직은 정부조직을 비롯하여 공익을 추구하는 병원, 대학, 시민단체, 종교단체 등이 해당한다. 따라서 ④는 옳지 않은 설명이다.

46

기계적 조직과 유기적 조직의 특징을 통해 안정적이고 확실한 환경에서는 기계적 조직이, 급변하는 환경에서는 유기적 조직이 적합함을 알 수 있다.

기계적 조직과 유기적 조직의 특징

기계적 조직	유기적 조직
• 구성원들의 업무가 분명하게 정의된다. • 많은 규칙과 규제들이 있다. • 상하간 의사소통이 공식적인 경로를 통해 이루어진다. • 엄격한 위계질서가 존재한다. • 대표적인 기계적 조직으로 군대를 볼 수 있다.	• 의사결정 권한이 조직의 하부구성원들에게 많이 위임되어 있다. • 업무가 고정되지 않고, 공유 가능하다. • 비공식적인 상호 의사소통이 원활하게 이루어진다. • 규제나 통제의 정도가 낮아 변화에 따라 의사결정이 쉽게 변할 수 있다.

47

맥킨지의 3S 기법은 상대방의 감정을 최대한 덜 상하게 하면서 거절하는 커뮤니케이션 기법이다.

맥킨지의 3S 기법
• Situation(Empathy) : 상대방의 마음을 잘 이해하고 있음을 표현하고, 공감을 형성한다.
• Sorry(Sincere) : 거절에 대한 유감과 거절할 수밖에 없는 이유를 솔직하게 표현한다.
• Suggest(Substitute) : 상대방의 입장을 생각하여 새로운 대안을 역으로 제안한다.

오답분석

① Sorry(Sincere)
②・③ Suggest(Substitute)

48

ㄴ. 개인은 본인이 자란 문화에서 체득한 방식과 상이한 문화를 느끼게 되면 상대 문화에 이질감을 느끼게 되고, 의식적 혹은 무의식적으로 불일치, 위화감, 심리적 부적응 상태를 경험하게 되는데, 이를 문화충격이라고 한다.

오답분석

ㄱ. 문화충격은 개인이 자신이 속한 문화 내에서가 아닌 타 문화를 접하였을 때 느끼게 되는 심리적 충격을 가리킨다.
ㄷ. 문화충격에 대비하기 위해서 가장 중요한 것은 다른 문화에 대해 개방적인 태도를 가지는 것이다. 자신이 속한 문화의 기준으로 다른 문화를 평가하지 말고, 자신의 정체성은 유지하되, 새롭고 다른 것을 경험하는 데 즐거움을 느끼도록 적극적 자세를 취하는 것이 바람직하다.

49

정답 ②

규칙과 법을 준수하고, 관행과 안정, 문서와 형식, 명확한 책임소재 등을 강조하는 관리적 문화의 특징을 가진 문화는 (다)이다.

(가)는 집단문화, (나)는 개발문화, (다)는 계층문화, (라)는 합리문화이며, 각 분야별 주요 특징은 다음과 같다.

조직문화 유형	주요 특징
(가) 집단문화	관계지향적인 문화이며, 조직구성원 간 인간애 또는 인간미를 중시하는 문화로서 조직내부의 통합과 유연한 인간관계를 강조한다. 따라서 조직구성원 간 인화단결, 협동, 팀워크, 공유가치, 사기, 의사결정과정에 참여 등을 중요시하며, 개인의 능력개발에 대한 관심이 높고, 조직구성원에 대한 인간적 배려와 가족적인 분위기를 만들어내는 특징을 가진다.
(나) 개발문화	높은 유연성과 개성을 강조하며, 외부환경에 대한 변화지향성과 신축적 대응성을 기반으로 조직구성원의 도전의식, 모험성, 창의성, 혁신성, 자원획득 등을 중시하며, 조직의 성장과 발전에 관심이 높은 조직문화를 의미한다. 따라서 조직구성원의 업무수행에 대한 자율성과 자유재량권 부여 여부가 핵심요인이다.
(다) 계층문화	조직내부의 통합과 안정성을 확보하고, 현상유지 차원에서 계층화되고 서열화된 조직구조를 중요시하는 조직문화이다. 즉, 위계질서에 의한 명령과 통제, 업무처리시 규칙과 법을 준수, 관행과 안정, 문서와 형식, 보고와 정보관리, 명확한 책임소재 등을 강조하는 관리적 문화의 특징을 나타내고 있다.
(라) 합리문화	과업지향적인 문화로, 결과지향적인 조직으로써의 업무의 완수를 강조한다. 조직의 목표를 명확하게 설정하여 합리적으로 달성하고, 주어진 과업을 효과적이고 효율적으로 수행하기 위하여 실적을 중시하고, 직무에 몰입하며, 미래를 위한 계획을 수립하는 것을 강조한다. 합리문화는 조직구성원간의 경쟁을 유도하는 문화이기 때문에 때로는 지나친 성과를 강조하게 되어 조직에 대한 조직구성원들의 방어적인 태도와 개인주의적인 성향을 드러내는 경향을 보인다.

50

정답 ③

비영리조직이면서 대규모조직인 학교에서 6시간 있었다.

학교 : 공식조직, 비영리조직, 대규모조직
편의점 : 공식조직, 영리조직, 소규모조직
스터디 : 비공식조직, 비영리조직, 소규모조직

오답분석
① 비공식적이면서 소규모조직인 스터디에서 3시간 있었다.
② 공식조직인 학교와 편의점에서 8시간 있었다.
④ 영리조직인 편의점에서 2시간 있었다.

51

정답 ②

병역부문에서 채용예정일 이전 전역 예정자는 지원이 가능하다고 제시되어 있다.

오답분석
① 이번 채용에서 행정직에는 학력상의 제한이 없다.
③ 자격증을 보유하고 있더라도 채용예정일 이전 전역 예정자가 아니라면 지원할 수 없다.
④ 지역별 지원 제한은 2019년 하반기 신입사원 채용부터 폐지되었다.

52

정답 ③

채용공고일(2020. 10. 23.) 기준으로 만 18세 이상이어야 지원 자격이 주어진다.

오답분석
① 행정직에는 학력 제한이 없으므로 A는 지원 가능하다.
② 기능직 관련학과 전공자이므로 B는 지원 가능하다.
④ 채용예정일 이전에 전역 예정이므로 D는 지원 가능하다.

53

정답 ③

제품 특성상 테이크아웃이 불가능했던 위협 요소를 피하기 위해 버거의 사이즈를 줄이는 대신 사이드 메뉴를 무료로 제공하는 것은 독창적인 아이템을 활용하면서도 위협 요소를 보완하는 전략으로 적절하다.

오답분석
① 해당 상점의 강점은 주변 외식업 상권과 차별화된 아이템 선정이다. 그러므로 주변 상권에서 이미 판매하고 있는 상품을 벤치마킹해 판매하는 것은 강점을 활용하는 전략으로 적절하지 않다.
② 높은 재료 단가를 낮추기 위해 유기농 채소와 유기농이 아닌 채소를 함께 사용하는 것은 웰빙을 추구하는 소비 행태가 확산되고 있는 기회를 활용하지 못하는 전략이므로 적절하지 않다.
④ 커스터마이징 형식의 고객 주문 서비스 및 주문 즉시 조리하는 방식은 해당 상점의 강점이다. 약점을 보완하기 위해 강점을 모두 활용하지 못하는 전략이므로 적절하지 않다.

54

정답 ④

ㄴ. G는 영구보존처리된 항공기를 나타내는 현재상태부호, B는 폭격기 임무를 나타내는 특수임무부호, C는 수송기 임무를 나타내는 기본임무부호, V는 수직단거리이착륙기를 나타내는 항공기종류부호이므로 GBCV는 항공기 식별코드의 앞부분 코드로 구성 가능하다.
ㄷ. C는 수송기 임무를 나타내는 특수임무부호, A는 지상공격기 임무를 나타내는 기본임무부호, H는 헬리콥터를 나타내는 항공기종류부호이므로 CAH 역시 항공기 식별코드의 앞부분 코드로 구성 가능하다.
ㄹ. R은 현재 정상적으로 사용되며, 정찰기 임무를 수행하는 일반 비행기를 나타내므로 항공기 식별코드의 앞부분 코드로 구성 가능하다.

오답분석
ㄱ. K는 공중급유기에 붙는 기본임무부호로 특수임무부호와 의미가 동일하다. 그러나 특수임무부호는 항공기가 기본임무와 다른 임무를 수행할 때 붙이는 부호이므로 동일한 부호를 표시할 수 없다.

55

정답 ③

현재 정상적으로 사용 중인 비행기에는 현재상태부호를 붙이지 않으므로 ④는 제외된다. 또한 항공기 식별코드는 기본임무부호나 특수임무부호 중 적어도 하나를 꼭 포함해야 하는데, 이때 특수임무부호는 항공기가 개량을 거쳐 기본임무와 다른 임무를 수행할 때 붙이는 부호이므로 개량하지 않은 비행기에는 붙이지 않는다. 한편, 뒷부분의 설계번호와 개량형부호의 경우 별도의 생략 조건이 나타나 있지 않으며, 일반 비행기에는 1 ~ 100번의 설계번호가 붙고 개량하지 않은 비행기에는 항상 A의 개량형부호가 붙어야 한다. 따라서 설계번호와 개량형부호가 모두 나타난 ③이 가장 적절하다.

56

정답 ④

성희롱 문제는 개인적인 문제일 뿐만 아니라 사회적인 문제이기 때문에 제도적인 차원에서의 제재도 필요하다. 따라서 사전에 방지하고 효과적으로 처리하는 방안이 필요하다.

57

정답 ②

절차 공정성에 대한 설명이다. 절차 공정성은 개인의 의사결정 형성에 적용되는 과정의 타당성에 관한 것으로, 목적이 달성되는 데 사용한 수단에 관한 공정성이며, 의사결정자들이 논쟁 또는 협상의 결과에 도달하기 위해 사용한 정책, 절차, 기준에 관한 공정성이다.

분배 공정성
분배 공정성은 최종적인 결과에 대한 지각이 공정했는가를 나타내며 교환의 주목적인 대상물, 즉 핵심적인 서비스에 대한 지각이 공정했는가를 결정하는 것이다.

58

정답 ①

오답분석

지문에서는 복장이나 승강기, 이메일, 인사에 대한 내용이 없다.

59

정답 ④

(가)의 입장을 반영하면, 국가 청렴도가 낮은 문제를 해결하기 위해서 청렴을 강조한 전통 윤리를 강조할 필요가 있다. 이에 개인을 넘어서 공동체, 나아가 국가의 공사(公事)를 우선하는 봉공 정신, 청빈한 생활 태도를 유지하면서 국가의 일에 충심을 다하려는 청백리 정신을 실천하는 자세가 필요하다.

60

정답 ③

직장에서의 근면한 생활을 위해서는 B사원과 같이 일에 지장이 없도록 항상 건강관리에 유의해야 하며, C대리와 같이 오늘 할 일을 내일로 미루지 않고, 업무 시간에 개인적인 일을 하지 않아야 한다.

오답분석

• A사원 : 항상 일을 배우는 자세로 임하여 열심히 해야 한다.
• D대리 : 사무실 내에서 메신저 등을 통해 사적인 대화를 나누지 않는다.

실전모의고사 정답 및 해설

01	02	03	04	05	06	07	08	09	10	11	12	13	14	15	16	17	18	19	20
①	④	③	③	③	②	③	③	③	②	③	④	①	④	①	④	②	④	③	②
21	22	23	24	25	26	27	28	29	30	31	32	33	34	35	36	37	38	39	40
②	③	①	②	④	①	①	②	②	①	①	②	②	④	④	③	①	③	③	③
41	42	43	44	45	46	47	48	49	50	51	52	53	54	55	56	57	58	59	60
④	④	③	④	③	②	②	④	④	④	①	③	②	④	③	③	②	④	③	④

01

정답 ①

'본받다'는 '본을 받다'에서 목적격 조사가 생략되고, 명사 '본'과 동사 '받다'가 결합한 합성어이다. 즉 하나의 단어로 '본받는'이 옳은 표기이다.

02

정답 ④

최근 대두되고 있는 '초연결 사회'에 대해 언급하는 (나) 문단이 가장 먼저 오는 것이 적절하며, 그다음으로는 초연결 사회에 대해 설명하는 (가) 문단이 적절하다. 그 뒤를 이어 초연결 네트워크를 통해 긴밀히 연결되는 초연결 사회의 (라) 문단이, 마지막으로는 이러한 초연결 사회가 가져올 변화에 대한 전망의 (다) 문단이 적절하다.

03

정답 ③

제시문의 핵심 논지는 4차 산업혁명의 신기술로 인해 금융의 종말이 올 것임을 예상하는 것이다. 따라서 앞으로도 기술 발전은 금융업의 본질을 바꾸지 못할 것임을 나타내는 내용이 비판으로 가장 적절하다.

04

정답 ③

제시문은 태양의 온도를 일정하게 유지해 주는 에너지원에 대한 설명이다. 태양의 온도가 일정하게 유지되는 이유는 태양 중심부의 온도가 올라가 핵융합 에너지가 늘어나면 에너지의 압력으로 수소를 밖으로 밀어내어 중심부의 밀도와 온도를 낮춰주기 때문이다. 즉, 태양 내부에서 중력과 핵융합 반응의 평형상태가 유지되기 때문에 태양은 50억 년간 빛을 낼 수 있었고, 앞으로도 50억 년 이상 더 빛날 수 있는 것이다. 따라서 빈칸에 들어갈 내용으로 '태양이 오랫동안 안정적으로 빛을 낼 수 있게 된다.'가 가장 적절하다.

05

③

꿀벌이 약 15초 안에 열 번 돌면 벌집에서 꿀이 발견된 장소까지의 거리가 100m 가량이고, 여섯 번 돌면 500m 가량, 네 번 돌면 1.5km 정도를 나타낸다고 하였으므로 옳은 내용이다.

오답분석

① 꿀의 품질이 더 좋다면 춤을 더 활기차게 춘다고 하였지 다른 모양의 춤을 춘다고 하지는 않았다.

② ○○자형 모양의 가운데 교차점에서의 꿀벌의 움직임에 따라 꿀의 있는 곳의 방향을 알 수 있으며, 단위 시간당 춤의 횟수로 거리를 알 수 있지만 꿀의 양을 어떻게 표현하는지에 대해서는 제시문에서 언급하고 있지 않다.

④ 꿀의 방향이 태양과 반대 방향이면 교차점을 위에서 아래로 통과한다고 하였다.

06

정답 ②

제시문은 세 가지 입장에 대해서 말하고 있는데, 첫 번째 입장은 이른바 '계몽의 변증법'이라는, 과거 우리가 잘 모른다고 생각한 상태에서 계몽주의에 이르기까지, 그리고 이를 넘어서 인간의 '이성'이 어떤 양태를 보여 왔는지에 대해서 서술하고 있다. 두 번째 입장은 인간의 역사성을 역설하며, 인간을 이해하기 위해서는 그의 존재 지평에서 이탈한 독자적인 존재로서의 대상으로 되어서는 안 된다고 한다. 세 번째 입장은 일반적으로 지식이 권력에 대항한다는 인식을 뒤집어, 권력 그리고 권력과 지식의 관계를 재정의하는 작업이다.

• (가) : 계몽의 작업이 공포를 몰아내는 작업이라는 것이 명시되어 있듯이, ©은 인간의 계몽 작업이 왜 이루어져 왔는지를 요약하는 문장이다.

• (나) : 이해가 역사 속에서 가능하다는 ㉠은 두 번째 입장을 잘 요약하고 있는 문장이다.

• (다) : 권력과 지식의 관계가 대립이 아니라는 세 번째 입장에 비추어 볼 때, ㉡이 적절하다.

07

정답 ③

놀이공원이나 휴대전화 요금제 등을 미루어 생각해 볼 때, 이부가격제는 이윤 추구를 최대화하려는 기업의 가격 제도이다.

08

정답 ③

탑승자가 1명이라면 우선순위인 인명 피해 최소화의 규칙 2에 따라 아이 2명의 목숨을 구하기 위해 자율주행 자동차는 오른쪽 또는 왼쪽으로 방향을 바꿀 것이다. 이때 다음 순위인 교통 법규 준수의 규칙 3에 따라 교통 법규를 준수하게 되는 오른쪽으로 방향을 바꿀 것이다.

오답분석

① 탑승자 보호의 규칙 1이 인명 피해 최소화의 규칙 2보다 높은 순위라면 자율주행 자동차는 탑승자를 보호하기 위해 직진을 하였을 것이다.

② 탑승자 2명과 아이 2명으로 피해 인원수가 동일하기 때문에 마지막 순위인 탑승자 보호의 규칙 1에 따라 탑승자를 보호하기 위해 자율주행 자동차는 직진하였을 것이다.

④ 탑승자가 2명이라면 인명 피해를 최소화하기 위해 오른쪽이 아닌 왼쪽으로 방향을 바꿔 오토바이와 충돌하였을 것이다.

09

정답 ③

©의 '이율배반적 태도'를 통해 인명 피해를 최소화하도록 설계된 자율주행 자동차가 도로에 많아지는 것을 선호하는 대다수의 사람들이 실제로는 이와 다른 태도를 보여준다는 것을 예측할 수 있다. 따라서 빈칸에는 사람들이 '아니다'라는 대답을 통해 실제로 자율주행 자동차에 대한 부정적인 태도를 보여줄 수 있는 질문이 들어가기에 적절하다. 자동차 탑승자 자신을 희생하더라도 보다 많은 사람의 목숨을 구하도록 설계된 자율주행 자동차의 실제 구매 의향을 묻는 ③에 대한 '아니다'라는 대답은 결국 탑승자 본인의 희생은 원하지 않는 이율배반적 태도를 보여준다.

오답분석

① 사람들이 직접 운전하는 것을 선호하지 않는다면 도로에 자율주행 자동차가 많아지게 될 것이므로 적절하지 않다.

② 자율주행 자동차가 낸 교통사고에 대한 탑승자의 책임과 자율주행 자동차에 대한 이율배반적 태도는 관련이 없다.

④ '아니다'라고 대답할 경우 인명 피해를 최소화하도록 설계된 자율주행 자동차를 선호한다는 의미가 되므로 이율배반적 태도를 보여주지 않는다.

10

채집음식이란 재배한 식물이 아닌 야생에서 자란 음식재료를 활용하여 만든 음식을 의미한다.

오답분석

① 로가닉의 희소성은 루왁 커피를 사례로 봄으로써 까다로운 채집과정과 인공의 힘으로 불가능한 생산과정을 거치면서 나타남을 알 수 있다.

③ 로가닉은 '천연상태의 날 것'을 유지한다는 점에서 기존의 오가닉과 차이를 가짐을 알 수 있다.

④ 소비자들이 로가닉 제품의 스토리텔링에 만족한다면 높은 가격은 더 이상 매출 상승의 장애 요인이 되지 않을 것으로 보고 있다.

11

정답 ③

1년 후의 개체 수는 $\left(\dfrac{12}{10}x-1{,}000\right)$ 마리이므로 2년 후의 개체 수는 $\dfrac{12}{10}\left(\dfrac{12}{10}x-1{,}000\right)-1{,}000=\left(\dfrac{36}{25}x-2{,}200\right)$ 마리이다.

12

정답 ④

할인받기 전 종욱이가 지불할 금액은 $(25{,}000\times2)+(8{,}000\times3)=74{,}000$ 원이다. 통신사 할인과 깜짝 할인을 적용한 후의 금액은 $[(25{,}000\times2\times0.85)+(8{,}000\times3\times0.75)]\times0.9=54{,}450$ 원이다.

따라서 총 할인된 금액은 $74{,}000-54{,}450=19{,}550$ 원이다.

13

정답 ①

전체 월급을 1이라고 하자.

- 저금한 나머지 : $1-\dfrac{1}{4}=\dfrac{3}{4}$

- 모임회비와 월세 : $\left(\dfrac{3}{4}\times\dfrac{1}{4}\right)+\left(\dfrac{3}{4}\times\dfrac{2}{3}\right)=\dfrac{11}{16}$

- 모임회비와 월세를 낸 후 나머지 : $\dfrac{3}{4}-\dfrac{11}{16}=\dfrac{1}{16}$

- 부모님 용돈 : $\dfrac{1}{16}\times\dfrac{1}{2}=\dfrac{1}{32}$

- 생활비 : $\dfrac{1}{16}-\dfrac{1}{32}=\dfrac{1}{32}$

14

정답 ④

아버지, 은서, 지은이의 나이를 각각 x세, $\dfrac{1}{2}x$세, $\dfrac{1}{7}x$세라고 하자.

$\dfrac{1}{2}x-\dfrac{1}{7}x=15 \rightarrow 7x-2x=210$

$\therefore x=42$

15

정답 ①

어른의 좌석 수를 x개, 어린이의 좌석 수를 y개라 하자.

$9,000x+3,000y=3,300,000 \rightarrow 3x+y=1,100$

$\rightarrow y=1,100-3x \cdots \bigcirc$

550개의 좌석 중 빈 좌석이 1개 이상 있었으므로 $x+y \leq 549 \cdots \bigcirc$

$\bigcirc$을 $\bigcirc$에 대입하면, $1,100-2x \leq 549 \rightarrow x \geq 275.5$

따라서 뮤지컬을 관람한 어른의 수는 최소 276명이다.

16

정답 ④

(세 번 안에 승패가 가려질 확률)=1-(세 번 모두 승패가 가려지지 않을 확률)이다.

한 번의 가위바위보에서 세 사람이 낼 수 있는 경우의 수는 $3 \times 3 \times 3=27$가지이고, 그중 승패가 나오지 않는 경우의 수는 모두 같은 것을 내는 경우(3가지), 모두 다른 것을 내는 경우(6가지)로 9가지이다. 그러므로 한 번의 시행에서 승패가 가려지지 않을 확률은 $\dfrac{9}{27}=\dfrac{1}{3}$이다.

따라서 세 번 안에 승자와 패자가 가려질 확률은 $1-\left(\dfrac{1}{3}\right)^3=\dfrac{26}{27}$이다.

17

정답 ②

6개의 숫자를 가지고 여섯 자리 수를 만드는 경우의 수는 6!인데, 그중 1이 3개, 2가 2개로 중복되어 3!×2!의 경우가 겹친다. 따라서 가능한 모든 경우의 수는 $\dfrac{6!}{3! \times 2!}=60$가지이다.

18

정답 ④

빨간 장미의 수를 x송이, 노란 장미의 수를 y송이라 하면,

$x+y=30 \cdots \bigcirc$

$500x+700y=16,000 \rightarrow 5x+7y=160 \cdots \bigcirc$

$\bigcirc$, $\bigcirc$을 연립하면, $x=25$, $y=5$

따라서 빨간 장미는 25송이를 구입했다.

19

정답 ③

대치동의 증권자산은 $23.0-17.7-3.1=2.2$조 원이고, 서초동의 증권자산은 $22.6-16.8-4.3=1.5$조 원이므로 옳은 설명이다.

오답분석

① 압구정동의 가구 수는 $\dfrac{14.4}{12.8} ≒ 1.13$가구, 여의도동의 가구 수는 $\dfrac{24.9}{26.7} ≒ 0.93$가구이므로 옳지 않은 설명이다.

② 이촌동의 가구 수가 2만 가구 이상이라면, 총자산이 $7.4 \times 20,000$억$=14.8$조 원 이상이어야 한다. 그러나 이촌동은 총자산이 14.4조 원인 압구정동보다 순위가 낮으므로 이촌동의 가구 수는 2만 가구 미만인 것을 추론할 수 있다.

④ 여의도동의 부동산자산은 12.3조 원 미만이다. 여의도동의 부동산자산을 12.2조 원이라고 가정하면, 여의도동의 증권자산은 최대 $24.9-12.2-9.6=3.1$조 원이므로 옳지 않은 설명이다.

20

정답 ②

2010 ~ 2014년 전통사찰 지정·등록 수의 평균은 (17+15+12+7+4)÷5=11개소이므로 옳은 설명이다.

오답분석

① 2015년 전통사찰 지정·등록 수는 전년 대비 동일하고, 2018년 전통사찰 지정·등록 수는 전년 대비 증가했으므로 옳지 않은 설명이다.

③ 2012년 전년 대비 지정·등록 감소폭은 3개소, 2016년 전년 대비 지정·등록 감소폭은 2개소이므로 옳지 않은 설명이다.

④ 주어진 자료만으로는 2018년 전통사찰 총 등록현황을 파악할 수 없다.

21

정답 ②

첫 번째, 네 번째 조건에 의해 A는 F와 함께 가야 한다. 그러면 두 번째 조건에 의해 B는 D와 함께 가야 하고, 세 번째 조건에 의해 C는 E와 함께 가야 한다.

22

정답 ③

• 비밀번호를 구성하는 숫자는 소수가 아니므로 {0, 1, 4, 6, 8, 9} 중에서 4자리 조합이다.

  소수 : 1과 자기 자신만으로 나누어지는 1보다 큰 양의 정수(예 2, 3, 5, 7···)

• 비밀번호는 짝수로 시작하며 가장 큰 수부터 차례로 4가지 숫자가 나열되므로, 9는 제외되고 8 또는 6으로 시작한다.

• 단, 8과 6은 단 하나만 비밀번호에 들어가므로 서로 중복하여 사용할 수 없다.

따라서 비밀번호는 8410 또는 6410 두 가지 숫자의 조합밖에 나오지 않는다.

오답분석

① 두 비밀번호 모두 0으로 끝나므로 짝수이다.

② 두 비밀번호의 앞에서 두 번째 숫자는 4이다.

④ 두 비밀번호 모두 1을 포함하지만 9는 포함하지 않는다.

23

정답 ①

주어진 조건에 따라 직원 A ~ H가 앉을 수 있는 경우는 A-B-D-E-C-F-H-G이다. 여기서 D와 E의 자리를 서로 바꿔도 모든 조건이 성립하고, A-G-H와 D-E-C를 통째로 바꿔도 모든 조건이 성립한다. 따라서 가능한 경우의 수는 2×2=4가지이다.

24

정답 ②

F는 C와 함께 근무해야 한다. 수요일은 C가 근무할 수 없으므로 불가능하고, 토요일과 일요일은 E가 오전과 오후에 근무하므로, 2명씩 근무한다는 조건에 위배되어 C와 함께 근무할 수 없다. 따라서 가능한 요일은 월요일, 화요일, 목요일, 금요일로 총 4일이다.

안심Touch

25

정답 ④

수요일, 토요일, 일요일은 다음과 같이 근무조가 확정된다. 월요일, 화요일, 목요일, 금요일은 항상 C와 F가 근무하고, B와 C는 2일 이상, D는 3일 이상 근무해야 한다. 그리고 A는 오전에 근무하지 않고, D는 오전에만 근무가 가능하므로 수요일을 제외한 평일에 C와 F는 오전에 1일, 오후에 3일 근무하고, D는 오전에 3일 근무해야 한다. 이때, D는 B와 함께 근무하게 된다. 나머지 평일 오후는 A와 B가 함께 근무한다.
이를 정리하면 다음과 같다.

구분		월요일	화요일	수요일	목요일	금요일	토요일	일요일
경우 1	오전	C, F	B, D	B, D	B, D	B, D	C, E	C, E
	오후	A, B	C, F	A, B	C, F	C, F	A, E	A, E
경우 2	오전	B, D	C, F	B, D	B, D	B, D	C, E	C, E
	오후	C, F	A, B	A, B	C, F	C, F	A, E	A, E
경우 3	오전	B, D	B, D	B, D	C, F	B, D	C, E	C, E
	오후	C, F	C, F	A, B	A, B	C, F	A, E	A, E
경우 4	오전	B, D	B, D	B, D	B, D	C, F	C, E	C, E
	오후	C, F	C, F	A, B	C, F	A, B	A, E	A, E

따라서 B는 수요일에 오전, 오후에 2회 근무하므로 옳지 않은 설명이다.

오답분석
① C와 F는 월요일, 화요일, 목요일, 금요일 중 하루를 오전에 함께 근무한다.
② ①의 경우를 제외한 평일 오전에는 D가 항상 B와 함께 근무한다.
③ E는 토요일, 일요일에 A, C와 2번씩 근무하고 주어진 조건으로부터 A는 오전에 근무하지 않는다고 하였으므로 옳은 설명이다.

26

정답 ①

모든 조건을 고려하면 A의 고향은 부산, B의 고향은 춘천, E의 고향은 대전이고, C, D의 고향은 각각 대구 또는 광주이다. 탑승자에 따라 열차의 경유지를 나타내면 다음과 같이 두 가지 경우가 나온다.

구분		대전	대구	부산	광주	춘천	탑승자
경우 1	열차 1	○	○	○			A, D, E
	열차 2	○		○		○	B
	열차 3	○			○		C
경우 2	열차 1	○		○	○		A, D, E
	열차 2	○		○		○	B
	열차 3	○	○				C

따라서 E의 고향은 대전이다.

27

정답 ①

열차 2는 대전, 부산, 춘천을 경유하므로 26번으로부터 열차 2를 탈 수 있는 사람은 A, B, E이다.

28

정답 ②

열차 1이 광주를 경유하면 26번으로부터 경우 2에 해당하므로 C의 고향은 대구이며, 열차 3은 대구를 경유한다.

29

초순수를 생산하기 위해서 용존산소 탈기, 한외여과의 공정과정을 거친다.

오답분석

① RO수를 생산하기 위해서 다중여과탑, 활성탄흡착, RO막 공정이 필요하다.
③ 이온교환, CO_2 탈기 공정을 통해 CO_2와 미량이온까지 제거해 순수를 생산한다.
④ 침전수는 10^{-6}m크기의 물질까지 제거한다.

30

정답 ①

• 모모 : 역사 안에는 자연의 힘으로 벌어지는 일과 지성과 사랑의 힘에 의해 일어나는 일이 있으며, 자연의 힘으로 벌어지는 일에는 선과 악이 없지만, 지성과 사랑의 힘에 의해 일어나는 일에는 선과 악이 있다. 따라서 역사 안에서 일어나는 일 가운데는 선과 악이 있는 일도 존재하게 되는 것이라고 하였으므로 모두 참이 된다.

오답분석

• 나나 : 자연의 힘으로 벌어지는 모든 일에는 선과 악이 없으므로 자연의 힘만으로 전개되는 역사 안에서 일어나는 모든 일에는 선과 악이 없지만, 개인이 선할 가능성은 남아 있다고 하였다. 그러나 개인은 역사 바깥에 나가지도 못하고, 자연의 힘을 벗어날 수도 없다고 하였으므로 결국 개인이 선할 가능성은 없으므로 이는 모순이 된다.
• 수수 : 역사 중에는 지성과 사랑의 역사가 있으나 그것을 포함한 모든 역사는 자연의 힘만으로 벌어지며, 자연의 힘만으로 벌어지는 모든 일에는 선과 악이 없다. 즉, 자연의 힘만으로 인간 지성과 사랑이 출연한 일에도 선과 악이 존재할 수 없는 것이다. 그러나 인간 지성과 사랑이 출현한 일에 선이 있음이 분명하다고 하였으므로 이는 모순이 된다.

31

정답 ①

엑셀에서 기간을 구하는 함수는 DATEDIF(시작일,종료일,구분 "Y/M/D") 함수로, 재직연수를 출력해야 하므로 구분에는 연도로 나타내주는 "Y"를 입력해야 한다. 현재로부터 재직기간을 출력해야 하므로 현재의 날짜를 나타내는 TODAY() 함수를 사용해도 되고, 현재 날짜와 시간까지 출력하는 NOW() 함수를 사용해도 된다. 조건에 맞는 셀의 개수를 출력하는 함수는 COUNTIF(범위,조건) 함수이고, 8년 이상의 재직자를 출력해야 하므로 조건에는 ">=8"이 입력되어야 한다.

32

정답 ②

반복적인 작업을 간단히 실행키에 기억시켜 두고 필요할 때 빠르게 바꾸어 사용하는 기능은 매크로이며, 같은 내용의 편지나 안내문 등을 여러 사람에게 보낼 때 쓰이는 기능은 메일 머지이다.

33

정답 ②

레지스터는 1개의 내용만을 기억하므로 기존 내용이 지워지고 새로운 내용으로 채워진다.

34

정답 ④

전략정보시스템(SIS)은 기업의 전략을 실현하여 경쟁우위를 확보하기 위한 목적으로 사용되는 정보시스템으로, 기업의 궁극적 목표인 이익에 직접 영향을 줄 수 있는 시장점유율 향상, 매출신장, 신상품 전략, 경영전략 등의 전략계획에 도움을 준다.

오답분석

① 비지니스 프로세스 관리 : 기업 내외의 비즈니스 프로세스를 실제로 드러나게 하고, 비즈니스의 수행과 관련된 사람 및 시스템을 프로세스에 맞게 실행·통제하며, 전체 비즈니스 프로세스를 효율적으로 관리하고 최적화할 수 있는 변화 관리 및 시스템 구현 기법이다.
② 전사적 자원관리 : 인사·재무·생산 등 기업의 전 부문에 걸쳐 독립적으로 운영되던 각종 관리시스템의 경영자원을 하나의 통합 시스템으로 재구축함으로써 생산성을 극대화하려는 경영혁신기법이다.
③ 경영정보시스템 : 기업 경영정보를 총괄하는 시스템으로서 의사결정 등을 지원하는 종합시스템이다.

제2회 실전모의고사 • **49**

35

④

[틀 고정] 기능은 선택한 셀을 기준으로 좌측과 상단의 모든 셀을 고정하게 된다. 따라서 A열과 1행을 고정하기 위해서는 [B2] 셀을 클릭한 후 틀 고정을 해야 한다.

36

정답 ③

핀테크(Fintech)는 금융(Financial)과 기술(Technology)의 합성어로, 금융과 IT의 융합을 통한 금융서비스 및 산업의 변화를 말한다.

오답분석

① P2P : 'Peer to Peer network'의 약자로 기존의 서버와 클라이언트 개념이나 공급자와 소비자 개념에서 벗어나 개인 컴퓨터끼리 직접 연결하고 검색함으로써 모든 참여자가 공급자인 동시에 수요자가 되는 형태이다.
② O2O : 'Online to Offline'의 약자로 정보 유통 비용이 저렴한 온라인과 실제 소비가 일어나는 오프라인의 장점을 접목해 새로운 시장을 만들어 보자는 데서 나온 말이다.
④ IoT : 'Internet of Things' 또는 사물인터넷이라고 하며, 사물에 센서를 부착해 실시간으로 데이터를 인터넷으로 주고받는 기술이나 환경을 일컫는다.

37

정답 ①

'AVERAGE(B3:E3)' 함수식은 [B3:E3] 범위의 평균을 출력한다. 또한, IF 함수는 논리 검사를 수행하여 TRUE나 FALSE에 해당하는 값을 반환해주는 함수이다. 즉, 「=IF(AVERAGE(B3:E3)>=90, "합격", "불합격")」 함수식은 [B3:E3] 범위의 평균이 90 이상일 경우 '합격', 그렇지 않을 경우 '불합격'이 출력된다. [F3] ~ [F6]의 각 셀에 출력되는 [B3:E3], [B4:E4], [B5:E5], [B6:E6] 영의의 평균값은 83, 87, 91, 92.5이므로 [F3] ~ [F6] 셀의 결괏값으로 옳은 것은 ①이다.

38

정답 ③

정보를 관리하지 않고 그저 머릿속에만 기억해두는 것은 정보관리에 허술한 사례이다.

오답분석

①·④ 정보검색의 바람직한 사례이다.
② 정보전파의 바람직한 사례이다.

39

정답 ③

자료에는 제품에 대한 연령별 선호와 제품에 대한 각 매장의 만족도만 나와 있고, 구입처의 정보를 알 수 없기 때문에 구입처별 주력 판매 고객 설정은 처리할 수 없다.

40

정답 ③

사내 명절선물은 주로 부모나 친지들의 선물로 보내는 경우가 많기 때문에 사내의 연령 분포를 조사하는 것은 다른 정보에 비해 추가 정보 수집으로 가장 적절하지 않다.

41

정답 ④

부서 명칭만 듣고도 대략 어떤 업무를 담당하는지 알고 있어야 한다. 인사팀의 주요 업무는 근태관리·채용관리·인사관리 등이 있다. 인사기록카드 작성은 인사팀의 업무인 인사관리에 해당하는 부분이므로, 인사팀에 제출하는 것이 올바르다. 한편, 총무팀은 회사의 재무와 관련된 전반적 업무를 총괄한다. 회사의 부서 구성을 보았을 때, 비품 구매는 총무팀의 소관 업무로 보는 것이 올바르다.

42

정답 ④

홈페이지 운영 등은 정보사업팀에서 한다.

오답분석

① 감사실(1개)과 11개의 팀으로 이루어져 있다.
② 예산기획과 경영평가는 전략기획팀에서 관리한다.
③ 경영평가(전략기획팀), 성과평가(인재개발팀), 품질평가(평가관리팀) 등 다른 팀에서 담당한다.

43

정답 ③

품질평가 관련 민원은 평가관리팀이 담당하고 있다.

44

정답 ④

조직의 경영자는 조직을 둘러싼 외부 환경에 대해 항상 관심을 가져야 하며, 외부 환경에 변화가 생겼을 경우 이를 조직에 전달하여야 한다.

경영자의 역할
• 대인적 역할 : 조직의 대표자, 조직의 리더, 상징자·지도자
• 정보적 역할 : 외부환경 모니터, 변화 전달, 정보전달자
• 의사결정적 역할 : 문제 조정, 대외적 협상 주도, 분쟁조정자·자원배분자·협상가

45

정답 ③

경영전략 추진과정
• 전략목표 설정 : 비전설정, 미션설정
• 환경분석 : 내부환경분석, 외부환경분석
• 경영전략 도출 : 조직전략, 사업전략 등
• 경영전략 실행 : 경영목적 달성
• 평가 및 피드백 : 경영전략 결과, 전략목표 및 경영전략 재조정

46

정답 ②

팀장의 답변을 통해 S사원은 자신이 생각하는 방안에 대해 회사의 규정을 반영하지 않았음을 확인할 수 있다. 조직에서 업무의 효과성을 높이기 위해서는 조직에 영향을 미치는 조직의 목표, 구조, 문화, 규칙과 규정 등 모든 체제요소를 고려해야 한다.

47

정답 ②

②는 시각, 청각, 후각, 촉각, 미각의 다섯 가지 감각을 통해 만들어진 감각 마케팅으로 개인화 마케팅의 사례로 보기 어렵다.

오답분석

① 고객들의 개인적인 사연을 기반으로 광고 서비스를 제공함으로써 개인화 마케팅의 사례로 적절하다.
③ 고객들이 자신이 직접 사과를 받는 듯한 효과를 얻게 됨으로써 개인화 마케팅의 사례로 적절하다.
④ 댓글 작성자의 이름을 기반으로 이벤트를 진행하여 개인화 마케팅의 사례로 적절하다.

48

정답 ④

델파이 기법은 반복적인 설문 조사를 통해 의견 차이를 좁혀 합의를 도출하는 방식으로 이를 올바르게 나열한 것은 ④이다.

49

정답 ④

조직의 구조, 기능, 규정 등이 조직화되어 있는 것은 공식조직이며, 비공식조직은 개인들의 협동과 상호작용에 따라 형성된 자발적인 집단으로 볼수 있다. 공식조직은 인간관계에 따라 형성된 비공식조직으로부터 시작되지만, 조직의 규모가 커지면서 점차 조직 구성원들의 행동을 통제할 장치를 마련하게 되고, 이를 통해 공식화된다.

50

정답 ④

비영리조직은 공익을 추구하는 특징을 가진다. 이와 반대로 기업은 이윤을 목적으로 하는 영리조직이다.

51

정답 ①

조건을 정리하면 다음과 같다.

구분	K팀장	L과장	S대리	M대리	H사원	J사원
토마토 파스타	○			○		
토마토 리소토					○	
크림 파스타						○
크림 리소토		○	○			
콜라	○				○	
사이다				○		○
주스		○	○			

따라서 사원 중 주스를 주문한 사람은 없다.

52

정답 ③

51번의 결과로부터 S대리와 L과장은 모두 주스와 크림 리소토를 주문했다.

53

정답 ②

등급별 환산점수로 총점을 구하고, 총점이 높은 순서대로 순위를 정한다. 이때, 상여금 지급규정에 따라 동순위자 발생 시 A등급의 빈도가 높은 순서대로 동순위자를 조정하여 다시 순서를 정한다. 이를 정리하면 다음과 같다.

(단위 : 점, 등)

성명	업무등급	소통등급	자격등급	총점	순위	동순위 조정	상여금(만 원)
유수연	100	90	90	280	2	2	150
최혜수	70	80	90	240	7	8	20
이명희	80	100	90	270	3	4	100
한승엽	100	100	70	270	3	3	150
이효연	90	90	80	260	5	6	20
김은혜	100	70	70	240	7	7	20
박성진	100	100	100	300	1	1	150
김민영	70	70	70	210	10	10	20
박명수	70	100	90	260	5	5	100
김신애	80	70	70	220	9	9	20

따라서 박성진, 유수연, 한승엽이 150만 원으로 가장 많은 상여금을 받는다.

54

정답 ④

박명수의 소통등급과 자격등급이 C로 정정되어 박명수의 총점은 70＋80＋80＝230점이고, 총점 240점인 김은혜와 최혜수보다 낮은 순위로 내려간다. 따라서 이효연, 김은혜, 최혜수의 순위가 하나씩 올라가며, 박명수는 8위가 되므로 박명수를 제외한 3명의 순위변동이 발생한다.

55

정답 ③

B가 위촉되지 않는다면 조건 1의 대우에 의해 A는 위촉되지 않는다. A가 위촉되지 않으므로 조건 2에 의해 D가 위촉된다. D가 위촉되므로 조건 5에 의해 F도 위촉된다. 조건 3과 조건 4의 대우에 의해 C나 E 중 한 명이 위촉된다. 따라서 위촉되는 사람은 모두 3명이다.

56

정답 ③

상대방의 이야기를 들을 때 자신의 경험과 연결 지어 생각해보면 이해와 집중에 더 도움이 된다.

57

정답 ②

업무 이외에 심부름을 시키는 것은 성희롱 사유로 적절하지 않다. 올바른 사유로 연결시키려면 (B)에서 B부장이 여직원에게만 커피 심부름을 시키고 '커피는 여자가 타야 맛있다.'는 등 성차별적인 발언을 하고 있으며 이는 상대방에게 수치심과 불쾌감을 줄 수 있다고 하는 것이 옳다.

58

정답 ④

상대방의 말을 들으면서 그 내용을 요약하면 메시지를 이해하고 앞으로의 내용을 예측하는 데 도움이 된다.

59

정답 ③

사람들은 거절을 부담스러워 한다. 상대가 불쾌해하지 않을까 신경 쓰기 때문이다. 그러나 거절은 의사표현의 하나일 뿐이다. 거절할 만한 상황에서는 분명히 그 의사를 표현해야 한다. 거절의 의사결정은 빠를수록 좋은데, 그 이유는 오래 지체될수록 거절을 하기 힘들어질 뿐만 아니라 자신은 심사숙고 했다고 생각하지만 거절의 대답을 들은 상대는 기다린 결과에 실망해서 더 불쾌해 하기 쉽기 때문이다.

60

정답 ④

상대방의 이야기를 들으면서 앞으로의 내용을 추측해보는 것은 지양할 태도가 아니다. 특히 시간 여유가 있을 때, 상대방이 무엇을 말할 것인가 추측하는 것은 그동안 들었던 내용을 정리하고 대화에 집중하는 데 도움이 된다.

학습플래너

Date 202 . . .	D-30	공부시간 3H50M

◉ 사람으로서 할 수 있는 최선을 다한 후에는 오직 하늘의 뜻을 기다린다.

◉

◉

과목	내용	체크
NCS	의사소통능력 문제 풀이	○

MEMO

학습플래너

〈절취선〉

Date	.	.	.	D-	공부시간	H	M

◎
◎
◎

과목	내용	체크

MEMO

| Date . . . | D- | 공부시간 | H | M |

◉

◉

◉

과목	내용	체크

MEMO

학습플래너

| Date | . . . | D- | 공부시간 | H | M |

◎
◎
◎

과목	내용	체크

MEMO

| Date . . . | D- | 공부시간 | H | M |

◉
◉
◉

과목	내용	체크

MEMO

학습플래너

| Date | . . . | D- | 공부시간 | H M |

- ◎
- ◎
- ◎

과목	내용	체크

MEMO

Date	.	.	.	D-	공부시간	H	M

◉
◉
◉

과목	내용	체크

MEMO

학습플래너

Date . . .	D-	공부시간 H M

◉
◉
◉

과목	내용	체크

MEMO

좋은 책을 만드는 길
독자님과 함께하겠습니다.

도서나 동영상에 궁금한 점, 아쉬운 점, 만족스러운 점이
있으시다면 어떤 의견이라도 말씀해 주세요.
시대고시기획은 독자님의 의견을 모아 더 좋은 책으로 보답하겠습니다.

www.sidaegosi.com

2021 All-New 국민연금공단 6급 시간선택제 / 고졸채용
NCS + 실전모의고사 5회 + 무료NCS특강

개정1판1쇄 발행	2021년 10월 15일 (인쇄 2021년 09월 09일)
초 판 발 행	2020년 10월 20일 (인쇄 2020년 09월 17일)
발 행 인	박영일
책 임 편 집	이해욱
편 저	NCS직무능력연구소
편 집 진 행	유정화
표지디자인	조혜령
편집디자인	김성은 · 장성복
발 행 처	(주)시대고시기획
출 판 등 록	제 10-1521호
주 소	서울시 마포구 큰우물로 75 [도화동 538 성지 B/D] 9F
전 화	1600-3600
팩 스	02-701-8823
홈 페 이 지	www.sidaegosi.com
I S B N	979-11-383-0667-6 (13320)
정 가	24,000원